UTB

Eine Arbeitsgemeinschaft der Verlage

Böhlau Verlag · Wien · Köln · Weimar
Verlag Barbara Budrich · Opladen · Toronto
facultas.wuv · Wien
Wilhelm Fink · Paderborn
A. Francke Verlag · Tübingen
Haupt Verlag · Bern
Verlag Julius Klinkhardt · Bad Heilbrunn
Mohr Siebeck · Tübingen
Nomos Verlagsgesellschaft · Baden-Baden
Ernst Reinhardt Verlag · München · Basel
Ferdinand Schöningh · Paderborn
Eugen Ulmer Verlag · Stuttgart
UVK Verlagsgesellschaft · Konstanz, mit UVK/Lucius · München
Vandenhoeck & Ruprecht · Göttingen · Bristol
vdf Hochschulverlag AG an der ETH Zürich

Theologie studieren

im modularisierten Studiengang

herausgegeben von
Karlheinz Ruhstorfer, Clauß Peter Sajak, Dominik Burkard

Karlheinz Ruhstorfer (Hg.)

Gotteslehre

Modul 7

Dir, lieber Hansjürgen,
zu Deinem 80. Geburtstag
mit allen guten Wünschen
sehr herzlich zugeeignet
von
Markus Enders

Freiburg, den 18.02.2016

Ferdinand Schöningh

Online-Angebote oder elektronische Ausgaben sind erhältlich unter **www.utb-shop.de**

Bibliografische Information der Deutschen Nationalbibliothek

Die Deutsche Nationalbibliothek verzeichnet diese Publikation in der Deutschen Nationalbibliografie; detaillierte bibliografische Daten sind im Internet über http://dnb.d-nb.de abrufbar.

Gedruckt auf umweltfreundlichem, chlorfrei gebleichtem
und alterungsbeständigem Papier ∞ ISO 9706

Printed in Germany.
Herstellung: Ferdinand Schöningh, Paderborn
Einbandgestaltung: Atelier Reichert, Stuttgart

UTB-Band-Nr: 3896
ISBN 978-3-8252-3896-9

Inhaltsverzeichnis

Zur Reihe

Die vorliegende Reihe *Theologie studieren im modularisierten Studiengang* bietet erstmals Lehrbücher, die den neuen Erfordernissen an den Katholisch-Theologischen Fakultäten und an den Instituten für Katholische Theologie entsprechen. In enger Anlehnung an die Vorgaben der Deutschen Bischofskonferenz, die auch die Grundlage für die meisten Modulhandbücher der Fakultäten und Institute bildet, wurden die 14 Bände für die Einführungs- und Basismodule konzipiert. Die Inhalte entsprechen der Bachelorphase konsekutiver Studiengänge. Aber auch das Grundstudium des Magister Theologiae sowie der Lehramtsstudiengänge verschiedener Schultypen sind darin abgebildet. Darüber hinaus werden gewiss auch Mitarbeiterinnen und Mitarbeiter in der kirchlichen Pastoral sowie Amateure der Theologie darin reichlich Informationen und Anregungen finden.

Charakteristisch ist die Modularisierung der Inhalte. Die Themen werden nicht mehr fach- sondern sachbezogen entfaltet. Das bedeutet, dass an den einzelnen Bänden verschiedene Fachvertreterinnen und Fachvertreter mitgearbeitet haben und so verschiedene Disziplinen ein Thema aus ihrer spezifischen Perspektive beleuchten. Je nach Modul sind vier bis sieben verschiedene Fächer in einem Band vertreten. Die ersten fünf Module geben Einführungen in die verschiedenen theologischen Fächergruppen. Biblische, historische, systematische und praktische Theologie sowie Philosophie werden prägnant und knapp vorgestellt. Die weiteren Module entfalten die Inhalte des Glaubens ausgehend von der Schöpfungslehre über die Gottesfrage bis zu Wegen des Glaubens und dem Verhältnis zu nichtchristlichen Religionen. Um einen Überblick über die verschiedenen Module zu erleichtern, ist am Ende jedes Bandes eine Übersicht über die gesamte Reihe angefügt. Dies ist nicht zuletzt deshalb wichtig, weil nicht alle Module in allen theologischen Einrichtung exakt dieselbe inhaltliche Füllung haben. Durch die Übersicht ist es aber einfach, einen Modulteil, der in einem Band nicht enthalten ist, in einem anderen zu finden.

Sämtliche Beiträge der Bände bieten ihre Inhalte in ansprechender didaktischer Aufbereitung. Diverse Bausteine (Definitionen, Tabellen, Marginalien, Zusammenfassungen u. a.) erleichtern die Orientierung und die Auseinandersetzung mit den Inhalten.

Im Mai 2011

Dominik Burkard, Würzburg
Karlheinz Ruhstorfer, Landau
Clauß Peter Sajak, Münster

Vorwort

Im Herzen des Christentums findet sich die Botschaft vom liebenden Gott. Woher aber wissen wir von diesem Gott? Was hat das Alte Testament mit dem Gott der Christen zu schaffen? Was sagt Jesus Christus über den Gott Israels? Was machen die ersten Christen aus dem Glauben Jesu? Wird der Glauben der frühen Christen durch die Kirchenväter verstellt? Führt die Begegnung mit der Philosophie zu einem tieferen Gottesverständnis? Was hat der dreieine Gott mit der Geschichte unserer Kultur zu schaffen? Hat Gott heute überhaupt noch eine Bedeutung für uns? Und wenn ja, wie können wir heute in Schule und Gemeinde von Gott sprechen? Diese und viele andere Fragen werden im vorliegenden Buch angesprochen, durchdacht und zum Teil beantwortet.

Die Spannung zwischen Verborgenheit und liebenden Nähe Gottes steht im Fokus der Ausführungen von Thomas Hieke zum Gottesverständnis des Alten Testaments. Dabei stellt sich heraus: „Von dem *einen* Gott kann angemessen nur in einer Vielfalt der Vorstellungen gesprochen werden.“ Doch ist die Breite israelitischer Gottesvorstellungen nicht nur der Horizont des Glaubens Jesu und die Basis des Neuen Testaments, sondern auch eine bleibende Inspirationsquelle für ein heutiges Gottesverständnis. Gerade die immense kreative Dynamik, die sich hier zeigt, ermöglicht es auch dem zeitgenössischen Leser der Bibel sich vom befreienden Gott Abrahams, Isaaks und Jakobs ansprechen zu lassen.

Tobias Nicklas unternimmt es nun, Gottesbilder der neutestamentlichen Schriften nachzuzeichnen. Diese Bilder bleiben tief in der jüdischen Kultur verwurzelt, wobei sie freilich auch von der römisch-hellenistischen Umwelt geprägt werden. Ausgehend von den Synoptikern und dem Johannesevangelium führt der Weg über die Paulinischen und Deuteropaulinischen Schriften bis hin zu den späten Reflexionen der Offenbarung des Johannes. Auch im Neuen Testament findet sich ein großer Reichtum an verschiedenen Theologien, die auf je eigene Weise mit Person und Wirken Jesu von Nazaret verbunden sind und somit die Grundlage des christlichen Gottesverständnisses bis heute abgeben. Gewiss befindet sich die urchristliche Theologie der Bibel in einer Spannung zu späteren Interpretationen. „Und trotzdem bietet das Neue Testament eine Vielzahl von Passagen, die es ermöglichen, die späteren Entwicklungen als Entfaltungen von Impulsen zu verstehen, die schon auf früheste Zeiten zurückgehen“.

Entsprechend konzentriert sich die Darstellung von Roland Kany auf das Werden der Trinitätslehre als der Besonderheit des christlichen Gottdenkens. Insofern gerade die in frühchristlicher Zeit entstandenen Glaubensbekenntnisse ebenso wie gewisse Aussagen der Konzilien (Nikaia, Konstantinopel, Chalkedon) bis heute als Richtlinien eines angemessenen Sprechens von Gott angesehen werden, bleiben die patristischen Grundlagen auch für uns wegweisend. Es geht dabei aber nicht um objektivistische Dogmatik, in einem engen Wortsinn, sondern um „das Phänomen eines nichtgegenständlichen Wissens im Allerinnersten des menschlichen Geistes". Nicht nur der lateinische Kirchenvater par excellence will „den Leser immer tiefer in die Bewegung wirklicher Gottsuche hineinziehen".

„Was wäre denn sonst der Mühe wert zu begreifen, wenn Gott unbegreiflich ist?" Mit diesem Wort Hegels beginnt Markus Enders seine Ausführungen über Gott im Denken der Philosophie, um anzudeuten, dass „Gott" nicht nur der bedeutendste Gedanke des philosophischen Nachfragens, sondern des menschlichen Denkens überhaupt ist. Um Gott als Inbegriff absoluter Unübertrefflichkeit – und damit als den Grenzbegriff menschlichen Denkens schlechthin – aufzuzeigen, greift Enders zurück bis auf die homerischen Anfänge abendländischen Denkens und spannt den Bogen bis in die Themen neuerer Philosophie. Dabei konzentriert sich der Beitrag auf die Einheit Gottes (de Deo uno).

Mein Beitrag versteht die Lehre vom dreieinen Gott als Interpretation des Worts aus dem 1. Johannesbrief „Gott ist Liebe". Die Liebe Gottes hinterlässt ihre Spuren in der Welt der Menschen. Gedächtnis, Einsicht und Wille galten Augustinus einst als *vestigia trinitatis* – Spuren der Trinität. Die Erinnerung an Jesus, die Einsichten der Vernunftgeschichte und der Wille zur Liebe führen uns auch heute noch in die Gegenwart des dreieinen Gottes, in welcher sich das Geheimnis Gottes ereignet. Gerade die Dynamik der Philosophiegeschichte gibt überraschende Perspektiven auf die Dreieinigkeit Gottes. Doch wer Gottes Unendlichkeit begreifen will, muss Liebe lernen. Im Bedenken der Liebe finden wir auch erste Hinweise für eine Antwort auf die gleichermaßen drängende wie unbeantwortbare Frage nach dem Leid.

Wie aber Angesichts von „Entwicklungen, die mit den Stichworten *Pluralisierung, Individualisierung, Synkretismus* oder *Indifferentismus* zu kennzeichnen sind", Kinder und Jugendliche mit Gott vertraut werden können, ist Thema der Abhandlung von Matthias Bahr. Die Bildung von Gottesvorstellungen ist Kernaufgabe nicht nur des Religionsunterrichts. Bahr plädiert für eine geistliche Kultur in der Polarität zwischen Entspannung und Sammlung, doch wird es entscheidend sein, „Gott" im christlichen Sinne stets auch als ein „Tätigkeitswort" zu begreifen, denn „zur Bildung von Gottesvorstellungen bei Kindern und Jugendlichen gehört auch das Bemühen um Aktion und Projekt, um die Verwirklichung dessen, was mit dem Gottesbegriff zusammenhängt: Die Hinwendung zu den Ausgegrenzten, das Bemühen um Gerechtigkeit, das ‚Mitlieben' mit Gott und Jesus".

Dieses Buch verdankt sich zuerst dem bemerkenswerten Engagement einer Reihe von Kollegen. Sie alle haben trotz aller Belastungen an diesem Projekt mitgewirkt. Deshalb möchte ich als erstes Thomas Hieke (Mainz), Tobias Nicklas (Regensburg), Roland Kany (München), Markus Enders (Freiburg) und Matthias Bahr (Landau) meinen herzlichen Dank aussprechen. Auch hier gilt: Habent sua fata libelli. Danken möchte ich aber auch Frau Nadine Albert für die Begleitung unseres Projekts seitens des Verlags Schöningh Paderborn. Herrn Michael Wächter und den Wissenschaftlichen Hilfskräften Patricia Rudolf und Lukas Moosdorf gilt mein herzlicher Dank für die mühevolle Korrektur des Manuskripts sowie für die Erstellung der Register.

Dresden im März 2014 Karlheinz Ruhstorfer

I. Aspekte alttestamentlicher Gottesvorstellungen

Thomas Hieke

Einführung

„Kein Mensch kann mich sehen und am Leben bleiben“ (Ex 33,20) – das muss Gott dem Mose sagen, der doch „Auge in Auge“ mit dem Herrn redete (Ex 33,11; Dtn 34,10). Das sollte uns vorsichtig werden lassen in unserer Rede von Gott, die manchmal allzu selbstsicher verkündet, wer und was und wie Gott ist. Die Bibel betont dagegen eine merkwürdige Spannung: Einerseits genießt Mose eine einzigartige Nähe zu Gott, die ihn schließlich auch befähigt, Gottes Weisung (die Tora) den Israeliten zu vermitteln. Andererseits ist Mose ein Mensch wie jeder andere, der Gott dann doch nicht schauen kann. Die Spannung setzt sich ins Neue Testament hinein fort, wo die johanneische Literatur betont: „Niemand hat Gott je gesehen“ (Joh 1,18; 1Joh 4,12) – Jesus, der menschgewordene Logos, hat Kunde von Gott gebracht. Da aber Jesus für die Gläubigen nicht mehr sichtbar ist, empfiehlt der erste Johannesbrief die gegenseitige Liebe als zwischenmenschliche Verwirklichung dessen, was Gott ist: „Gott ist die Liebe“ (1Joh 4,8). Es bleibt dabei: Niemand hat Gott je gesehen, so dass er behaupten könnte, er wüsste, wie Gott aussieht oder gar, wie Gott ist. Als Gott Mensch in Jesus von Nazaret wurde, hat Jesus nicht gesagt, wie Gott wirklich ist – man hätte ihn nicht verstanden –, sondern hat das Reich Gottes in Gleichnissen und Bildern verkündet. Es scheint ein Naturgesetz zu sein: Von Gott kann man nur in Metaphern reden, in Mythen, in menschlicher Sprache. Wie das Alte Testament dies tut, wird auf den folgenden Seiten anhand wichtiger Beispiele demonstriert.

Niemand hat Gott je gesehen

1. Gott als Schöpfer

1.1 Der Mythos

Einer der Aspekte, die den Menschen zum Menschen machen, besteht darin, dass er nach seinem „Woher?“ fragt. Ähnlich bedeutsam wie die „Sinnfrage“ nach der Zukunft ist die Frage nach der Vergangenheit: „Woher komme ich?“ und: „Woher kommt diese Welt?“. In der Neuzeit übernimmt die Naturwissenschaft mit ihren Modellen auf der Basis eines gewaltigen Datenmaterials die Vorherrschaft in der Beantwortung der Frage nach dem „Woher?“. In anderen Zeiten mit weitaus weniger Daten haben die Menschen andere Antworten gegeben – diese gilt es mit Respekt zu behandeln und nicht als „veraltet“ abzuqualifizieren.

Die Suche nach dem „Woher?“ mündet in die Frage nach dem Ur-Anfang – man stellt sie auch deshalb, weil man in ihrer Antwort eine sinnstiftende Kraft vermutet, die bis in die Gegenwart von Relevanz ist. Die Texte der Bibel sind nicht die ersten und nicht die einzigen, die die Frage nach dem „Woher“ bis zum Ur-Anfang zurückverfolgen. Daher ist es für das Verständnis der biblischen Rede von Gott als Schöpfer wichtig, sich durch Kenntnisnahme der Mythen im biblischen Umfeld in das damalige Denken hineinzubegeben. Auch wenn der Begriff „Mythos“ im Alltagssprachgebrauch negativ konnotiert ist, so kann er bei neutraler Verwendung hilfreich sein. Der Mythos stellt demnach den Sprachversuch dar, die vorhandenen Daten aus Beobachtungen und Messungen in einem Gesamtmodell zu interpretieren. Die Menschen der Frühzeit und Antike im Umfeld der Entstehung des Alten Testaments gestalten dazu Mythen, die in einer fernen Zeit, jenseits dieser Geschichte, spielen, an denen eine Gottheit oder mehrere Götter beteiligt sind, in denen die Ereignisse einmalig und großartig sind und eine Ordnung der vorfindlichen Welt begründen, wobei der Schöpfer/die Schöpfer ein Teil dieser Welt ist/sind (Immanenz). Zum Verständnis der biblischen Schöpfungstexte ist die Kenntnis ihres altorientalischen Hintergrunds wichtig, um ihre Herkunft und ihre Gegenaussagen erfassen zu können.

Sinnstiftende Kraft im Ur-Anfang

Mythos

1.2 Ein Blick in die Religionsgeschichte

1.2.1 Enuma Elisch

Aus Abschriften vom 9. bis 2. Jh. v. Chr. ist der Text „Enuma elisch“ erhalten, dessen Alter umstritten ist. Er wurde in Babylon am großen Neujahrsfest aufgeführt. Die Anfangsworte „Enuma elisch“ bedeuten „Als droben“. Dieser Mythos dient zur Verherrlichung des babylonischen Staatsgottes Marduk, dessen Sieg über seine Konkurrentinnen und Konkurrenten und seine Erhebung zum Götterherrn gleichzeitig die Entstehung der Welt aus einem furchtbaren Kampf der Götter schildert. Die Materie ist die getötete Ur-Göttin Tiamat, aus der durch Trennung Himmel und Erde gebildet werden; aus dem Blut des Kingu, Tiamats mächtigstem Helfer, erschafft Marduk die Menschen als Diener der Götter.

Durch Trennung werden Himmel und Erde gebildet

(Text: TUAT-AF III, 565–602; RTAT 106–110)

1.2.2 Das Denkmal memphitischer Theologie

Dieser Text, der im 8. Jh. v. Chr. entstand, wurde von dem Ägyptologen Adolf Erman so genannt, der ihn 1909 veröffentlichte. Ptah, der Gott von Memphis, wird als oberster Gott und Ursprung aller weiteren Götter verehrt. Aus Ptah sind alle anderen Götter hervorgegangen, er belebt alle Götter. Herz und Zunge sind die wichtigsten Organe; wie sie über den anderen Organen stehen, so steht Ptah an der Spitze von allem. Durch Erdenken im Herzen und Aussprechen der Zunge wird von Ptah alles erschaffen, auch die heiligen Texte, die den Kult regeln. Ptah wird so „der die Menschheit schuf und die Götter hervorbrachte". Am Ende ruhte Ptah aus/war zufrieden. Das ägyptische Wort ḥtp kann sowohl mit „ausruhen" als auch mit „zufrieden sein" übersetzt werden; die Vorstellung erinnert an Gen 2,1–3.

Durch Erdenken im Herzen und Aussprechen der Zunge wird von Ptah alles erschaffen

(Text: TUAT-E 170-175)

1.2.3 Der Große Hymnus des Echnaton

In der ägyptischen Götterwelt gibt es mehrere Götter, die die solare Macht personifizieren. Re-Harachte wurde beispielsweise in Menschengestalt, einem Falkenkopf und der Sonnenscheibe auf dem Kopf abgebildet. Aton bezeichnet die Sonne in ihrer gemeinhin sichtbaren Gestalt. Eine kultische Verehrung der Sonnenscheibe Aton als Gott beging man etwa ab Amenhotep/Amenophis III., dem Vater Echnatons (Amenophis IV., 14. Jh. v. Chr.). Echnaton hingegen macht Aton zu Beginn seiner Regierungszeit zur höchsten Gottheit. Nachdem er im Jahre 5 seiner Herrschaft in die neue Hauptstadt Achet-Aton (Tell el-Amarna) zieht, werden dort alle anderen göttlichen Kulte verboten, so dass Aton der einzige (monotheistische) Gott wurde. Von Echnaton ist ein großer Hymnus auf den Gott Aton, repräsentiert in der Sonnenscheibe, überliefert. Dieser Hymnus hat enge Berührungspunkte mit Ps 19,5–7 sowie vor allem Ps 104. Die Schöpfung wird in beiden Texten als etwas Großartiges und Lebendiges bestaunt. Der Haupt-

Aton, die göttliche Sonnenscheibe

unterschied besteht darin, dass in Echnatons Hymnus die Sonnenscheibe göttlich ist (Aton), in der Bibel dagegen ein Geschöpf Gottes.

(Text: TUAT II, 848–853)

1.3 Schöpfungstexte der Bibel

1.3.1 Genesis 1–3

Genesis 1

Die geordnete Welt

Der Schöpfungstext in Genesis 1 ist kein Faktenbericht über die Entstehung der Welt „wie es wirklich war", sondern eine Vorstellung der Welt als von Gott geschaffen und geordnet. Diese Ordnung gilt weiterhin: Der Anfang wird nicht zurückgelassen, sondern bestimmt die Welt und die Menschen. Ziel und Höhepunkt des Textes ist nicht der Mensch, sondern nach dem 6+1-Schema die Ruhe Gottes am siebten Tag, die Heiligung des siebten Tages als Ruhetag. Diese Schöpfungsordnung liefert auch die Begründung des Sabbats in der Fassung des Dekalogs von Ex 20. Die in Gen 1 erwähnten Zeiteinheiten (v.a. Tag/Nacht) sind alle in der Natur zu beobachten; nahezu alle Zeiteinheiten sind aus der Natur ableitbar. Das gilt jedoch nicht für den Wochenrhythmus von 6+1. Diese „künstliche" Zeiteinteilung ist – nach Ausweis von Gen 1 – durch Gott als Geschenk in die Schöpfungsordnung eingestiftet worden.

Sabbat als Geschenk

Die Macht liegt allein bei Gott: Sein Wort erschafft alles, seine Tat bewirkt alles in analogieloser Weise. Die Schöpfung wird entmythisiert und entgöttlicht: Die Urflut ist keine Gottheit mehr. Sonne und Mond werden nicht genannt, da diese Begriffe auch Götternamen sind. Vielmehr sind die Gestirne Lampen mit Kalender- und Uhrfunktion. Die Schöpfung ist vollendet (abgeschlossen) und „sehr gut". Der Segen ermöglicht die Fortpflanzung ohne weiteres Eingreifen Gottes. Diese Schöpfung ist der Entwurf der Welt, wie sie sein soll.

Gott allein erschafft alles sehr gut

Geschrieben wurde der Text in einer Zeit, in der Israel alles verloren hatte: Die Babylonier hatten im 6. Jh. v. Chr. die Stadt Jerusalem erobert und zerstört, der Tempel lag in Schutt und Asche, weite Teile der Bevölkerung waren ins Exil nach Babylon verschleppt worden. Inmitten dieses Chaos behauptet der Text, dass Israel hoffen darf: Gott nimmt das Ja zu seinem Volk und zum Land Israels als „Lebenshaus" für sein Volk nicht zurück. Gott steht zu seiner Verheißung – und zwar, solange die Schöpfung besteht. Trotz aller chaotischen Bedrohungen ist die Schöp-

Gottes Ja zu seinem Volk

fung auf heilvolles Leben angelegt – und mit dieser Schöpfung hat Gott auch für sein Volk als Teil dieser Schöpfung die Verantwortung übernommen. Damit aber bedeutet das Heil der Menschen auch das Heil der Schöpfung, Gott will keine Erlösung an der Schöpfung vorbei. Die Erde ist als Lebenshaus für alle gewollt. Die Zerstörung der Erde ist eine Absage an den Schöpfergott und eine Behinderung des von Gott in der Schöpfung gewollten Heils.

Genesis 2–3

Im Schöpfungstext von Genesis 2–3 wird Gott relativ *anthropomorph* (menschengestaltig) dargestellt: Der Mensch wird von Gott aus Staub vom Ackerboden geformt und hat direkten Kontakt zur Gottheit. Diese Unmittelbarkeit geht durch die „Sünde" des ersten Menschenpaares verloren. So wird erklärt, warum der Mensch nicht (mehr) unmittelbar Gott begegnen kann.

Gottes Fürsorge für den Menschen

Gott stattet den Menschen mit allen lebenswichtigen Dingen aus. So erhält der Mensch eine ihn erfüllende Aufgabe mit Verantwortung (Bebauen und Hüten des Gartens) sowie eine lebensförderliche Weisung. Das Gebot, von einem bestimmten Baum nicht zu essen, ist paradigmatisch und als „Abstraktion" gemeint: Die an sich unverständliche Weisung eines „Speiseverbots" steht stellvertretend für alle Weisungen Gottes, die Gott dem Menschen (im weiteren Verlauf bis hin zur Tora am Sinai!) mitteilen wird. Für sie gilt: Auch wenn sie der Mensch (noch) nicht durchschaut, er muss sie befolgen, sonst droht der Tod. Letztere Sanktion ist keine akute „Todesstrafe", sondern ein paradigmatischer Hinweis: Das Übertreten dessen, was Gott dem Menschen als Gebot/Verbot mitteilt, führt immer in die Sphäre des Todes.

Gottes Weisung

Lebensabträglich („nicht gut") wäre ferner die Einsamkeit des Menschen. Dafür schafft Gott Abhilfe, wobei die Tiere keine adäquate Lösung sind. So baut Gott aus einem Teil des Menschen eine Frau als „göttliche" Abhilfe. Der Begriff der „Hilfe" kehrt in den Psalmen dort wieder, wo von der Hilfe Gottes die Rede ist (Ps 20,3; 33,20; 70,6)! „Hilfe" ist also nicht abwertend gemeint. Erst jetzt, nach der göttlichen „Operation", ist von Mann und Frau (später von Adam und Eva) die Rede.

Gottes Abhilfe der Einsamkeit des Menschen

Autonomie

Der Mensch erreicht gegenüber Gott seine sittliche Autonomie: Nicht mehr Gott bestimmt, was lebensförderlich („gut") ist, vielmehr nimmt es der Mensch selbst in die Hand, zu erkennen (und zu bestimmen), was „gut" (lebensförderlich) und „böse" (lebensabträglich) ist. Der Mensch gibt sich sein Gesetz selbst. Nach biblischer Darstellung anerkennt Gott das als unleugbare Realität: „Der Mensch ist geworden wie unsereiner, dass er Gut und Böse erkennt" (Gen 3,22).

Sterblichkeit

Es gibt hier keinen Unterschied mehr zwischen Mensch und Gott – daher erhält eine zweite Differenz, das Sterben-Müssen, umso größere Bedeutung. Mit dem Ausschluss des Menschen vom Baum des Lebens (und damit von der Unsterblichkeit) erklärt der Text eine Grundfrage menschlichen Lebens: Was soll es, dass der Mensch um seine Sterblichkeit weiß, aber nichts dagegen tun kann? Antwort der Bibel: Es ist so von Gott verfügt. Am Ende der christlichen Bibel taucht das Motiv vom Baum des Lebens wieder auf: Ein eschatologischer Ausblick in der Offenbarung des Johannes betrifft die Überwindung des Todes überhaupt, so dass es keinen Tod mehr geben wird (21,4) – dann hat der Mensch Anteil am Baum des Lebens (22,2 und 22,19) und ist – wie Gott – unsterblich. Diese Hoffnung bildet eine literarische Klammer um die christliche Bibel.

1.3.2 Psalm 104

Loblied auf den Schöpfer

Psalm 104 ist kein eigentlicher Schöpfungstext, sondern ein Loblied auf den Schöpfer, der alles wunderbar geordnet hat. Der Psalm thematisiert die Gestaltung der Elemente (Licht, Himmel, Himmelsozean, Wind, Feuer, Erde, Bändigung der Urflut, Berge und Täler) und die Harmonie der Schöpfung, das ökologische Gleichgewicht der Lebensbereiche: Wasserkreislauf, Tiere, Menschen – alle sind gut versorgt. Harmonie bestimmt auch die Zeit: Mond und Sonne sind zuverlässige Zeitgeber; Tag und Nacht entsprechen unterschiedlichen Lebensbereichen. Die Nacht gehört den wilden Tieren; der Tag ist das Betätigungsfeld des Menschen.

Ökologisches Gleichgewicht und Harmonie

Es gibt zahlreiche Bezüge von Ps 104 sowohl zum Alten Orient und Alten Ägypten als auch zu anderen Schöpfungsaussagen innerhalb der Bibel – und dennoch hat der Text sein eigenes Gepräge. Der Mensch hat nicht wie in Gen 1 einen herausragenden Schöpfungsauftrag oder eine besonders markierte Stellung in der Schöpfung. Die Systematik ist nicht chronologisch angelegt wie in Gen 1 (6+1-Tage-Schema), sondern eher zyklisch: das Leben ist ein fortwährender Prozess, Tag und Nacht wechseln sich ab, ebenso Werden und Vergehen. „Schöpfung" ist nicht nur einmaliges Handeln Gottes – auch der Mensch hat Anteil daran, indem er die Natur kultiviert (Ackerbau, Weinbau). Ps 104 konstatiert keine erhebliche Differenz zwischen den heutigen realen Abläufen und dem Schöpfungsplan Gottes – anders als in der Urgeschichte (Gen 2–3). Anders als Aton, die göttliche Sonnenscheibe, ist JHWH nicht Teil der Schöpfung – trotz allen immanenten Wir-

Leben als fortwährender Prozess

kens geht JHWH nicht in der Schöpfung auf, sondern steht ihr gegenüber. JHWH ist personaler Schöpfer einer Harmonie, die dann aber auch ohne sein permanentes Eingreifen segensreich ablaufen kann (anders als in Ägypten, wo der Sonnenkreislauf eine permanente Kosmogonie, Tag für Tag, darstellt).

1.3.3 Deuterojesaja

Neben dem Buch Genesis ist Deuterojesaja (Jes 40–55) derjenige biblische Bereich, der am intensivsten von Gott als Schöpfer spricht. Dabei wird das schöpferische Handeln Gottes dem geschichtlichen Handeln zugeordnet. Die geschichtliche Situation der Exilszeit (6. Jh. v. Chr.) erklärt, warum gerade in dieser Zeit die Rede von Gott (JHWH) als Schöpfer an Bedeutung gewinnt. Nahezu alle religiösen Institutionen sind verloren: Die einst als unzerstörbar gedachte Stadt Jerusalem ist von den Babyloniern eingenommen und zerstört worden; der als unverletzlich gedachte Tempel wurde gebrandschatzt. Auf welche Traditionen und theologischen Inhalte kann Israel im Exil noch bauen? Der (unbekannte) Prophet, dessen Worte (und ihre Fortschreibungen) in das Jesajabuch Aufnahme gefunden haben, findet u.a. in der Rede von der Schöpfung (und Gott als Schöpfer) Ansatzpunkte für eine Trostbotschaft. Seine aufrichtenden und aufrüttelnden Reden folgen bestimmten Formen, die wiederum der Situation angemessen sind: Heilsorakel, Diskussionsworte, Gerichtsszenen.

Heilsorakel

Das Heilsorakel dreht sich im Kern um die Zusage „Fürchte dich nicht", die mit einem folgenden Begründungssatz untermauert und abgesichert wird. Im folgenden Beispiel Jes 43,1 wird das Heilsorakel mit einer Botenspruchformel („so spricht JHWH") eingeleitet, wobei der Gottesname JHWH mit typischer Schöpfungsterminologie erweitert ist. Die Schöpfungsverben „erschaffen" und „formen" werden dabei im Partizip verwendet, so dass die Sprache des partizipialen Hymnus anklingt:

Zitat

„Jetzt aber – so spricht JHWH, der dich geschaffen hat, Jakob, und der dich geformt hat, Israel: Fürchte dich nicht, denn ich habe dich ausgelöst, ich habe dich beim Namen gerufen, du gehörst mir." (Jes 43,1)

Diskussionswort

Beim Diskussionswort stellt Gott zunächst eine provozierende These auf und fordert so zur Stellungnahme heraus. Im Beispiel Jes 40,25–31 läuft die Argumentation so, dass Gott, der Heilige (ein für das ganze Jesajabuch typisches Gottesepitheton!), daran erinnert, dass er alle Sterne erschaffen hat (Jes 40,25–26). Das ist zunächst gegen den mesopotamischen Astralkult gerichtet: Die Sterne sind keine Gottheiten, sondern vom einen und einzigen Gott geschaffene Lichter, die ein großes Heer bilden. Dass keiner zu fehlen wagt, ist eine metaphorische Rede, die sich die Ordnung des Sternenhimmels zunutze macht: Die Sterne kehren mit großer Regelmäßigkeit wieder, weil ihnen Gott, der Allgewaltige, diese Ordnung auferlegt hat. So zeugt der regelmäßige Lauf der Himmelskörper nicht für ihre Göttlichkeit, sondern für die Ordnung schaffende Macht JHWHs. Der zitierte Einwand des Volkes in Jes 40,27 wird im folgenden Vers widerlegt: Der Schöpfer der Erde (!) hat Kraft genug, dem ermatteten Volk Israel aufzuhelfen (Jes 40,30–31). Die Situation des Volkes im Exil war von großer Depression und Verzweiflung gekennzeichnet. Die Ursache dafür war auch der innere Zweifel an der Richtigkeit des eigenen Glaubens: Hat sich JHWH nicht darin, dass sein Tempel und seine Stadt (Jerusalem) zerstört wurden, als der schwächere Gott erwiesen? Wo bleibt die große Macht des Gottes Israels? Der seelsorgerlich tröstende Prophet (Deuterojesaja) erinnert an die Tradition, dass JHWH, der einzige Gott, auch die Erde geschaffen hat – und daher hat er Macht genug, auch das deprimierte Volk Israel wieder aufzurichten.

Gerichtsszene

Die Gerichtsszene in Jes 45,18–25 bildet den äußeren Rahmen für die tröstende Botschaft des Propheten. Die Gottesrede leitet der Prophet mit einer stark erweiterten Botenspruchformel ein – und diese Erweiterungen weisen wieder auf das Schöpfungsthema hin: Hier spricht nicht irgendein Gott, sondern der Schöpfer der Welt (Himmel und Erde), der die Erde als Lebenshaus (Genesis 1!) gemacht hat (nicht als „Wüste", als *tohu*, vgl. Gen 1,2: aus dem *tohu wa bohu* wird der geordnete Lebensraum von Himmel und Erde!). Diese Präsentation Gottes als Schöpfer eines wohlgestalteten Lebensraumes verleiht der Rede wesentliches Gewicht.

Gottes Geschichtsmacht

Innerhalb der Rede wird Gottes Geschichtsmacht deutlich, indem betont wird, dass Gott alles vorher angekündigt hat. Daher gibt es auch keine anderen Götter – denn nur ein lebendiger Gott kann die Geschichte vorausplanen und das Angekündigte Wirklichkeit werden lassen. Und so, wie sich das von den Propheten angekündigte Gericht bewahrheitet hat – Deuterojesaja setzt die Gerichtspredigt der vorexilischen Propheten voraus –, so wird sich auch die angekündigte Rettung bewahrheiten.

Der Rekurs auf die Schöpfung stützt die Argumentation Gottes (Jes 42,5–9): Gott (JHWH) hat Himmel und Erde gemacht und verleiht allen Lebenden seinen Geist – daher hat er die Macht, seine gesamten Geschichtspläne (insbesondere die Befreiung des gefangenen Volkes) in die Tat umzusetzen. Diese Geschichtspläne beziehen auch den Perserkönig Kyrus mit ein (Jes 44,24–28).

Kyrus II. (559–529 v. Chr.) hatte in einer beispiellosen Erfolgsserie das medische Reich, Kleinasien und Babylonien mit Syrien-Palästina erobert. In Babylon, dessen Herrschaft bereits durch innenpolitische und religionspolitische Querelen geschwächt war, zog Kyrus als Befreier kampflos ein – die Priester begrüßten ihn, denn (so stellt es Kyrus auf dem so genannten Kyruszylinder dar) er erlaubte die Wiedererrichtung des alten Marduk-Kultes, den der letzte babylonische König Nabonid (556–539 v. Chr.) durch die Verehrung des Mondgottes Sin ersetzen wollte.

Der Perserkönig als Gottes Werkzeug

Gottes Werkzeug zur Verwirklichung der Geschichtspläne ist der Perserkönig Kyrus. Dies wird in Jes 45,1–8, dem so genannten Kyrus-Orakel, näher entfaltet. Kyrus wird als Messias (Gesalbter) JHWHs vorgestellt. Der Text betont die Allmacht und die Einzigkeit JHWHs – sogar der persische Großkönig (und mit ihm alle Welt) müssen dies einsehen. Die Konsequenz aus diesem Monotheismus lautet: Wenn es nur einen Gott allein gibt (der JHWH ist), ist dieser eine und einzige Gott auch für das Unheil und das Dunkel verantwortlich. Möglicherweise nimmt diese Aussage auf einen in der persischen Religion (aber auch in anderen polytheistischen Systemen) belegten Dualismus (der Glaube an einen guten Gott und einen bösen Gott) kritisch Bezug. Dass JHWH hier auch die Finsternis erschafft, ist im Alten Testament einzigartig. Nach Genesis 1 liegt die Finsternis bei der Erschaffung der Welt bereits vor, Gott muss nur das Licht erschaffen und nennt auch nur das Licht gut, nicht die Finsternis (Gen 1,1–5). – Der Text endet jedoch nicht mit der harten Aussage von Jes 45,7 („ich bewirke das Heil und erschaffe das Unheil"), sondern mit dem festen Vorsatz Gottes:

Zitat

„Taut, ihr Himmel, von oben, ihr Wolken, lasst Gerechtigkeit regnen! Die Erde tue sich auf und bringe das Heil hervor, sie lasse Gerechtigkeit sprießen. Ich, der Herr, will es vollbringen" (Jes 45,8).

Letztliches Ziel Gottes sind Gerechtigkeit und Heil!

1.3.4 Die Gottesreden im Ijobbuch (Ijob 38–41)

Gott als der schlechthin Überlegene und Unvergleichliche

Das Hauptthema der Gottesreden im Ijobbuch (Ijob 38–41) ist das gegenwärtige Walten Gottes als Schöpfer und Erhalter der Welt, als der schlechthin Überlegene und Unvergleichliche. Sie beginnen jeweils mit einer Herausforderung Ijobs: Ähnlich wie Ijob Gott zur Stellungnahme herausforderte, so tritt Gott (JHWH) im Wettersturm an Ijob heran und verfolgt zwei Ansätze: (1) den Vorwurf an Ijob, von Dingen zu reden, von denen er keine Ahnung hat, so dass er unberechtigterweise Gott und seine Schöpfung in einem schlechten Licht erscheinen lässt; (2) die Aufforderung Ijobs zum Kampf und dazu, Gott zu belehren: In ironischer Weise unterstellt Gott, dass Ijob doch Bescheid wisse über alles – daher könne er ja zu Gottes Anfragen Stellung nehmen. Im Folgenden stellt Gott Fragen, die kein Mensch beantworten kann. Als Beispiele für die Hinfälligkeit des Menschen werden Ijob zwei Geschöpfe Gottes vorgehalten, die der menschlichen Verfügbarkeit völlig entzogen sind: Nilpferd (Behemot) und Krokodil (Leviathan) – man möge es einmal probieren, Hand an das Krokodil zu legen (Ijob 40,32)! Der Verweis auf diese Tiere dient dazu, Ijob zu zeigen, dass die menschliche Welt (anders als in Genesis 1) nicht das Zentrum des Kosmos ist, sondern nur ein kleiner Teil davon.

Die Antwort Ijobs (Ijob 42,1–6) anerkennt die Allmacht und Majestät Gottes, indem Ijob seine Sprachlosigkeit einsieht: Auf diese Argumentation Gottes kann der Mensch nichts mehr erwidern.

Zusammenfassung

Biblische Schöpfungsrede begegnet schwerpunktmäßig im Buch Genesis, in den Psalmen (v.a. Ps 104), in Deuterojesaja und den Gottesreden des Ijobbuches. Sie wird unter dem Eindruck altägyptischer und altorientalischer Mythen formuliert, setzt aber auch eigene Akzente (Transzendenz Gottes, Monotheismus). Die Schöpfungsrede thematisiert nicht nur die Schöpfung als solche, sondern dient oft auch als unterstützendes Argument für eine Botschaft des Trostes und der Ermutigung.

2. Die Selbstvorstellungen Gottes im Buch Exodus

„Theologie: Rede von Gott“ – es gibt viele Möglichkeiten, von Gott zu sprechen. Die Bibel selbst redet zwar oft über Gott, legt aber auch das Reden zu Gott, also das Gebet, nahe. In einer dritten literarischen Redeweise kommt Gott selbst zu Wort. Theologisch besonders dichte Abschnitte sind so gestaltet, dass Gott über sich selbst in erster Person spricht. Gerade im Buch Exodus, dem zweiten Buch Mose und der Bibel, stellt sich Gott mehrfach selbst vor.

Gott spricht über sich selbst in erster Person

2.1 Der Gottesname

Mit dieser Gestaltungsweise erhebt das Buch Exodus den Anspruch, authentisch von Gott zu sprechen: Wenn etwas so dargestellt wird, dass es Gott über sich selbst aussagt, hat es innerbiblisch ein besonderes Gewicht. In der ersten Szene, in der sich Gott gegenüber Mose selbst vorstellt und seinen Namen offenbart, zeigt sich Gott als Bekannter: „Ich bin der Gott deines Vaters, der Gott Abrahams, der Gott Isaaks und der Gott Jakobs" (Ex 3,6). Damit ist die Brücke in die Vergangenheit zum Buch Genesis und den dort ergangenen Verheißungen geschlagen. Zugleich wird in die Zukunft geblickt: Trotz seiner Einwände wird Mose berufen, das Volk Israel aus der Unterdrückung durch die Ägypter zu führen. Der Höhepunkt ist die Offenbarung des „Eigennamens" Gottes (Ex 3,14–15): JHWH (Jahwe). Die Erklärung dieses Namens als „der Ich-bin" ist mehr ein Rätsel als eine Antwort, offen für vielerlei Deutungen, so dass z.B. die griechische Übersetzung daraus „den Seienden" macht, was gut in die griechische Philosophie passt. Gott wird durch diesen „Namen" nicht greifbar und verfügbar, anders als es sonst mit Namen der Fall ist: Hier verleiht die Kenntnis des Namens keine Macht über das Wesen. Dennoch ermöglicht die „Namensoffenbarung" eine enge Beziehung zwischen Mose und Gott, die für das nun Folgende auch notwendig ist. Die Namensoffenbarung wird aber erst in Ex 34,5–7 vollendet, wenn im Zuge der Bundeserneuerung der eigentliche „Inhalt" der Gottesoffenbarung mitgeteilt wird (s.u.).

Brücke zum Buch Genesis

Der Gottesname verleiht keine Macht über Gott

Der Gottesname im Alten Testament

Der Gottesname ist in der Hebräischen Bibel unvokalisiert überliefert und besteht aus den vier Konsonanten J-H-W-H (יהוה – das so genannte Tetragramm, das bisweilen auch in christlichen Darstellungen, z.B. der Dreifaltigkeit, auftaucht). Nach jüdischer Tradition wird der Name nicht ausgesprochen, um das Verbot des Namensmissbrauchs in den Zehn Geboten nicht zu verletzen. Die jüdischen Gelehrten, die den Konsonantentext der Hebräischen Bibel im 8.–10. Jh. n. Chr. mit Vokalzeichen versehen

Tetragramm

haben (die Masoreten), haben zu diesen vier Konsonanten die Vokale eines anderen Wortes gesetzt, so dass die Leser sofort wissen, dass etwas anderes zu lesen sei als eigentlich geschrieben steht. Als Ersatz wurde das hebräische Wort für „Herr" (*'adonaj*) gewählt (bzw. dort, wo bei JHWH schon „Herr" stand, das Wort *'elohim* = Gott). Wenn man nicht durchschaut, dass die Vokalzeichen andeuten, dass ein ganz anderes Wort laut zu lesen sei (nämlich *'adonaj* oder *'elohim*), versucht man künstlich die Vokale mit JHWH zu verbinden, so dass die berühmt gewordene Fehllesung „Jehova" entsteht. Dagegen konnte die sprachwissenschaftliche Forschung erheben, dass das Tetragramm vermutlich Jahwe oder Jahwä ausgesprochen wurde. Es ist jedoch sinnvoll, den Respekt der Tradition vor diesem Gottesnamen beizubehalten. Damit ergibt sich ein Unterschied zwischen Schriftsprache und gesprochener Sprache, wie er auch im Alltag immer wieder begegnet.

Eine inhaltliche Füllung der Namensoffenbarung anhand von Ex 3,14 gelingt nicht. Es bleibt das Rätsel „Ich (bin) ich" – eine Wendung, die auf Ex 34,6 vorausverweist, wo wörtlich „JHWH ist JHWH" steht und dann eine nähere Bestimmung Gottes folgt (s.u.). Im Gegensatz zu den vielen eine klare Bedeutung und Zuständigkeit ausdrückenden Götternamen der Antike zeigt sich hier eine Besonderheit des israelitischen Gottesglaubens.

Kyrios

Die griechische Übersetzung (Septuaginta) gibt JHWH durch *kýrios* (Herr, Besitzer) wieder. Im Griechischen bezeichnet *kýrios* denjenigen, der über eine andere Person oder Sache entscheidet. Hingegen geht es nicht um die vielleicht mitklingende Assoziation von „Herr" als Gegensatz zu „Dame". In den deutschen Übersetzungen finden sich die Wiedergaben mit *JHWH, Jahwe, Herr* und *HERR*. Martin Buber (1878–1967) und Franz Rosenzweig (1886–1929) wählen als eigenen Weg die Großschreibung des Personalpronomens zur „Umschrift" des Tetragramms, also *ER, SEIN, ICH, MEIN* – je nach Kontext. Moses Mendelssohn (1729–1786) gibt in seiner Toraübersetzung (ca. 1774–1776) den Namen mit *der Ewige* wieder, was die jüdische Tradition in aller Welt bis heute sehr stark prägt. Eine weitere Umschreibung bzw. Leseweise ist *Ha-Schem* („der Name"). Die Übersetzung „Bibel in gerechter Sprache" wechselt mit verschiedenen Varianten (u.a. der/die Ewige, Schechina, Adonaj, der/die Lebendige, der/die Eine, der/die Heilige) ab.

Die Thematik von Ex 3–4 kehrt in Ex 6,2–8 wieder. Der erste Versuch des Mose, das Volk beim Pharao freizubekommen, scheitert, das Volk ist verzagter und die Situation der Unterdrückung schlimmer als vorher. Gott macht noch einmal deutlich, wer er ist.

Zitat

„2 Gott redete mit Mose und sprach zu ihm: Ich bin JHWH. 3 Ich bin Abraham, Isaak und Jakob als El-Schaddai (Gott, der Allmächtige) erschienen, aber meinem Namen (= Wesen) ‚JHWH' nach habe ich mich ihnen nicht zu erkennen gegeben. 4 Auch habe ich einen Bund mit ihnen geschlossen und habe versprochen, ihnen das Land Kanaan zu geben, das Land, in dem sie als Fremde lebten. 5 Ferner habe ich gehört, wie die Israeliten darüber stöhnen, dass die Ägypter sie wie Sklaven behandeln. Da habe ich meines Bundes gedacht, 6 und deshalb sag zu den Israeliten: *Ich bin JHWH.* Ich *führe euch* aus dem Frondienst für die Ägypter *heraus* und rette euch *aus der Sklaverei.* Ich erlöse euch mit hoch erhobenem Arm und durch ein gewaltiges Strafgericht über sie. 7 Ich nehme euch als *mein Volk* an und werde *euer Gott* sein. Und ihr sollt *erkennen*, dass ich JHWH bin, euer Gott, der euch aus dem Frondienst in Ägypten herausführt. 8 Ich führe euch in das Land, das ich Abraham, Isaak und Jakob unter Eid versprochen habe. Ich übergebe es euch als Besitz; ich bin JHWH." (Ex 6,2–8)

Heilsgeschichte

In stark komprimierter Form und unter Verwendung mehrerer Formeln wird die „Heilsgeschichte" auf den Punkt gebracht: Gott stellt sich mit seinem Namen vor, der noch nichts über seinen Träger aussagt (Selbstvorstellungsformel). Daher füllt Gott diesen Namen mit seiner Verheißung: die Befreiung des Volkes aus der Sklaverei (Herausführungsformel), die Annahme als „mein Volk" (Bundesformel), die Erkenntnis, was Gott ausmacht, nämlich die Freiheit vom Frondienst (Erkenntnisformel) und die Gabe des Landes als Ort für ein Leben in Freiheit. Damit ist alles gesagt, was das Verhältnis zwischen Gott und seinem Volk konstituiert und wer und was dieser Gott JHWH ist – oder sein wird, denn im Erzählverlauf muss sich das, was in der Vergangenheit verheißen wurde und in der Gegenwart behauptet wird, in der Zukunft erst noch bestätigen.

2.2 Der erwählende und befreiende Gott

Der befreiende Gott

JHWH erweist sich als machtvoller Gott, der sein Volk befreien kann. Was in Ex 3,12 angekündigt wurde, erfüllt sich in Ex 19,1–2: Nach erfolgreichem Auszug kommt das Volk am Berg Sinai an. Wieder eignet sich dieser Punkt im Erzählverlauf, um das Verhältnis zwischen Gott und Israel, dem Haus Jakobs (Rückbezug zu Gen 46,27!), zu rekapitulieren und erneut zu definieren. Dabei sagt Gott auch viel über sich selbst.

Zitat

„3 Mose aber stieg hinauf zu Gott. Da rief JHWH zu ihm vom Berg her: „So sollst du zum Haus Jakobs sagen und den Israeliten verkünden: 4 Ihr selbst habt gesehen, was ich Ägypten getan habe. Dann habe ich euch auf Geiersflügeln getragen und euch zu mir gebracht. 5 Jetzt aber, wenn ihr wahrhaftig auf meine Stimme hören werdet, meinen Bund bewahren werdet, dann werdet ihr mein eigenes Volk unter allen Völkern sein, wenngleich mir die ganze Erde gehört, 6 werdet ihr mir aber ein priesterliches Königreich sein, ein heiliges Volk. Dies sind die Worte, die du zu den Israeliten sprechen sollst." (Ex 19,3–6)

Das Befreiungs- und Auszugsgeschehen wird in die poetische Metapher von den Geiersflügeln (traditionell: „auf Adlers Fittichen") gekleidet. Diese Tat Gottes schafft die Ausgangsbasis für die Realisierung dessen, was vorher mit der Bundesformel („mein Volk, euer Gott") bereits angedeutet wurde: Gott baut die einzigartige Beziehung zu bestimmten Menschen, die mit den Erzeltern begonnen hat, nun auf der Ebene des Volkes aus. Dabei ist dies nicht das gleichsam naturbedingte Verhältnis einer Nation zu ihrem Nationalgott – Gott gehört vielmehr die ganze Erde. In diesem kurzen Satz spiegelt sich ein monotheistisches Bekenntnis, denn neben diesem Gott kann es keine anderen Götter mehr geben. Dieser einzige Gott, der der Herrscher der Welt ist, erwählt sich in freier Souveränität ein Volk – Israel – zu einer besonderen Aufgabe. Obwohl die Erwählung ungeschuldete Gnade ist, ist sie an eine Bedingung geknüpft: Wenn das Volk auf Gottes Stimme hört und die Weisung JHWHs befolgt („meinen Bund bewahrt"), dann wird es Gottes „besonderes Eigentum". Der hebräische Begriff bezeichnet das Eigentum des Königs. Auch wenn die Beziehung JHWHs zu Israel nicht selten in der Sprache der Liebe formuliert wird (z.B.

Der erwählende Gott

Mal 1,2), so verfolgt Gott damit eine bestimmte Absicht über Israel hinaus. Israel soll eine „königliche Priesterschaft“ sein. Wie der Priester im Kult zwischen den Menschen („Laien“, Volk) und Gott eine Brücke baut (*pontifex*), so soll Israel durch seine Existenz eine Brücke zwischen Gott (JHWH) und den Völkern sein. Daher muss es auch ein „heiliges Volk“ sein – denn nur im Status der Heiligkeit kann sich der Priester Gott nähern. Für die Begegnung mit dem heiligen und lebendigen Gott ist eine Vorbereitung und eine Absonderung aus dem Alltag („Heiligung“) nötig – das zeigen auch die Vorbereitungen auf die Erscheinung Gottes in Ex 19,10–15. Als „heiliges Volk“ kann Israel eine besondere Nähe zu Gott erfahren – und von daher Mittler des Heilswillens Gottes für die Völker sein. So hat sich Gott das ausgedacht, so wird Gottes Konzept in Ex 19,5–6 in Gottes eigener Rede beschrieben. Die Gestaltung als *Gottesrede* verleiht dem Gesagten großes Gewicht.

Königliche Priesterschaft und heiliges Volk

Im Erzählverlauf folgen nun die Weisungen JHWHs in Form von zwei Rechtskorpora (als Gottesreden!): die Zehn Gebote (Dekalog; Ex 20,1–17) und das Bundesbuch (Ex 20,22–23,33). Deren Grundlage ist die Identität Gottes, die Gott in eigner Rede formuliert.

Zitat

„Ich bin JHWH, dein Gott, der ich dich herausgeführt habe aus dem Land Ägypten, dem Sklavenhaus.“ (Ex 20,2)

Mit der Formel „Ich bin JHWH“ stellt sich Gott selbst vor. Dieser Satz ist die Präambel (in jüdischer Zählung das Erste Wort) und die unverzichtbare Voraussetzung aller göttlichen Weisungen. Damit setzt Gott die Bundesbeziehung in Kraft und verwirklicht den in Ex 6,6–8 (s.o.) angekündigten Bund. Die Ge- und Verbote ergehen auf der Basis der Freiheit, zu der Gott sein Volk geführt hat. Liest man den Dekalog im Erzählzusammenhang, kann sein Vorspruch auch anders gedeutet werden: „Ich *allein* (*nur* ich!) bin JHWH, dein Gott“. Damit ist der Ausschließlichkeitsanspruch JHWHs, für Israel der einzige Gott zu sein, formuliert und das Erste Gebot („du sollst neben mir keine anderen Götter haben“) vorbereitet. Der Dekaloganfang markiert so drei wesentliche Elemente des biblischen Gottesglaubens: die Geschichtsbezogenheit („aus Ägypten herausgeführt“), die Ausschließlichkeit (Erstes Gebot) und die Bildlosigkeit (Zweites Gebot; Ex 20,4).

Drei Elemente des biblischen Gottesglaubens: Geschichtsbezogenheit, Ausschließlichkeit, Bildlosigkeit

Die letzten beiden Punkte werden für Israel zum Artikel, mit dem alles steht und fällt. Das Scheitern Israels an der Alleinver-

Scheitern an der Alleinverehrung JHWHs: Das Goldene Kalb

ehrung JHWHs wird in der Beispielgeschichte vom Goldenen Kalb vorweg genommen. Die Sünde des Volkes besteht darin, die Erfahrung der Befreiung aus der Sklaverei in Ägypten, die es mit dem unsichtbaren JHWH gemacht hat, auf ein von Menschenhand gemachtes sichtbares Ding (ein „Goldenes Kalb" in Anlehnung an die Stierbilder der kanaanäischen Religion im Umfeld Israels und in Anspielung an die Gottesbilder Jerobeams in 1 Kön 12,28) zu übertragen (Ex 32,4; s.u.). Der Verlauf der Geschichte Israels, die in den biblischen Schriften als ein Hin- und Her zwischen Abfall von JHWH, Strafe und Vergebung dargestellt wird, spiegelt sich in dieser dramatischen Konstellation. Das Scheitern Israels bringt nun einen weiteren, zentralen Grundzug biblischer Rede von Gott zum Vorschein: die Vergebungs- und Versöhnungsbereitschaft JHWHs.

Die Vergebungsbereitschaft Gottes

2.3 Der barmherzige Gott

Aufgrund der Fürbitte des Mose (Ex 32,31–32) gewährt JHWH dem Volk Vergebung. Als Zeichen dafür erbittet Mose von JHWH, Gott möge ihm seine Herrlichkeit sehen lassen (Ex 33,18). Das ist eine an sich vermessene Forderung nach unmittelbarer Nähe zu Gott. Gott lehnt nicht direkt ab, trifft aber entsprechende Vorsichtsmaßnahmen zum Schutz des Mose. Und Mose sieht Gott auch nur „von hinten" (Ex 33,23; EÜ: „meinen Rücken"). Der hebräische Ausdruck kann auch zeitlich aufgefasst werden: „im Nachhinein" – und das kommt der menschlichen Weise der Gotteserfahrung am nächsten. Der Mensch erfährt Gott nicht unmittelbar, sondern deutet im Nachhinein sein Leben in den Spuren Gottes. Die Erfahrung, dass trotz größten Scheiterns immer wieder ein Neuanfang möglich ist, kleidet die Bibel in die Rede vom gnädigen und barmherzigen Gott. Als ein solcher stellt sich JHWH in jenem dramatischen Erzählmoment vor, in dem er an Mose vorüberzieht.

Gnadenformel

Zitat

„6 Dann zog JHWH vorüber vor ihm und er rief aus: „JHWH (ist) JHWH. Ein barmherziger und gnädiger Gott, langmütig und von großer Huld und Treue, 7 der tausenden (Generationen) Huld bewahrt, der Schuld, Frevel und Sünde wegnimmt – aber er spricht nicht einfach frei –, der die Schuld der Väter prüft bei den Söhnen und Enkeln, bei der dritten und vierten Generation." (Ex 34,6–7)

Dieser Zentraltext biblischer Theologie wird in der Forschung „Gnadenformel“ genannt. Der erste Satz („JHWH ist JHWH“) erinnert an die vorausgehenden Selbstvorstellungen Gottes in Wort und Tat. JHWH hat sich als der erwiesen, als der er sich am Beginn des Exodusbuches angekündigt hat. Und jetzt nimmt JHWH zum Scheitern der Menschen Stellung. Die Vergebungsbereitschaft und Barmherzigkeit Gottes, die Gottes souveräne Entscheidung ist (Ex 33,19), erstreckt sich über Tausende (Nachkommen oder Generationen). Dieser erste Teil könnte dahingehend missverstanden werden, dass dann die sittlich-ethische Entscheidung des Menschen irrelevant wird und seine Verantwortlichkeit aufgehoben ist – gleichgültig, was er tut, Gott wird ohnehin vergeben. Dass dem nicht so ist, macht der zweite Teil deutlich, der eine Grundspannung in biblischer Gottesrede aufbaut (s. auch Ex 20,5–6). Gott spricht nicht einfach frei: Die menschliche Verantwortlichkeit bleibt bestehen, die göttliche Barmherzigkeit ist keine Automatik. So wird Gott prüfend nachsehen, ob die nachfolgenden Generationen, die dritte und vierte – ein Zeitraum, den ein Normalsterblicher noch überschauen kann –, in die gleichen Frevel und Sünden verfallen. „Wie die Alten sungen, so zwitschern auch die Jungen“ – wenn sich menschliches Fehlverhalten so fortpflanzt, will Gott diesen Generationenzusammenhang aufbrechen. Daher kann Gott nicht darauf verzichten, die Menschen zur Rechenschaft zu ziehen. Wie sich Barmherzigkeit und Strafgerechtigkeit Gottes verhalten, zeigen die Zahlen: Tausend zu drei/vier. Diese Asymmetrie lässt hoffen, übersteigt aber auch jegliches menschliche Verstehen. Nur menschliche Liebe, die zwischen Gatten, noch mehr aber zwischen Eltern und Kindern, kann annähernd ein schwaches Analogon dafür abgeben, was Gott hier an Liebe zu Israel (und damit auch zu allen Menschen) aufbringt (s.u. zu Hosea 11). Die gesamte Geschichte Israels und das biblische Zeugnis überhaupt können unter diesem zentralen Konzept gesehen werden.

Grundspannung biblischer Gottesrede

Barmherzigkeit und Strafgerechtigkeit Gottes

2.4 Der eifersüchtige Gott

Hat man einmal erkannt, dass die einzig angemessene Sprache über Gott die der Liebe ist, darf es nicht mehr Wunder nehmen, wenn im unmittelbaren Anschluss an die Gnadenformel eine auf den ersten Blick anstößige Selbstvorstellung Gottes folgt.

Zitat

„Denn du sollst dich nicht vor einem anderen Gott niederwerfen, denn JHWH, eifersüchtig ist sein Name, ein eifersüchtiger Gott ist er.“ (Ex 34,14)

Privilegrecht

Auch wenn hier in dritter Person formuliert wird, steht dieser Satz doch in einer Gottesrede (Gott spricht also in der Logik des Textes über sich in dritter Person). Der Kontext ist das so genannte „Privilegrecht“: In Anlehnung an die mittelalterliche Gesellschaftsstruktur wird JHWH als Lehensherr gesehen, der seinen Untertanen Schutz und Sicherheit gewährt, dafür aber unbedingte Loyalität und Gefolgschaft verlangt. Für die meisten Verse in Ex 34,10–26 mag diese Konstellation angemessen sein, aber das in Ex 34,14 angesprochene Verhältnis geht tiefer und ist mit der Analogie einer menschlichen Liebesbeziehung zu beschreiben. Jemand, der so große Liebe und Vergebungsbereitschaft realisiert, wie JHWH seinem Volk in der vorausgehenden Geschichte entgegengebracht hat, darf eifersüchtig sein, will er nicht in völlige Beliebigkeit und Bedeutungslosigkeit herabsinken.

Eifersucht als Zeichen der Liebe

Die Eifersucht JHWHs, die sich konkret darin zeigt, dass Israel die Spuren der Verehrung anderer Gottheiten beseitigen soll, ist Ausdruck von Gottes grenzenlosem Engagement für Israel, das Volk, das Gottes Krongut, Gottes besonderes Eigentum ist. Es geht bei der Eifersucht um die einzigartige Beziehung zwischen JHWH und Israel (s. auch Ex 20,5–6). Daher ist der Name auch eifersüchtig (nicht „der Eifersüchtige“ wie in EÜ) – JHWH als Name ist „nichtssagend“, weil damit keine bestimmte Funktion oder Eigenschaft Gottes akzentuiert wird, vielmehr wird mit diesem „eifersüchtigen“ Namen die ausschließliche Beziehung zwischen Israel und seinem Gott JHWH offenbart. Die Eifersucht Gottes ist keine Eigenschaft „an sich“, sondern drückt die emotionale Beziehung Gottes zu Israel in menschlichen Analogien aus. Gott liebt sein Volk Israel in übergroßer Weise, so dass die Eifersucht die Kehrseite davon ist, wenn man von der Liebe Gottes sprechen will. Wer die Emotion der Liebe besitzt, kann auch eifersüchtig sein. Wer liebt, ist auch leidenschaftlich (auf menschlicher Seite zeigt Elija diese Leidenschaft für Gott in 1 Kön 19,10.14). Es muss möglich sein, von den Leidenschaften Gottes zu sprechen, andernfalls ist auch die analoge Redeweise von der Liebe Gottes zu hinterfragen.

Somit kann sich eine Theologie der Heiligen Schrift nicht der Rede vom eifersüchtigen Gott verschließen. Auch das Neue Testament spricht mitunter vom Feuereifer Gottes (Hebr 10,27). Es kann in dieser Gottesvorstellung ein kritisches Potential liegen, die Rede von der Liebe Gottes wirklich ernst zu nehmen (und Liebe entwickelt Leidenschaft!) und zugleich die Gesamtheit des Zeugnisses von AT und NT in der Theologie als Rede von Gott auszuschöpfen. Von der Bibel her können so erstarrte „Gottesbilder“ wieder aufgebrochen werden. Dazu kann v.a. die alttestamentliche Rede vom unbeschreibbaren, unsichtbaren aber nahen Gott dienen: „Ein eifersüchtiger Gott ist JHWH, dein Gott, in deiner Mitte“ (Dtn 6,15).

2.5 Gottes Wohnen bei den Menschen

Der Wunsch Gottes, inmitten seines Volkes zu wohnen (Ex 25,8), wird in zwei großen Blöcken im Exodusbuch angegangen: der Plan des Heiligtums und dessen Ausführung (Ex 25–31 und Ex 35–40). Mose wird auf dem Sinai ein detaillierter Plan mitgeteilt – doch der komplexe Text ist keine Bauanleitung in dem Sinne, dass dieses Heiligtum jederzeit wieder errichtet werden könnte. Vielmehr sollen sich die Leser und Hörer vor ihrem geistigen Auge ein prachtvolles Zeltheiligtum aus feinsten Materialien vorstellen. Doch die bereits erwähnte „große Sünde“ des Volkes mit dem „Goldenen Kalb“ macht es unmöglich, dass Gott inmitten seines Volkes mitzieht (Ex 33,5). Daher wird das ursprüngliche Konzept geändert und das Heiligtum mit anderer Funktion realisiert: Das Zelt wird zum Ort der Begegnung (EÜ: Offenbarungszelt; Luther: Stiftshütte) zwischen Mensch und Gott. Gott sichert seine Gegenwart zu, wenn das Volk und seine Priester die angeordneten Weisungen für die kultische Begegnung und Versöhnung (s. das Buch Levitikus) befolgen. Am Ende des Buches Exodus lässt sich die Herrlichkeit Gottes im Zelt nieder (Ex 40,34) und zieht so mit dem Volk mit.

Geändertes Konzept: Ort der Begegnung

Zusammenfassung

Im Buch Exodus finden sich auffällig viele verschiedene Gottesvorstellungen, die meist in direkter Gottesrede („Selbstvorstellungen Gottes“) formuliert werden (Mitteilung des Gottesnamens, der befreiende und erwählende Gott, der barmherzige Gott, der eifersüchtige Gott, Gott inmitten der Menschen). Die besondere Zuwendung Gottes zu Israel ist eine Herausforderung und Aufgabe: die beispielhafte Verwirklichung von Gottes lebensförderlicher Weisung vor den Augen der Völker.

3. Gott als der Einzige

Monotheistische Weltreligionen

Ganz selbstverständlich spricht man heute von den drei „monotheistischen" Weltreligionen Judentum, Christentum und Islam. Dabei ist von der Religionsgeschichte her zu beachten, dass sich die letzteren beiden mit ihrem „monotheistischen" Bekenntnis vom Judentum her ableiten. Dabei vertritt der Islam den Anspruch, hinter Christentum und Judentum auf die wahre, auf Abraham beruhende Ur-Religion (*millat Ibrahim*) zurückzugreifen (z.B. Sure 16,120–123). Für das Judentum wiederum gilt, dass der streng monotheistische „Ein-Gott-Glaube" am Ende einer längeren geschichtlichen Entwicklung steht. Diese Beschreibungen wiederum sind religionsgeschichtliche Kategorien der Neuzeit. Insbesondere der Begriff „Monotheismus" als religionswissenschaftliche Kategorie ist eine Prägung der Aufklärung des 17. Jh. (u.a. von Henry More).

3.1 Die geschichtliche Entstehung der Verehrung des *einen* Gottes JHWH in Israel

Die lange Geschichte des Bekenntnisses zum einen und einzigen Gott kann hier nur skizzenhaft angedeutet und zusammengefasst werden.

3.1.1 Die biblische Darstellung

In der narrativen Linie der Bibel selbst ist die Verehrung des *einen* Gottes JHWH ein stetiges Problem, da Israel immer wieder davon abweicht.

(1) Die erste große Krise entsteht noch an jenem Ort und in jener Phase, die für Israel konstitutiv geworden sind: Schon am Sinai, dem idealen Offenbarungsort und Begegnungsort JHWHs nach dem Auszug aus Ägypten, fällt Israel von JHWH ab (Ex 32).

Das Goldene Kalb

Als Mose auf dem Berg ist, fordert Israel in seiner Orientierungslosigkeit Aaron auf: „Mach uns Götter, die vor uns herziehen" – und dem von Aaron produzierten „Goldenen Kalb" werden die konstitutiven Erfahrungen der Befreiung aus Ägypten und der Rettung aus der Sklaverei, die Israel mit dem unsichtbaren JHWH gemacht hat, übertragen. *Das* ist die eigentliche Sünde: Nicht das Anfertigen eines Götterbildes an sich ist das Problem, sondern die Identifizierung des von Menschenhand gemachten Dings mit der göttlichen Macht. Das ist das Grundproblem mit Götterbildern, daher werden sie im Zweiten Gebot des Dekalogs kategorisch geächtet. In einem aufwändigen Prozess und durch Fürbitte des Mose gelingt die Versöhnung zwischen JHWH und Israel.

Baal-Pegor

(2) Sobald Israel auf dem Weg ins Gelobte Land ist, übernimmt es von den Moabitern die Verehrung ihres Gottes *Ba'al Pe'or* (EÜ: Baal-Pegor; Num 25). Das ist in der Tora die spiegelbildliche Geschichte zur Erzählung vom Goldenen Kalb. Auf den Abfall reagiert JHWH mit einem Strafgericht. Dieses Strafgericht wird durch eine Eifertat des Priesters Pinhas – die exemplarische Tötung eines Israeliten, der sich mit einer Midianiterin eingelassen hatte – abgewendet.

Baale, Astarten, Ascheras

(3) Nach der Sesshaftwerdung sind die kanaanäischen Götter, die biblisch als *Baale* bezeichnet werden (z.B. Ri 2,11), eine Versuchung für Israel, von JHWH abzufallen. Weitere solcher Götter sind die *Astarten* (z.B. Ri 2,13) und die *Ascheras* (EÜ: Kultpfähle; z.B. Ri 3,7; der Plural bezieht sich jeweils in verächtlich machender Form auf die vielen Götterbilder). Die Israeliten fallen in zyklischen Abständen immer wieder von JHWH zu der Verehrung dieser Götter(bilder) ab. JHWH reagiert mit einem Strafgericht, das darin besteht, dass die Feinde Israels das Volk militärisch bedrängen. Die Israeliten wiederum schreien zu JHWH um Hilfe, JHWH erweckt eine charismatische Retterfigur („Richter" genannt) und befreit Israel – usw.

Alleinverehrung JHWHs

(4) Auch in der weiteren Geschichte Israels wird in biblischer Darstellung die Frage der Alleinverehrung JHWHs zum Artikel, mit dem das Schicksal des Königs und des Volkes steht und fällt. Die Wende zum Negativen in der Geschichte Salomos wird mit seiner Hinwendung zu den fremden Göttern seiner vielen Frauen aus anderen Nationen begründet (1 Kön 11,1–13). Die Folge ist die Auflösung der Personalunion von Nordreich und Südreich.

Elija

(5) In der Königszeit gibt es mit dem Propheten Elija eine exemplarische Gestalt, die sich im Widerstreit mit König Ahab massiv für eine Alleinverehrung JHWHs und die Abschaffung der zusätzlichen Baalverehrung einsetzt. Eine sehr eindrucksvolle Geschichte ist die Auseinandersetzung Elijas mit den Baalspriestern auf dem Berg Karmel (1 Kön 18). Der Baalskult wurde in der Hauptstadt des Nordreiches Samaria unter König Ahab durch dessen phönikische Frau Isebel eingeführt.

Die deuteronomistische Beurteilung der Könige

(6) Die weitere Geschichte Israels und Judas wird nach dem immer gleichen (deuteronomistischen) Paradigma erzählt: Die Verehrung fremder Götter durch Israel und Juda führen in Untergang und Katastrophe. Vor allem das Verhalten der Könige

steht dabei auf dem Prüfstand, und in der Regel versagen die hohen Amtsträger. Insbesondere das Nordreich kommt sehr schlecht weg, da das Aufstellen von Stierbildern durch König Jerobeam I. in Bet-El und Dan (1 Kön 12,28) nach Ansicht der biblischen Texte nicht mehr innerhalb der Grenzen der legitimen JHWH-Verehrung zu vermitteln ist. Zur klaren Kennzeichnung der Dimension dieser „kultischen Innovation" des Jerobeam wird die gleiche Terminologie wie beim „Goldenen Kalb" von Ex 32 verwendet. Es geht also um das „Grundsätzliche", und Jerobeams Tat bringt Israel (jetzt das Nordreich) dahin, wo Israel schon am Sinai war: an den Rand der Vernichtung durch JHWH, als nur noch die Intervention des Mose retten konnte. Damit ist in biblischer Darstellung das Ergehen des Nordreichs von Anfang an eine Geschichte des Abfalls, die zwangsläufig in den Untergang führen muss. Aber auch die Südreichkönige werden kaum besser beurteilt: Ihnen wird angekreidet, dass sie die Elemente der fremden Kulte, insbesondere die so genannten „Höhenheiligtümer", nicht entfernt haben. Die „Höhen" sind Orte regionaler JHWH-Verehrung, die vielleicht auf kanaanäische Kultorte zurückgehen bzw. Orte synkretistischer Verehrung mehrerer Gottheiten sind. In jedem Fall ist so das (deuteronomistische) Ideal der Kulteinheit und Kultreinheit der alleinigen JHWH-Verehrung an *einem* zentralen Kultort (nämlich dem Tempel in Jerusalem) nicht möglich.

Hiskija, Joschija

(7) Zwei „Reformer" gibt es unter den Südreichkönigen: Hiskija (728–699 v. Chr.) beseitigte die „Höhen" und realisierte zum ersten Mal die Kultzentralisation in Jerusalem (möglicherweise sind in seiner Regierungszeit das deuteronomische Kerngesetz [Dtn 12–26] und das Grundbekenntnis Dtn 6,4 formuliert worden). Manasse (699–643 v. Chr.) macht diese Reform wieder zunichte und führt – unter assyrischem Druck – die polytheistischen Elemente, insbesondere auch den assyrischen Astralkult, wieder ein. Der zweite Reformer ist König Joschija (641–609 v. Chr.), der die „Höhen" abschafft, und zwar sowohl die lokalen JHWH-Heiligtümer, deren Priester nach Jerusalem geholt und dort alimentiert werden, als auch die Kultstätten für fremde Götter.

(8) In prophetischer Literatur wird neben der offiziellen Religionspolitik der Könige auch das Verhalten des Volkes greifbar. Dass auch breitere Schichten des Volkes mehrere Götter neben JHWH verehrten, wird in den Worten Hoseas greifbar. Die Hinwendung Israels zu fremden Göttern ist das große Thema in dieser Schrift. Die beherrschende Metapher ist die der Ehe: Israel ist die untreue, hurerische Frau, die von ihrem liebenden Ehemann JHWH abfällt und sich promiskuitiv anderen „Liebhabern"

Hosea

Jeremia

(fremden Göttern) anbietet. – Dieses Thema ist auch einer der zentralen Aspekte im Buch Jeremia. Jeremia verurteilt die Verehrung fremder Götter (Jer 1,16; 7,6.9.18 u.ö.), namentlich in Gestalt des Baal (Jer 2,8; 7,9 u.ö.), der „Himmelskönigin" (Ischtar; z.B. 7,18) und der Gestirne. – Auch bei Ezechiel finden sich deutliche Spuren dafür, dass in Juda zahlreiche fremde Kulte praktiziert wurden. Ezechiel macht dieses Tun dafür verantwortlich, dass Jerusalem zerstört wird und die Bewohner ins Exil müssen (vgl. Ez 5,11; 6,3–6; 16; 20; 23).

Ezechiel

3.1.2 Die religionsgeschichtliche Sicht

Die biblische Darstellungsweise ist tendenziös: Ihr Interesse ist nicht die Dokumentation der Geschichte, wie sie war, sondern die Vermittlung der deutlichen Botschaft, dass Israel nur dann sein Wohlergehen erlebt, wenn es allein JHWH verehrt und die fremden Kulte aus seiner Mitte entfernt. Wie sieht nun die Religionsgeschichte diesen Entwicklungsprozess?

JHWH-allein-Bewegung, Monolatrie

(1) Möglicherweise war die Religion des entstehenden Israel zunächst so wie die seiner Umwelt: polytheistisch. Dann aber entstand die so genannte „JHWH-allein-Bewegung", die mit Hosea im 8. Jh. v. Chr. zum ersten Mal greifbar wird. So wird aus der Bevorzugung der Verehrung JHWHs in Israel ein Ausschließlichkeitsanspruch: Israel hat nur JHWH zum Gott und verehrt keine fremden Götter (JHWH-Monolatrie). Diese Richtung des JHWH-Glaubens hat sich zunächst nicht durchgesetzt; die Propheten Amos und Jesaja zeigen kein Interesse an diesem Gedanken. Möglicherweise bekam die JHWH-allein-Bewegung durch die assyrische Krise Judas um 701 v. Chr. neuen Auftrieb: In dieser Zeit wurden weite Teile Judas von den Assyrern verwüstet und große Bevölkerungsteile deportiert oder getötet – dennoch wurde Jerusalem wie durch ein Wunder nicht angetastet. So entstand die Ideologie, dass JHWH, der Stadtgott von Jerusalem, seine heilige Stadt und seinen Tempel geschützt hat – man hoffte nun, dass dieser Gott, wenn man ihn denn allein verehrt, Schutz und Befreiung von der assyrischen Oberherrschaft ermöglichen würde. In diese Zeit fällt auch die Kultreform des Hiskija, der mit der Entfernung eines Schlangensymbols aus dem Jerusalemer Tempel wohl eine Forderung der JHWH-allein-Bewegung erfüllt hat (2 Kön 18,4). Einen weiteren Höhepunkt erlebt die JHWH-allein-Bewegung wieder unter König Joschija, der in Jerusalem einen reinen JHWH-Kult etabliert.

(2) Nach einer anders akzentuierenden Sichtweise war JHWH ein Sturm- und Kampfgott, der in Israel seit dem 10. Jh. weitgehend monolatrisch verehrt wurde. Im kulturellen Austausch mit Ägypten und Mesopotamien wachsen diesem Gott JHWH weitere Attribute, Eigenschaften und Funktionen zu – er eignet sich gewissermaßen die Funktionen der anderen (kanaanäischen) Götter nach und nach an und verdrängt diese. So wird JHWH allmählich zu einem mit der Königsdynastie in Jerusalem eng verbundenen Universalgott, der als Sonnengott (Solarisierung) für Recht und Gerechtigkeit sorgt. Man könnte dies einen „kumulativen Monotheismus" nennen. Ab dem 7. Jh. v. Chr. ist dieser Prozess mit exklusiv-polemischen Tendenzen verbunden. Diese polemische Ausgrenzung beginnt mit Elija, Elischa und Hosea und setzt sich dann in der deuteronomischen Bewegung seit Hiskija fort.

JHWH übernimmt Attribute und Eigenschaften anderer Götter

Hosea?

Nach dem Exil

Jeremia, Deuterojesaja

Es darf als Konsens gelten, dass im und nach dem Exil der Monotheismus in weiten Kreisen die theologischen Konzeptionen dominiert. Das gilt für Jeremia und die deuteronomische und deuteronomistische Bewegung, vor allem aber für Deuterojesaja. Dieser unbekannte Prophet im babylonischen Exil formuliert unter dem Einfluss persischer (zarathustrischer) Lehre die Nichtexistenz anderer Götter als JHWH. Gerade in der Krise des Exils ist für Israel der Überstieg vom Henotheismus (*ein* Nationalgott Israels) zum Monotheismus (JHWH ist der Herr der ganzen Welt) möglich und nötig: Diese Gottesvorstellung ermöglicht die Wahrung der eigenen Identität, die Abgrenzung von anderen Völkern, die Stärkung des eigenen Selbstbewusstseins, die Furchtlosigkeit gegenüber den Großmächten Babylon und Persien.

3.2 Das Grundbekenntnis des Judentums: „Höre Israel" (Dtn 6,4–9)

3.2.1 Der Kontext

Dekalog: Prolog und Erstes Gebot

Im vorausgehenden Kapitel Dtn 5 trägt Mose dem Volk den Dekalog vor. Dabei wird an die Situation der Sinaitheophanie (Ex 19–20) erinnert. Der so genannte Prolog stellt JHWH als den Befreier Israels aus dem Sklavenhaus Ägypten vor – und unmittelbar auf die Erinnerung dieser geschichtlichen Tat, die die Befreiung und Erwählung Israels, also eine positive Zuwendung JHWHs, thematisiert, folgt das Erste Gebot (Dtn 5,6–7): Du sollst neben mir keine anderen Götter haben. Die folgenden Sätze präzisieren dieses Gebot, das die Verehrung fremder Götter für Israel ausschließt. Damit wird die Existenz anderer Götter nicht geleugnet, im Gegenteil, man könnte sogar sagen, dass fest von deren Dasein ausgegangen wird und dass sie die einmalige Beziehung zwischen JHWH und Israel gefährden. Daher werden sie durch das Erste Gebot aus dem Gesichtskreis und der Beziehungssphäre JHWH–Israel kategorisch ausgeschlossen. Man könnte dies einen „praktischen Monotheismus" nennen, denn *für Israel* gibt es keine anderen Götter. Andere religionswissenschaftliche Begriffe für dieses Phänomen sind „Henotheismus" (eine Glaubensgemeinschaft hat nur *einen* Gott) oder „Monolatrie" (alleinige Verehrung *eines* Gottes). Mit diesem Verständnis des Ersten Gebots wird es auch leichter, das in Dtn 6,4 formulierte Grundbekenntnis angemessen und vom Kontext her zu verstehen.

Monolatrie

Auf das Erste Gebot folgen dann die weiteren Gebote. Kapitel 5 schließt mit der Ermahnung, dass das Volk das ganze Gebot, die Gesetze und Rechtsvorschriften, die Mose dem Volk lehren soll, einhalten und weder nach links noch nach rechts davon abweichen soll.

Dieses Thema der Gebotsparänese wird auch in Dtn 6,1–3 aufgegriffen (eine Überleitung zu den „Gesetzen und Rechtsvorschriften", die auf den Dekalog folgen). Motiviert wird die Einhaltung der Gebote durch die Verheißung von langem Leben, Wohlergehen, zahlreicher Nachkommenschaft im Land, in dem Milch und Honig fließen.

3.2.2 Der Text des „Höre Israel" – *Sch^{e}ma‘ Yiśra'el* (Dtn 6,4–5)

Zitat

4a Höre Israel!
b JHWH, unser Gott, JHWH ist einzig.
5 Darum sollst du JHWH, deinen Gott, lieben
mit deinem ganzen Herzen, mit deiner ganzen Seele, mit deiner ganzen Kraft.

Im Hebräischen bestehen die Verse 4 und 5 aus 16 Wörtern in einer bestimmten rhythmischen Form: Nach drei Paaren folgen vier Wörter, und darauf folgen wieder drei Paare. Die vier Wörter von V 4b können auf verschiedene Weisen übersetzt werden, die nuancenartige Unterschiede zeigen. (1) Die Übersetzung „JHWH

Übersetzungen

ist unser Gott, JHWH ist einer/einzig" spielt an die Bundesformel an: „JHWH, der Gott Israels, Israel, das Volk JHWHs" (s. dazu z.B. Ex 6,7; Jer 11,4; Jer 24,7; ferner Jer 30,22; 32,38; Ez 11,20; 14,11; 34,30; 36,28; 37,23; Joël 2,27; Sach 8,8; 13,9). Doch die Annahme von *zwei* Sätzen verlangt von den vier Wörtern sehr viel. Daher ist diese Übersetzung weniger wahrscheinlich. (2) Die Wiedergabe „JHWH, unser Gott, ist ein JHWH" unterstellt, dass es lokale Differenzierungen von JHWH gab. Tatsächlich fand man in Kuntillet ʻAjrud (zwischen Gaza und Elat) Inschriften, die von „JHWH von Teman" und „JHWH von Samaria" sprechen (TUAT II, 563–564). Doch im Kontext von Dtn 5–6 geht es nicht um mehrere „Jahwes" (Polyjahwismus), sondern um die Verehrung *fremder* Götter. Daher sind als Übersetzung vorzuschlagen: (3) „JHWH, unser Gott, JHWH ist einzig" (so Septuaginta, Vulgata, EÜ, Lutherbibel 1545) oder (4) „JHWH ist unser Gott, JHWH allein" (so Lutherbibel 1984). Gemeint ist damit: JHWH ist der einzige Gott für Israel, Israel verehrt keinen anderen Gott. Das Erste Gebot des Dekalogs und das *Schᵉmaʻ Yiśra'el* legen sich so gegenseitig aus: Beide bekunden auf ihre Weise die Bindung an den einzigen wahren Gott, die für Israel verpflichtend ist. Es geht hier um einen „praktischen Monotheismus" oder eine „Monolatrie", die Alleinverehrung JHWHs durch Israel.

JHWH, unser Gott, JHWH ist einzig

3.2.3 Die Herkunft von Dtn 6,4

Kultreform des Königs Hiskija

Diese bekenntnishaft vorgetragene JHWH-Monolatrie könnte aus der Kultreform des Königs Hiskija von Juda (728–699 v. Chr.) stammen, wenn 2 Kön 18,1–6 einen historisch verlässlichen Kern überliefert. Die Abschaffung der „Kulthöhen" betrifft die lokalen JHWH-Heiligtümer im Lande, die aus Baal-Heiligtümern hervorgegangen waren. Womöglich waren dies auch Orte, an denen mehrere Gottheiten nebeneinander verehrt wurden. Die Vertreter der JHWH-allein-Bewegung konnten durch die Abschaffung dieser Heiligtümer erreichen, dass der JHWH-Kult an einem zentralen Ort konzentriert wurde, an dem auch die Kontrolle einfacher war. Die Kultreform des Hiskija scheint dies beabsichtigt zu haben, und daher könnte aus dieser Zeit sowohl das deuteronomische Kerngesetz (Deuteronomium 12–26) mit der Kultzentralisation stammen als auch das „Höre Israel" (Dtn 6,4), das gewissermaßen den theologischen Unterbau für die Zentralisierung des Kultes liefert: Wenn JHWH nur einer ist und der einzige Gott Israels, kann und soll er natürlich auch nur an *einem* Ort verehrt werden, am Tempel

Kultzentralisation

in Jerusalem. Der Untergang des Nordreiches, den Hiskija miterleben musste, erschien wohl geradezu als Bestätigung dieser Forderung. Zwischenzeitlich (unter der langen Regentschaft von König Manasse in der ersten Hälfte des 7. Jh. v. Chr.) wurde dieses Prinzip aufgrund des assyrischen Kulturdrucks wieder vernachlässigt. Israel (jetzt nur noch im Staat Juda vertreten) verehrte unter Manasse – notgedrungen und mit der Belohnung wirtschaftlicher Prosperität aufgrund inneren und äußeren Friedens unter assyrischer Vorherrschaft – neben JHWH auch Assur, den Staatsgott der fremden Macht (und wahrscheinlich auch alle anderen Gottheiten, die das polytheistische Umfeld implizierte). Erst mit dem Nachlassen des assyrischen Drucks aufgrund des Niedergangs der Großmacht und unter der Regentschaft des Königs Joschija von Juda (641–609 v. Chr.) kann das „Reformvorhaben" erneut angepackt werden. Wenn in der Geschichte von der Auffindung des „Buches der Weisung" (2 Kön 22,8) ein historischer Kern steckt, sind wohl die Deuteronomiumstexte (mindestens Deuteronomium 12–26 im Kernbestand) damit gemeint. Andernfalls müsste man annehmen, dass die Texte erst in der Joschija-Zeit zur Legitimation von Kultreformen entstanden sind. In jedem Fall dürfte gewiss sein, dass die Stufe der Alleinverehrung JHWHs in Israel/Juda (Monolatrie) in der (späten) Königszeit als programmatisches Konzept erreicht worden ist. Dies gilt allerdings nur in bestimmten theologisch führenden Kreisen, die nicht immer die Oberhand hatten. Unter König Joschija waren sie bestimmend, doch riss dessen vorzeitiger Tod in der Schlacht bei Megiddo (609) auch diese Leute, die man als die Trägerkreise der Deuteronomium-Überlieferung bezeichnen könnte (die Deuteronomisten), in die Krise. Ihre Nachfahren können im und nach dem Exil den Untergang Judas und des davidischen Königtums damit erklären, dass sich die Nachfolger Joschijas nicht an das „Buch der Weisung" gehalten haben und Gott daher strafend eingreifen musste. Dtn 6,4 bleibt also ein Programmsatz, ein Bekenntnissatz, dessen Inhalt sich in der konkreten Ausgestaltung des religiösen Lebens und Handelns bewähren muss.

Kultreform des Königs Joschija

3.2.4 Auslegung von Dtn 6,4–5

Der Aufruf „Höre Israel" begegnet in genau dieser Form noch in Dtn 5,1; 9,1; 20,3 und 27,9 (sonst nirgends). Man könnte dahinter den Aufruf zur kultischen Versammlung oder eine weisheitliche Tradition vermuten. In Dtn 6,4; 9,1 und 20,3 geht es um die Weckung von Aufmerksamkeit vor einem wichtigen Geschehen. Dabei eröffnet Dtn 6,4 mit „Höre Israel" die Bundeserneuerung Israels mit Gott durch die Äußerung des folgenden Bekenntnisses. Man kann dieses Reden als „performativ" bezeichnen: Indem jemand das „Höre Israel, JHWH, unser Gott, JHWH ist einzig" äußert, vollzieht er eine Bundeserneuerung. Dem entspricht der Beleg in Dtn 27,9: „Mose und die levitischen Priester sagten zu ganz Israel: Sei still, und höre, Israel: Heute, an diesem Tag, bist du das Volk des Herrn, deines Gottes, geworden". Es ist der Kontext des Bundes im Lande Moab, der aufgrund der von Mose aufgeschriebenen Worte dieser Weisung/Tora „heute" mit dem Volk geschlossen wird. Die Worte des Bekenntnisses sind ein wirkmächtiger Text, der das, was er aussagt, durch das Aussprechen auch konstituiert und bewirkt: die exklusive Bundes- und Liebesbeziehung des einen Gottes JHWH mit Israel.

Bundeserneuerung

Das Bekenntnis „JHWH, unser Gott, JHWH ist einzig" ist zunächst in dem Sinne zu verstehen, dass es andere Götter geben mag, nicht aber für Israel. JHWH ist der einzige Gott Israels. Die in V 5 anklingende Liebessprache könnte auch für V 4b einen Verständnishorizont eröffnen: Im Hohenlied bezeichnet der Liebende seine Geliebte als seine Einzige:

Monolatrie

Zitat

„Sechzig Königinnen (hat Salomo), achtzig Nebenfrauen und Mädchen ohne Zahl. Doch einzig ist meine Taube, die Makellose, die Einzige ihrer Mutter, die Erwählte ihrer Gebärerin. Erblicken sie die Mädchen, sie preisen sie; Königinnen und Nebenfrauen rühmen sie" (Hld 6,8–9).

Die echte, personale Liebe ist offenbar immer ganzheitlich und einzigartig – so einzigartig will JHWH für Israel sein. Nach Kräften wird im menschlichen Bereich nach Analogien gesucht, wie das Gottesverhältnis Israels (bzw. allgemein das Verhältnis Gott–Mensch) bezeichnet werden kann. Weitere Belegstellen dafür, dass das hebräische Wort für „einer" auch „einzig, allein" bedeuten kann, sind z.B. Gen 11,1 (ein und dieselbe Sprache); Gen 22,2 (Nimm deinen Sohn, deinen einzigen, den du liebst, Isaak); Dtn 17,6; 19,5 (der einzige Zeuge); Dtn 32,30 (ein einziger gegen Tausend); Sach 14,9.

Einzig

Beim folgenden Liebesgebot in Dtn 6,5 wechselt die Anrede in die zweite Person Singular: Auf „*unser* Gott" folgt „*du* sollst". Das logische Subjekt bleibt Israel – das wird an V 9 deutlich, in dem von den Stadttoren die Rede ist. Die in V 5 genannte Aufforderung geht aus dem Grundbekenntnis von JHWHs Einzigkeit für Israel hervor. Aus der Aussage, dass JHWH der Gott Israels ist, folgt das Gebot der Liebe: „JHWH ist unser Gott, darum sollst du JHWH, deinen Gott, lieben." Und aus der zweiten Aussage, dass JHWH der *einzige* Gott für Israel ist, folgt das dreimalige „ganz" in V 5.

Gebot der Gottesliebe

Das hebräische Wort für „lieben" hat eine ähnlich breite Bedeutungspalette wie sein deutsches Äquivalent. Es geht dabei um eine Liebe der Tat. In Dtn ist zunächst davon die Rede, dass JHWH Israel geliebt hat und daher aus Ägypten befreit hat, z.B. Dtn 4,37; 7,8; 10,15; 23,6. Von dieser (ersten) Liebe JHWHs zu Israel ausgehend wird die Liebe Israels zu JHWH als *Antwort* dargestellt, so Dtn 6,5 und auch 7,9; Dtn 10,10–13; ferner Dtn 11,1.13.22; 13,4; 19,9; 30,6.16.20. Gemeinsam ist allen diesen Stellen die signifikante *Verbindung* der Liebe mit dem Halten der Gebote und dem tatkräftigen Gehorsam gegenüber JHWH. Die Liebe zu Gott realisiert sich für Israel also im Leben nach der Weisung JHWHs – ein Gedanke, der im Johannesevangelium wiederkehrt (Joh 14,15; 15,10; vgl. auch 1 Joh 5,2–3). Die Liebe geht aber nicht im Gesetzesgehorsam auf, sondern sie ist das innere Prinzip, die Wurzel des Gehorsams – es geht nicht um ein äußeres, mechanisches Befolgen des Buchstabens, sondern um eine innere Haltung des Herzens (als Verstandeszentrum!). Das Herz soll sich in Freiheit und Einsicht an die lebensförderliche Weisung JHWHs halten.

„lieben"

Ein gewisses Vorbild oder Analogon für diese Konzeption fanden die deuteronomischen Tradentenkreise im System der neuassyrischen Vasallenverträge. Der assyrische Großkönig verlangte von den von ihm unterworfenen Königen, die er zu seinen Vasallen machte, absolute Loyalität. Diese Loyalität wurde auch in Begriffen der Liebessprache eingefordert (z.B. die Vasallenverträge Asarhaddons mit den medischen Fürsten, TUAT I, 160ff; Zitat 167): „Keinen anderen König und keinen anderen Herrn sollt ihr über euch anstellen" – möglicherweise ist dieser Satz ein Vorbild für das Erste Gebot des Dekalogs. Näher aber als diese Analogie liegt der Urgrund der Liebesmetaphorik, nämlich der Bereich von Ehe und Familie sowie Freundschaft. Die Beobachtungen aus dem zwischenmenschlichen Bereich werden auf die hohe Politik (assyrische Staatsverträge) ebenso wie auf die Beziehung zwischen JHWH und seinem Volk Israel hochgerechnet.

Neuassyrische Vasallenverträge

Die Trias „mit deinem ganzen Herzen, mit deiner ganzen Seele, mit deiner ganzen Kraft" kommt in dieser Kombination nur noch in 2 Kön 23,25 zur Charakterisierung von König Joschija vor

Mit deinem ganzen Herzen, mit deiner ganzen Seele, mit deiner ganzen Kraft

– dieser „Idealkönig" hat in beispielhafter Weise das Grundbekenntnis und Grundgebot des Deuteronomiums erfüllt. Das wird durch diesen Bezug deutlich gemacht. Die Kombination „mit ganzem Herzen und ganzer Seele" ist im Dtn mehrfach belegt (Dtn 4,29; 10,12; 11,13; 13,4; 26,26; 30,2.6.10) und ist immer auch mit der Befolgung der Gebote verbunden.

„Herz" bezeichnet in der biblischen Anthropologie den Sitz des Verstandes und des Entscheidungszentrums. „Seele" ist die Standardübersetzung für das hebräische Wort *nefesch*, das ein breites Bedeutungsspektrum von „Atem, Kehle" über „Bedürftigkeit" bis hin zu „Leben" und „Person" hat. „Mit ganzer Seele" meint hier also die gesamte Person und Persönlichkeit, alles, was zu ihr gehört, von ihrer Bedürftigkeit bis hin zu ihrer Lebendigkeit. Die „Kraft" ist im Hebräischen ein substantiviertes Adjektiv, das „viel" oder auch „übermäßig" bedeutet. Vielleicht ist dieser dritte Begriff dazu da, die beiden anderen zu steigern. Andererseits gibt es auch die Deutung, dass es um die „wirtschaftlichen Möglichkeiten", also die „Finanzkraft" geht.

Die beiden Verse Dtn 6,4–5 sind die zentrale Achse dieses Kapitels; die weiteren Verse sind als Kommentar dazu und Ausgestaltung der Grundgedanken. Für die rabbinische Tradition ist die Rezitation des *„Höre Israel"* ein performativer Akt, d.h. durch das Aussprechen der Worte nimmt ein (jüdischer) Mensch das Joch des Himmelreiches auf sich (*mBer* 2,2). Dies kommt noch vor der Rezitation von Dtn 11,13, mit der man das Joch der Gebote auf sich nimmt. Die Mischna deutet diese traditionelle Abfolge der Rezitation von Versen aus dem Buch Deuteronomium so, dass der Mensch zuerst die Beziehung mit Gott betont („Joch des Himmelreiches": die Grundbekenntnis zum einzigen Gott) und dann die Liebesbeziehung zu Gott im Halten der Gebote konkretisiert.

Performativer Akt

Wenn das Dtn den Bund mit JHWH so konzipiert, konterkariert es die neuassyrischen Vasallenverträge: Diese „Staatsverträge" waren knechtende Sklavenverträge, die von der assyrischen Militärherrschaft oktroyiert wurden. Dem setzt Dtn ein Konzept der Liebe entgegen: Der Bund mit JHWH ist eine Quelle des Segens und der Freude, und wer sich in den Bund mit JHWH begibt, lehnt jede Art von irdischer Unterwerfung und Knechtschaft ab.

Ablehnung jeder irdischen Unterwerfung und Knechtschaft

Das Neue Testament folgt der rabbinischen Interpretation des *„Höre Israel"* als Hauptgebot. So nennt auch Jesus das Gebot der Gottesliebe das erste und wichtigste Gebot (Mk 12,28–34; Mt 22,34–40; Lk 10,25–28). Als zweites wird diesem wichtigsten Gebot das Gebot der Nächstenliebe aus Lev 19,18 an die Seite gestellt. Diese Kombination liegt aber im Horizont von Dtn 6,4–5: Die

Hauptgebot im Neuen Testament

Liebe zu Gott realisiert sich ja im Halten der Gebote, und unter diesen Geboten ist sicher das Nächstenliebegebot ein ganz wesentliches. Das Dtn zielt insgesamt auf eine von sozialer Gerechtigkeit gekennzeichnete solidarische und geschwisterliche Gesellschaft. Insofern liegt das neutestamentliche Doppelgebot voll und ganz in der Linie des Deuteronomiums.

Verinnerlichung und tägliche Präsenz

Die folgenden Bestimmungen dienen dazu, das genannte Konzept, in das ja schon die ganze Weisung JHWHs integriert ist (JHWH lieben heißt: seine Weisung befolgen!), zu verinnerlichen. Das steht hinter der Metapher „sollen auf deinem Herzen sein". „Diese Worte" sind zunächst das unmittelbar vorausgehende, also Grundbekenntnis und Grundgebot (Dtn 6,4–5), dann aber auch alle „Worte", die Mose als Offenbarungsmittler an göttlicher Weisung an Israel weitergibt. Das Buch „Deuteronomium" heißt in jüdischer Tradition *debarim*, Worte, in Anspielung an den Buchanfang – aber wohl auch daran, dass Mose im Dtn die Weisung (die „Worte") Gottes an das Volk weitergibt (nicht nur den Dekalog, die „Zehn Worte", sondern die gesamte Tora).

Diese Worte befolgt jede/r, die/der JHWH liebt und an JHWHs Gebot festhält. Die Verinnerlichung des Gebotes soll durch fortwährende textliche Präsenz gewährleistet werden. In der Familie sollen die Worte an die nachfolgende Generation („Söhne" wohl im Sinne von „Kindern") weitergegeben werden. Die Worte sollen immer wieder aufgesagt werden, also meditierend gemurmelt werden (ähnlich wie in Jos 1,8 und Ps 1,2). Die folgenden Zeilen sind Doppelausdrücke, die die Ganzheit des Lebens (privater und öffentlicher Bereich, Tag und Nacht) beschreiben. So betet man im Judentum das *„Höre Israel"* (als Verweis auf die ganze Tora) als Morgen- und als Abendgebet. Diese Worte sollen das ganze Leben durchwirken.

3.3 Monotheismus im Deuteronomium

Losgelöst von seinem Kontext betrachtet ist das Grundbekenntnis von Dtn 6,4 kein absolut monotheistisches Bekenntnis. Gerade der Bezug zum Ersten Gebot zeigt, dass die Einzigkeit JHWHs sich auf das Volk Israel bezieht: JHWH ist der einzige Gott für Israel. Dennoch ist der Text offen genug, um in und nach dem Exil, als sich der theoretische Monotheismus für Israel herausgebildet hatte, monotheistisch gelesen werden zu können. Im Buch Deuteronomium gibt es eine Reihe von Versen (aus dieser späteren, exilisch-nachexilischen Zeit!), die ein klares monotheistisches Bekenntnis formulieren: Dtn 4,35; 4,39; 32,39.

Monotheistisches Bekenntnis

Die ersten zwei Belege stammen aus Dtn 4,32–40: Dieser Abschnitt spricht sehr euphorisch von der Erwählung und Gottesbegegnung Israels. Dieses Ereignis sei weltweit einzigartig, niemals habe sich ein Gott derart fest an seine Nation gebunden und diese geliebt – und das Ziel dieser Erwählung ist: Israel soll die Einzigkeit JHWHs erkennen und sich zu Herzen nehmen. Die Verse 35 und 39 formulieren mit wünschenswerter Klarheit, dass es faktisch keine anderen Götter gibt. Entstehungsgeschichtlich stellt die ausdrückliche Formulierung des theoretischen (absoluten) Monotheismus in Dtn 4,35.39 die späteste Stufe dar – aber von dieser Stufe aus lassen sich die im kanonischen Lesevorgang folgenden Verse Dtn 5,7 und 6,4 auch in diesem Sinne verstehen. Weder das Erste Gebot noch das Grundbekenntnis (*„Höre Israel“*) sprechen von der *Existenz* anderer Götter. Sie schließen die *Verehrung* von allen anderen „Göttern“ oder was auch immer aus – die religiöse Bindung und die kultische Verehrung gebührt für Israel allein JHWH. Geht man mit Dtn 4,35.39 im kanonischen Lesevorgang davon aus, dass es gar keine anderen Götter gibt, dann kann man das Erste Gebot als ein Verbot verstehen, sich in kultischer oder hilfesuchender Weise an etwas/jemanden zu wenden, das/den es gar nicht gibt, also sich nicht an Hirngespinste und „Nichtse“ (1 Chr 16,26; Ps 96,5; Jes 2,8; Ez 30,13; Hab 2,18 u.ö.; nach Lev 19,4 sind das von Menschenhand gemachte „Götter“) zu hängen. Und das Grundbekenntnis Dtn 6,4 wäre im Lichte von Dtn 4,35.39 als Bekenntnis zum einen und einzigen (und das heißt nun einzig existierenden) Gott JHWH zu lesen. Genau so wurde es zur Zeit Jesu im Judentum gelesen und wird es bis heute in Judentum und Christentum verstanden.

Kanonischer Lesevorgang

Der dritte Beleg, Dtn 32,39, steht im so genannten Moselied. Das Moselied (Dtn 31,30–32,44) ist eine eigenständige Dichtung innerhalb des Deuteronomiums. Sie reflektiert die Geschichte Israels auf eine weisheitlich geprägte Art und Weise, wie sie etwa mit dem Geschichtspsalm 78 vergleichbar ist. Die monotheistischen Aussagen von V 39 passen gut zu Deuterojesaja (vgl. Jes 45,7; s.o.). In hymnischer Sprache wird in einer Gottesrede, in der JHWH über sich selbst und seine Allmacht spricht, betont, dass JHWH kein Gott gegenübersteht. Für alles, Tod und Leben, Verletzung und Heilung, ist JHWH allein verantwortlich. Sehr nahe steht dieser Konzeption auch der Abschnitt Jes 43,10–13, der in einem Diskussionswort deutlich macht, dass es außer JHWH keinen Gott gibt.

Monotheismus als Trost

Im exilischen Kontext hat der Durchbruch des theoretischen (absoluten) Monotheismus eine tröstende Funktion: Israel kann bei seiner Identität und seinem Gott JHWH bleiben, denn dieser Gott ist der einzige Gott – die anderen Götter der anderen Völker, die sich als siegreich über Israel und Juda erwiesen haben, gibt es nicht. Das Unglück Judas und Israels ist die Strafe JHWHs für die Sünden der Könige und des Volkes – diese Strafe ist abgebüßt (wie Jes 40,1–2 deutlich festhält!), und daher wird dieser eine Gott JHWH in seiner Allmacht und Geschichtsmacht die Weltläufe so lenken, dass Israel in das Gelobte Land heimkehren kann. Das alles ist deshalb kein Problem für JHWH, weil JHWH der Schöpfer der Welt und der einzige existierende Gott überhaupt ist. Es löst sich damit die Frage, ob JHWH mächtiger oder schwächer ist als Marduk, der Stadtgott Babylons – Marduk gibt es gar nicht. Andererseits handelt man sich mit dem absoluten Monotheismus andere Probleme ein: Nun muss dieser eine und einzige Gott JHWH auch für das Unheil verantwortlich sein: Jes 45,7 und Dtn 32,39 sagen das überdeutlich.

Nun sind die bisher genannten Sätze allermeist Bekenntnistexte, die die Einzigkeit JHWHs (JHWH als einziger Gott, während die anderen Götter gar nicht existieren) behaupten bzw. als Glaubensinhalt darstellen. Noch kann man darüber streiten, ob es nur einen Gott JHWH gibt oder viele Götter. Wie aber sieht es aus, wenn es für alle Menschen *evident* wird, dass JHWH der einzige Gott ist? Sach 14 schildert in einer apokalyptischen Vision den Tag JHWHs: Es wird verwirrende Kämpfe und Umstürze in den Naturabläufen geben, aber wenn JHWH selbst kommt, wird er König über die ganze Erde sein, und JHWH wird der Einzige sein und sein Name der Einzige (Sach 14,9). Mit dem Begriff „der Einzige" wird deutlich an das Grundbekenntnis Dtn 6,4 angespielt. Die Vorstellung dahinter ist, dass es jetzt nicht bei einem Glaubensbekenntnis bleibt, sondern die Einzigkeit JHWHs (und seines Namens als Repräsentanz unter den Menschen) in apokalyptischer Weise evident wird.

Apokalyptische Evidenz

Zusammenfassung

Der biblische Monotheismus hat sich in einem längeren religionsgeschichtlichen Prozess entwickelt. In einem polytheistischen Umfeld werden JHWH als dominierender Gottheit mehr und mehr Attribute der anderen Götter zugeschrieben; eine Bewegung tritt für die Alleinverehrung JHWHs (Monolatrie) in Israel ein. Ergebnis dieser monolatrischen Bestrebungen sind etwa das Erste Gebot (Fremdgötterverbot; Dtn 5,7) und das Grundbekenntnis „Höre Israel" (Dtn 6,4). Im und nach dem Exil kristallisiert sich für Israel der Glaube heraus, dass JHWH der einzige Gott ist und es keine anderen Götter gibt (Monotheismus). Von derartigen Bekenntnissen in Dtn 4,35.39 her gelesen, sind auch das Erste Gebot und das Grundbekenntnis „Höre Israel" als monotheistische Aussagen zu verstehen.

4. Die Metaphorik der Rede von Gott

Menschliche Rede von Gott ist immer nur in menschlichen Begriffen, Bildern und Vorstellungen möglich. Dies ist schon mehrfach deutlich geworden und soll nun an einem Beispiel näher ausgeführt werden. Hosea 11 ist ein Basistext für die biblische Rede vom liebenden Gott – und damit auch für die Übertragung („Metapher") zwischenmenschlicher Erfahrungen auf das Verhältnis zu Gott. Zugleich wird die Metapher aufgesprengt und ins Unvorstellbare gesteigert.

4.1 Hosea 11 als Beispiel („Gott bin ich, nicht ein Mensch")

4.1.1 Gott und die Liebe

Der Prophet Hosea tritt zwischen 750 und 722 v. Chr. im Nordreich Israel in der Hauptstadt Samaria auf. Das Land stand zu dieser Zeit unter dem Einfluss der kanaanäischen Kultur, die in ihrer Religion Göttinnen und Götter verehrte. Sie waren für die Fruchtbarkeit des Landes verantwortlich. Für die Bauern des Landes, die vom Regen und vom Wachsen der Saat abhängig waren, waren diese personifizierten Naturkräfte „greifbarer" als der unsichtbare Gott Israels, JHWH. In diesem Spannungsfeld bewegt sich der Prophet Hosea und plädiert dafür, dass Israel allein JHWH verehrt und nicht Baal, dem kanaanäischen Fruchtbarkeitsgott, „hinterherhurt". Der Abfall Israels von JHWH wird in der Hoseaschrift mit der Metapher sexueller Treulosigkeit und Promiskuität ausgedrückt (Hos 1–3). Es geht dabei nicht um die Abqualifizierung von Sexualität, sondern um die Ausschließlichkeit des Gottesverhältnisses Israels. Dennoch ist es aus heutiger (gendersensibler) Sicht problematisch, derartige Metaphern zu verwenden.

Im zweiten Hauptteil der Hoseaschrift (Hos 4–11) brandmarkt der Prophet die Verehrung fremder Götter als Abfall von JHWH – er überträgt dazu die zwischenmenschliche Erfahrung der Verletzung durch sexuelle Treulosigkeit auf das Verhältnis zwischen Israel und Gott. Wie eine Ehe zerrüttet, wenn ein Partner zu den Prostituierten geht oder sich wie eine Prostituierte verhält, so zerstört Israel das Verhältnis zu JHWH, wenn es die fremden Götter verehrt. Der Abschnitt wird mit Hos 11 abgeschlossen. Dabei wird eine weitere zwischenmenschliche Erfahrung der Liebe auf das Gottesverhältnis übertragen: Wie die Eltern ihren Säugling, so liebt JHWH sein Volk Israel – und noch mehr. Das ganze

Kapitel ist eine durchgehende Rede Gottes an und über das Volk, die der Prophet zitiert.

Auf die in Hos 11,1–4 geschilderte elterliche Liebe Gottes zu Israel folgt in 11,5–7 die Gerichtsankündigung: Weil Israel immer wieder vor JHWH davonläuft, ist irgendwann das Maß voll. Die dauernde Treulosigkeit muss bestraft werden. Soweit bewegt sich der Text noch in „menschlichen" Bahnen – doch mit Hos 11,8–9 wird die Metaphorik durchbrochen: Gottes „Herzensumsturz" lässt eine Liebe, Barmherzigkeit und Vergebungsbereitschaft erkennen, die jede menschliche Vorstellen übersteigt. Gott ist Gott, nicht ein Mensch. In den abschließenden Versen Hos 11,10–11 ruft Gott zur Heimkehr aus aller Zerstreuung.

4.1.2 Gottes Fürsorge (Hos 11,1–4)

Zitat

„1 Als Israel jung war, gewann ich ihn lieb, ich rief meinen Sohn aus Ägypten. 2 Je mehr ich sie rief, desto mehr liefen sie von mir weg. Sie opferten den Baalen und brachten den Götterbildern Rauchopfer dar. 3 Ich war es, der Efraim gehen lehrte, ich nahm ihn auf meine Arme. Sie aber haben nicht erkannt, dass ich sie heilen wollte. 4 Mit menschlichen Fesseln zog ich sie an mich, mit den Ketten der Liebe. Ich war da für sie wie die (Eltern), die den Säugling an ihre Wangen heben. Ich neigte mich ihm zu und gab ihm zu essen."

Gottes Fürsorge in der Metapher elterlicher Liebe

Drei Reflexionsgänge stellen Gottes Fürsorge mit der Metapher der elterlichen Liebe dar. Israel reagiert darauf jeweils ablehnend. Im ersten Anlauf (V 1–2) wird auf die grundlegende Erwählung des Volkes durch JHWH im Exodusgeschehen reflektiert – Israel beantwortet das mit dem Weglaufen (eines störrischen Kindes – noch metaphorisch!) und konkret mit der Verehrung der Baale. Dieses Wort ist ein abfällig gemeinter Plural des kanaanäischen Fruchtbarkeitsgottes Baal; die Mehrzahl spielt auf die leblosen Götterbilder an. Der zweite Anlauf (V 3) beginnt mit dem betonten „*ich* war es" – und darauf folgen drei Verben, die das Handeln Gottes beschreiben. Dabei ist eine Einengung der Metaphorik auf die *Mutter*-Rolle allein nicht möglich. Auch die weiteren Verben, die Gottes Handeln beschreiben, „auf die Arme nehmen", „heilen (auch: pflegen)", bezeichnen Tätigkeiten von Müttern *und* Vätern! Israel hat jedoch diese Fürsorge Gottes nicht erkannt. V 4 betont im dritten Anlauf, dass Gott sich um Israel kümmerte, wie Eltern für ihren Säugling

Keine Festlegung Gottes auf die ausschließliche Vater- oder Mutterrolle da sind. V 4b kann man wörtlich so wiedergeben: „Ich war da für sie wie solche, die den Säugling an ihre Wangen heben". Die etwas holprige Konstruktion soll eine geschlechtsspezifische Zuweisung Gottes an „Vater" oder „Mutter" vermeiden. Der Text sperrt sich dagegen, Gott selbst in der Bildwelt auf ein bestimmtes Geschlecht festzulegen. Die vermittelte Botschaft ist deutlich: Gott ermöglicht, schützt und bewahrt Leben. Israels Antwort ist jedoch Treulosigkeit und Undankbarkeit, so dass Gott strafend eingreifen muss.

4.1.3 Israels Reaktion und Gottes Strafe (Hos 11,5–7)

Zitat

„5 Doch er muss wieder zurück nach Ägypten, Assur wird sein König sein; denn sie haben sich geweigert umzukehren. 6 Das Schwert wird in seinen Städten wüten; es wird seinen Schwätzern den Garaus machen und sie wegen ihrer Pläne vernichten. 7 Mein Volk verharrt in der Treulosigkeit; sie rufen zu Baal, doch er hilft ihnen nicht auf."

Die Heilsgeschichte wird rückgängig gemacht

Die Strafe Gottes kann man sich dramatischer kaum vorstellen: Wenn es heißt, dass Israel „wieder zurück nach Ägypten muss", dann droht Gott damit, den Exodus, der grundlegend für die Existenz Israels ist, rückgängig zu machen. Der politisch aktuelle „Sklaventreiber des Vorderen Orients" zur Zeit Hoseas war aber die Großmacht Assur – neben aller bildhafter Rede fehlt doch nicht der Klartext, der unmissverständlich sagt, dass die Unterwerfung unter die Herrschaft Assurs droht. Die Rede davon, dass Baal nicht „aufhilft", passt zur Elternmetaphorik: Baal kann nicht „großziehen", wie es JHWH als Vater/Mutter mit Israel macht. – Zwischen V 7 und V 8 findet der große Umschwung im Text statt. Nun wendet sich Gott in direkter Anrede an Israel als „Du". Dabei richtet Gott vier rhetorische Fragen an sich selbst.

4.1.4 Gottes Herzensumsturz (Hos 11,8–9)

Zitat

„8 Wie könnte ich dich preisgeben, Efraim, wie dich aufgeben, Israel? Wie könnte ich dich preisgeben wie Adma, dich behandeln wie Zebojim? Mein Herz wendet sich gegen mich, mein Mitleid lodert auf. 9 Ich will meinen glühenden Zorn nicht vollstrecken und Efraim nicht noch einmal vernichten. Denn ich bin Gott, nicht ein Mensch, der Heilige in deiner Mitte. Darum komme ich nicht in der Hitze des Zorns."

/. 57

Die Elternmetaphorik in der Gottesrede beginnt sich gegen das (sicher berechtigte) Strafen Gottes durch Umkehrung der Heilsgeschichte zu sperren: Können Eltern so strafen, dass sie ihr Kind vernichten? Die Städte Adma und Zebojim werden innerbiblisch mit Sodom und Gomorra verbunden (Gen 14,2.8; 10,19). Alle vier Städte gelten als Beispiele für eine völlige Zerstörung als Strafe für die Sünde gegen Gott (Dtn 29,22). Das Buch Deuteronomium kündigt eine solche Vernichtungsstrafe für Israel an, falls es den Bund mit JHWH verlässt und fremde Götter verehrt. Doch die Bildsprache von Hos 11 erträgt dies nicht: Wenn Gott Vater und Mutter für Israel ist, kann es nicht so weit kommen – und so tritt an die Stelle der vernichtenden Strafe der „Herzensumsturz" in Gott. Das „Herz" ist das Zentrum des Willens, des Verstandes und der Entscheidungen. Gott erscheint in dieser Bildsprache als ein vernunftgeleitetes Wesen, das sich bei allem berechtigten Zorn immer noch unter Kontrolle hat – wie ideale Eltern, die zwischen Strenge und Zuneigung den richtigen Weg finden.

Herzensumsturz

Im Folgenden wird begründet, warum es in Gott zu diesem „Herzensumsturz" bzw. dieser „Selbstbeherrschung" Gottes kommt. Gott, der sich eben noch wie eine Mutter oder ein Vater um den Säugling Israel gekümmert hat, um ihn großzuziehen, betont nun – gegen alle möglichen Missverständnisse – dass Gott der unvergleichlich Andere ist und bleibt: „Ich bin Gott, nicht ein Mensch". Gott distanziert sich vom „normalen" menschlichen Denken: Irgendwann ist bei jedem Menschen, ob Mann oder Frau, das Maß voll und die Liebes- und Vergebungsbereitschaft am Ende. Dann ist Schluss – nicht aber bei Gott. Hier liegt eine Spitzenaussage des Alten Testaments vor: Gott handelt in seiner Liebe maßlos inkonsequent; denn es geht Gott nicht um die Wahrung des Gesichts, sondern um die Rettung der Beziehung zu Israel. Gott ist dabei sowohl Mutter als auch Vater, wobei die Begrenztheit dieses Bildes ins Unermessliche aufgesprengt wird: Liebe, Treue und Fürsorge werden aus dem menschlichen Erfahrungsbereich auf Gott übertragen und entgrenzt.

Gott bleibt der unvergleichlich Andere

Die Hoseaschrift stellt am Beginn JHWH als treuen Ehemann und Israel als treulose Frau vor und „bricht" auch dieses Bild (da der Ehemann die treulose Frau gegen jede menschliche Vernunft doch wieder annimmt: Hos 3,1–5). Hier arbeitet der Prophet ebenfalls mit einem Gegensatz, der aber das *gender*-Muster umdreht: Jetzt ist Israel der treulose und widerspenstige Sohn, während Gott Mutter und Vater ist. Diese Wechsel in der Metaphorik zeigen, dass es Hosea nicht auf eine geschlechtsspezifische Festlegung eines bestimmten Verhaltens bzw. Gottes ankommt. Es geht

Brüche in der Metaphorik

Hosea nicht nur um die Mutterliebe Gottes, die dem „männlichen“ Zorn gegenübergestellt wird. Vielmehr sprengt Hosea ein menschlich geprägtes Gottesbild auf und weitet es ins Unvorstellbare: Was bei Menschen nicht mehr denkbar ist, ist bei Gott nicht unmöglich.

Der Heilige

Die Unterschiedenheit Gottes von der menschlichen Welt wird auch durch die Bezeichnung „der Heilige“ unterstrichen. „Heilig“ bezeichnet das Anderssein und Abgesondertsein Gottes von der menschlichen Sphäre – gerade das macht einerseits eine Begegnung erst möglich, andererseits auch ein Handeln Gottes gegen jede Erwartung. Die Kombination „der Heilige in deiner Mitte“ erscheint dabei wie ein Widerspruch, drückt aber eine für die Bibel ganz typische Spannung von Distanz und Nähe aus: Gott als der „ganz Andere“ ist dennoch den Menschen „ganz nahe“.

4.1.5 Metaphern und ihre Grenzen

An Hos 11 lässt sich zeigen, wie die Bibel mit dem Problem ringt, dass sie einerseits nur in menschlichen Begriffen und Bildern von Gott sprechen kann, andererseits die Sprachmuster zu kurz greifen. Gott ist Gott und kein Mensch, kein Mann und keine Frau. Wenn Gott ein Mann wäre, könnte er nicht den Menschen männlich und weiblich als sein Abbild erschaffen (Gen 1,26–27)! Die Aussage, Gott sei ein Mann oder männlich, spricht der Frau jede Gottesbildlichkeit ab – und das steht gegen den Text. Umgekehrt gilt: Gott ist keine Frau – andernfalls würde man wiederum dem Mann die Gottesbildlichkeit absprechen und sich ein Bild von Gott machen. Das biblische Bilderverbot (v.a. Dtn 4,16–19) kann auch als Verbot aufgefasst werden, Gott auf eine bestimmte Geschlechterrolle festzulegen.

> Wenn die Hebräische Bibel davon spricht, dass Gott ein „Mann“ sei, tut sie das nur an zwei Stellen: Ex 15,3 („JHWH ist ein Mann des Krieges; JHWH ist sein Name“) und Jes 42,13 („JHWH zieht aus wie ein Held, wie ein Mann der Kriege entfacht er den Eifer“ – zu beachten ist hier das distanzierende „wie“!). *Beide* Stellen werden in der griechischen Übersetzung (Septuaginta) geändert: Es heißt jeweils, dass der Herr (Übersetzung für JHWH) die Kriege zerschlägt. Gemeint ist damit, dass das Eingreifen Gottes zugunsten Israels in einer Weise erfolgt, die jeglicher männlicher oder menschlicher Kriegslogik entzogen ist und zu

einem unerwarteten Ende der Kampfhandlungen führt. Möglicherweise wendet sich die Formulierung „Gott bin ich und kein Mann" in Hos 11,9 ebenso gegen eine einseitige Sicht Gottes als „Kriegsmann". Da die Bibel nur in menschlichen Kategorien von Gott sprechen kann, tut sie dies immer mit dem Problem der Zweigeschlechtlichkeit der Gattung „Mensch" – Gott aber kann und darf nicht auf eine bestimmte *gender*-Rolle festgelegt werden. Darum ringen die biblischen Texte und erscheinen daher mit Recht widersprüchlich.

? ./. 54

In Hos 11,8–9 zeigt sich Gott scheinbar wankelmütig, da er den berechtigten Zorn gegen sein abtrünniges Volk Israel doch nicht ausbrechen lässt. Aber: Ist nicht der mächtiger, der nicht zum Sklave seines eigenen Beschlusses, seines eigenen Zorns (und sei er noch so berechtigt) wird? Gott lässt sich auch hier nicht auf das – nach menschlichem Ermessen notwendige und berechtigte – Gericht ein, sondern lässt in seiner Allmacht und Souveränität die Liebe in seinem Herzen siegen. Gott ist zuverlässig und lässt sich nicht umstimmen *und* lässt sich durch sich selbst umstimmen und ist in dieser Macht über die Macht zuverlässig. Gott lässt sich – anders als beim Menschen – nicht auf die Machtrolle festlegen, so dass er sein Gesicht verlöre, wenn er einmal nicht seine Macht voll ausspielt; Gott hat Macht über die Macht. Es geht nicht um die Geschlechterklischees, um typisch männlich oder typisch weiblich, sondern darum, dass Gott auch „Inkonsistenzen" (aus menschlicher Sicht!) in sich vereinigen kann – und auch dort noch barmherzig sein kann, wo Menschen es längst nicht mehr können.

4.2 Die Elternmetaphorik

Die Elternmetaphorik begegnet im Alten Testament häufiger. Menschliche Grund-Erfahrungen des Urvertrauens werden herangezogen, um über den unaussprechlichen und unauslotbaren Gott zu sprechen. Die Bibel weiß aber auch um die Grenzen menschlicher Erfahrungen und Bilder. Das Urvertrauen ist nicht endlos; menschliche Liebe, auch die Elternliebe zu ihren Kindern, ist begrenzt. So geht etwa das Diskussionswort Jes 49,14–15 mit der Mutter-Metapher auf den Vorwurf Zions ein, Gott habe es vergessen. Und auf die Frage, ob denn eine Frau ihr Kind vergessen könne, antwortet Gott: „Selbst wenn sie ihn vergessen würde: ich vergesse dich nicht." Gottes Liebe zu Zion ist so stark wie die

Urvertrauen

Liebe einer Mutter zu ihrem leiblichen Kind – und sollte diese Liebe einmal erkalten, Gottes Liebe hört nicht auf.

Grenzen menschlicher Bilder

Dem Alten Testament ist die Grenze jeglicher anthropomorpher Rede von Gott bewusst. So stark menschliche Bindungen auch sein mögen, sie haben ihre Endlichkeit. Gott aber ist unendlich. Dieses Vertrauen drückt auch Psalm 27 (ein Vertrauenslied wie Psalm 23) mit der Elternmetaphorik aus: Auch wenn die stärkste aller menschlicher Liebe, die Liebe der Eltern zu ihrem Kind, versagt, wenn mithin alles zerbricht, ist doch JHWH auf der Seite des Beters (Ps 27,10). Elterliche Liebe ist letztlich ein (begrenztes) Abbild der Liebe Gottes zu den Menschen. Aber Menschen bekommen nur durch konkret erfahrene Liebe (von Menschen, z.B. von ihren Eltern) eine Ahnung davon, wer Gott ist und wie Gott handelt. Und dennoch ist Gott immer noch „der Heilige“, der Ganz-Andere und Viel-Größere – aber Gott ist auch in unserer Mitte.

Elternmetaphorik

Weitere Beispiele für die Elternmetaphorik seien nur noch im Überblick genannt:

Jes 1,2–4: JHWH als Eltern missratener Sprösslinge.

Jes 46,3–4: JHWH hat das Volk schon immer („von Mutterleib an“) getragen und wird es bis ins hohe Alter tragen.

Jes 49,14–50,3: Wechsel zwischen Familienmetaphorik (49,15: Mutter; 49,18–23: Fürsorger; 49,25–26: Löser; 50,1: Ehemann und *pater familias*) und Kampfmetaphorik (49,16–17: Festungsarchitekt; 49,22: Militärischer Kommandeur; 49,25–26: Kriegsherr; 50,2–3: Chaoskämpfer, Schöpfer; Gott des Exodus/der Befreiung). Bei der „Vater“-Metapher ist mit zu bedenken, dass es dabei nicht nur um den familiären Bildhintergrund geht, sondern dass dieser Begriff auch ein altorientalischer Königstitel ist und damit politisch-militärische Aspekte mit einfließen.

Jes 66,10–13: Gott ist Tröster, wie eine Mutter ihr Kind tröstet.

Vielfach ist die Metaphorik unvollkommen, nicht in allen Punkten ausgedrückt bzw. ausgeführt, in bestimmten Punkten vage oder nicht stimmig, oder sie wird kurzerhand entgrenzt, d.h. von Gott wird ausgesagt, wie er die menschlichen Vorstellungen noch übersteigt (z.B. bei der Mutter: Selbst wenn eine Mutter ihr leibliches Kind vergisst, wird Gott Zion nie vergessen). Eine Geschlechterfestlegung Gottes ist auch nicht im Bild nicht möglich: Typisch „weibliche“ und typisch „männliche“ Bildwelten wechseln einander ab. JHWH ist Mutter zu ihrem Kind Zion, Ehemann zu seiner Frau Zion, ist Verwandte/r mit der Aufgabe des Lösers. JHWH übernimmt die Aufgabe des Schutzes und der fürsorgenden Bindung.

Gott-Rede muss die elementaren Erfahrungen von Menschen ansprechen und daher auch die mit dem Weiblichen verbundenen Grundfunktionen und Grundbedürfnisse der Menschen integrieren. Der Wechsel der Gottesmetaphern zeigt: Von dem *einen* Gott kann angemessen nur in der Vielfalt von Gottesbildern gesprochen werden. Die Texte legen sich nicht auf *ein* Bild fest: „Mit wem wollt ihr mich vergleichen, neben wen mich stellen?" (Jes 40,18.25; 46,5).

Vielfalt von Gottesbildern

warum nicht Hos 1–3

Zusammenfassung

Menschliche Rede von Gott kann nur in menschlichen Vorstellungen (Bildern) geschehen. Menschliche Grunderfahrungen (Urvertrauen, Liebe) werden auf die Beziehung zu Gott übertragen. Beispiele hierfür sind die Rede von Gott als Vater bzw. Mutter oder Eltern (Familienmetaphorik). Hosea 11 ist hierbei ein Spitzentext, der einerseits Gottes elterliche Fürsorge für Israel und dessen ablehnende Reaktion beschreibt, andererseits die übergroße Barmherzigkeit (Liebe) Gottes, die die nötige Strafgerechtigkeit überwindet, herausstellt: Gott als der Heilige ist Gott, nicht ein Mensch. So hat Gott Macht über die Macht und kann lieben und vergeben, wo menschliche Vorstellungen aufhören

5. Gottesbilder der Gewalt

Stärker noch als frühere Generationen sind Menschen heute sensibilisiert für das Thema „Gewalt" und „Gewalttätigkeit". Umso problematischer sind biblische Texte, die Gottes Gewalttätigkeit beschreiben. Nach dem Auszug aus Ägypten sieht Israel die Ägypter tot am Strand liegen (Ex 14,30) – konnte Gott nur über Leichen sein Volk befreien? Schon der Talmud schildert, dass Gott aus Trauer über den Tod der Ägypter den Gesang der Engel unterbrach (*bMeg* 10b; *bSan* 39b). Für den Umgang mit den biblischen Gottesbildern der Gewalt ist zum einen die konsequente Beachtung der historischen Verortung nötig, zum anderen die Entwicklung einer angemessenen Hermeneutik (Verstehensweise) dieser Texte.

5.1 Hermeneutik und Historie

5.1.1 Problematische und angemessene Hermeneutik

Es ist nochmals zu betonen, dass biblische Texte immer nur Gottes*vorstellungen* thematisieren, nicht *Gott an sich*. Gott an sich ist menschlichem Zugriff entzogen, und auch die Offenbarung er-

Gottes-vorstellungen

folgte immer in menschlicher Sprache und Gestalt. Menschen legen in den biblischen Texten von ihren unterschiedlichen Erfahrungen Zeugnis ab, die sie als Folgen des Wirkens Gottes verstehen und deuten. Die biblischen Texte entstehen als Reflexion auf die verschiedenen und widersprüchlichen Erfahrungen, die Menschen vieler Generationen mit diesem Gott gemacht haben. Die Menschen können von Gott nicht anders als in übertragener, „metaphorischer" Weise sprechen und damit in menschlicher Deutung und Konstruktion.

Die problematische Hermeneutik der Unmittelbarkeit

Mit dieser Einsicht ist eine problematische „Hermeneutik" (Auslegungsweise) der Bibel in die Schranken zu weisen: Manche fassen die Bibel als unmittelbare und authentische Quelle über Gottes Wesen selbst auf sowie als direkte Handlungsanweisung, Seite für Seite. Wer so an die Bibel herangeht, wird eine wirre Vorstellung von Gott entwickeln und anstelle von ethischen Leitlinien für jede seiner Taten irgendeinen Bibelspruch finden, der sie legitimiert.

Gewalterfahrungen im Alltag

Die Bibel reflektiert das religiöse Leben der Menschen vieler Generationen und kommt so zu einer großen Vielfalt an Gottesvorstellungen. Hinzu kommt die politische und soziale Geschichte des Volkes Israel zwischen Blüte und Untergang, zwischen militärischen Katastrophen (Krieg, Exil) und Neuanfang unter Fremdherrschaft. Gewalterfahrungen gehören hier zum Alltag – und das musste sich auf die Gottesvorstellungen auswirken.

Bibel als Literatur

Für die angemessene Verstehensweise ist auch zu beachten, dass die Bibel zwar „Heilige Schrift" des Judentums und des Christentums ist, nichtsdestotrotz aber auch Literatur ist und als solche analysiert werden muss. Es sind die literarischen Formen (Textsorten, Gattungen) zu beachten, die Strukturen, die den Lektürevorgang steuern, die Kommunikationssituation. Es ist zu fragen: Ist der Text eine Erzählung über eine einmalige, unwiederholbare Vergangenheit? Oder ist er eine konkrete Handlungsanweisung (Gebot, Verbot)? Ist er eine menschliche Rede vor Gott/zu Gott (Psalm)? In welchem Kontext steht der „Problemtext"? Steht er in Beziehung zu anderen Texten und wird er von dorther „relativiert"? (Stichwort: „Der Fundamentalist darf nicht umblättern ..."). Ferner ist zu berücksichtigen, dass die biblisch dargestellte Gewalt, auch die Gewalt Gottes, eine *literarische* Gewalt ist und mithin auch fiktional sein kann, um eine bestimmte Botschaft zu vermitteln. Eine fehlgeleitete „Hermeneutik der historischen Unmittelbarkeit" geht hier mit großer Naivität und vermeintlicher Frömmigkeit am Kern der biblischen Botschaft vorbei. Aber auch wenn die literarisch dargestellte Gewalt mitunter fiktiv ist, so ist doch nach ihrer Funktion zu fragen: Wozu dient diese Darstellung? Es ist ein verhängnisvoller Fehlschluss, wenn man annimmt, dass Gott auch in der Realität exakt so handelt, oder wenn man gar in vorauseilendem Gehorsam die gewaltsame Darstellung Gottes nachahmt und selbst gewalttätig wird.

Die problematische Hermeneutik der Nachahmung

Wenn Gott in der Bibel gewalttätig handelt oder von Betern dazu aufgefordert wird, so legitimiert dies in keiner Weise gewaltsames Handeln von Menschen. Dagegen lassen sich vielfach die Darstellungen der Gewalttätigkeit Gottes unter einer „Hermeneutik der Delegation" verstehen: Die Texte, die von einem gewalttätigen Gott sprechen, überlassen Gewalt und Rache auch wirklich Gott allein. Dabei ist „Rache" im alttestamentlichen Sinn unbedingt als „angemessene Vergeltung" und „Wiederherstellung der gerechten Zustände", nicht als blindwütiges Dreinschlagen zu verstehen. Zum einen sind die Passagen oft aus der Opferperspektive geschrieben – Israel oder die einzelnen betenden Personen haben gar nicht die Macht, die Feinde wirksam abzuschütteln. Zum anderen fördert es die Menschlichkeit im Sinne des „Humanum", wenn zweifellos vorhandene eigene Aggressionen nicht unmittelbar auf den Gegner angesetzt werden, sondern die angemessene Vergeltung und die Wiederherstellung der Gerechtigkeit („Rache" im Sinne von „es wieder recht machen") Gott überlassen werden. Damit ist für die menschliche Aggression ein Ventil geschaffen – und es ist keineswegs gesagt, dass Gott an sich auch gewalttätig ist. Wie Gott das Problem des Bösen in der Welt letztendlich lösen will, bleibt immer noch Gott überlassen.

Stattdessen: Hermeneutik der Delegation

5.1.2 Die Herkunft der gewalttätigen Züge in den biblischen Gottesvorstellungen

Historisch ist noch zu fragen, woher die gewalttätigen Züge in den biblischen Gottesvorstellungen kommen. Blickt man in die Religionsgeschichte, so ist der Polytheismus der einfachere Weg, menschliche Erfahrungen des Bösen und der Gewalt in ein Gesamtbild der Welt zu integrieren. Dafür sind bestimmte Gottheiten oder dämonische Mächte zuständig. Beginnt sich aber der Gedanke der Alleinverehrung eines Gottes und gar der Glaube an die ausschließliche Existenz dieses einzigen Gottes durchzusetzen, so werden die Antagonismen der polytheistischen Götterwelt in dem einen Gott vereint. Der eine Gott Israels, JHWH, übernimmt die Attribute der Gottheiten der Umwelt Israels und erweist sich als mächtiger als alle anderen zusammen. Trotz seiner

Integration des Bösen in Polytheismus und Monotheismus

Einzigkeit können die Vorstellungen von diesem Gott JHWH die Pluralität und Widersprüchlichkeit der menschlichen Erfahrungswelt nicht auf *ein* Grundmuster reduzieren. Welt und Geschichte bleiben vielfältig – und damit auch voller Gewalt. Will man diese Vielfalt im Glauben an den einen und einzigen Gott JHWH nicht völlig ausblenden, kann man nur in vielfältigen Gottesvorstellungen von diesem Gott reden.

5.2 Umgang mit Gottesbildern der Gewalt

Unter konsequenter Beachtung der geschichtlichen Entstehungsbedingungen biblischer Texte (Historie) und im Blick auf eine angemessene Verstehensweise (Hermeneutik) wird hier in Anlehnung an Konzepte von Gerlinde Baumann ein Programm in fünf Schritten vorgestellt.

5.2.1 Historische Einbettung

In welcher Situation wird Gott Gewalt zugeschrieben? Kann gezeigt werden, inwiefern sich Gewalterfahrungen der Autorinnen und Autoren in den Texten niederschlagen? Es geht hier um eine genaue Beschreibung der Kommunikationssituation, der Struktur und des Inhalts des Textes sowie um den Versuch, den zeitgeschichtlichen Hintergrund zu erhellen.

Blickt man so auf die Darstellung Gottes als gewalttätiger Kriegsherr gegen andere Völker in den Büchern Deuteronomium und Josua, dann zeigt sich, dass hinter diesen Texten die Erfahrungen der gewaltsamen militärischen Eroberungen durch die Assyrer stehen. Die geschilderten Gewalttaten sind ein Reflex der Brutalität der neuassyrischen Großmacht, die auf diese Weise den gesamten Vorderen Orient niedergeworfen hatte. Diese alltäglich erfahrenen gewaltsamen Denk- und Handlungsmuster wurden bei der Formulierung der biblischen Texte auf die fiktive Erzählung der „Landnahme" Israels zurückprojiziert. Im Unterschied zum allgegenwärtigen Assyrerkönig schreibt die Bibel jedoch alle Macht allein JHWH zu – und das auch in einer Zeit, in der es noch einen König in Israel gab. Damit ist das Buch Josua auch eine subtile Kritik am Königtum: Nicht mit Hilfe eines mächtigen Königs, sondern durch JHWH allein und das Vertrauen auf seinen Gott hat Israel das Land erobert. Die geschilderten Gewalttaten fanden so historisch nicht statt, sondern sind Reflexe erlebter Gewalt und zeitbedingte Ausdrucksformen für die Mächtigkeit JHWHs, des Gottes Israels. In jedem Fall sind es Erzählungen einer unwiederholbaren Vergangenheit und damit keine Legitimation für eine „Nachahmung" etwa in Form einer gewaltsamen Vereinnahmung der Westbank durch national-religiöse israelische „Siedler".

5.2.2 Religionsgeschichtliche Kontextualisierungen

Gibt es Gesprächspartner aus dem Alten Orient, die für gewisse Gottesvorstellungen Pate gestanden haben? Ist es denkbar, dass geläufige altorientalische Muster (z.B. der Götterkampf) im alttestamentlichen Bereich eine Umakzentuierung erfahren haben?

Das Wissen um die „Enzyklopädie" des Alten Orients, die durch Textfunde und Archäologie erschlossen wird, hilft vielfach weiter. So finden sich in neuassyrischen Texten Beispiele, in denen dem assyrischen König die Unterstützung durch die Gottheiten (etwa die Göttin Ischtar oder den Staatsgott Assur) zugesagt wird. Die Diktion ähnelt oftmals stark den biblischen Texten (vgl. etwa Jos 10,26–32 und TUAT I, 56–57 sowie TUAT I, 396.398–399). Es war ein geläufiges Muster, dass man die eigenen Erfolge in Kriegszügen den eigenen Göttern zugeschrieben hat. Zum einen wurde so die Legitimität des gewaltsamen Vorgehens bekräftigt („Unsere Götter wollen es"), zum anderen wird durch den Erfolg im Kriegszug die Legitimität des Königs gestärkt, der sich in vollkommenem Einklang mit den Göttern befindet. In der neuassyrischen „politischen Theologie" gilt der König als Werkzeug des Reichsgottes Assur, so dass in den Feldzugsberichten bisweilen der König, dann wieder der Gott Assur den Sieg erringt.

5.2.3 Inneralttestamentliche Anknüpfungen an ältere Traditionen

Eine solche Anknüpfung kann einerseits inhaltlich orientiert sein, in dem man nach Motiven oder Traditionen fragt, an die ein problematischer Text anschließt (z.B. an die Kontexte Schöpfung, Rettung, Strafe). Andererseits kann nach formalen Anknüpfungspunkten gefragt werden: Nach welcher typischen Form (Gattung) ist der Text gestaltet?

Beim Buch Josua wäre etwa zu fragen, warum die Landnahme Israels in dieser brutalen Weise dargestellt wird. Dieses Geschichtsbild bleibt nicht unwidersprochen stehen. Schon zu Beginn des Richterbuches wird deutlich, dass keineswegs das ganze Land und alle Städte erobert worden sind. Das „negative Besitzverzeichnis" Ri 1,17–36 zeigt „Lücken" in der angeblich flächendeckenden Eroberung. – In formaler Hinsicht ähneln die Darstellungen in Dtn und Jos oftmals der assyrischen Königspropaganda (s.o.). Warum, so wäre zu fragen, wird auf diese Weise die Vernichtung von Völkern beschrieben, die zur Abfassungszeit der Texte längst nicht mehr existent waren? Hier wird ein literarisches Muster übernommen, um pragmatisch eine andere Aussage zu transportieren: Die Völker werden als Fremde dargestellt, die Israel von JHWH abbringen wollen. Es geht aber eigentlich nicht um die (nicht mehr vorhandenen!) Völker, sondern um die Versuchung in den eigenen Reihen, von JHWH abzufallen und zu den vermeintlich stärkeren fremden Mächten (Assyrer, Babylonier, Griechen, Römer) und ihren Göttern überzulaufen. Diese Texte sind also nach innen gerichtet: als Warnungen für alle, die in kultureller und religiöser Assimilation Kompromisse und Synkretismen (Religionsvermischungen) eingehen wollen.

5.2.4 Literarische Kontextualisierung

In welchem unmittelbaren (und weiteren) Kontext steht die gewaltvolle Gottesvorstellung? Welchen Einfluss übt dieser Kontext auf das Verstehen des jeweiligen Gottesbildes aus? Gibt es womöglich „Relativierungen", Korrekturen und Ergänzungen durch den Kontext? Wird der „gewalttätige" Gott in einem Vers durch eine ganze Reihe anderer Aussagen über Gott aus dem Kontext eingeschränkt oder umgedeutet? Insbesondere im Blick auf den Kanon als Gesamtgröße und *„ein* Buch" ist diese Suche nach möglichen *Gegenstimmen* sehr wichtig: Aus der Leserperspektive kann man im Rezeptionsvorgang feststellen, dass ein gewaltvolles Gottesbild in einem Text eine Menge Verknüpfungspunkte mit anderen Texten zeigt, die eine einseitige Festlegung Gottes auf ein bestimmtes „Wesen an sich" (sei es „nur böse" oder auch „nur gut") unmöglich machen. Die Vielfalt in der Einheit des Kanons eröffnet zahlreiche Möglichkeiten der intertextuellen Bezüge (z.B. durch Stichwörter oder Leitwörter, durch Motive und Argumen-

Gegenstimmen im Kanon

Kanonische Exegese

tationslinien, durch gezielte Positionierungen im Zentrum, am Rande, an Nahtstellen usw.). Die biblischen Gottesvorstellungen je für sich sind immer nur Teilfacetten eines größeren Ganzen, das immer nur in Annäherung erreicht werden kann; und so wird jedes Gottesbild innerhalb des Kanons seine Modifizierung und Korrektur erfahren.

> Zu der Darstellung JHWHs als Kriegsherr gibt es innerbiblisch eine Reihe von Gegentexten. Im Text von der Völkerwallfahrt zum Zion (Mi 4,1–5; Jes 2,2–5) werden die Völker nicht mehr vernichtet, sondern sie kommen alle freiwillig zum Zion; dort erhalten sie die Weisung JHWHs, die ihnen das Recht bringt. So können alle Waffen zu Alltagsgegenständen konvertiert werden, und man wird nicht mehr für den Krieg üben. Dass Gott den Waffen und den Kriegen ein Ende macht, besagen mehrere Stellen im Psalter und bei den Propheten (Ps 46,10; Ps 76,2–4; Ez 39,9–10; Sach 9,9–10).
>
> Besonders bemerkenswert ist ein Beispiel aus dem Zwölfprophetenbuch. Am Beginn der Nahumschrift wird Gott als ein Gott der Rache, des Zorns und der Vergeltung dargestellt, der Gewalt und Zerstörung bringt (Nah 1,2–8). Neben dem Blick auf den altorientalischen Hintergrund, bei dem wieder deutlich wird, dass Gott als mächtiger als die brutale Kriegsmaschinerie der Assyrer dargestellt werden soll, ist der innerbiblische Kontext besonders aufschlussreich. Es gibt einen komplementären Gegentext: der Schluss der Michaschrift, die unmittelbar vorausgeht (Mi 7,18–20). Der Brückentext, der den Schluss von Micha und den Anfang von Nahum miteinander verbindet, ist die Gnadenformel aus Ex 34,6–7 (s.o.). Dieser Text bildet den Ausgangspunkt für eine ganze Reihe von intertextuellen Bezugnahmen (u.a. Joel 2,13; Jona 4,2; Ps 86,15; 145,8; Neh 9,17). Unter anderem ist auch der Schluss der Michaschrift als Anspielung an die Gnadenformel von Ex 34,6–7 zu werten (Mi 7,18–20). Der Micha-Schluss betont die Güte, Geduld und Vergebungsbereitschaft JHWHs. Dass JHWH aber prüfend nachsieht, ob die Kinder in die gleichen Fehler verfallen wie die Eltern, wird nicht erwähnt. Der Anfang der Nahumschrift greift die anderen Elemente die Gnadenformel auf: JHWH lässt nicht ungestraft. So machen die Gnadenformel und Nah 1,3 deutlich, dass die Verantwortlichkeit des Menschen bestehen bleibt und das sittliche Verhalten des Menschen nicht unerheblich ist. Im Nahumpsalm fehlen die Elemente, die am Schluss von Micha so deutlich überwogen:

Güte, Gnade, Barmherzigkeit und Treue sowie die Vergebung. Betont werden hingegen der göttliche Zorn und die Tatsache, dass JHWH nicht ungestraft lässt. Beide prophetische Schriften nehmen also je unterschiedliche Akzente der Gnadenformel auf und verstärken diese in polarer Weise. In intertextueller Lektüre sind beide Stellen aufeinander zu beziehen und komplementär zu lesen: Es liegt ein gemeinsamer Bezug auf die Gnadenformel vor; je für sich gelesen sind die Stellen zu einseitig. Die ausschließliche Lektüre des Nahumtextes ist unvollständig; durch die deutlichen Bezugnahmen wird die Lektüre so gesteuert, dass sie sowohl den Bezug zu Ex 34,6–7 als auch den Bezug zu Mi 7,18–20 wahrnehmen muss und so die Textstellen insgesamt – als gegenseitige Ergänzung – reflektiert. Wichtig ist auch, dass an allen Stellen von ein und demselben Gott gesprochen wird – dies ist ein weiterer Hinweis darauf, dass die intertextuell-komplementäre Leseweise literarisch und theologisch korrekt ist. Dieser Gott JHWH hat zwei Seiten, die sich ergänzen, die aber auch je unterschiedlich akzentuiert werden können. Dabei ist Gott nicht schizophren, sondern kann beide Seiten spannungsvoll integrieren – wie, das entzieht sich menschlicher Berechnung.

5.2.5 Interpretation

Hermeneutik der Opfer

Bei der Auslegung kommen mehrere hermeneutische Grundlinien zum Einsatz. In einer „Hermeneutik der Opfer“ ist zu fragen, inwiefern die gewaltvollen Gottesbilder Ausdruck der Bewältigung konkreter Gewalterfahrungen durch die biblischen Schriftsteller sind. Dazu müssen die Texte differenziert nach ihrer literarischen Gestalt und ihrer Zielsetzung beurteilt werden – und nicht einseitig nur als Handlungsanweisung für ein gottgefälliges Leben. So kann gerade das gewalttätige Gottesbild davor warnen, selbst gewalttätig zu werden. Oder die Rede von der Gewalttätigkeit Gottes kann in einer Hermeneutik der Delegation dazu dienen, in der eigenen Ohnmacht Stärkung zu erfahren: So können sich Trost und Hilfe dadurch einstellen, dass man die Vernichtung der Feinde, unter denen man abgrundtief leidet, Gott überlässt. Die eigene Aggression und Gewalt wird nicht direkt von Mensch zu Mensch ausgeübt, sondern es wird Gott überlassen, das Richtige zu tun und die Gerechtigkeit wieder herzustellen. Man könnte hier auch von einer „kompensatorischen Strategie“ sprechen: Gott möge in seiner Macht den Unterdrückten, die um Hilfe für sich und um Vernichtung für die Unterdrücker schreien, Recht verschaffen. In gesamt-

Hermeneutik der Delegation

biblischer und kritischer Rezeption der problematischen Gewalttexte wird deutlich, dass sich Gewalt nicht als Mittel gegen Gewalt eignet. Von diesem Grundsatz gibt es Ausnahmen, wenn die Konstellationen anders gelagert sind. Beim Auszug aus Ägypten etwa handelt es sich um die Überwindung übermächtiger Gewalt in einer Situation völliger Ohnmacht des Volkes. Der auf den ersten Blick anstößigen Stelle mit den toten Ägyptern am Ende der Schilfmeergeschichte geht ein längerer Text voraus, der die Auseinandersetzung JHWHs mit dem Pharao beschreibt und die Situation der Unterdrückung des Volkes durch die Ägypter als „Sklaverei" charakterisiert. Der Versuch JHWHs, den Pharao davon zu überzeugen, Israel ziehen zu lassen, scheitert. Einer der (nachexilischen) Verfasser dieses biblischen Textes konnte sich das in monotheistischer Perspektive nur so erklären, dass Gott selbst das Herz des Pharao verhärtete: Der eine und einzige Gott ist auch für diese Zuspitzung verantwortlich. Ähnlich wie im Ijobbuch wird das Gedankenexperiment ins Extreme gezogen und die Hartherzigkeit und Gewaltbereitschaft des Pharao ins Unendliche gesteigert: Nicht einmal nach der unerträglichen zehnten Plage (Tod der Erstgeborenen) gibt der Pharao seine Unrechtsposition auf. Aus dieser Perspektive erscheint die Gewalttat JHWHs an den Ägyptern in der Schilfmeergeschichte als Demonstration einer legitimen Form der Gegengewalt, um Unrechtszustände und eine Situation der Unterdrückung im Interesse einer Veränderung zu mehr Gerechtigkeit abzuwenden. Auch beim Nahumpsalm dominiert die Hoffnung darauf, dass JHWH dafür sorgen wird, dass Unterdrückung beendet, Unrecht gesühnt und Schaden kompensiert wird. Immer bleibt zu beachten: *Gott* übt die Vergeltung, nicht die Menschen.

Zusammenfassung

Biblische Vorstellungen eines gewalttätigen Gottes werden heute mit Recht als anstößig angesehen. Um mit ihnen umgehen zu können, ist die Überwindung einer naiven Hermeneutik der Unmittelbarkeit nötig: Biblische Darstellungen sind noch keine Aussagen über Gott an sich und nicht jeder Text eine unmittelbare Handlungsanweisung. Zum Verständnis gewaltbelasteter Gottesvorstellungen sind ihre historische Entstehungssituation und der religionsgeschichtliche Kontext (altorientalischer Hintergrund) zu beachten; es gilt, inneralttestamentliche Traditionsbildungen und auf der Ebene des Kanons mögliche „Gegenstimmen" zu berücksichtigen. Eine ausgewogene Interpretation achtet auf die Formulierung der Texte aus der Perspektive von Opfern und betont eine Hermeneutik der Delegation: Die Wiederherstellung der Gerechtigkeit bleibt allein Gott überlassen.

Kanon

6. Fazit

Gott ist Gott, kein Mensch, und doch können Menschen von Gott nur in menschlichen Begriffen und Bildern sprechen, weil sie keine andere Vorstellungswelt haben. Wenn der Mensch Anleihen in der Tierwelt nimmt, wie bei den tiergestaltigen Götterfiguren in Ägypten, so ist dies immer eine *menschliche* Vorstellung von der Tierwelt. Diese Begrenztheit des Menschen bedingt, dass die elementaren Erfahrungen des Menschen, seine Grundfunktionen und Grundbedürfnisse in die Gottesvorstellungen integriert werden müssen. Die elementare Frage nach dem sinnstiftenden „Woher?“ führt zur Vorstellung des Schöpfergottes (Genesis, Psalmen, Ijob, Deuterojesaja). Sobald sich Menschen näher auf Gott einlassen und eine Beziehung beginnen, stellen sich die Fragen nach dem Namen und Wesen Gottes, nach Nähe und Distanz, nach Erwählung und Bund – und dann auch nach Scheitern, Vergebung, Liebe und Eifersucht (Exodus). Beim Glauben an den *einen* Gott (Monotheismus: Deuteronomium, Deuterojesaja) fließen die vielen verschiedenen Erfahrungen und die Verschiedenheit der Menschen (z.B. auch die Dualität von Mann und Frau) in die Vorstellungen vom *einen* Gott ein, auch die Erfahrungen von Gewalttätigkeit und die Frage der Macht (Deuteronomium, Josua, Nahum). Zugleich aber erfahren Menschen diesen Gott als liebenden und barmherzigen Gott und ziehen zur Beschreibung Analogien aus der Liebe zwischen Mann und Frau sowie zwischen Eltern und Kindern heran – bis Gott auch diese Bilder in entgrenzter Liebe und Barmherzigkeit überbietet (Hosea, Jesaja).

Von dem *einen* Gott kann angemessen nur in einer Vielfalt der Vorstellungen gesprochen werden. Die biblischen Texte legen sich nicht auf *ein* Bild, auf *eine* sprachliche Metapher fest. In diesem Sinne könnte man auch die Frage Gottes in der Deuterojesajaschrift verstehen: „Mit wem wollt ihr mich vergleichen, neben wen mich stellen?“ (Jes 40,18.25; 46,5). Für heute bleibt die eschatologische Hoffnung, die der erste Johannesbrief so formuliert: „wir werden ihn sehen, wie er ist“ (1 Joh 3,2).

Literatur

Einführung Basisliteratur

ALBERTZ, Rainer: Religionsgeschichte Israels in alttestamentlicher Zeit, Göttingen 1992.

FELDMEIER, Reinhard/SPIECKERMANN, Hermann: Der Gott der Lebendigen (Topoi Biblischer Theologie/Topics of Biblical Theology 1), Tübingen 2011.

KRATZ, Reinhard Gregor/SPIECKERMANN, Hermann (Hg.): Götterbilder, Gottesbilder, Weltbilder, 2 Bde. (FAT II/17 und 18), Tübingen 2006.

PREUSS, Horst Dietrich: Theologie des Alten Testaments, 2 Bde., Stuttgart 1991/1992.

VON RAD, Gerhard: Theologie des Alten Testaments, 2 Bde., München ^{4}1968–1969.

RENDTORFF, Rolf: Theologie des Alten Testaments. Ein kanonischer Entwurf, 2 Bde., Neukirchen-Vluyn 1999/2001.

SCHWIENHORST-SCHÖNBERGER, Ludger: Gottesbilder des Alten Testaments, in: Theologisch-Praktische Quartalschrift 148 (2000), 358–368.

ZENGER, Erich: Gott hat niemand je geschaut (Joh 1,18): Die christliche Gottesrede im Angesicht des Judentums, in: Bibel und Kirche 65 (2010), 87–93.

1. Gott als Schöpfer

Historisches Textbuch zum Alten Testament (HTAT), hg. von WEIPPERT, Manfred, mit Beiträgen von SCHIPPER, Bernd Ulrich/QUACK, Joachim Friedrich/WIMMER, Stefan Jakob (GAT 10), Göttingen 2010.

Religionsgeschichtliches Textbuch zum Alten Testament (RTAT), hg. von BEYERLIN, Walter, ATD-Ergänzungsreihe 1, Göttingen ^{2}1985.

Texte aus der Umwelt des Alten Testaments – Alte Folge (TUAT-AF) und Ergänzungslieferung (TUAT-E), hg. von KAISER, Otto, CD-ROM-Fassung, Gütersloh 2005.

BAUKS, Michaela: Die Welt am Anfang. Zum Verhältnis von Vorwelt und Weltentstehung in Gen 1 und in der altorientalischen Literatur (WMANT 74), Neukirchen-Vluyn 1997.

BRANDSCHEIDT, Renate: Die Frohbotschaft von Gott als Schöpfer und Erlöser nach Jesaja 43,1–7, in: SEDLMEIER, Franz (Hg.): Gottes Wege suchend. Beiträge zum Verständnis der Bibel und ihrer Botschaft (FS Rudolf Mosis), Würzburg 2003, 131–151.

DOHMEN, Christoph: Schöpfung und Tod. Die Entfaltung theologischer und anthropologischer Konzeptionen in Gen 2/3. Aktualisierte Neuausgabe (SBB 35), Stuttgart 1996.

GROSS, Walter: Die Gottebenbildlichkeit des Menschen im Kontext der Priesterschrift, in: Theologische Quartalschrift 161 (1981), 244–264.

GROSS, Walter: Creatio ex nihilo – Alttestamentliche Anmerkungen zu einem alten dogmatischen Lehrsatz, in: DERS.: Studien zur Priesterschrift und zu alttestamentlichen Gottesbildern (SBAB 30), Stuttgart 1989/1999, 55–63.

GROSS, Walter: Gen 1,26.27; 9,6: Statue oder Ebenbild Gottes? Aufgabe und Würde des Menschen nach dem hebräischen und dem griechischen Wortlaut, in: Jahrbuch für Biblische Theologie 15 (2000), 11–38.

HOSSFELD, Frank-Lothar: Schöpfungsfrömmigkeit in Ps 104 und bei Jesus Sirach, in: FISCHER, Irmtraud/RAPP, Ursula/SCHILLER, Johannes (Hg.): Auf den Spuren der schriftgelehrten Weisen. Festschrift für Johannes Marböck anlässlich seiner Emeritierung (BZAW 331), Berlin/New York 2003, 129–138.

JACOB, Benno: Das erste Buch der Tora. Genesis, Berlin 1934.

JANOWSKI, Bernd: Die Welt des Anfangs. Gen 1,1–2,4a als Magna Charta des biblischen Schöpfungsglaubens, in: JANOWSKI, Bernd/SCHWEITZER, Friedrich/SCHWÖBEL, Christoph (Hg.): Schöpfungsglaube vor der Herausforderung des Kreationismus (Theologie interdisziplinär 6), Neukirchen-Vluyn 2010, 27–53.

KÖCKERT, Matthias: Literargeschichtliche und religionsgeschichtliche Beobachtungen zu Ps 104, in: KRATZ, Reinhard Gregor/KRÜGER, Thomas/SCHMID, Konrad (Hg.): Schriftauslegung in der Schrift. Festschrift für Odil Hannes Steck zu seinem 65. Geburtstag (BZAW 300), Berlin/New York 2000, 259–279.

VON NORDHEIM, Eckhard: Die Selbstbehauptung Israels in der Welt des Alten Orients. Religionsgeschichtlicher Vergleich anhand von Gen 15, 22, 28, dem Aufenthalt Israels in Ägypten, 2 Sam 7, 1 Kön 19 und Psalm 104 (OBO 115), Göttingen/Freiburg, Schweiz 1992.

RITTER-MÜLLER, Petra: Kennst du die Welt? – Gottes Antwort an Ijob. Eine sprachwissenschaftliche und exegetische Studie zur ersten Gottesrede Ijob 38 und 39 (Altes Testament und Moderne 5), Münster 2000.

SEEBASS, Horst: Genesis. Band 1–3: Urgeschichte (1,1–11,26), Neukirchen-Vluyn 1996.

STREIBERT, Christian: Schöpfung bei Deuterojesaja und in der Priesterschrift. Eine vergleichende Untersuchung zu Inhalt und Funktion schöpfungstheologischer Aussagen in exilisch-nachexilischer Zeit (BEATAJ 8), Frankfurt/M. 1993.

VONACH, Andreas: Wer ist es, der den Plan verdunkelt? Die Gottesreden des Ijobbuches als innerbiblisches Paradigma einer Neuentdeckung Gottes durch Entlarvung traditioneller Verschüttungen, in: KANZIAN, Christian/SIEBENROCK, Roman (Hg.): Gottesentdeckungen (theologische trends 8), Thaur 1999, 228–240.

ZAPFF, Burkard M.: Jesaja. 3. 40–55 (NEB 36), Würzburg 2001.

2. Die Selbstvorstellungen Gottes im Buch Exodus

DIESEL, Anja Angela: „Ich bin Jahwe“. Der Aufstieg der Ich-bin-Jahwe-Aussage zum Schlüsselwort des alttestamentlichen Monotheismus (WMANT 110), Neukirchen-Vluyn 2006.

DOHMEN, Christoph: „Eifersüchtiger ist sein Name“ (Ex 34,14). Ursprung und Bedeutung der alttestamentlichen Rede von Gottes Eifersucht, in: Theologische Zeitschrift 46 (1990), 289–304.

DOHMEN, Christoph: Exodus 19–40 (HThKAT), Freiburg i.Br. 2004.

FISCHER, Georg: Gottes Offenbarung am Dornbusch und die Berufung des Mose (Ex 3–4), in: Bibel und Kirche 62/4 (2007), 227–231.

HALBE, Jörn: Das Privilegrecht Jahwes Ex 34,10–26 (FRLANT 114), Göttingen 1975.

HIEKE, Thomas: Ein Bekannter stellt sich vor ... Das Buch Exodus als vielfältige Quelle biblischer Rede von Gott, in: Bibel und Kirche 62/4 (2007), 221–226.

Irsigler, Hubert: Von der Namensfrage zum Gottesverständnis. Exodus 3,13–15 im Kontext der Glaubensgeschichte Israels, in: Biblische Notizen 96 (1999), 56–96.

Michel, Andreas: Ist mit der „Gnadenformel" von Ex 34,6(+7?) der Schlüssel zu einer Theologie des Alten Testaments gefunden?, in: Biblische Notizen 118 (2003), 110–123.

Scoralick, Ruth: Gottes Güte und Gottes Zorn. Die Gottesprädikationen in Exodus 34,6f und ihre intertextuellen Beziehungen zum Zwölfprophetenbuch (HBS 33), Freiburg i.Br. 2002.

Steins, Georg: Priesterherrschaft, Volk von Priestern oder was sonst? Zur Interpretation von Ex 19,6, in: BZ 45,1 (2001), 20–36.

3. Gott als der Einzige

Barbiero, Gianni: „Höre Israel" (Dtn 6,4–25), in: Ders.: Studien zu alttestamentlichen Texten (SBAB 34), Stuttgart 2002, 93–167.

Lang, Bernhard: Art. Monotheismus, in: Neues Bibel-Lexikon 2 (1995), 834–844.

van Oorschot, Jürgen: „Höre Israel ...!" (Dtn 6,4f.) – der eine und einzige Gott Israels im Widerstreit, in: Krebernik, Manfred/van Oorschot, Jürgen (Hg.): Polytheismus und Monotheismus in den Religionen des Vorderen Orients (AOAT 298), Münster 2002, 113–135.

Stolz, Fritz: Einführung in den biblischen Monotheismus, Darmstadt 1996.

4. Die Metaphorik der Rede von Gott

Böckler, Annette: Gott als Vater im Alten Testament. Traditionsgeschichtliche Untersuchungen zu Entstehung und Entwicklung eines Gottesbildes, Gütersloh [2]2002.

Dille, Sarah J.: Mixing Metaphors. God as Mother and Father in Deutero-Isaiah (JSOT.S 398 = Gender, Culture, Theory 13), London 2004.

Ebach, Jürgen: Gott ist kein Mann. – Aber warum? Hosea 11,9 und Numeri 23,19 im Diskurs, in: Crüsemann, Frank u.a. (Hg.): Dem Tod nicht glauben. Sozialgeschichte der Bibel, Gütersloh 2004, 214–232.

Häusl, Maria: Gott als Vater und Mutter und die Sohnschaft des Volkes in der Prophetie. Rezeption mythischer Vorstellungen, in: Irsigler, Hubert (Hg.): Mythisches in biblischer Bildsprache. Gestalt und Verwandlung in Prophetie und Psalmen (Quaestiones disputatae 209), Freiburg i.Br. 2004, 258–289.

Häusl, Maria: „Ich aber vergesse dich nicht". Gottesbilder in Jes 49,14–50,3, in: Riedel-Spangenberger, Ilona/Zenger, Erich (Hg.): „Gott bin ich, kein Mann". Beiträge zur Hermeneutik der biblischen Gottesrede, FS für Helen Schüngel-Straumann, Paderborn 2006, 237–245.

Hieke, Thomas: Gott bin ich, nicht ein Mensch (Hos 11,9). Die metaphorische Rede von Gott in Hosea 11, in: rhs (Religionsunterricht an höheren Schulen) 53 (2010), 245–251.

Kakkanattu, Joy Philip: God's enduring love in the Book of Hosea. A synchronic and diachronic analysis of Hosea 11:1–11 (FAT II/14), Tübingen 2006.

Kreuzer, Siegfried: Gott als Mutter in Hosea 11?, in: Theologische Quartalschrift 169 (1989), 123–132.

Schüngel-Straumann: Helen: Gott als Mutter in Hosea 11, in: Theologische Quartalschrift 166 (1986), 119–134.

Seifert, Brigitte: Metaphorisches Reden von Gott im Hoseabuch (FRLANT 166), Göttingen 1996.

5. Gottesbilder der Gewalt

Baumann, Gerlinde: Gottesbilder der Gewalt im Alten Testament verstehen, Darmstadt 2006.

Dietrich, Walter/Link, Christian: Die dunklen Seiten Gottes, 2 Bde., Neukirchen-Vluyn 1995/2000.

Gross, Walter/Kuschel, Karl-Josef: „Ich schaffe Finsternis und Unheil!“: Ist Gott verantwortlich für das Übel?, Mainz 1992.

Janowski, Bernd: Ein Gott der Gewalt? Perspektiven des Alten Testaments, in: Müllner, Ilse/Schwienhorst-Schöneberger, Ludger/Scoralick, Ruth (Hg.): Gottes Name(n). Zum Gedenken an Erich Zenger (HBS 71), Freiburg i.Br. 2012, 11–33.

Janowski, Bernd: Ein Gott, der straft und tötet? Zwölf Fragen zum Gottesbild des Alten Testaments, Neukirchen-Vlyn 2013.

Michel, Andreas: Gott und Gewalt gegen Kinder im Alten Testament (FAT 37), Tübingen 2003.

Zenger, Erich: Ein Gott der Rache? Feindpsalmen verstehen, Freiburg i.Br. 1994.

II. Der Gott der frühen Christen

Tobias Nicklas

Einleitende Gedanken und Vorbemerkungen

Ist eine Gotteslehre des Neuen Testaments überhaupt sinnvoll? In welches Verhältnis kann und soll sie zur Gotteslehre des Alten Testaments treten? Und in welchem Verhältnis steht sie zur systematischen Gotteslehre? Bereitet sie diese nur vor oder ist sie in der Lage, in einen echten Dialog mit ihr zu treten? Damit sind bereits einige der Fragen aufgeworfen, die sich stellen, wenn man das sonst kaum einmal unternommene Wagnis unternehmen möchte, eine Gotteslehre der Schriften des Neuen Testaments zu schreiben. Die folgenden Vorbemerkungen verstehen sich deswegen einerseits als Reflexion der Vorentscheidungen, die im Vorfeld dieses Kapitels getroffen wurden, andererseits aber auch als hermeneutische Überlegungen zu den eben gestellten Fragen.

1. Der folgende Text wird sich weniger als „Gotteslehre des Neuen Testaments" denn als „Gotteslehre der neutestamentlichen Schriften" verstehen. Oder noch konkreter: Entwickelt werden soll weniger eine an systematischen Fragen orientierte Gotteslehre des Gesamttextes „Neues Testament" denn ein Text, der versucht, einigen entscheidenden Gottesbildern neutestamentlicher Schriften nachzugehen und dabei die Profile der Einzelschriften in ihrer historisch gewachsenen Vielfalt nachzuzeichnen. Dabei muss einerseits eine Auswahl unter den Schriften des Neuen Testaments getroffen werden, und andererseits können auch innerhalb dieser Texte nur einige Linien herausgearbeitet werden, die sich womöglich auch in anderen Schriften finden. Vorgestellt werden sollen zunächst die vier Evangelien des Neuen Testaments mit ihren zwar eng verwandten und doch je eigenen Profilen, dann Entscheidendes aus den paulinischen Schriften und schließlich die Offenbarung des Johannes.

Gotteslehre der neutestamentlichen Schriften

Redaktionskritik

2. Der Gedanke, Gottesbilder der neutestamentlichen Schriften nachzuzeichnen, bedeutet auch, den Versuch zu unterlassen, das konkrete Gottesverhältnis Jesu zu rekonstruieren. Dies hat nicht zuletzt damit zu tun, dass zwischen den Schriften des Neuen Testaments mit ihren Aussagen und einer (Re-)Konstruktion des historischen Jesus noch einmal ein deutlicher Graben besteht, der nur mit Hilfe komplexer Methodeninstrumentarien zu überwinden

Historischer Jesus

ist. Doch selbst wo dies geschieht, bleibt das entstehende „Bild" des „historischen Jesus" immer ein Bild, das zwar einerseits an den Quellen hängt, die uns zur Verfügung stehen, das in seinem Zusammenhang jedoch auch immer von Entscheidungen des jeweiligen Historikers bzw. Exegeten zusammenhängt. Anders gesagt: Jedes Bild des historischen Jesus, das wir zeichnen können, ist zutiefst auch Bild dessen, der es zeichnet. Dies ist grundsätzlich nicht schlimm, sollte aber davor warnen, allzu weit zu gehen. Der Versuch, die Frage nach dem Gottesbild bzw. Gottesverhältnis Jesu zu beantworten, geht jedoch im Grunde noch einen Schritt weiter, versucht, mit historischen Mitteln in das Innere Jesu zu blicken. Ein derartiger Schritt jedoch ist immer in der Gefahr an einer Stelle zu „psychologisieren", wo dies nicht möglich ist.

Zudem ist die Frage nach dem Gottesverhältnis Jesu exegesegeschichtlich durchaus belastet: Dies hängt damit zusammen, dass man bis weit ins 20. Jahrhundert hinein den Versuch machte, Jesus so klar wie möglich von seiner Umwelt abzugrenzen. Dies hatte sicherlich einerseits damit zu tun, dass man Jesus als ein großartiges Genie zu verstehen suchte, das seiner Zeit so weit voraus war, dass es lange Zeit unverstanden bleiben musste. Das hängt aber andererseits vor allem mit einem heute überwundenen Zerrbild des Judentums der Zeit Jesu zusammen. Man sprach lange Zeit vom „Spätjudentum", einer rein am Buchstaben des Gesetzes orientierten, den Menschen unterdrückenden Religion, die ihren einstigen tiefen Gottesbezug längst verloren hatte. Vor diesem Hintergrund konnte man dann Jesus als den angeblichen Wiederentdecker einer tief-innigen Gottesbeziehung umso heller zeichnen.

Stattdessen gehen wir heute selbstverständlich davon aus, dass Jesus von Nazaret als jüdischer Mensch seiner Zeit anzusehen ist und dass sein sicherlich tiefes Gottesverhältnis sich nur im Kontext der Glaubensgeschichte Israels erahnen lässt. In einem bedeutenden Artikel hat Franz Mußner (*1916) sogar die Forderung gestellt, das Menschsein Jesu ganz von seinem Jude-sein her zu verstehen und beim Glaubensbekenntnis von Chalkedon in diesem Sinne Jesus als wahrhaft *jüdischen* Menschen, *„vere homo judaeus"* (Mussner: *Der Jude Jesus* 97) zu verstehen. Dies soll Jesus nichts von seiner Größe nehmen, sondern macht deutlich, dass es kein Menschsein in Abstraktion geben kann, und erinnert daran, dass Jesus von Nazaret nicht zufällig Teil des von Gott erwählten Volkes ist, das Heil also von den Juden kommt (vgl. Joh 4,22).

3. Doch nicht nur Jesus von Nazaret, auch der größte Teil der Autoren der Schriften des Neuen Testaments dürfte sich sein

Leben lang als Juden verstanden haben. Wir sprechen in diesem Falle am besten von „christlichen Juden" , d.h. Juden, die Jesus von Nazaret in einer besonderen Weise als Messias glaubten, damit zwar einer neuen (und durchaus vielfältigen) Bewegung anhingen, jedoch keine vom Judentum losgelöste Religion gründeten. Der überaus komplexe Prozess der Loslösung christlicher Gruppierungen vom Judentum fand zwar bereits seine ersten Impulse in der Mission des Paulus, der es Heiden erlaubte, ohne Beschneidung, d.h. ohne formalen Übertritt zum Judentum, alleine aufgrund von Bekenntnis und Taufe sich der neuen Bewegung anzuschließen. Dieser Prozess dürfte in Teilbereichen aber noch bis weit ins 2. Jahrhundert und darüber hinaus angedauert haben. Für unsere Frage ist dies deswegen wichtig, weil damit selbstverständlich wird, dass der Gott des Neuen Testaments ganz klar der gleiche ist wie der des Alten Testaments. Diese Bemerkung ist keineswegs so selbstverständlich, wie sie auf den ersten Blick aussehen mag: Bereits in der Mitte des 2. Jahrhunderts entwickelte Markion von Sinope (Ende des 1. Jh.s–etwa 160 n. Chr.) den Gedanken, dass der Gott des Alten Testaments vom Gott Jesu Christi, dem Gott reiner Liebe", zu unterscheiden sei. Während sich die Mehrheitskirche sehr eindeutig von diesem Gedanken distanzierte, hat sich die Bewegung der markionitischen Christen noch einige Jahrhunderte halten könnten. Das Problem ist jedoch nicht nur ein Problem der fernen Vergangenheit, sondern auch eines des 20. und 21. Jahrhunderts. So findet sich bei dem großen Kirchenhistoriker Adolph von Harnack zu Beginn des 20. Jahrhunderts noch folgender Satz:

„Christliche Juden" als Autoren

Adolph von Harnack

Zitat

„Das Alte Testament im 2. Jahrhundert zu verwerfen, war ein Fehler, den die große Kirche mit Recht abgelehnt hat; es im 16. Jahrhundert beizubehalten, war ein Schicksal, dem sich die Reformation noch nicht zu entziehen vermochte; es aber im 19. Jahrhundert als kanonische Urkunde im Protestantismus noch zu konservieren, ist die Folge einer religiösen und kirchlichen Lähmung." (von Harnack: *Marcion: Das Evangelium vom fremden Gott* 217)

Was sich bei dem bis heute wegen seiner außergewöhnlichen Leistungen hoch angesehenen Harnack im Rahmen wissenschaftlichen Denkens findet, begegnet – in etwas anderer Sprache – auch bei Vordenkern antisemitischer Bewegungen des 20. Jahrhunderts immer wieder: Das Alte Testament sei abzuschaffen, damit endlich „der misslungene Versuch der letzten andert-halb Jahrtausende, uns geistig ‚zu Juden‘ zu machen," entfalle. An die Stelle „der alttestamentlichen Zuhälter- und Viehhändlergeschichten" sollten „die nordischen Sagen und Märchen treten, anfangs schlicht erzählt, später als Symbole begriffen." Der Kontext, aus dem diese Sätze stammen, ist klar: sie finden sich in dem berühmt-berüchtigten Werk *Der Mythus des 20. Jahrhunderts* von Alfred Rosenberg, entstanden 1930. Nur zur Information: Der 1893 in Reval im heutigen Estland geborene Rosenberg trat bereits 1919/20 der späteren NSDAP bei, wurde Hauptschriftsteller des „Völkischen Beobachters" und saß ab 1930 als Abgeordneter der NSDAP im deutschen Reichstag, ab 1933 war er Reichsleiter im außenpolitischen Amt der NSDAP, ab 1941 Minister für die besetzten Ostgebiete, 1946 wurde er wegen Verbrechen gegen die Menschlichkeit zum Tode verurteilt und hingerichtet. Eine enorme Breitenwirkung erzielte sicherlich auch die „Botschaft Gottes", eine von allen „jüdischen" Einflüssen gereinigte Art von Volksbibel der Bewegung der „deutschen Christen", die im Jahr 1940 von mehreren Mitgliedern des „Jenaer Instituts zur Erforschung und Beseitigung des jüdischen Einflusses auf das Christentum" herausgegeben wurde (weiterführend u.a. Heschel: *The Aryan Jesus* 91–94, 106–113). Dieses Machwerk, das immerhin in einer Auflage von wohl 200.000 Exemplaren verbreitet wurde, streicht nicht nur das gesamte Alte Testament, sondern bietet aus ihrem ursprünglichen Kontext gelöste, thematisch geordnete Passagen des Neuen Testaments, deren Bezug zum Judentum so weit wie möglich unkenntlich gemacht wurde. Wes Geistes Kind die Autoren dieser Schrift waren, zeigt sich bereits daran, dass der Abschnitt, in dem Ausschnitte der synoptischen Streitgespräche gesammelt sind, mit dem Titel „Sein Kampf" überschrieben ist.

Dies sind sicherlich Extreme – einige der damit verbundenen Gedanken sind jedoch wenigstens im Ansatz noch immer verbreitet: Das Alte Testament verbreite ein dunkles Gottesbild, der Gott des Alten Testaments sei eifersüchtig und strafend, während es im Neuen Testament nur um Liebe gehe. Solche noch immer verbreiteten Gedanken verdanken sich normalerweise nicht einer intensiven Bibellektüre, sondern hängen damit zusammen, dass das Alte Testament im tatsächlichen Leben vieler Pfarrgemeinden, aber auch vieler einzelner Christinnen und Christen unserer Zeit überhaupt keine Rolle mehr spielt.

4. Wenn der Gott des Alten Testaments nun auch der Gott des Neuen Testaments ist, so könnte man natürlich bei diesem Ge-

danken stehen bleiben und einfach auf die Gotteslehre des Alten Testaments verweisen. Dies jedoch wäre wohl ein wenig zu kurz gegriffen. Tatsächlich ist das Neue Testament nie ohne seine literarische wie theologische Wurzel, das Alte Testament, zu verstehen, gleichzeitig ist es hoch interessant, die je eigenen Perspektiven zu untersuchen, die die einzelnen Schriften des Neuen Testaments auf das nie ganz zu fassende Geheimnis Gottes entwickeln. Diese Perspektiven stehen immer in der Tradition des antiken Judentums, der Gott Israels aber wird nun mehr und mehr vom Christusgeschehen bzw. dem Christusglauben her gedacht, wodurch bestimmte Linien durchaus noch einmal anders als vorher zutage treten. Dies heißt – um es noch einmal zu betonen – nicht, dass es um einen anderen Gott ginge, das heißt aber, dass die im Christusglauben eröffneten Perspektiven auf den Gott Israels sich von denen unterscheiden, die etwa das rabbinische Judentum entwickelte. Das Geheimnis der Wahrheit des lebendigen Gottes von Juden und Christen liegt sicherlich noch einmal jenseits dieser Perspektiven, wir können hoffen und glauben, dass es sich beiden in gnadenhafter Form schenkt und erschließt. Für das weitere Vorgehen bedeutet dies, dass bei der Untersuchung der Gottesbilder, die sich in neutestamentlichen Einzelschriften entdecken lassen, Wert auf die Traditionslinien gelegt wird, die vom Neuen ins Alte Testament und frühe Judentum ausgehen. Die Verbindung des Neuen mit dem Alten Testament (und die damit einher gehende Kontinuität) soll damit stark gemacht werden. Gleichzeitig jedoch gilt es nicht zu übersehen, dass nicht nur die aufgrund des Christusglaubens veränderte Perspektive auf den Gott Israels, sondern auch veränderte historische Kontexte dazu führten, dass in Texten des frühen Christentums manche Akzente anders gesetzt wurden als in den meist deutlich älteren Texten des Alten Testaments.

Das Alte Testament als literarische und theologische Wurzel des Neuen Testaments

5. Vor diesem Hintergrund ist ein weiterer Gedanke zu berücksichtigen. Auch wenn das (vielfältige) Judentum ihrer Zeit sicherlich eine besonders entscheidende Basis dazu bildet, das Denken der Autoren des Neuen Testaments zu verstehen, so lebten diese natürlich nicht in einem vollkommen vom Denken anderer Gruppen losgelösten Raum. Vielmehr zeigt sich immer wieder beim Blick in das konkrete Leben konkreter Menschen (bis heute), dass sich Kategorien wie „Juden", „Heiden", „Christen" oder „Gnostiker" im tatsächlichen Leben nicht durchhalten, sondern immer wieder – je nach Lebenskontext und -situation – verwischen. So gilt es, für das Verständnis des Neuen Testaments und seiner Akzentsetzungen im Gottesbild auch politische-religiöse Entwick-

Hellenistisch-römische Welt

lungen in nicht-jüdischen Kontexten der hellenistisch-römischen Welt, in der die Schriften des Neuen Testaments entstanden, zu berücksichtigen. Immerhin entstanden die Schriften des Neuen Testaments nicht im luftleeren Raum und wollten sie an keiner Stelle „Handbücher" zur Gotteslehre sein, sondern reagierten auf zum Teil sehr konkrete Herausforderungen ihrer Welt und Zeit. Diesen Herausforderungen wenigstens im Ansatz nachzuspüren, wird zumindest in manchen Fällen helfen, Akzentsetzungen einzelner Texte zu erklären.

Narrative und erzählende Texte

Wenn dieses Programm im Folgenden an den genannten Auswahltexten des Neuen Testaments durchgeführt werden soll, ist dabei zu berücksichtigen, dass es sich wenigstens bei den Evangelien (und der Apostelgeschichte) um narrative, d.h. erzählende Texte handelt, die keine systematischen Reflexionen bieten, welche sich eins-zu-eins in ein Handbuch hinein übertragen ließen. So wird versucht, Erzähllinien nachzuspüren, in denen Aspekte der Geschichte Gottes mit seinem Sohn und mit der Welt deutlich werden.

1. Das Evangelium nach Markus: Gott setzt seine Königsherrschaft durch

Beim Markusevangelium handelt es sich mit größter Wahrscheinlichkeit um die älteste Evangelienschrift, die uns im Neuen Testament überliefert ist. Die Bezüge, die sich zumindest an einigen Stellen vor allem im 13. Kapitel auf die Ereignisse des Jüdischen Krieges und die dabei erfolgende Zerstörung des Tempels zu Jerusalem herstellen lassen, machen es recht wahrscheinlich, dass der Text entweder kurz vor oder (wahrscheinlicher) kurz nach der Zerstörung des Tempels im Jahre 70 n. Chr. entstanden sein mag. Über den Entstehungsort des Textes herrscht keine Einigkeit. Vielleicht ist an Syrien zu denken. Wichtig (und zugleich erstaunlich) ist auch die Tatsache, dass Mk wenigstens zum Teil an heidenchristliche Leser gerichtet ist, die weder des Hebräischen noch des Aramäischen mächtig sind und die die eine oder andere Nachhilfe in der Kenntnis jüdischer Bräuche und Gepflogenheiten benötigen.

Mk zum Teil an heidenchristliche Leser gerichtet

Wenn wir das für das weitere Verständnis des Textes entscheidende erste Kapitel lesen – besonders wichtig ist Mk 1,1–15, wobei die Verse 14–15 eine Art von Überschrift über das Wirken Jesu bieten –, dann ist dort viel von Johannes dem Täufer und von Christus die Rede. Gott selbst dagegen kommt, wenn wir die Frage, ob bereits im ursprünglichen Text von Mk vom „Sohn *Gottes*" die Rede war, nur in zwei Abschnitten vor. Von diesen jedoch gehen bereits entscheidende Linien aus, die sich durch den gesamten Text hindurch verfolgen lassen (wichtige Gedanken aus christologischer Perspektive auch in Nicklas: *Wer war Jesus von Nazaret?* 37–50; Nicklas: *Der gekreuzigte Christus und der schweigende Gott*).

1.1 Gott bevollmächtigt seinen Sohn

Taufe Jesu

Das erste „Auftreten Gottes" im Markusevangelium ist gleichzeitig Ausgangspunkt der ersten Linie, die zu beschreiben ist. Gemeint ist Mk 1,9–11, die Taufe Jesu am Jordan: Der Text erzählt, dass Jesus von Nazaret her kommt und sich von Johannes im Jordan taufen lässt. Als er aus dem Wasser heraufsteigt, öffnen sich die Himmel – Zeichen einer Offenbarung –, der Geist steigt wie eine Taube auf Jesus herab, vor allem aber ist eine (auf Gott zurückgehende) Himmelsstimme zu vernehmen: „Du bist mein geliebter Sohn, in dir habe ich Wohlgefallen" (Mk 1,11). Gott spricht also zu Jesus und macht damit ein Verhältnis deutlich, das durch das ganze Markusevangelium von entscheidender Relevanz sein wird. So wird literarisch ein Verhältnis zwischen Gott und Jesus beschrieben, über das eine „Geschichte" erzählt wird. Dieses Zueinander bestimmt die Handlung des Markusevangeliums entscheidend. Für sein Verständnis wiederum ist ein genauerer Blick auf die Himmelsstimme in Mk 1,11 nötig:

Zitat

„Du bist mein geliebter Sohn, in dir habe ich Wohlgefallen."

Dieser kurze Text verweist nämlich zumindest auf zwei Stellen aus dem Alten Testament (vgl. zudem wohl Gen 22,2). Besonders wichtig ist Ps 2,7, wo Gott dem König Israels zuspricht: „Mein Sohn bist du, heute habe ich dich gezeugt". Wie einst dem König Israels wird nun Jesus die Gottessohnschaft zugesprochen; die Tatsache jedoch, dass die Adoptionsformel „heute habe ich dich gezeugt" in Mk 1,11 fehlt, dürfte allerdings ausdrücken, dass Jesus nicht als „adoptierter" Gottessohn zu verstehen ist. An die Stelle der Adoptionsformel wiederum tritt der kurze Satz „an dir habe ich Wohlgefallen", der mit größter Wahrscheinlichkeit auf Jes 42,1 zurückgeht, wo vom „leidenden Gottesknecht" die Rede ist. Es lohnt sich, diese Stelle genauer anzusehen, weil in ihr bereits Entscheidendes über den Fortlauf der Handlung des Markusevangeliums angedeutet ist: „Seht, das ist mein Knecht, den ich stütze, das ist mein Erwählter, *an ihm finde ich Gefallen. Ich habe meinen Geist auf ihn gelegt*, er bringt den Völkern das Recht" (Jes 42,1). Die Bezüge der hervorgehobenen Passagen auf Mk 1,11 (aber auch das Herabsteigen des Geistes in Mk 1,10) sind klar. Es lohnt sich jedoch auch den Kontext einzubeziehen: Die Aufgabe des in Mk 1,11 angesprochenen Jesus wird also darin bestehen, „den Völkern" (und nicht nur Israel) das Recht zu bringen, „Licht für die Völker" (Jes 42,6) zu sein. Und gleichzeitig deutet der Bezug auf den jesajanischen Gottesknecht schon jetzt an, dass diese Aufgabe nicht leicht, sondern mit Leid verbunden sein wird.

Verklärung Jesu

Gott tritt auch noch an einer zweiten Stelle des Markusevangeliums selbst als Sprecher auf: Auch bei der Verklärung Jesu ertönt eine Stimme – dieses Mal nicht nur aus den Himmeln, sondern aus einer Wolke (Mk 9,7). Gegenüber dem nur an Jesus selbst gerichteten Mk 1,11 ergibt sich eine leichte Verschiebung, die sich vor allem daraus begründet, dass mit Petrus, Jakobus und Johannes nun drei Zeugen angesprochen sind: „Dieser ist mein geliebter Sohn, auf ihn sollt ihr hören!" Den anwesenden Jüngern (vielleicht aber noch mehr den Leserinnen und Lesern), die eben Zeugen einer Verwandlung Jesu wurden, die ihn als himmlisches Wesen ausweist (Mk 9,2–3), mit dem Elija und Mose sprechen (Mk 9,4), soll deutlich gemacht werden, dass Jesus Gottes Sohn ist. Die Worte „hört auf ihn" wiederum erinnern an Dtn 18,15, wo Mose ankündigt, dass nach ihm erneut ein Prophet aufstehen werde, der wie er – immerhin der größte Prophet Israels (Dtn 34,10–12) – sein werde.

Sprechender Gott

Zwei Mal also wird Gott an entscheidenden Stellen im Markusevangelium als der Sprechende beschrieben, der zunächst gegenüber Jesus (Mk 1,11) und dann noch einmal gegenüber auserwählten Jüngern (Mk 9,7) nicht nur erklärt, wer Jesus ist, sondern deutlich macht, dass er selbst hinter allem Tun Jesu steht, auf den nur deshalb zu hören ist.

1.2 Gott herrscht als König

Eine noch stärker erscheinende Linie geht von Mk 1,14–15 aus, wo davon die Rede ist, dass Jesus in Galiläa das „Evangelium Gottes" verkündete (Mk 1,14), dessen Inhalt in Mk 1,15 knapp zusammengefasst ist: „Die Zeit ist erfüllt und die Königsherrschaft Gottes ist nahe. Kehrt um und traut dem Evangelium.“ Ich spreche hier (mit Norbert Baumert) bewusst vom „Trauen“ auf das Evangelium, weil es dem Text um ein rationales Nachvollziehen eines Inhalts geht, sondern um ein ganzheitliches „Sich-Einlassen“.

Gott als König

Die Idee, dass Gott als König herrscht, lässt sich weit bis ins Alte Testament verfolgen, sie findet sich in solch unterschiedlichen Texten wie im Moselied des Exodus (Ex 15,17–18), als Kritik an der Forderung des Volkes Israel nach einem König (1 Sam 8,7–8; 1 Sam 12,12), in der Thronsaalvision des Jesaja (Jes 6,5), den Jahwe-Königs-Psalmen (Ps 47; 93; 96–99) und vielen anderen. Während einige Texte vor allem das königliche Herrschen Gottes über Israel im Blick haben (vgl. 1 Sam 8,7–8; 1 Sam 12,12), betonen andere die Universalität der Herrschaft Gottes (Jes 24,23; Jes 41,21–29; Ps 47) auch gegenüber anderen Gottheiten. Diese Idee kann ausgeschmückt werden durch den Gedanken des Thronens Gottes (v.a. Ez 1; Jes 6), wie auch Vorstellungen über eine Art von himmlischem Hofstaat bzw. Thronrat, der Gottes Thron umgibt (vgl. 1 Kön 22,19; Ijob 1,6–12, Jes 6,1–4, Dan 7,9–14;) (weiterführend Schreiber: *Gesalbter und König*).

Königsherrschaft als kritisches Potential

Für das Neue Testament – und insbesondere auch das Markusevangelium – sind vor allem zwei Dimensionen dieser Vorstellung von größter Bedeutung: (1) Von der Königsherrschaft *Gottes* zu sprechen beinhaltet ein ungeheueres kritisches Potenzial. Die Idee, dass Gott der eigentliche König Israels (und der Welt) ist, dessen Herrschen charakterisiert durch Recht und Gerechtigkeit ist, bedeutet natürlich eine enorme Relativierung jeglichen menschlichen Machtanspruchs, sie kann verstanden werden als „Kritik an jeder politischen Macht, die sich losgelöst vom der alles begründenden Gewalt Jahwes versteht“ (Schreiber: *Gesalbter und König* 81). (2) Zudem erweist sich gerade im Gegenüber von erfahrbarer menschlicher Lebenswirklichkeit und der Idee von Gottes Gerechtigkeit eine hohe Spannung: Gott herrscht zwar jetzt als König, sein königliches Herrschen muss sich jedoch in der konkreten menschlichen Lebenswirklichkeit erst *end*gültig durchsetzen. Die Rede von der Herrschaft Gottes erhält im Alten Testament und frühen Judentum so mehr und mehr eschatologische Züge.

Mk 1,15 greift auf diese Gedanken zurück, bindet sie an die Idee der „frohen Botschaft“, des „Evangeliums“, die mit Mk 1,1 gleichzeitig „frohe Botschaft Jesu Christi“ ist. Auch diese Verbindung greift bereits auf das Alte Testament zurück. Die sicherlich für Mk wichtigste Passage in diesem Zusammenhang ist Jes 52,7, wo es heißt:

Zitat

„Wie willkommen sind auf den Bergen die Schritte des Freudenboten, der Frieden ankündigt, der *eine frohe Botschaft verkündigt* und Rettung verheißt, der zu Zion sagt: Dein *Gott ist König.*"

Gleichzeitig zeigt sich, dass, was Jes 52,7 über die Botschaft des Propheten aussagt, nun eng an die Person Jesu von Nazaret gebunden ist. Dieser wurde in Mk 1,9–11 (und eventuell Mk 1,1) als „Sohn Gottes" eingeführt und in Mk 1,24 als „Heiliger Gottes" verstanden. Man könnte, wenn man will, einen großen Teil des Markusevangeliums als Erzählung darüber verstehen, wie sich die königliche Herrschaft Gottes, die laut Mk 1,15 (wohl zeitlich wie räumlich verstanden) so „nahe" gekommen ist, Bahn bricht. Im Grunde nämlich ist von nun an alles Tun und Sprechen des markinischen Jesus als ein Sichtbar- und Annehmbarmachen dessen zu deuten, was mit dem „Nahe-Kommen der Gottesherrschaft" gemeint ist.

Kafarnaum

Was es konkret bedeutet, dass Gott seine Herrschaft durchsetzt, zeigen exemplarisch bereits die Szenen des „wirkmächtigen Tages von Kafarnaum" (Mk 1,21–34): In der Konfrontation zwischen Jesus, dem „Heiligen Gottes" (Mk 1,24), der in einer „Vollmacht" (Mk 1,22) lehrt, die auf Gott selbst zurückgeht, wird ein böser Geist, der zugleich für alle Dämonen spricht (vgl. Mk 1,24!), ausgetrieben, Jesus heilt die Schwiegermutter des Petrus von einem Fieber (Mk 1,29–31) und vertreibt schließlich die verschiedensten Krankheiten und Dämonen (Mk 1,32–34). Die Kombination der genannten Szenen ist gerade deswegen interessant, weil sie auch das düstere Bild der gegenwärtigen Welt deutlich macht, von dem Mk ausgeht. Die ganze Stadt Kafarnaum ist voller Kranker und Dämonen, die sich selbst in der Synagoge breit gemacht haben.

Bevollmächtigtes Handeln Jesu

Das Auftreten Jesu jedoch, der als von Gott Bevollmächtigter handelt (vgl. oben 1,9–11), verändert diese Welt so vollkommen, dass in ihr Krankheit und böse Geister weichen. Dies alles jedoch ist für das Markusevangelium ganz klar mit der Idee des königlichen Herrschens Gottes verbunden.

Auch die folgenden Szenen haben mit der Durchsetzung der Gottesherrschaft zu tun: In Streitgesprächen und Auseinandersetzungen kommen Widerstände und Ablehnung zum Vorschein (Mk 2,1–3,22); in Gleichnissen wird das unaufhaltsame Wachsen der Königsherrschaft Gottes trotz aller Widerstände enthüllt (v.a. Mk 4,1–9.13–20; 26–29.30–32); und gleichzeitig der Menge derer, die draußen stehen, verhüllt (vgl. Mk 4,10–12.33–34).

Dass die sich im Tun und Wirken des markinischen Jesus anbahnende Herrschaft Gottes ihr kritisches Potenzial nicht nur recht abstrakt gegenüber „dem Bösen" bzw. „dämonischen Mächten" zeigt, wird besonders in der Szene um den Besessenen von Gerasa (Mk 5,1–20) deutlich. Als Jesus, der vom Dämon als „Sohn des höchsten Gottes" anspricht und ihn bei Gott zu beschwören sucht, ihm nichts anzutun (Mk 5,7), zwingt Jesus ihn, seinen Namen preiszugeben, worauf der Dämon antwortet: „Mein Name ist Legion, denn wir sind viele" (Mk 5,9): Damit ist sicherlich nicht *nur* eine Zahlenangabe darüber gemacht, wie viele Dämonen den Besessenen tatsächlich unter ihrer Kontrolle halten; dies hätte auch auf andere Weise geschehen können. Damit ist vielmehr auch eine Assoziation hergestellt zwischen der das Land unterdrückenden Präsenz römischer Soldaten und dämonischen Mächten des Bösen. Diese verstärkt sich noch einmal, wenn im weiteren Verlauf erzählt wird, dass Jesus den Dämonen erlaubt, in eine Herde von etwa zweitausend Schweinen einzufahren, die sich daraufhin in den See stürzen und ertrinken. Wenn man bedenkt, dass die römische zehnte Legion (Legio X Fretensis), die für die Niederschlagung Judäas im Jüdischen Krieg und die Zerstörung des Tempels im Jahre 70 n. Chr. verantwortlich war, das Zeichen des Ebers trug, so sind die politischen Untertöne der Szene eindeutig: Wo Gott seine Herrschaft durchsetzt, muss dies auch für die zerstörerische, mit dämonischen Kräften assoziierte Unrechtsherrschaft Roms entscheidende Konsequenzen haben und kann nur in ihren Untergang führen.

Assoziation zwischen römischen Soldaten und Mächten des Bösen

Der Szene in Gerasa kommt jedoch noch ein weiterer wichtiger Aspekt zu: Für das Markusevangelium besonders wichtig ist, dass Gottes Herrschaft nicht nur in jüdischen Gebieten anbricht, sondern auch für Heiden relevant ist: Deswegen verlässt der Jesus des Markusevangeliums nicht nur immer wieder jüdische Kerngebiete (wie hier in Gerasa), sondern ist in seinem Wirken auch immer wieder mit nicht-jüdischen Figuren konfrontiert. Besonders wichtig etwa ist die syrophönizische Frau, die mit ihrer Argumentation Jesus davon überzeugt, ihr besessenes Kind zu heilen (Mk 7,24–30) oder – schon weit am Ende des Evangeliums – der römische Centurio, der unter dem Kreuz Jesu zu einem Bekenntnis Jesu als „Sohn Gottes" kommt (Mk 15,39).

Zusammenfassung

Die beiden beschriebenen Handlungslinien lassen sich so vielleicht in folgendem Satz zusammenfassen: Gott setzt seine Herrschaft durch – und er tut dies durch Jesus, seinen Sohn, hinter dessen Wirken er ganz steht. Man könnte dies auch anders dadurch auf den Punkt bringen, dass Gott sich in Jesus auf den Weg macht, dass er den Menschen in Jesu vollmächtigem Tun und Sprechen nahe kommen will. Solches ist bereits in Jes 40,3 angekündigt, einer Passage, die sicherlich nicht zufällig bereits in Mk 1,3 zitiert ist: „Bereitet dem Herrn den Weg, ebnet ihm die Straßen." Die eben skizzierte enge Verbindung zwischen Gott und Jesus macht es im Grunde nicht nötig zu entscheiden, wer hier mit dem Herrn, dem „*Kyrios*", gemeint ist: Ist es Gott selbst oder Jesus, der im Auftrag Gottes als Sohn Gottes handelt und mit dem Gottes Herrschaft ankommt? Das Wort *Kyrios* kann für beide Anwendung finden.

1.3 Der scheinbare Sieg des Bösen oder: Wann bricht für Mk die Gottesherrschaft an?

Damit ist jedoch ein entscheidender Aspekt der Erzählung des Markusevangeliums über Gottes Handeln durch seinen Sohn in der Welt noch nicht genügend deutlich geworden. Bereits ab Mk 2 deutet sich an, dass die Ankunft der Königsherrschaft Gottes Widerständen ausgesetzt ist; Widerständen, die sich an der Person Jesu von Nazaret entzünden. Das Durchsetzen der Königsherrschaft Gottes scheint in Gefahr zu scheitern. Wohin der Weg Jesu führen wird, wird ab Kapitel 8 drei Mal in Ankündigungen von Leiden, Tod, aber auch Auferstehung erklärt (8,31; 9,30–32; 10,32–34; vgl. auch das Weinberggleichnis Mk 12,1–12); ab dem triumphalen Einzug in Jerusalem geschehen keine Heilungswunder und Exorzismen mehr. Nicht nur die Botschaft von der nahen Königsherrschaft Gottes scheint vor dem Scheitern zu stehen, mit ihr auch Gottes Sohn – und letztlich Gott selbst.

Botschaft scheint vor dem Scheitern zu stehen

Die vielleicht tiefste Krise, von der der Text erzählt, ist mit Mk 14,32–42 erreicht. Im Grundstück Gethsemani scheint der „zu Tode betrübte" (Mk 14,34) Jesus nicht nur von seinen Jüngern verlassen. In dem kurzen erschütternden Gebet aus Mk 14,36 nimmt Jesus die ihm von Gott selbst zwei Mal (1,11; 9,7) zugesagte Rolle des Sohnes an, er spricht Gott als „Abba, Vater" (Mk 14,36) an. Der Gott jedoch, der zwei Mal gesprochen hat (Mk 1,11; 9,7), scheint auf das zweimalige Gebet Jesu (Mk 14,36.39) hin nun zu schweigen.

Mit der Passion scheinen so beide eben skizzierten Linien durchbrochen, ist alles in Frage gestellt: Wird die Königsherrschaft Gottes anbrechen? Und noch schärfer: Hat Gott seinen bevollmächtigten Sohn im Stich gelassen?

Wie sehr etwa die zweite Frage tatsächlich im Text angelegt ist, zeigt sich daran, dass sowohl die Gethsemani-Szene (Mk 14,32–42), als auch (noch stärker) die Kreuzigungsszene (Mk 15,21–41) Abschnitte aus Psalmen in die Erzählung einwebt. Diese zu erkennen und konsequent in die Deutung des Textes einzubeziehen, ist entscheidend, wenn man eine Antwort auf unsere Fragen erhalten möchte.

Gethsemani

In Mk 14,34, in der Gethsemani-Szene, spricht Jesus folgenden Satz: „Meine Seele ist zu Tode betrübt. Bleibt hier und wacht." Dies erinnert deutlich an Psalm 42,6a, wo der Beter sich die Frage stellt: „Meine Seele, warum bist du betrübt und bist so unruhig in mir?" Wenn wir Ps 42 als Hintergrund ernst nehmen, so beschreibt Mk Jesus hier als den, der nach Gott dürstet, der sich aber die Frage stellen muss, wo Gott denn nun sei (Ps 42,4.11), ja, ob Gott ihn tatsächlich im Stich gelassen hat (Ps 42,10). Hat Gott, von dem keine Antwort geschildert wird, tatsächlich seinen „geliebten Sohn" (Mk 1,11; 9,7) vergessen? Alles steht auf dem Spiel.

Kreuzigung

Mk 15,21–41 wiederum ist von Anspielungen auf Ps 22 durchwoben (besonders deutlich: Hinweise auf Ps 22,7.19 in Mk 15,24 und 29). Wie wichtig dieser Psalm für das Verständnis der Szene ist, zeigt sich jedoch vor allem darin, dass Mk seinen Anfang Jesus als „letztes Wort" in den Mund legt (Mk 15,34). Besondere Aufmerksamkeit erregt vor allem die Tatsache, dass der Text in hebräischer und griechischer Sprache zitiert wird. Der Text hält geradezu auf der Frage inne, wozu Gott seinen Sohn verlassen habe.

Die Antwort darauf wird klar, wenn der ganze Psalm 22 als Hintergrundtext ernst genommen wird. Ps 22 besteht aus zwei Teilen: V. 1–22 schildern die verzweifelte Situation des Klagenden, ab V. 23 jedoch bietet der Text einen unverhofften Umschwung in den Lobpreis Gottes hinein. Damit ist bereits die erste Antwort gegeben: Gott, der an der Oberfläche der Erzählung nicht auftritt, nicht zu handeln scheint, hat, denkt man an Ps 22,25–26, auf das *Schreien* des Beters gehört – Mk 15,37 sprach vom Todes*schrei* Jesu – und ihm gegenüber seine Treue erwiesen. Ps 22,28 wiederum spricht davon, dass damit „alle Enden der Erde" beginnen, „zum Herrn umzukehren" und sich „alle Stämme *der Völker* vor ihm niederwerfen" – dies wiederum korrespondiert mit dem Bekenntnis des *heidnischen* Centurio, das jetzt – unter dem Kreuz – möglich ist (Mk 15,39). Ps 22,29 schließlich gibt die Antwort auf unsere zweite Frage: Gerade darin, dass dies geschieht, regiert „der Herr als König" (Ps 22,29), ereignet sich also Gottes Herrschaft.

Auf dramatische Weise zeichnet das Markusevangelium also einen Gott, dessen Treue zu seinem Sohn sich ausgerechnet in der Situation äußerster Verlassenheit ereignet und dessen Herrschaft in einer Situation, in der die Feinde Gottes zu siegen scheinen, ganz anbricht. Die Tatsache, dass der Text dies über Intertexte aus dem *Psalter* narrativ vermittelt, zeigt, wie sehr er in der Tradition Israels steht; die Art, wie er diese auf Jesus bezieht, zeigt seine neue christliche Perspektive.

Vielleicht ist damit auch erklärt, warum die Auferstehungsszene des Mk ganz kurz ausfallen kann: wenn der Gipfelpunkt des Textes in der Aussage absoluter Treue Gottes zu seinem Sohn, der gleichzeitig als der leidende Menschensohn verstanden ist, besteht, einer Aussage, die auf Gedanken zur Treue Gottes im Psalter basiert, so ist damit bereits angedeutet, dass diese gerade im Tode Jesu sich erweisende Treue über den Tod hinaus tragen muss. Wie das im Ps 22 bereits angedeutete Handeln Gottes an seinem Sohn zu verstehen ist, wird in Mk 16,1–8 zwar noch angedeutet, aber nicht mehr allzu detailliert ausgemalt. Mk überlässt dies der Vollmacht und Souveränität Gottes.

2. Das Matthäusevangelium: Gott, sein Bund mit Israel und das Reich der Himmel

Quelle Q

Mit größter Wahrscheinlichkeit setzt das Matthäusevangelium bereits Mk voraus, und – will man der Zweiquellentheorie folgen – verarbeitet zudem ein verlorenes Evangelium, das man heute meist Q nennt. Der Text, der in der alten Kirche auf den Apostel Matthäus zurückgeführt wird, welcher im Evangelium tatsächlich eine Nebenrolle spielt (Mt 9,9–13; 10,3), dürfte allerdings schon deswegen kaum von einem Augenzeugen des Lebens Jesu stammen. Mit einiger Wahrscheinlichkeit entstand er eine knappe Generation nach dem Markusevangelium – also vielleicht um 80–90 n. Chr. Wegen einiger Berührungspunkte mit der Didache, einer Kirchenordnung (wohl) der Wende vom 1. zum 2. Jahrhundert unserer Zeitrechnung, und seiner Verwendung bereits in den Briefen des Ignatius von Antiochien (2. Jh. n. Chr.) wurde immer wieder an Antiochien am Orontes als möglicher Entstehungsort gedacht.

Adressaten des Mt vor allem christliche Juden

Anders als das Markusevangelium hat Mt sicherlich eine Gemeinde vor allem jüdischer Christen (oder besser: christlicher Juden) im Blick, für die die Frage nach der Universalität des Anspruchs Jesu – und damit die Frage nach der eigenen Öffnung zur Heidenmission – offenbar entscheidend war.

Da das Matthäusevangelium zumindest auf den ersten Blick eine in vielen Punkten dem Mk sehr ähnliche Geschichte erzählt, sind viele Aussagen über das Markusevangelium auch auf Mt zutreffend. Und trotzdem sind bei etwas genauerem Hinsehen ein paar Akzentverschiebungen erkennbar, die auch das Bild Gottes, das in diesem Text vermittelt wird, betreffen (vgl. aus christologischer Sicht auch Nicklas: *Wer war Jesus von Nazaret?* 50–59; Nicklas: *Der matthäische Davidssohn und das Römische Reich*). Anders als Mk setzt Mt vor sein Evangelium eine Vorgeschichte, in der im Kern bereits entscheidende Linien durch den Text erkennbar werden:

2.1 Der „Gott mit uns" und „Vater unser": Gott steht treu zu seinem Bund

Von Anfang an spielt das Verhältnis Gottes zu seinem Volk Israel (auch im Verhältnis zur Welt) – in anderen Worten der „Bund" Gottes mit seinem Volk – eine für Mt entscheidende Rolle. Dies bahnt sich im Grunde bereits in der den Text einleitenden Genealogie Mt 1,1–17 an. Jesus von Nazaret wird hier in eine Generationenfolge großer Gestalten der Geschichte Israels eingeordnet. Innerhalb dieser Generationenfolge jedoch werden bereits in Mt 1,1 zwei Gestalten besonders hervorgehoben: David und Abraham. Während die Verbindung zwischen Jesus und David für die Christologie des Textes von entscheidender Bedeutung ist, dürfte der Hinweis auf Abraham den Gedanken wachrufen, dass Gott bereits mit Abraham einen Bund eingegangen ist. Für das Matthäusevangelium wichtig erscheint dabei der Gedanke, dass Abraham nicht nur (über Isaak) als Stammvater Israels zu sehen ist, sondern ihm zugesprochen wird, Stammvater vieler Völker zu sein (Gen 17,4–6.16) – ein Gedanke, der in der Zeit der Entstehung des Matthäusevangeliums auch so verstanden werden konnte, dass Abraham auch als Stammvater der *Proselyten*, d.h. derer, die formal aus den Völkern zum Judentum übertreten, zu sehen ist (Luz: *Das Evangelium nach Matthäus* 94–96).

Jesus-David-Abraham

Bevor jedoch gefragt wird, inwiefern Gott als Spender des Bundes für Mt von Bedeutung ist, sind einige Vorbemerkungen nötig: Die „Tora" ist nicht einfach ein mehr oder minder willkürliches Gesetz, das das Zusammenleben von Menschen möglichst störungsfrei regelt, sie ist vielmehr als Ausdruck des Willens Gottes, als Weisung Gottes für ein angemessenes Leben im Angesicht Gottes ein entscheidender Bestandteil des Bundes, den Gott mit

Tora

Bund

seinem Volk eingeht. Das Wort „Bund" sollte dabei auch nicht einfach mit einem Vertrag gleichgesetzt werden, der mehr oder minder willkürlich zwischen zwei Partnern zustande kommt und jederzeit in Übereinstimmung beider Seiten gekündigt werden kann. Er muss vielmehr verstanden werden als ein Leben spendendes allumfassendes und gleichzeitig souveränes Beziehungsangebot Gottes an Israel, das wiederum in Annahme dieses Bundes die Weisung Gottes zu tun hat. Dabei ist das Zueinander nicht einfach so zu verstehen, dass das Tun der Weisung Gottes Bedingung für das im Bund geschenkte Heil wäre, sondern dass das von Gott ohne Vorleistung geschenkte Heil – paradigmatisch auf das Exodusereignis bezogen – Ausgangspunkt der Beziehung wird, in der der Mensch, der sich auf diese Beziehung einlässt, ganz dieser Beziehung gemäß – und damit den Willen Gottes befolgend – lebt. Das Tun des Menschen in dieser alles entscheidenden, Leben spendenden Beziehung mit Gott ist somit nie gleichgültig, sondern vor Gott (und im Gegenüber zum Mitmenschen) gültig und wird in der Begegnung mit Gott, der zum Gericht kommt, in seinem Wert endgültig bewertet werden.

Wie grundlegend für das Matthäusevangelium der im Bund zum Ausdruck gebrachte Gedanke der Beziehung Gottes zu seinem Volk ist, kommt nun bereits in Mt 1,23 zum Ausdruck. Das hier angeführte Erfüllungszitat aus Jes 7,14 hat zweierlei Funktion: Es will einerseits den bereits in Mt 1,16 angedeuteten und 1,18.20 explizit gemachten Gedanken der jungfräulichen Empfängnis Mariens in der Bibel Israels verankern. Damit ist wohlgemerkt nicht nur eine mariologische Aussage gemacht, sondern auch etwas über Christus und auch über Gott gesagt. Christus ist unmissverständlich von Anfang an Gottes Sohn, jegliches Missverständnis, dass Gott Jesus eventuell erst bei seiner Taufe „adoptiert" habe, wird unmöglich gemacht. Gott ist im Leben und Wirken Jesu vom allerersten Anfang im Spiel. Das Zitat will andererseits aber mit seiner zweiten Hälfte auch erklären, warum dies so ist. Der Name des angekündigten Sohnes ist „Immanuel" – dies jedoch ist nicht Zufall, sondern Programm: Für Mt aktualisiert sich in Jesus ganz entscheidend, was in der Beziehung Gottes zu seinem Volk ausgesagt ist – Gott ist nicht einfach ein fernes, transzendentes Wesen, das anzubeten ist, Gott ist vielmehr (in Jesus) *mit uns.*

Immanuel – Gott mit uns

Dass hier nicht einfach willkürlich eine Einzelstelle herausgegriffen ist, die für das Verständnis des Ganzen von untergeordneter Bedeutung wäre, zeigt sich darin, dass der gleiche Gedanke ganz am Ende des Matthäusevangeliums wieder aufgegriffen wird: Der den Jüngern noch einmal in Galiläa erscheinende Auferstandene, dem sie nun selbst wie einem göttlichen Wesen fußfällige Verehrung zukommen lassen (Mt 28,17) und dem nun von Gott alle Vollmacht im Himmel und auf der Erde gegeben ist (Mt 28,18), sendet sie nicht nur in alle Welt aus, sondern spricht ihnen auch zu, auch weiterhin der „Immanuel" zu sein:

Zitat

„Ich bin bei euch alle Tage bis zum Ende der Welt" (Mt 28,20).

Der Gedanke des „Gott mit uns" spannt sich so wie ein Bogen um den gesamten Text des Matthäusevangeliums. Wie sehr es tatsächlich auf die hier zum Ausdruck gebrachte von Gott her initiierte Beziehung ankommt, zeigt das Matthäusevangelium an vielen Stellen.

Im vorgegebenen Zusammenhang ist es vielleicht sinnvoll, die erste Rede des matthäischen Jesus – Mt 5–7 – herauszugreifen, in der die Verknüpfung der Rolle Jesu mit der des Mose eindeutig wird und die sicherlich nicht zufällig auf einem Berg angesiedelt ist.

„Bergpredigt"

Was Jesus in seiner „Bergpredigt" lehrt (Mt 5,2), ist nun keinesfalls Aufhebung der von Gott geschenkten Tora, sondern Auslegung. Ein Schlüssel für ein angemessenes Verständnis der Bergpredigt ist sicherlich Mt 5,17–21, wo unmissverständlich klar gemacht ist, dass „auch nicht der kleinste Buchstabe der Tora" vergehen wird. Auch wenn in diesen Versen das Wort „Gott" nirgends begegnet, ist damit eine wichtige Aussage über Gott gemacht.

Die entscheidenden Elemente dieses Denkens finden sich bereits in der Bergpredigt gespiegelt. Nur einige Beispiele können genannt werden:

Seligpreisungen

Auch wenn in den Seligpreisungen – man spricht auch von „Makarismen" – der Bergpredigt (Mt 5,3–12) zumindest auf den ersten Blick nicht der Eindruck entsteht, dass hier (auch) von Gottes Handeln die Rede wäre, so geht es in allen Texten doch um die Gottesbeziehung der Angesprochenen, derer gegenüber Gott sich nicht nur als treu erweisen wird, sondern jetzt schon treu zu ihnen steht. Diejenigen, die in ihrer Beziehung vor Gott „arm" sind, die also ganz aus dem Wissen heraus leben, dass sie sich ganz Gott verdanken, sind es, denen (jetzt schon!) das Königreich der Himmel gehört. Mehrere Seligpreisungen wiederum enthalten einen Zuspruch im Passiv. Die Weinenden werden getröstet werden (Mt 5,4) und die Barmherzigen werden Barmherzigkeit empfangen (Mt 5,7) – die hier verwendeten Passivformen lassen wohl auf ein Handeln Gottes schließen: Er selbst ist es, der dies tut. Besonders in Mt 5,4 scheint hier nicht nur eine Form ausgleichender Gerechtigkeit angesprochen zu sein, sondern auch auf eine wichtige Verheißung des Alten Testaments zurückgegriffen zu werden. Gott ist es, der am Ende der Zeiten „die Tränen abwischt von jedem Gesicht“ (Jes 25,8): Mt macht hier klar, dass Gott weiterhin treu zu dieser Verheißung steht. Jedoch auch andere Seligpreisungen leben von diesem Gegenüber – gesprochen wird von der Gottesschau derer mit einem reinen Herzen (Mt 5,8) oder der Tatsache, dass die Friedensstifter Gottessöhne genannt werden (Mt 5,9), die Beispiele ließen sich fortsetzen.

„Anti-Thesen“

Auch die häufig so genannten „Anti-Thesen“ (Mt 5,21–48), die zunächst einmal *nicht* als Antithesen gegen die Tora verstanden werden wollen, sondern autoritative Auslegung der Tora durch Jesus (vgl. 7,29!), eine Jesus-Halakhah sein wollen, machen diese Beziehungskomponente deutlich: Erkennbar ist dies bereits in Mt 5,21–26, wo, basierend auf Ex 20,13; Dtn 5,17 (vgl. auch Ex 21,12; Lev 24,17), das Tun des Menschen mit dem „Gericht“ in Verbindung gebracht wird. Auch wenn in Mt 5,22 der „Hohe Rat“ erwähnt ist, kann damit nicht nur ein menschliches Gericht gemeint sein, es geht vielmehr um das endzeitliche Gericht Gottes, das dazu führen kann, den Menschen, der der Beziehung zum Mitmenschen nicht gerecht wird, in die Feuerhölle – dem Ort der Gottferne und Beziehungslosigkeit zu Gott – zu werfen. Aber auch in den Aussagen zu Ehebruch und Ehescheidung, zur Leistung eines Eides oder zur Feindesliebe geht es in – je unterschiedlicher Weise – immer um die angemessene Gottesbeziehung des Menschen, die sich auch in der Beziehung zu anderen Menschen zeigt. Am deutlichsten ist dieser Gedanke vielleicht in Mt 6,14–15 angesprochen (vgl. aber auch 7,1–5): „Denn wenn ihr den Menschen ihre Verfehlungen vergebt, dann wird euer himmlischer Vater auch euch vergeben. Wenn ihr aber den Menschen nicht vergebt, wird euer Vater eure Verfehlungen nicht vergeben.“

Andere Aussagen wiederum machen deutlich, dass diese Beziehung das ganze Leben umfasst und so weit geht, dass Gott, „der auch das Verborgene sieht“ (Mt 6,4.6), sich nicht durch Äußerlichkeiten betrügen lässt. Die Tiefe dieser Beziehung wiederum ist darin zum Ausdruck gebracht, dass Gott gerade im Rahmen der Bergpredigt mehrfach als „Vater“ bzw. gar „dein Vater“, „euer

Tiefe Beziehung

Vater" oder „unser Vater" bezeichnet ist (Mt 5,48; 6,1.4.6.8.9.14.15 u.a.), ihre Einzigartigkeit und Ausschließlichkeit in Mt 6,24, wo Gott und der „Mammon" – geradezu als widergöttliche Macht – einander gegenübergestellt sind.

Der Maßstab menschlichen Handelns wiederum ist, wie ein Spitzensatz in Mt 5,48 ausdrückt, die Vollkommenheit Gottes (Mt 5,48): „Seid also vollkommen, wie euer himmlischer Vater vollkommen ist." Vollkommenheit

Vor diesem Hintergrund erhält auch die matthäische Vorstellung von Gottes Gerechtigkeit besonderes Gewicht. Eine Schlüsselszene dazu, wie diese Gerechtigkeit Gottes zu verstehen ist, findet sich in der Parabel von den Arbeitern im Weinberg (Mt 20,1–16), einem Text des matthäischen Sonderguts. Die Szene ist bekannt: Ein Weinbergbesitzer geht mehrfach am Tag auf den Markt und wirbt Arbeiter an, die als Tagelöhner für ihn im Weinberg arbeiten sollen. Mit denen, die er als erste anwirbt, setzt er als Lohn einen Denar – den üblichen Tageslohn – fest, im Verlauf des Tages kommen neue Arbeiter hinzu, die letzten erst zur elften Stunde. Als es zur Verteilung des Lohnes kommt, erhalten diejenigen, die nur eine Stunde gearbeitet haben, genauso wie alle anderen einen Denar. Dies halten die Ersten für ungerecht, haben sie doch deutlich mehr geleistet als die Anderen. Als sie sich jedoch beschweren, antwortet der Weinbergbesitzer einem von ihnen: „Mein Freund, dir geschieht kein Unrecht! Hast du nicht einen Denar mit mir vereinbart? Nimm dein Geld und geh. Ich will dem letzten ebenso viel geben wie dir! Darf ich mit dem, was mir gehört, nicht tun, was ich will? Oder bist du neidisch, weil ich gut bin?" (Mt 20,13b–15). Auch wenn von der Gerechtigkeit Gottes in diesem Text nicht explizit die Rede ist, so ist sie doch sein entscheidendes Thema: Der Leser nimmt die Szene zunächst aus der Sicht der Tagelöhner wahr, das Verhalten des Weinbergbesitzers scheint eigenartig. Ist es nicht tatsächlich nachvollziehbar, dass jemand, der einen ganzen Tag lang hart arbeitet, einen anderen Lohn verdient, als derjenige, der nur eine Stunde tätig ist? Erst in der Schlussrede des Weinbergbesitzers kippt diese Perspektive: Ein Denar ist das, was jeder zum Leben braucht. Die Gerechtigkeit des Weinbergbesitzers ist keine ausgleichende, rein an der Leistung des Menschen orientierte Gerechtigkeit, sondern eine austeilende, die jedem zukommen lässt, was er zum Leben nötig hat. Auch dieser Gedanke ist nicht isoliert: Sein deutlichstes Pendant findet er wohl erneut in der Bergpredigt im Zusammenhang mit den Gedanken zur rechten Sorge (Mt 6,19–34) mit den Spitzensätzen: Gerechtigkeit

Zitat

„Macht euch also keiner Sorgen und fragt nicht: Was sollen wir essen? Was sollen wir trinken? Was sollen wir anziehen? Denn um all das geht es den Heiden. Euer himmlischer Vater weiß, dass ihr das alles braucht. Euch muss es zuerst um sein Reich und um seine Gerechtigkeit gehen; dann wird auch alles andere dazugegeben" (Mt 6,31–33).

So legt das Matthäusevangelium gegenüber Mk einen deutlichen Akzent auf der Idee des gerechten „Gottes mit uns", der einen Bund mit seinem Volk geschlossen hat, einen Bund, an dem er festhält und steht, was er im Wirken Jesu, des „Immanuel" (Mt 1,23; 28,20), noch einmal ganz unmissverständlich macht. Diesen Bund als das Leben bestimmend anzunehmen, bedeutet für den Menschen wiederum das Tun des Gotteswillens, der Tora, die in Mt 5–7 einer radikalen Auslegung zugeführt wird. Es bedeutet gleichzeitig in einer tiefen, das ganze Leben umspannenden Beziehung zu Gott zu stehen, der sich im Gebet als „Vater unser" (Mt 5,9) ansprechen lässt.

Bund und Beziehung

2.2 Der Sohn Gottes und die Königsherrschaft der Himmel

Wie bereits angedeutet, bietet das Matthäusevangelium natürlich auch eine Handlung, die in großen Zügen mit der des Markusevangeliums übereinstimmt: Auch hier geht es um den Gottessohn und Messias Jesus von Nazaret und das Nahe-Kommen der Königsherrschaft. Beide auch bei Mk zu entdeckenden Linien jedoch sind im Matthäusevangelium etwas anders akzentuiert:

Kindheitsgeschichten

Anders als bei Mk wird die Geschichte Gottes mit seinem Sohn nicht erst ab dem Moment der Taufe im Jordan erzählt, sondern von seiner Zeugung an. Wenn es am Ende der matthäischen Genealogie Jesu nicht heißt, dass Josef Jesus gezeugt habe, sondern dass Jesus, der Christus, aus Maria gezeugt *wurde*, dann deutet diese Passivform – ein so genanntes *Passivum divinum* – an, dass Gott bereits bei der Zeugung Jesu eine entscheidende Rolle spielt. Dieser Gedanke wird, wie bereits oben angedeutet, in der in Mt 1,18–25 begegnenden Idee der Jungfräulichkeit Mariens noch einmal zum Ausdruck gebracht. Anders als bei Mk ist im Matthäusevangelium zusätzlich eine Erzähllinie angedeutet, in der davon die Rede ist, dass Gott seinen Sohn aus verschiedensten Gefahren und Bedrohungen errettet. Auch wenn von Gott selbst nicht die Rede ist, so sind doch die in den matthäischen Kindheitserzählungen erwähnten Träume immer Zeichen des führenden, rettenden und begleitenden Handelns Gottes. Josef wird im Traum von einem Engel des Herrn, einem Boten Gottes, aufgefordert die schwangere Maria zur Frau zu nehmen, weil ihr Kind vom Heiligen Geist ist (Mt 1,19–20); den Magiern aus dem Osten wird im Traum geboten, nicht zu Herodes zurückzukehren, der das königliche Kind in Betlehem töten möchte (Mt 2,12), in einem weiteren Traum erhält Josef erneut von einem Engel des Herrn den Befehl vor Herodes nach Ägypten zu fliehen (Mt 2,13) und auch die Rückkehr der heiligen Familie aus Ägypten wird erneut durch eine Engelserscheinung im Traum initiiert (Mt 2,19–20).

Königsherrschaft

Auch das Matthäusevangelium erzählt die Verkündigung Jesu von der nahe gekommenen Königsherrschaft: Ausgangspunkt ist Mt 4,17, das auch in seiner Funktion weitgehend der Parallele Mk 1,14–15 entspricht. Anders als bei Mk jedoch lesen wir bei Mt kaum einmal von der Königsherrschaft Gottes, sondern von der Königsherrschaft der Himmel. Dies wird häufig als Zeichen dafür verstanden, dass der Autor des Matthäusevangeliums als christlicher Jude eine Scheu davor gehabt habe, direkt von Gott zu sprechen, deswegen an die Stelle des Wortes „Gott" den Plural „Himmel" gesetzt habe. Diese Argumentation jedoch macht kaum einen Sinn, wenn man bedenkt, dass Mt nicht nur an einigen wenigen Stellen durchaus von der Königsherrschaft *Gottes* spricht (Mt 12,28; 19,24; 21,31.43) und auch sonst immer wieder das Wort „Gott" verwendet (insgesamt 43 Belege!).

Die Rede von der Königsherrschaft der Himmel jedoch macht dann Sinn, wenn man bedenkt, dass Mt jedes Missverständnis vermeiden will, dass sich die Gottesherrschaft nur auf Israel beschränken könnte. Es geht tatsächlich um Gottes Herrschen über die ganze Welt. Dass diese sich gegen Widerstände durchsetzen muss, zeigt bereits die (im Vergleich zu Mk viel längere) matthäische Versuchungsszene Mt 4,1–11. Dieser Text hat natürlich einerseits die Funktion zu zeigen, dass und auf welche Weise Jesus von Nazaret als der wahre Gottessohn zu verstehen ist, andererseits aber sollte man nicht übersehen, dass mit dem zweiten Angebot des Teufels auch die Frage der Universalherrschaft gestellt ist (Mt 4,8–9). Wenn Jesus ablehnt, heißt dies nicht, dass er nicht auch einen Herrschaftsanspruch vertritt, er richtet sich nur gegen die gestellte Bedingung, die Herrschaft aus der Hand des Satans zu empfangen (und ihn deswegen anbeten zu müssen). Die königliche Herrschaft der Himmel wird so einem Herrschen über alle Reiche der Welt sozusagen „von Satans Gnaden" gegenübergestellt. Damit kommt der matthäischen Rede von der Königsherrschaft der Himmel natürlich gleichzeitig eine politische Komponente zu: Auch Mt schreibt nicht im luftleeren Raum, sondern im römischen Reich, das für sich in Anspruch nimmt, mehr oder minder die Welt zu beherrschen: Gottes Herrschen wird so kontrastiert der weltlichen (und sich doch etwa im Kaiserkult göttlich anmaßenden) Herrschaft Roms, die – will man Mt 4,8–9 ernst nehmen – mit dem Satan assoziiert wird. Dass die Königsherrschaft der Himmel über die Grenzen Israels hinausreicht, zeigt sich bereits in Mt 4,12–17, wo der Beginn des öffentlichen Wirkens Jesu und die Verkündigung der Königsherrschaft der Himmel in Galiläa angesetzt wird, welches im Erfüllungszitat aus Jes 8,23–9,1 als „Galiläa *der Völker*" (Mt 4,15) qualifiziert ist. Eine Vielzahl weiterer Beobachtungen ließe sich auf dem Weg durch den Text, der den anfangs auf Israel fixiert zu scheinenden Christus mehr und mehr mit Heiden in Verbindung bringt (vgl. v.a. Mt 8,5–13 und 15,21–28), machen.

Passion

Ähnlich wie das MkEv jedoch verläuft auch die Handlungslinie des MtEv in einer Weise, die zumindest die Frage der Möglichkeit des Scheiterns des Gottessohns und der Königsherrschaft der Himmel beinhaltet. Auch der Weg des matthäischen Christus läuft auf das Kreuz zu, in einer noch dramatischer geschilderten Passionserzählung fällt er der weltlichen Herrschaft Roms, die mit der jüdischen Obrigkeit zusammenarbeitet, zum Opfer. Wie sehr dies mit den bereits genannten Motiven in Verbindung steht, zeigt sich an einer kleinen Zwischenszene der matthäischen Pilatus-Perikope: Während Pilatus auf dem Richterstuhl sitzt und das Volk vor die Wahl stellt, ob Barabbas oder Jesus freigelassen werden soll, erscheint plötzlich seine Frau und bittet ihn, die Hände von Jesus, „jenem Gerechten", zu lassen: „Ich hatte nämlich seinetwegen heute einen schrecklichen Traum" (Mt 27,19). Während noch in den ersten Kapitel des Matthäusevangeliums Träume zu Zeichen des rettenden Eingreifens Gottes geworden waren und zumindest dem Josef über einen Engel des Herrn vermittelt wurden, ist nun weder von einem Engel die Rede, noch kann dieser Traum das Geschehen aufhalten. Jesus wird gefoltert und am Kreuz hingerichtet.

Ostererzählung

Doch natürlich kann auch für das Matthäusevangelium nicht das Scheitern am Ende stehen: Anders als bei Mk mündet die Passion des Matthäusevangeliums in eine ausführliche Ostererzählung:

Auch wenn von Gott selbst in Mt 28,1–10 nicht direkt die Rede ist, wird mit einer ganzen Reihe literarischer Techniken deutlich gemacht, dass hier Gott selbst endzeitlich und endgültig an seinem gekreuzigten Sohn handelt: Der Engel des Herrn, der noch in den Träumen des Josef begegnete, von dem aber nicht mehr bei der Frau des Pilatus die Rede war, steigt vom Himmel herab, rollt den Stein vom Grabe weg und setzt sich darauf (Mt 28,2). Damit ist im Grunde das in Mt 16,1 geforderte Zeichen vom Himmel gegeben! Doch nicht nur mit dem Handeln des Engels, der in all seinen Attributen als Himmelswesen beschrieben ist (Mt 28,3), sondern auch mit dem vorangehenden großen Erdbeben (Mt 28,2; vgl. schon 27,51) als Zeichen der Epiphanie wird Gottes Eingreifen angezeigt. Das Resultat dieses endzeitlich rettenden Handelns Gottes wird in drei aufeinander folgenden kurzen Szenen geschildert. Zunächst verkündet der Engel selbst den Frauen die Auferweckung Jesu (Mt 28,5–7). Wichtig ist auch hier der Gedanke, dass Jesus „auferweckt wurde" (Mt 28,7). Durch die Verwendung des Passivs wird erneut die Aktivität Gottes zum Ausdruck gebracht. In einer zweiten Szene erscheint der auferweckte Jesus den Frauen und verweist auf eine letzte Begegnung mit den „Brüdern" in Galiläa (Mt 28,9–10). Diese wiederum wird zum Höhepunkt des Matthäusevangeliums: Christus erscheint den Jüngern auf einem Berg in Galiläa als Pantokrator, Weltenherrscher. Nicht aus der Hand des Teufels jedoch hat er die Reiche der Welt empfangen, sondern aus der Hand Gottes; schon jetzt ist ihm „alle Vollmacht im Himmel und auf der Erde gegeben" (Mt 28,18) – Gott hat sein universales Königreich der Himmel in die Hände des auferweckten Christus gelegt.

3. Das Lukasevangelium: Der Mächtige, der das Unrecht in Recht umstürzt

Auch das Lukasevangelium bietet – wie Mt – natürlich zunächst einmal eine Handlung, die sehr an die des Markusevangeliums erinnert. Der wohl gegen Ende des 1. Jahrhunderts entstandene Text setzt – ähnlich wie Mt – mit einiger Wahrscheinlichkeit das Markusevangelium und Q voraus, arbeitet aber noch stärker als Mt Sondergut in seine Vorlagen ein, welches dem Text ein besonderes Profil verleiht (vgl. aus christologischer Perspektive auch Nicklas: *Wer war Jesus von Nazaret?* 59–64).

3.1 Der Retter und Herr, der die bestehenden Verhältnisse umkehrt

Ähnlich wie das Matthäusevangelium bietet auch Lk eine Kindheitsgeschichte Jesu (Lk 1–2), die sich jedoch von der matthäischen Fassung stark unterscheidet. Auch hier wird deutlich gemacht, dass der Weg Gottes mit Jesus auf keinen Fall erst mit der Taufe beginnt, sondern bereits von seiner Empfängnis an. Auch bei Lk wird das Wirken Gottes mit Hilfe von *Angelophanien* (d.h. Erscheinungen von Engeln) beschrieben (vgl. Lk 1,11–20; 1,26–38). Dabei werden Jesusgeschichte und Geschichte Johannes des Täufers bei Lk eng miteinander verwoben: Die Verbindung beider Linien erfolgt in Lk 1,39–56, wo vom Besuch Mariens bei ihrer Verwandten Elisabet, der Mutter Johannes des Täufers, erzählt wird. Im Kern dieses Textes findet sich ein Lobpreis Gottes durch Maria, der in seiner Form deutlich an Psalmen des Alten Testaments erinnert, das *Magnificat*. Dies wiederum ist gleichzeitig ein Schlüsseltext für das Gottesbild, das im Folgenden im Lukasevangelium entwickelt wird. Der Text lautet folgendermaßen:

Zitat

„Meine Seele preist die Größe des *Herrn*, und mein Geist jubelt über Gott, meinen *Retter*. Denn auf die Niedrigkeit seiner Magd hat er geschaut. Siehe, von nun an preisen mich selig alle Geschlechter. Denn der Mächtige hat Großes an mir getan, und sein Name ist heilig. Er erbarmt sich von Geschlecht zu Geschlecht über alle, die ihn fürchten. Er vollbringt mit seinem Arm machtvolle Taten: Er zerstreut, die im Herzen voll Hochmut sind; er stürzt die Mächtigen vom Thron und erhöht die Niedrigen. Die Hungernden beschenkt er mit seinen Gaben und lässt die Reichen leer ausgehen. Er nimmt sich seines Knechtes Israel an und denkt an sein Erbarmen, das er unsern Vätern verheißen hat, Abraham und seinen Nachkommen auf ewig."

Gott des Alten Testaments

Der Gott des Lukasevangeliums ist (natürlich) ganz der Gott des Alten Testaments; Gott ist selbstverständlich als der Große, Mächtige und Barmherzige gedacht; Gott ist und bleibt der Gott Israels. Einige Aspekte jedoch besonders betont: Im Anschluss an die Septuaginta, die griechische Übersetzung des Alten Testaments, in der der Gottesname meist durch das griechische Wort „*Kyrios*", d.h. „Herr", ersetzt ist, wird Gott auch hier als „Herr" bezeichnet. Eine sicherlich noch stärker politische Dimension bringt der zweite Titel

Sotḗr

mit sich. Im griechischen Original steht das Wort *Sotḗr*, das als „Retter", manchmal aber auch als „Heiland" bezeichnet werden kann. Menschen der Zeit, in der das Lukasevangelium entstand, dachten bei diesem Titel jedoch vielleicht nicht als allererstes an Gott, sondern zunächst an verschiedene Herrschergestalten, die sich den Titel *Sotḗr* beilegten. Dies ist bereits bei einigen Herrschern aus der Diadochenzeit, d.h. der Zeit nach Alexander dem Großen, zu belegen: Zu denken ist etwa an die seleukidischen Herrscher Antiochos I. Soter (281–261 v. Chr.), Demetrios I. Soter (162–150 v. Chr.) oder Demetrios III. Soter (95–88 v. Chr.) und an die Ptolemäer Ptolemaios I. Soter (304–282 v. Chr.), Kleopatra II. Philometora Sotera (132–124 v. Chr.) oder Ptolemaios IX. Philometor Soter (116–107 v. Chr. sowie 88–81 v. Chr.). Diese Praxis wurde auch von den Römern fortgesetzt: So ist belegt, dass sich schon Pompejus (106–48 v. Chr.), der Eroberer Jerusalems (63 v. Chr.), Caesar und Augustus den Titel *Sotḗr* für sich beanspruchten, Hadrian (117–138 n. Chr.) ließ sich sogar als „*Sotḗr* des Kosmos" bezeichnen. Damit jedoch dürfte eine erste politische Dimension des *Magnificat* auf der Hand liegen. Für Lk sind nicht die römischen Herrscher und ihre Vertreter, die er auch konkret in seine Erzählung einbaut (vgl. z.B. Lk 2,1–2 und 3,1) als „Retter" und „Heilande" zu bezeichnen. Dieser Titel kommt mit dem *Magnificat* zuallererst Gott zu. Vor diesem Hintergrund sind die in Lk 1,51–53 genannten Taten Gottes auch sehr konkret zu verstehen: Der Gott der Lukasevangeliums steht nicht nur voll und ganz auf der Seite derer, die niedrig, ausgeschlossen, arm, marginalisiert, am Rande der Gesellschaft stehen, seine Herrschaft bedeutet auch konkret den Sturz der „Mächtigen vom Thron" und die „Erhöhung der Niedrigen" (Lk 1,52). Dies zeigt sich auch im Vergleich mit dem Matthäusevangelium sehr deutlich: Anders als Mt bietet Lk keine Bergpredigt, sondern eine (im Vergleich deutlich kürzere) Feldrede (Lk 6,20–49), in der sich auch ein Pendant zu den matthäischen Seligpreisungen finden lässt. Während aber Mt etwa den „Armen im Geiste" bzw. den „Armen vor Gott" (Mt 5,3) die Königsherrschaft der Himmel zuspricht, spricht Lk nicht nur die konkret (bitter) Armen, die Hungernden und Weinenden an (Lk 6,21–22) und bietet – anders als Mt – darüber hinaus noch Weherufe gegen die Reichen, Satten oder Lachenden (Lk 6,24–26) an.

Feldrede

3.2 Der Gott, der in Christus sein Volk heimsucht

Damit jedoch sind noch nicht alle Dimensionen dessen, was sich aus dem *Magnificat* ableiten lässt, diskutiert. Interessanterweise verwendet Lk die beiden Titel nicht nur auf Gott an, sie sind viel-

Hoheitstitel „Retter“ und „Herr“

mehr auch seine bevorzugten christologischen Hoheitstitel. So bezeichnet Lk Jesus bereits bei seiner Geburt als „Retter“ und als „Herrn“ (Lk 2,11); die beiden Titel begegnen mehrfach im Lukasevangelium, nicht zuletzt ist es sicher kein Zufall, dass auch beim Bekenntnis der Auferstehung Jesu von Jesus als dem „Herrn“ die Rede ist: „Der Herr ist wirklich auferstanden und ist dem Simon erschienen“ (Lk 24,34). In einem anderen wichtigen Text, Lk 4,18–19, im Rahmen der programmatischen Szene in der Synagoge von Nazaret scheint der Titel „Herr“ geradezu doppeldeutig gebraucht: Natürlich ist in dem hier begegnenden zusammengesetzten Jesajazitat ursprünglich und zunächst Gott gemeint, das hier Angekündigte und laut Lk 4,21 Erfüllte erfüllt sich jedoch im Handeln des lukanischen Christus. So wenig Lk Gott und Jesus miteinander „verwischen“ will, so sehr entsteht doch durch die Einheit der Titel und durch die Einheit des Tuns so etwas wie eine Verbindung der beiden, innerhalb derer es möglich ist, Einheit wie auch Differenz der beiden zum Ausdruck zu bringen. Dies jedoch lässt auch den lukanischen Gedanken zu, dass Gott in Christus sein Volk „heimsucht“. Gemeint ist damit natürlich keine „Heimsuchung“ im heutigen negativen Sinne des Wortes, sondern die Idee, dass Gott in Christus in seinem Volk wie ein Gast ankommt, der allerdings – wie bereits die Weihnachtsgeschichte (Lk 2,1–11) zeigt – immer wieder auf Ablehnung stößt.

Ein Paradebeispiel für diese Linie zeigt sich in der nur bei Lk überlieferten Szene über den Zöllner Zachäus (Lk 19,1–10): Als Zachäus wegen der Menschenmenge auf einen Baum steigt, um Jesus zu sehen (Lk 19,4), ruft Jesus ihm zu: „Zachäus, komm schnell herunter! Denn ich muss heute *in deinem Haus zu Gast* sein“ (Lk 19,5). Darauf werden zwei Reaktionen geschildert: Während die Menschenmenge sich darüber empört, dass Jesus bei einem Sünder einkehrt (Lk 19,7), verändert Zachäus sein Leben – dadurch dass Gott in Jesus bei Zachäus zu Gast ist, ist „diesem Haus das Heil geschenkt worden“ (Lk 19,9).

3.3 Der liebende und barmherzige Vater

Erbarmen Gottes

Und noch eine weitere Linie des lukanischen Gottesbilds geht vom Magnificat aus: Lk 1,54 spricht vom „Erbarmen“ Gottes. Wie sehr Gott auch im Lukasevangelium als liebender und erbarmungsvoller Vater beschrieben werden kann, zeigen nicht nur Szenen, die ihre Parallelen in den anderen synoptischen Evangelien finden: So bietet Lk nicht nur eine Fassung des Vaterunsers (Lk 11,2–4), sondern ändert auch die für Mk so entscheidende Gethsemani-Szene um (Lk 22,39–46): Zwar arbeitet er die existenzielle Angst Jesu besonders dramatisch heraus (Lk 22,44), hält jedoch die unglaubliche Härte des markinischen Textes nicht voll durch: Während bei Mk Gott auch auf das mehrfache Bitten Jesu zu schweigen scheint, erscheint bei Lk ein Engel vom Himmel und gibt Jesus neue Kraft (Lk 22,43). Der liebende „Vater" Jesu (Lk 22,42) zeigt also auch hier seine Nähe und macht unmissverständlich, dass er seinen Sohn nicht im Stich lässt. Von daher ist es auch verständlich, dass für Lk Jesus nicht mit Ps 22 auf den Lippen stirbt. Sein unerschütterliches Vertrauen zum Vater lässt ihn vielmehr mit den Worten „Vater, in deine Hände lege ich meinen Geist" (Lk 23,46) sterben.

Barmherziger Vater

Die bekannteste lukanische Erzählung, in der Gott als liebender und vor allem zutiefst barmherziger Vater beschrieben ist, ist jedoch im lukanischen Sondergut zu finden: Lk 15,11–32 erzählt eine meist als „Gleichnis vom verlorenen Sohn" überschriebene Parabel. Bekanntlich geht es in dieser Erzählung zunächst darum, dass sich ein junger Mann das Erbe seines Vaters vor dessen Tod auszahlen lässt, ihn verlässt und in einem zügellosen Leben alles verschleudert. Als seine Situation ausweglos wird, kehrt er geläutert zu seinem Vater zurück. Er will seine Schuld bekennen und bitten, wenigstens als Tagelöhner bei ihm unterzukommen, um nicht zu verhungern. Der Vater jedoch sieht ihn schon von weitem kommen, er hat Mitleid, kommt ihm entgegen, fällt ihm um den Hals und küsst ihn (Lk 15,20). Er nimmt den einst verlorenen Sohn nicht nur wieder auf, sondern feiert aus Freude über seine Rückkehr ein Fest. Die Szene lädt geradezu dazu ein, Gott mit diesem liebenden, alles vergebenden Vater zu identifizieren. Dabei alleine stehen zu bleiben, würde aber bedeuten, den Text hoffnungslos zu verharmlosen. Die eigentliche Identifikationsfigur für den Leser will nicht der erste, sondern soll der zweite Sohn sein, der immer brav seinem Vater gedient hat und nun mit ansehen muss, wie sein Bruder zurückkehrt und für ihn ein Freudenfest gefeiert wird. Auch auf ihn geht der Vater zu (Lk 15,28) – er jedoch verweigert sich ihm zunächst:

Zitat

„So viele Jahre schon diene ich dir, und nie habe ich gegen deinen Willen gehandelt; mir aber hast du nie auch nur einen Ziegenbock geschenkt, damit ich mit meinen Freunden ein Fest feiern konnte. Kaum aber ist der hier gekommen, dein Sohn, der dein Vermögen mit Dirnen durchgebracht hat, da hast du für ihn das Mastkalb geschlachtet" (Lk 15,29–30).

Die Erzählung endet mit einer offenen Einladung: „Mein Kind, du bist doch immer bei mir, und alles, was mein ist, ist auch dein. Aber jetzt müssen wir uns doch freuen und ein Fest feiern, denn dein Bruder war tot und lebt wieder; er war verloren und ist wieder gefunden worden" (Lk 15,31b–32). Die Frage jedoch, ob der zweite Sohn ihr nachkommt oder nicht, bleibt offen – die Entscheidung, ob er Gottes Liebe *zum anderen*, seine Barmherzigkeit mit dem, der nicht immer den richtigen Weg gegangen ist, seine Vergebung gegenüber dem Konkurrenten akzeptieren kann, muss der Leser selbst beantworten. Mit dieser Erzählung von der Zumutung der Liebe Gottes *zum anderen*, den ich selbst nur sehr schwer lieben kann, steht das Lukasevangelium in der Bibel nicht alleine da; seine vielleicht deutlichste Parallele jedoch findet es wohl weniger im Neuen Testament als im alttestamentlichen Buch Jona, wo der Prophet zusehen muss, wie Ninive, dessen Untergang er soeben prophezeit hat, wegen der Barmherzigkeit Gottes nicht zerstört wird.

3.4 Gottes Geist (mit einem Ausblick auf die Apostelgeschichte)

Alle Evangelien des Neuen Testaments erwähnen an der einen oder anderen Stelle den Heiligen Geist bzw. Geist Gottes. Eine ganz besonders wichtige Rolle jedoch spielt er im Lukasevangelium und der vom selben Autor stammenden Apostelgeschichte, die als zweiter Teil des lukanischen Doppelwerks in engem theologischen Zusammenhang zum Lukasevangelium steht. Erneut können nur einige Grundlinien angedeutet werden:

Lukanisches Doppelwerk

Wie das Matthäusevangelium lässt Lk keinen Zweifel daran, dass die Geschichte Gottes mit Christus bereits bei dessen Zeugung beginnt. Auch bei Lk ist deswegen von der Jungfräulichkeit Mariens (Lk 1,27) die Rede; darüber hinaus wird betont, dass „Gottes Geist über Maria kommen und die Kraft des Höchsten sie überschatten werde" (Lk 1,35). „Deshalb wird auch das Kind heilig und Sohn Gottes genannt werden" (Lk 1,35). Auch wenn wir noch nicht von einer ausgebildeten Trinitätslehre im Sinne der späteren Bekenntnisse ausgehen können, zeigt sich hier, dass für Lk Gotteslehre, Pneumatologie und Christologie von diesem Punkt also bereits eng miteinander verzahnt sind.

Gottes Geist

Für Lk ist es letztlich Gottes Geist, der die Protagonisten seiner Erzählung erfüllt und so zu ihrem Handeln antreibt. Gottes Geist steht so hinter allem im lukanischen Doppelwerk Erzählten. Dies beginnt auf der Linie der Erzählung bereits mit Johannes dem

Täufer, der „mit dem Geist und der Kraft des Elija dem Herrn vorangehen" wird (Lk 1,17), auch sein Vater Zacharias wird bei der Geburt seines Sohnes vom Heiligen Geist erfüllt und beginnt prophetisch zu sprechen (Lk 1,67); der Heilige Geist ruht auf Simeon, er offenbart ihm das Kommen des Messias und führt ihn in bei der Beschneidung Jesu in den Tempel (Lk 2,25–27). Lk geht jedoch davon aus, dass Gott bereits früher Menschen mit seinem Geist begabt hat: Dies zeigt sich etwa in Apg 4,25, wo ein Zitat aus Ps 2,1–2 mit den Worten „du (Gott) hast durch den Mund unseres Vaters David, deines Knechtes, durch den Heiligen Geist gesagt [...] " oder in Apg 28,25, wo ein Zitat aus Jes 6,9–10 in sehr ähnlicher Weise eingeleitet ist.

Wie bei Mk 1,9–11 und Mt 3,13–17 wird erzählt, dass bei der Taufe Jesu der Geist Gottes auf Jesus herabkommt und so Jesus als den bei Jes 61 angekündigten Geistträger „markiert" (vgl. auch Lk 4,18!). Anders als Mk und Mt jedoch entwickelt Lk von hier aus einen Bogen um seine ganze Erzählung der Jesusgeschichte: Zu Beginn des öffentlichen Wirkens Jesu steigt der Geist auf Jesus herab, bei seinem Tod wiederum stirbt Jesus – anderes als bei Mk und Mt – nicht mit dem Beginn von Ps 22 auf den Lippen, sondern spricht: „Vater, in deine Hände lege ich meinen Geist!" (vgl. Ps 31,6). Damit ist nicht nur das vollkommene Gottvertrauen des Sterbenden ausgedrückt; derjenige, der aus Heiligem Geist empfangen wurde, und auf den sich der Geist Gottes niedergelassen hat, übergibt nun seinen Geist ganz vertrauensvoll in die Hand Gottes. Damit muss der Geist Gottes in der Jesus-Erzählung des Lukasevangeliums nicht mehr allzu oft erwähnt werden (vgl. Lk 12,10–12), ist doch klar, dass es der Geist Gottes ist, in dem alles Tun Jesu geschieht.

In der Apostelgeschichte wird vom Geist Gottes nun noch viel regelmäßiger die Rede sein: Besonders wichtig ist der Gedanke, dass im Pfingstereignis (Apg 2,1–13) – korrespondierend mit der Geisttaufe Jesu – auch die junge Gemeinde mit dem Geist Gottes getauft wird (vgl. auch die Ankündigung Apg 1,5). Welch wichtige Rolle der Geist im Leben der Urgemeinde spielt, wird immer wieder betont: Dies gilt für die gesamte Gemeinde (vgl. Apg 4,31; 5,32), aber auch einzelne Gestalten wie Stephanus (Apg 6,10) oder Philippus (Apg 10,39). Durch Handauflegung bzw. in der Taufe geben die Apostel den Heiligen Geist weiter (Apg 9,17; 10,47; 11,16); dass dies nicht als magischer Akt, in dem Macht über Gott ausgeübt werden könnte, auszulegen ist, beweisen etwa die Ereignisse um Simon Magos (Apg 8,18–19). Der Geist schließlich ist es, der die christlichen Missionare auf ihrem Weg begleitet und leitet (vgl. Apg 11,12; 16,7; 20,22–23), der Geist ist es, der Menschen auch weiter zu Propheten macht (vgl. etwa Agabus in Apg 11,28) und der die großen Entscheidungen der jungen Kirche begleitet. Dies zeigt sich etwa in Apg 13,2 bei der Aussendung von Barnabas und Paulus zur ersten Missionsreise, in Apg 15,28 bei der Formulierung der Entscheidungen im „Apostelkonzil", aber auch in Apg 20,28 im Zusammenhang mit der Wahl von „Episkopen", d.h. „Bischöfen". Durch den Geist werden sie zu Zeugen Christi gemacht „in Jerusalem und in ganz Judäa und Samarien und bis an die Grenzen der Erde" (Apg 1,8).

4. Das Johannesevangelium: Gottes Wort wird Fleisch

Synoptische Evangelien

Den drei synoptischen Evangelien setzt das wohl an der Wende vom 1. zum 2. Jahrhundert entstandene Johannesevangelium noch einmal einen eigenen Entwurf des Lebens Jesu gegenüber. Dabei ist mit einiger Wahrscheinlichkeit davon auszugehen, dass Joh die synoptischen Evangelien kannte und voraussetzte, ihre Theologie jedoch in freier und souveräner Weise weiterentwickelte.

Ein guter Ausgangspunkt, um entscheidende Aspekte des johanneischen Gottesbilds zu sammeln, findet sich bereits im Prolog (Joh 1,1–18). Dieser wiederum hat die Funktion zu zeigen, dass die Geschichte Gottes mit Christus nicht erst bei dessen Zeugung oder Geburt (oder gar erst mit der Taufe im Jordan) ihren Ausgang nimmt, sondern bereits vor der Erschaffung der Welt.

4.1 „Im Anfang war das Wort ..." (Joh 1,1a)

Bereits mit seinen ersten Worten greift das Johannesevangelium auf den Beginn des Buches Genesis (Gen 1,1) und damit die biblischen Schöpfungserzählungen zurück. Damit ist schon ein wichtiger Aspekte der johanneischen Erzählung von Gott und der Welt aufgegriffen: Für Joh ist Gott der gute Schöpfer der Welt, der im Christusereignis sein Schöpfungswirken zum Ende bringt (weiterführend Weidemann). Dass die erschaffene Welt für das Johannesevangelium tatsächlich als Gottes gute Schöpfung verstanden sein will, ist zumindest auf den ersten Blick nicht so ganz eindeutig: Immerhin ist bereits im Prolog davon die Rede, dass die Welt das in die Welt gesandte „wahre Licht" nicht erkannt hat (Joh 1,10). Tatsächlich erzählt das Johannesevangelium immer wieder von breiten Fronten der Ablehnung Jesu und des Unver-

Gottes Vollendung des Schöpfungswirkens in Jesus

ständnisses gegenüber seiner Botschaft. Besonders tragisch (und dramatisch) ist dies vor allem deswegen, weil Joh die Jesus ablehnende Welt meist mit „den Juden“ identifiziert und dem Text deswegen antijüdisches Potenzial zukommt. Trotzdem darf das Johannesevangelium nicht als „gnostischer“ Text missverstanden werden. Während vor allem die Vertreter der so genannten „klassischen“ sethianischen Gnosis davon ausgingen, dass die geschaffene, materielle Welt in sich schlecht sei, weil sie von einer „Untergottheit“, dem *Demiurgen*, erschaffen wurde (weiterführend z.B. Brakke: *The Gnostics*), hält das Johannesevangelium an der Einheit und Güte des Schöpfers fest, der seine Schöpfung so sehr liebt, dass er selbst seinen Sohn hingibt, um denjenigen, die an ihn glauben, ewiges Leben zu ermöglichen (Joh 3,16).

Einheit und Güte des Schöpfers

So kann man das Wirken des johanneischen Christus als Vollendung des Schöpferwirkens Gottes begreifen, dessen Ziel darin besteht, die Glaubenden zu „Kindern Gottes“ werden zu lassen (Joh 1,12). Dies zeigt sich einerseits an dem immer wieder begegnenden Motiv, dass der johanneische Jesus als der vorgestellt ist, der die Werke des Vaters tut; womöglich ist dies auch der Hintergrund der beiden an einem Sabbat stattfindenden, einander korrespondierenden Heilungen eines Gelähmten (Joh 5) und eines Blindgeborenen (Joh 9). Will man die Heilung ausgerechnet am Sabbat, die in beiden Fällen zu extremen Konflikten mit „den Juden“ führt, nicht als reine Willkürakte begreifen, mit denen der johanneische Jesus seine Umwelt zu provozieren sucht, so lassen sie sich vielleicht am besten vor dem Hintergrund der ersten Schöpfungserzählung des Buches Genesis als Zeichen dafür verstehen, dass der Schöpfergott am Sabbat noch nicht ruht, sondern sein Schöpfungswerk vollendet. Ein Indiz dafür, dass diese Deutung dem Text entsprechen dürfte, bietet Joh 5,16–17, wo es heißt: „Daraufhin verfolgten die Juden Jesus, weil er das an einem Sabbat getan hatte. Jesus aber entgegnete ihnen: Mein Vater ist noch immer am Werk und auch ich bin am Werk.“ Auch in Joh, das nicht nur als Heilung eines blindgeborenen Menschen, sondern als Erzählung über die Heilung der blind geborenen Menschheit durch das Wirken des Lichts der Welt (Joh 8,12; 9,5) verstanden werden kann, ist etwa in den konkreten Akten der Heilung durch das Salben des Blinden mit dem Teig (Joh 9,6–7) Tauf- und Schöpfungssymbolik greifbar.

Tauf- und Schöpfungssymbolik

Abschiedsreden

Über die in den Abschiedsreden (Joh 13–17) begegnenden Aussagen über das gegenseitige Zueinander von Sohn und Vater (z.B. Joh 13,31–32; 14,10–11), Sohn und Gemeinde (Joh 15,4–7) und noch mehr das Verhältnis zwischen Vater, Sohn und Gemeinde (Joh

14,20; 17,21–24), aber auch die gegenseitige Liebe als Ausdruck dieses Verhältnisses (Joh 13,34; 14,15–16.21.23; 15,9–10.12–13.17; 16,27; 17,26) wird bereits vor der Passion vorweg genommen, wozu dieser Akt der Vollendung der Schöpfung führen wird: „Allen aber, die ihn aufnahmen, gab er Macht, Kinder Gottes zu werden, allen, die an seinen Namen glauben" (Joh 1,12) – durch das Wirken des Vaters in seinem Sohn wird die johanneische Gemeinde also schon jetzt vollendete Schöpfung in der Welt. Vor diesem Hintergrund ist es dann sicherlich kein Zufall, wenn zumindest zwei der johanneischen Auferstehungsszenen Schöpfungssymbolik in sich tragen: Dies kann man sicher noch in Joh 20,11–18, der Szene der Begegnung Marias von Magdala mit dem Auferstandenen, diskutieren: Die nur bei Joh begegnende Symbolik des Gartens, in dem Jesus bestattet wird (Joh 19,41; vgl. aber auch schon Joh 18,1) und die Verwechslung mit dem Gärtner (Joh 20,15) wurde zumindest in der alten Kirche immer wieder so verstanden, dass hier der Auferstandene als Neuschöpfer mit dem Schöpfer im Paradiesesgarten in Bezug gesetzt werde. Eindeutig wird der Schöpfungsbezug jedoch in Joh 20,19–23. Der auferstandene Jesus tritt bei verschlossenen Türen in die Mitte seiner Jünger. Nach dem Friedensgruß sendet er sie so aus, wie einst der Vater ihn gesandt hat (Joh 20,21): Dies geschieht jedoch nicht, ohne dass er sie anhaucht und ihnen so den Heiligen Geist vermittelt – dieser Akt jedoch steht im Grunde in Analogie zu Gen 2,7, wo Gott dem von ihm geformten Menschen seinen Geist einhaucht. Beide Texte – Gen 2,7 (in seiner griechischen Fassung) und Joh 20,22 – verwenden hier das gleiche Wort *pneúma* für Geist.

Auferstehungsszenen

4.2 „... und das Wort war bei Gott, und das Wort war Gott" (Joh 1,1b–c)

Bereits einige der genannten Passagen aus den johanneischen Abschiedsreden machen deutlich, wie sehr das Johannesevangelium Christus und Gott miteinander in Bezug setzt. Dieser Gedanke steht in den Abschiedsreden nicht isoliert, sondern findet seinen Ausgangspunkt bereits in Joh 1,1. Das Wort Gottes, das laut Joh 1,14 Fleisch werden wird, ist bereits in Joh 1,1 als „Gott" bezeichnet. Dies ist kein plumpes Ineins-Setzen von Gott und Christus, dies hat vielmehr zunächst die christologische Funktion, die in Mt und Lk begonnene Tendenz, das Zueinander von Gott und Christus immer weiter nach vorne zu verlegen, nun ins Extrem zu treiben: Christus wird hier mit dem vor aller Zeit seienden Schöpfung wirkenden und göttlichen Gotteswort identifiziert. Damit macht das Johannesevangelium einen großen Schritt in die Richtung auf dem Weg zur späteren altkirchlichen Entfaltung der Lehre von der Dreifaltigkeit Gottes – hier noch in erster Linie konzentriert auf das Verhältnis Vater und Sohn. Und trotzdem wäre es verfehlt, die johanneischen Texte einfach von der sich erst später entwickelnden Lehre der Kirche her zu deuten. Wo dies geschieht, müssen zumindest manche Passagen als widerständig oder gar widersprüchlich verstanden werden – man denke etwa an Joh 14,28, wo es am Ende eines Abschnitts, in dem mehrfach das Zueinander von Vater und Sohn (und schließlich auch Gemeinde) diskutiert wurde, heißt: „... denn der Vater ist größer als ich."

Wirkeinheit Vater-Sohn

So mag es am sinnvollsten erscheinen, das Zueinander von Vater und Sohn im Johannesevangelium als „Wirkeinheit" zu beschreiben, die dadurch entsteht, dass der Sohn vollkommen aus dem Willen des Vaters heraus handelt. Dieser Gedanke wird besonders explizit in der Offenbarungsrede des johanneischen Jesus nach der Heilung des Gelähmten zum Ausdruck gebracht. Neben dem bereits zitierten Joh 5,17 ist besonders an Joh 5,19–20 zu denken:

Zitat

„Der Sohn kann nichts von sich aus tun, sondern nur, wenn er den Vater etwas tun sieht. Was nämlich der Vater tut, das tut in gleicher Weise der Sohn. Denn der Vater liebt den Sohn und zeigt ihm alles, was er tut, und noch größere Werke wird er ihm zeigen, so dass ihr staunen werdet."

Diese Wirkeinheit zeigt sich auf verschiedenen Ebenen, in denen jeweils alttestamentliche Ideen von Gott mit Christus in Verbindung gebracht werden:

Wunder als Zeichen

Die Wunder, die Jesus im Johannesevangelium wirkt, werden als „Zeichen" verstanden (vgl. v.a. Joh 2,11.23; 4,54). Anders als bei den synoptischen Evangelien wollen sie nicht als Ausdruck der in Christus wohnenden göttlichen „Dynamis", d.h. „Kraft", verstanden werden. Sie illustrieren für Joh auch nicht das Anbrechen der Königsherrschaft Gottes (bzw. der Himmel). In ihnen zeigt sich vielmehr das Wirken Gottes über seinen Sohn in der Welt. Dies ist besonders deutlich am Motiv der „Stunde Jesu" festzumachen, das zum ersten Mal besonders deutlich in Joh 2,4 auftaucht, wo der johanneische Jesus bei der Hochzeit zu Kana mit dem Satz „Meine Stunde ist noch nicht gekommen" die (implizite) Bitte der Mutter zunächst schroff abweist, dann aber wenig später das

Wunder doch tut. Wer das Johannesevangelium aufmerksam bis zum Schluss liest, wird weiteren vergleichbaren Szenen begegnen und dabei lernen, dass es dabei immer darum geht, zu zeigen, dass Jesu Tun immer ganz dem in einer bestimmten „Zeit" gesetzten Willen des Vaters entspricht (weiterführend Nicklas: *Wiederholung und Variation*). Damit wird nicht nur jegliches Missverstehen der Wunder Jesu als magische Akte, Zauberei oder auch den Menschen überwältigende Machttaten abgewehrt, damit ist theologisch auch möglich, dass sich in den Zeichen Jesu „Herrlichkeit" offenbart (vgl. besonders deutlich Joh 2,11). Diese göttliche Herrlichkeit, die sich bereits im Sinaigeschehen offenbarte (vgl. z.B. Ex 15–16; 33; 40; wichtig auch Ez 1,28; 3.12.23; 8,14 u.a.), zeigt sich für Joh nun als Herrlichkeit Christi, sie kann mit den Augen des Glaubenden geradezu sinnlich erfahren, „gesehen" werden (vgl. Joh 1,14b). Die johanneische Idee der Wirkeinheit Christi mit dem Vater ermöglicht also den Gedanken, dass in Christus Gott selbst in seiner Herrlichkeit wahrgenommen werden kann. Der Höhepunkt dieser Offenbarung findet für das Johannesevangelium in der Kreuzigung Jesu statt, die von Joh als Erhöhung und gleichzeitige Verherrlichung Christi verstanden wird (vgl. z.B. Joh 12,20–36). Dem ist ein zweiter Aspekt hinzuzufügen: Mit Joh 13,1 ist nun davon die Rede, dass die Stunde Jesu nun endgültig gekommen sei. Was er nun tut und zum Gipfel seiner Verherrlichung führt, ist gleichzeitig als Ausdruck seiner vollendeten Liebe verstanden (Joh 13,1; vgl. 13,34–35), die letztlich auf Gottes Liebe zurückgeführt wird (Joh 15,9): „Wie mich der Vater geliebt hat, so habe ich euch geliebt. Bleibt in meiner Liebe."

Diese Gedanken scheinen für die johanneische Gemeinde eine entscheidende Rolle gespielt zu haben; sie werden deswegen auch im 1. Johannesbrief meditiert (vgl. 1 Joh 2,7–11; 4,7–21). Die Vorstellung, dass die in der Sendung Christi erkennbare Liebe ihren Ursprung in Gott selbst findet, führt deswegen zu der Spitzenaussage, dass Gott nicht nur ein liebender Gott ist, sondern dass er von seinem Wesen her Liebe ist: „Liebe Brüder, wir wollen einander lieben, denn die Liebe ist aus Gott und jeder, der liebt, stammt von Gott und erkennt Gott. Wer nicht liebt, hat Gott nicht erkannt; denn Gott ist die Liebe" (1 Joh 4,7–8; vgl. auch 1 Joh 4,16b). Damit ist Liebe nicht vergöttlicht; jede menschliche Liebe jedoch hat sich an dem Maßstab zu erweisen, der in der von Gott her voraus geschenkten Liebe erkennbar wird.

Gottes Wesen ist Liebe

Eschatologischer Weltenrichter

Aufgrund seiner Wirkeinheit mit dem Vater übernimmt der johanneische Jesus letztlich schon jetzt dessen Rolle als eschatologischer Weltenrichter. Dies wird bereits in der auf die Sabbatheilung des Gelähmten (Joh 5,1–17) folgenden Rede Jesu über seine Vollmacht deutlich (vgl. 5,21–30): Dabei verschmelzen Horizonte von Gegenwart und Zukunft ineinander und wird erneut die Einheit von Vater und Sohn auch im Gerichtshandeln betont: „Von selbst aus kann ich nichts tun; ich richte, wie ich es (vom Vater) höre, und mein Gericht ist gerecht, weil es mir nicht um meinen Willen geht, sondern um den Willen dessen, der mich gesandt hat (Joh 5,30). Verschiedene Aspekte der weiteren Erzählung des Johannesevangeliums greifen dieses endzeitlich richterliche Handeln in Wirkeinheit des Vaters und des Sohnes auf. Zu erwähnen wäre wohl schon die Erzählung von der Auferweckung des Lazarus (Joh 11,1–44), in der sich innerhalb der Erzählung an Lazarus bereits die in Joh 5,25 zu findende Ankündigung der Totenauferweckung aufgrund der Stimme des Gottessohns erfüllt. Auch der im Kern dieses Textes zu findende Dialog zwischen Marta und Jesus (Joh 11,20–27) erfährt dann darin seine Pointe, dass Marta damit *recht* hat, dass Lazarus „bei der Auferstehung am Letzten Tag" auferstehen wird (Joh 11,24), dass ihr aber erst aufgrund des Offenbarungsworts Joh 11,25 klar wird, dass diese Auferstehung vor ihr steht und in Jesus *schon jetzt* „ist".

Auferweckung des Lazarus

klar?

Auch die verschiedenen Verhörszenen der Passionserzählung eignen sich natürlich, diesen Gedanken zu illustrieren. So richtet sich für Joh Pilatus, der Richter Jesu, letztlich damit selbst, dass er zwar von seiner „Macht" spricht (Joh 19,10), aber im Angesicht der lebendigen Wahrheit Gottes (vgl. Joh 14,6) nicht auf Jesu Stimme hört, sondern die Frage „Was ist Wahrheit?" stellt (Joh 18,38).

Zu einer abgründigen doppelten Gerichtsszene kommt es schließlich in Joh 19,13–16a: Der griechische Originaltext von Joh 19,13 ist (vielleicht bewusst) doppeldeutig formuliert und lässt deswegen zwei Leseweisen zu, die sich leider in der Übersetzung nicht wiedergeben lassen. Es wird nicht ganz klar, ob Pilatus sich selbst oder Jesus auf den Richterstuhl setzt. In der ersten, oberflächlichen Leseweise ist Pilatus als der Richter beschrieben, der Jesus freilassen will, jedoch vor dem geballten Willen der Menge kapitulieren muss. In der zweiten Leseweise steht der geschundene Jesus als der Weltenrichter im Mittelpunkt, die Hohenpriester des Volkes jedoch verurteilen sich selbst dadurch, dass sie sich in ihrer bedingungslosen Bindung an den Kaiser (Joh 19,15) letztlich von ihrem wahren König, Gott, los sagen.

Die Einheit von Vater und Sohn wird im Johannesevangelium auch auf der Ebene des Sprechens Jesu zum Ausdruck gebracht: Eine Kernaussage des Gebets zum Vater (Joh 17) besteht darin, dass Jesus den Seinen den Namen Gottes offenbart hat (Joh 17,6).

Dies kann sich im Grunde nur darauf beziehen, dass der Jesus des Johannesevangeliums an vielen Stellen, von sich in der Form von *Egṓ-eimí*-Worten, d.h. „Ich-bin-Worten" spricht. Bekannt sind vor allem die Ich-bin-Worte, die mit einer Metapher verbunden sind wie „Ich bin das Brot des Lebens" (Joh 6,35), „Ich bin das Licht der Welt" (Joh 8,12; vgl. auch 9,5), „Ich bin der gute Hirte" (Joh 10,11) und andere mehr. Noch interessanter für die Frage nach Gott im Johannesevangelium jedoch sind vielleicht die absoluten Ich-bin-Worte Jesu, in deren Kontext immer Elemente von Epiphanien beschrieben sind, sei es beim Seewandel (Joh 6,20) oder sei es bei der Verhaftung Jesu (Joh 18,1–11), wo auf das „Ich bin es" Jesu hin (Joh 18,6) alle Anwesenden – immerhin eine ganze Kohorte von Soldaten – zurückweicht und zu Boden stürzt. So kann auch in diesem Zusammenhang von einer Offenbarung Gottes im Sprechen Christi, der nicht zufällig „Wort Gottes" (Joh 1,1) genannt ist, die Rede sein. Natürlich ist es kein Zufall, dass sich diese Elemente mit den Worten „Ich bin" verbinden: Den Hintergrund findet diese Form der Darstellung sicherlich einerseits in der Offenbarung des Gottesnamens an Mose am brennenden Dornbusch (Ex 3,14), wo Gott sich mit den Worten „Ich bin der ‚Ich-bin-da'" vorstellt. Deutliche Parallelen zeigen sich auch zu den Gottesreden im Buch Deuterojesaja, die in die Erfahrung des Exils und der Ohnmacht gegen Babylonier und später Perser die Allmacht und Einzigkeit des Gottes Israels betonen. Ein besonders schönes Beispiel ist etwa Jes 41,4, wo es heißt: „Ich, der Herr, bin der Erste und noch bei den Letzten bin ich derselbe." Mit seinem Sprechen in der „Ich-bin"-Form führt der johanneische Jesus also das göttliche „Ich bin" im Munde, in ihm, dem Wort Gottes, wird so Gottes Namen an die Seinen offenbart.

Ich-bin-Worte

Während es Deuterojesaja aber um die Durchsetzung des Monotheismus in der Zeit der Krise des Exils geht, führt die Tatsache, dass im Johannesevangelium – auch aufgrund der „Ich-bin-Worte" – Jesus ganz nahe an Gott selbst heranrückt, an die Grenzen des Monotheismus. Das Band zum jüdischen Hintergrund der Gemeinde ist bis zum Zerreißen gespannt, ja scheint bereits zerrissen zu sein. Wie sehr wenigstens einige der johanneischen Aussagen über Christus zu Konflikten mit der Synagoge führten, ist immer wieder zu spüren (vgl. v.a. die Aussagen über den Synagogenausschluss in Joh 9,22; 12,42). Eine der Spitzenaussagen johanneischer Christologie findet sich in Joh 10,30: „Ich und der Vater sind eins." Dies wird von den in der Szene anwesenden „Juden" so sehr als Blasphemie angesehen, dass sie versuchen, Jesus zu steinigen (Joh 10,31–33). Dass es auch hier kaum um eine

Wesens-, sondern die Wirkeinheit mit dem Vater geht, zeigt Joh 10,37, wo erneut davon die Rede ist, dass Jesus die Werke des Vaters vollbringt, Joh 10,38 wiederum betont, dass „in mir der Vater ist und ich in ihm bin". Auch wenn Texte wie diese noch nicht ganz die Christologie der großen Konzilien der alten Kirche bieten, die dann zur Ausformulierung der Trinitätslehre führt, so werden sie doch zu entscheidenden Impulsgebern dafür.

Neutestamentliche Spitzenaussagen auf dem Weg zur Trinitätslehre

Im Neuen Testament die sich in den ersten ökumenischen Konzilien herausbildende Lehre von der Dreifaltigkeit Gottes finden zu wollen, würde einen Anachronismus bedeuten. Doch gleichzeitig wäre es falsch, die Ausbildung der Trinitätslehre als rein spätere Entwicklung der Kirche, die mit den Ursprüngen gar nichts zu tun hätte, anzusehen. Immerhin stehen die eben genannten johanneischen Spitzenaussagen im Neuen Testament nicht völlig isoliert. Der vorgegebene Rahmen erlaubt nur einige knappe Informationen:

Auf dem Weg zur Trinitätslehre

1. Besonders wichtig erscheinen Entwicklungen, aufgrund derer Christus immer mehr in die Nähe Gottes gerückt wird. Diese haben wohl bereits sehr früh nach Tod und Auferstehung Jesu eingesetzt: Ein Impuls in diese Richtung zeigt sich wohl bereits in der Bezeichnung Jesu als „*kýrios*", d.h. „Herr", gleichzeitig die Übersetzung des Gottesnamens in der Septuaginta, der griechischen Version des Alten Testaments, die schon in den frühesten Texten des Neuen Testaments belegt ist. Alleine in 1 Thess, dem wohl ältesten paulinischen Schreiben, finden sich 24 Belege. Wie bereits angedeutet, stellt dann etwa das Lukasevangelium durch die gezielte Verwendung des Titels für Gott *und* Christus eine nicht zu übersehende Verbindung zwischen den beiden her, ohne sie miteinander zu vermischen.

Bezeichnung Jesu als Herr

Gleichzeitig erlaubte die Bezeichnung Jesu als Herr, alttestamentliche Aussagen über Gott, den Herrn, auf Christus zu übertragen. Dies zeigt sich schon bei der Verwendung des Zitats Jes 40,3 LXX im Munde Johannes des Täufers (Mk 1,3; Mt 3,3; Lk 3,4; Joh 1,23; vgl. Lk 1,76). Der ursprüngliche hebräische Text steht im Kontext der Vorstellung des zweiten Exodus aus dem Babylonischen Exil. Die Verschiebungen der griechischen Fassung erlauben nun nicht nur, die Stimme des Rufers als „Stimme in der Wüste" auf Johannes den Täufer zu beziehen, sondern auch Christus als den Herrn zu verstehen, der auf sein Volk zukommt.

Ein anderes besonders deutliches Beispiel etwa zeigt sich in der Gerichtsszene von 2 Thess 1,3–10, wo systematisch Aussagen aus Jes 66 über das endzeitliche Handeln Gottes, des *Herrn*, auf Christus übertragen werden und so ermöglichen, ihn als eschatologischen Weltenrichter zu zeichnen. Dass vor diesem Hintergrund 2 Thess 1,12 von der „Gnade unseres Gottes und Herrn Jesus Christus" spricht und damit Christus unverkennbar als „Gott bezeichnet, erscheint mir kein Zufall, sondern nur konsequent. Die einzige, wenn auch zu Recht umstrittene Parallele im Corpus der paulinischen Schriften findet sich in Röm 9,5.

Bereits erkennbar war auch die Tendenz, den Beginn der Geschichte Gottes mit Jesus in den neutestamentlichen Evangelien bis hin zu den Präexistenzaussagen des Johannesprologs mehr und mehr nach vorne zu rücken (vgl. auch Phil 2,5–11; Kol 1,12–20). Die Offenbarung des Johannes wiederum erzählt in ihrem 5. Kapitel von der Inthronisation des „Lammes", dem von nun an himmlischer Lobpreis zukommt (vgl. Offb 5,9–11.13) und dem nun für die Offenbarung des Johannes die Gottesbezeichnung „Alpha und Omega" (Offb 22,13; vgl. Offb 1,17) zukommt, während etwa der Titel *pantokrátōr*, „Allherrscher", weiterhin alleine auf den auf dem Thron sitzenden Gott selbst angewandt ist (vgl. Offb 1,8; 4,8; 11,17; 15,3; 16,7.14; 19,6.15; 21,22).

Alpha und Omega

Einen wichtigen Impuls für Aussagen zur Erhöhung Christi zur Rechten Gottes bot Ps 110,1: „So spricht der Herr zu meinem Herrn: Setze dich mir zur Rechten und ich lege dir deine Feinde als Schemel unter die Füße." Frühe Christen identifizierten hier Gott als zu Christus sprechend – die Passage ist rezipiert in Mt 22,44 par., Apg 2,34–35 und mehrfach im Hebräerbrief (1,13; 8,1; 10,12–13; 12,2; weiterführend Sänger).

Triadische Formeln

2. Wie bereits erwähnt, spielt der Heilige Geist natürlich durch das gesamte Neue Testament hin eine wichtige Rolle und wird besonders wichtig im lukanischen Doppelwerk. Deswegen ist es kein Wunder, dass er immer wieder in so genannten triadischen Formeln neben dem Vater und dem Sohn auftaucht. Die Verankerung solcher triadischer Formeln in Tauftraditionen der frühen Kirche zeigt etwa Mt 28,19, wo der Auferstandene die Jünger in alle Welt hinaus sendet: „Darum geht zu allen Völkern und macht alle Menschen zu meinen Jüngern; tauft sie auf den Namen des Vaters und des Sohnes und des Heiligen Geistes."

Vergleichbar, wenn auch ohne Bezug zur Tauftradition, ist der Schlussgruß des 2. Korintherbriefs. Anders als etwa in Gal 6,18, wo Paulus den Adressaten die Gnade Christi zuspricht, heißt es hier:

Zitat

„Die Gnade Jesu Christi, des Herrn, die Liebe Gottes und die Gemeinschaft des Heiligen Geistes sei mit euch allen!"

Etwas anders geartet liegt 1 Kor 12,4–6, wo die Verschiedenheit von Gnadengaben, Diensten und Wirkkräften in der Gemeinde auf die Einheit Gottes zurückgeführt wird, dies aber in parallelem Aufbau auf den Geist, den Herrn – gemeint ist Christus –, und Gott bezogen ist: „Es gibt verschiedene Gnadengaben, aber *nur den einen Geist*. Es gibt verschiedene Dienste, aber *nur den einen Herrn*. Es gibt verschiedene Kräfte, die wirken, aber *nur den einen Gott*." Die dabei gesetzten Bezüge fallen sicherlich nicht zufällig so aus wie hier: Die Gnadengaben sind auf den Geist zurückgeführt, das Zueinander von „Dienst" und „Herr" dürfte klar sein, und schließlich kann Paulus von der *dýnamis*, d.h. der „Kraft Gottes", sprechen – am prominentesten sicherlich in der bereits angesprochenen Passage Röm 1,16, wo vom Evangelium die Rede war.
Während keine der genannten Aussagen schon als „trinitarische Formel" angesehen werden kann, könnte man für das so genannte „Comma Johanneum" in 1 Joh 5,7–8 durchaus so weit gehen dies zu behaupten:

Zitat

„Drei sind es, die Zeugnis ablegen im Himmel: der Vater, das Wort und der Heilige Geist und diese drei sind eins. Und drei sind es, die Zeugnis geben auf Erden ..."

Dies tatsächlich sehr eindeutig trinitarisch klingende Aussage allerdings fehlt in den frühesten Textzeugen des 1. Johannesbriefs; sie gehört deswegen sicherlich nicht zum ursprünglichen Text und wurde wohl erst deutlich später – eventuell im 3. Jahrhundert unserer Zeitrechnung – in den Text eingefügt.

Zusammenfassung

Als Fazit lässt sich noch einmal festhalten, was schon zum Johannesevangelium gesagt wurde: Die Schriften des Neuen Testaments entwickeln noch keine Trinitätstheologie im Sinne dessen, was die ökumenischen Konzilien der Alten Kirche erarbeiten. Und trotzdem bietet das Neue Testament eine Vielzahl von Passagen, die es ermöglichen, die späteren Entwicklungen als Entfaltungen von Impulsen zu verstehen, die schon auf früheste Zeiten zurückgehen.

4.3 „Und das Wort ist Fleisch geworden und hat unter uns gewohnt ..." (Joh 1,14a)

Fleischwerdung des göttlichen Wortes

Die johanneische Rede von Gott lässt sich jedoch auch von einem anderen Angelpunkt aus beleuchten. Ein Zentrum des Prologs steht sicherlich Joh 1,14, die Aussage von der Inkarnation des göttlichen Worts. Die Idee, dass das göttliche Wort „Fleisch geworden" ist, ist sicherlich zunächst einmal christologisch höchst interessant; Joh 1,14 beinhaltet allerdings auch eine bedeutende Dimension für das Verständnis des johanneischen Denkens von Gott. Der Teilsatz „und hat unter uns gewohnt" müsste wörtlich besser als „und hat unter uns gezeltet" übersetzt werden.

Exkurs: Schekhina – die Idee vom „Wohnen Gottes"

Die Rede vom „Zelten Gottes" unter den Seinen wiederum hat eine ausführliche alttestamentliche Vorgeschichte. Mit dem Wort *Schekhina*, das sich an das hebräische Verb „schakan = zelten, wohnen" anlehnt, ist die Vorstellung zum Ausdruck gebracht, dass Gott in der Welt bzw. in seinem Volk „Wohnung nimmt". Dieser Gedanke begegnet im Alten Testament in verschiedenen Variationen (vgl. weiterführend Frankemölle: *Frühjudentum und Urchristentum* 155–170).

Wohnung Gottes im Tempel

1. So ist einerseits die Idee bezeugt, dass Gott als der eigentliche König Israels seine Wohnung auf dem Zionsberg bzw. konkreter im Tempel zu Jerusalem hat (vgl. z.B. Dtn 12,4–5.11.21; 1 Kön 8,12–13; Jes 8,18; Sach 8,3), dieser Gedanke wird gerne verknüpft mit der Idee, dass Gottes Wohnen nicht einfach auf den Tempel beschränkt ist, sondern er als der eigentlich erhabene Gott des Himmels in souveräner Weise dort seine Wohnung nimmt (vgl. z.B. Jes 6; 33,5). Der Tempel wird in diesen Texten als Wohnstätte Gottes gesehen, durch das Wohnen Gottes kommt dem aus-

erwählten Ort Heiligkeit zu. Das Wohnen Gottes im von Menschen gemachten Heiligtum wiederum gilt als Zeichen der Intaktheit des Bundes zwischen Gott und seinem Volk. Besonders dramatisch wird dieser Gedanke etwa im Buch Ezechiel zum Ausdruck gebracht, wo Gott vor der Zerstörung des Tempels aus dem Tempel auszieht (Ez 10,18–22), am Ende des Exils jedoch zusammen mit seinem Volk nach Jerusalem zurückkehrt, um dort in einem erneuerten Tempel unter ihnen zu wohnen (Ez 40–48). Von Ezechiel ausgehend wiederum ist eine Linie, nach der das „Wohnen Gottes" unter seinem Volk erst in der Zeit endzeitlichen Heils voll zum Tragen kommt (vgl. auch Joel 4,17; Sach 2,14–17). Im Neuen Testament wird dieser Gedanke unter konkreter Rezeption des Ezechielbuchs vor allem in der Offenbarung des Johannes aufgenommen. Die Idee, dass Gott (und das Lamm) endgültig in Jerusalem (und gleichzeitig unvermittelt in der Mitte seines endzeitlichen Volkes) Wohnung nehmen, bildet den entscheidenden Hintergrund der die Offb abschließenden Visionen des auf die Erde herabsteigenden himmlischen Jerusalem (Offb 21,1–22,5), der Stadt, die – anders als bei Ezechiel – keinen Tempel mehr benötigt (Offb 21,22), denn „der Herr, ihr Gott, der Herrscher über die ganze Schöpfung, ist ihr Tempel, er und das Lamm" (Offb 21,22).
Andere Texte kritisieren die Vorstellung, dass Gott auf dem Zion wohnt, und betonen stattdessen die Transzendenz und Schöpferkraft Gottes. Besonders wichtig ist etwa Jes 66,1, ein Text, der auch im Neuen Testament in heiligtumskritischen Texten aufgenommen wurde. Mit ihrer Idee von der Ausbreitung des „Wegs des Heils" (Klein: *Lukasstudien* 105–118) bis an die Grenzen der Erde muss die Apostelgeschichte natürlich Kritik an der Zentriertheit des Heiligtums in Jerusalem üben und demgegenüber die Transzendenz Gottes betonen. Dies geschieht z.B. in der Rede des Stephanus, wo deswegen bewusst Jes 66,1 aufgenommen ist (vgl. Apg 7,40–50).
2. Spätestens mit der Zerstörung des Salomonischen Tempels in Jerusalem im Jahr 587 v. Chr. durch die Babylonier zeigte sich, dass die „räumliche" Kategorie des Wohnens Gottes auf dem Zionsberg (oder auch im Himmel) der Ergänzung bedurfte: Viele Texte sprechen nun vom „Wohnen Gottes inmitten seines Volkes", man könnte in diesem Zusammenhang also von einer „ekklesiologischen" bzw. „anthropologischen Kategorie" (Frankemölle: *Frühjudentum und Urchristentum*) des *Schekhina-Gedankens* sprechen. Noch stärker als in bisherigen Texten kann sich

Wohnen Gottes inmitten seines Volkes

die Idee vom Wohnen Gottes nun mit dem Gedanken seines Bundes mit Israel verbinden (vgl. z.B. Ez 37,26–27 und Lev 26,11–12). Beide Passagen spielen auch im Neuen Testament eine Rolle: Erneut ist dabei an die Jerusalemvisionen der Offenbarung des Johannes zu denken, die in Offb 21,3 beide eben genannten Passagen konkret aufnimmt und auf die Idee des Wohnens Gottes in der Gemeinschaft der Glieder seines endzeitlichen Volkes bezieht: „Da hörte ich eine laute Stimme vom Thron her rufen: ‚Seht die Wohnung Gottes unter den Menschen. Er wird in ihrer Mitte wohnen und sie werden sein Volk sein, und er, Gott, wird bei ihnen sein.'"
Aber auch andere christliche Texte nehmen diese Idee auf, sie verstehen die Gemeinde als Ort des „Wohnens Gottes" und verbinden so Gotteslehre mit Ekklesiologie (vgl. z.B. Röm 8,9; 1 Kor 3,16; 6,19; 2 Kor 6,16; Eph 2,19–21).

In den eben skizzierten Horizont sind vor dem Hintergrund von Joh 1,14 auch weitere entscheidende Aussagen des Johannesevangeliums einzuordnen: So greift etwa Joh 1,51, der Zielpunkt der christologischen Aussagen des ersten Kapitels und gleichzeitig ein Interpretationsschlüssel für das Folgende, bewusst Traditionen auf, die auf Gen 28,12, die Vision Jakobs von der Himmelsleiter beim Heiligtum von Bet-El, zurückgehen, und überträgt diese auf Jesus, den Menschensohn: „Ihr werdet den Himmel geöffnet und die Engel Gottes auf und niedersteigen sehen über dem Menschensohn." Christus ist so wie das alte Heiligtum als Ort gesehen, der in dauernder Verbindung mit Gott steht. Die oben genannten Gedanken der Einheit des Sohnes mit dem Vater verbinden sich hier mit der Linie des Wohnens Gottes.

Tempelreinigung Jesu

Wichtig in diesem Zusammenhang ist auch die johanneische Szene von der Tempelreinigung Jesu (Joh 2,13–22). Auch wenn Joh 2,16 den Tempel zu Jerusalem weiterhin als das „Haus meines Vaters" bezeichnen kann, macht der an die Tempelreinigung anschließende Dialog mit den „Juden" deutlich, dass die johanneische Gemeinde nach der Zerstörung des irdischen Tempels zu Jerusalem den Auferstandenen als den eigentlichen Ort des Wohnens Gottes und damit der Gottesbegegnung – explizit genannt „Tempel seines Leibes" (Joh 2,21) – versteht.

Vor diesem Hintergrund vermag das Johannesevangelium auch den Streit zwischen Juden und Samaritanern um den Ort der rechten Gottesverehrung – den Berg Garizim oder den Tempel zu Jerusalem – zu relativieren. In der Begegnung mit der samaritanischen Frau am Jakobsbrunnen (Joh 4,1–26) bringt die Frau genau dieses Problem auf den Punkt: „Herr, ich sehe, dass du ein Prophet bist. Unsere Väter haben auf diesem Berg [dem Garizim] Gott angebetet, ihr aber sagt, in Jerusalem sei die Stätte, wo man ihn anbeten muss" (Joh 4,19–20). Die Antwort Jesu löst die Verbindung zwischen der Anbetung Gottes und den konkret genannten Orten des Wohnens Gottes. Auch wenn er Jerusalem den Vorzug gibt, überschreitet er die Alternative: Der räumlichen Alternative wird das Anbeten Gottes „im Geist und in der Wahrheit" (Joh 4,23) gegenüber gestellt. Dies wiederum begründet Jesus mit einer Aussage über Gottes Wesen:

Anbeten Gottes „im Geist und in der Wahrheit"

Zitat

„Gott ist Geist und alle, die ihn anbeten, müssen im Geist und in der Wahrheit anbeten" (Joh 4,24).

Wie nahe wir dabei dem Kern johanneischer Theologie sind, zeigt sich darin, wie sehr sich diese Gedanken mit den bereits erwähnten Spitzenaussagen der Abschiedsreden verbinden, die Jesus einerseits als den „Weg, die Wahrheit und das Leben" (Joh 14,6) darstellen und immer wieder vom Einwohnen Gottes in diesem Christus – für Joh die Möglichkeit der Begegnung mit der lebendigen Wahrheit Gottes sprechen:

Zitat

„Glaubst du nicht, dass ich im Vater bin und der Vater in mir ist? Die Worte, die ich zu euch sage, habe ich nicht aus mir selbst. Der Vater, der in mir bleibt, vollbringt seine Werke. Glaubt mir doch, dass ich im Vater bin und der Vater in mir ist!" (Joh 14,10–11).

5. Paulinische Briefe

Einen besonderen Schwerpunkt innerhalb des neutestamentlichen Kanons spielt sicherlich das Corpus Paulinum. Während der (sicherlich nicht auf Paulus zurückgehende) Hebräerbrief bereits von seiner Stellung her noch einmal von den anderen Paulus zugeschriebenen Schriften abgesetzt ist, wird heute auch unter den anderen Texten des Corpus Paulinum differenziert. Als sicher auf Paulus selbst zurückgehende Schriften gelten nur der Römerbrief, die beiden Briefe an die Korinther, der Galaterbrief, der Brief an die Philipper, der 1. Thessalonicherbrief und der sehr kurze Brief an Philemon.

Mit einiger Wahrscheinlichkeit nicht auf Paulus selbst zurückgehend sind wohl die Briefe an die Epheser und Kolosser, der 2. Thessalonicherbrief und die so genannten Pastoralbriefe (1–2 Tim, Tit), die sich so deutlich vor allem in ihren Theologien, aber auch der vorausgesetzten Situation von Kirche von den sicher echten paulinischen Schriften unterscheiden, dass man sie heute meist Schülern des Paulus oder Mitgliedern des Kreises um Paulus zuschreibt. Der vorgegebene Rahmen erlaubt es nun nicht, auf all diese Schreiben im Einzelnen einzugehen. So sollen im Folgenden nur Aspekte der „Theo-Logie" des Paulus selbst vorgestellt werden. Dies wiederum geschieht womöglich am sinnvollsten, wenn man sich am Römerbrief orientiert, der sicher am ausführlichsten die entscheidenden Elemente paulinischen Denkens – noch dazu auf dem Höhepunkt seiner Entwicklung – repräsentiert. Um dem Römerbrief wiederum (wenigstens im Ansatz) gerecht werden zu können, sind einige Vorbemerkungen zu seinem Aufbau sinnvoll. Will man das theologische Grundanliegen des Römerbriefs verstehen, so ist als Schlüsseltext sicherlich Röm 1,16–17 heranzuziehen, ein Text, der nach der Einheitsübersetzung folgendermaßen lautet:

Zitat

„Denn ich schäme mich des Evangeliums nicht: Es ist eine Kraft Gottes, die jeden rettet, der glaubt, zuerst den Juden, aber ebenso den Griechen. Denn im Evangelium wird die Gerechtigkeit Gottes offenbart aus Glauben zum Glauben, wie es in der Schrift heißt: Der aus Glauben Gerechte wird leben."

Tatsächlich lassen sich von diesem Text ausgehend einige entscheidende Linien paulinischen Denkens über Gott auszeichnen: Im Kern des paulinischen Evangeliums steht die Frage nach dem Gott, der in seiner Gerechtigkeit den Menschen zu retten vermag.

Besonders gut verständlich hat vor diesem Hintergrund Franz Mußner das Thema des Briefs zusammengefasst. Er schreibt (Mußner: *Der ‚Jude' Jesus* 35): „Der Grundgedanke des Briefs lautet: Heil für alle. Daß alle Menschen, ob Juden oder Heiden, der Heilszusage Gottes bedürfen, steht für Paulus fest: ‚denn alle haben gesündigt und entbehren der Herrlichkeit Gottes' (3,23; vgl. auch 3,9)." Diese These wiederum lässt sich nicht nur an Röm 1,16–17 festmachen, sondern findet ihren Widerhall in einer Vielzahl von

Heil für alle

Stellen, in denen von Heil und Unheil aller die Rede ist (vgl. Röm 1,5.16; 3,4.9c.12.19–20.21–22; 4,16; 5,11–12.18–19; 8.22.32; 9,5.6b.17; 10,4.11–13.16.18; 11,26.32; 12,17; 14,10b–12; 15,8–12 sowie die textkritisch wahrscheinlich als sekundär zu bezeichnende Doxologie Röm 16,25–27). Vor diesem Hintergrund lässt sich auch eine ganz einfache Gliederung des Textes begründen: Nach Präskript und Proömium wird in einem ersten Teil die als heillos erscheinende Situation der gottfernen Menschheit beschrieben (Röm 1,18–3,20). In zwei Abschnitten geht es um die mögliche Rettung aus dieser Situation: Röm 3,21–8,39 beschäftigt sich mit dem Weg der Heiden, Röm 9,1–11,36 mit der Rettung des Teils Israels, der nicht zum Christusglauben kommt. Röm 12,1–15,13 schließlich bietet in einem *paränetischen* Teil die ethischen Folgerungen aus dem neuen Leben im von Gott geschenkten Heil.

Bevor jedoch weiter ins Detail gegangen werden soll, müssen zwei Vorbemerkungen vorausgeschickt werden:

(1) Der Kern dessen, was Röm 1,16–17 als Evangelium des Paulus bezeichnet, kommt – vielleicht noch deutlicher als in Röm – auch in 1 Kor 15 zum Tragen, wo Paulus seine Idee der Auferstehung der Toten vor dem Hintergrund des vielleicht ältesten christlichen Glaubensbekenntnisses des frühen Christentums verteidigt: „Christus ist für unsere Sünden gestorben, gemäß der Schrift, und ist begraben worden. Er ist am dritten Tage auferweckt worden, gemäß der Schrift, und erschien dem Kephas, dann den Zwölf" (1 Kor 15,3b–5; vgl. aber auch die Gedanken in Röm 1,2–4). Auch wenn die konkrete Rekonstruktion der ursprünglichen Version dieses Bekenntnisses umstritten ist, so lässt sich aus diesem Text, der – wie aus 1 Kor 15,3a hervorgeht – auch die Basis des Glaubens, den Paulus angenommen hat, bildet, bereits ein Kern des paulinischen Evangeliums herausarbeiten: Gott hat den gekreuzigten Christus von den Toten auferweckt. Von diesem Zentrum aus lässt sich nicht nur die in 1 Kor 15 entwickelte paulinische Vorstellung der Auferstehung von den Toten entwickeln; von ihm her lassen sich, wie beim Durchgang durch den Römerbrief ersichtlich wird, auch viele andere Themen paulinischer Theologie verstehen.

Glaubensbekenntnis des Paulus

(2) Dem korrespondiert eng das Selbstverständnis des Apostels: Wie vor allem aus Gal 1,15–17 hervorgeht, versteht Paulus seine eigene Lebenswende in Damaskus (vgl. auch Apg 9,1–21) als einen vom gnadenvollen Gott ausgehenden Ruf an ihn, der dem Ruf Gottes an die Propheten (Deutero-)Jesaja und Jeremia (vgl. Jes 49,1.6; Jer 1,5) vergleichbar ist. Paulus versteht sein Apostolat also im Licht des Rufs, der von Gott an große Propheten Israels aus-

Apostolat des Paulus

ging (weiterführend Nicklas 2010); der konkrete Inhalt dieses Rufs wiederum besteht darin, „den Völkern das Evangelium zu verkünden" (vgl. Gal 1,16; vgl. auch Röm 1,1.5f). Die besondere Form der paulinischen Mission, die es Heiden erlaubte, ohne Beschneidung und damit ohne formalen Übertritt zum Judentum der neuen messianischen Bewegung, die sich zum „Christentum" entwickelte, beizutreten, wiederum ist nur möglich, weil Gott im Denken des Paulus in der Auferweckung Christi bereits endzeitlich gehandelt hat und damit die durch die Tora bestimmten Grenzen zwischen Israel und den Völkern keine entscheidende Rolle mehr spielen.

Vor diesem Hintergrund lassen sich nun entscheidende Passagen des Römerbriefs auf das in ihnen zutage kommende Gottesbild lesen:

5.1 Röm 1,18–3,20: Gott zürnt der Schöpfung, die sich von ihm abgewandt hat

Mit seiner Beschreibung der heillos wirkenden Situation der Menschheit in Röm 1,18–3,20 kreiert Paulus die Basis seiner weiteren Argumentation: In seiner Schöpfung hat Gott „seine unsichtbare Wirklichkeit" (Röm 1,20) an den Werken der Schöpfung offenbart, die Menschheit jedoch hat sich von ihm, seiner ewigen Macht und Gottheit abgewandt. Auch wenn der Wille Gottes bereits aus seiner Schöpfung erkennbar wäre (vgl. Röm 1,32a), hat die Menschheit an die Stelle einer angemessenen Verehrung Gottes die Anbetung von Werken der Schöpfung, Götzenbildern gesetzt, ein Gedanke, mit dem Paulus ganz in der Tradition alttestamentlich-prophetischer Kritik an der Verehrung falscher Gottheiten steht (vgl. z.B. Ps 106,20; Dtn 4,15–19; Weish 12,24). Da die den Menschen von der Schöpfung her entscheidend bestimmende Gottesbeziehung so aus menschlicher Schuld gestört ist, hat Gott seinen Zorn offenbart (Röm 1,18) und den Menschen der Sünde ausgeliefert (Röm 1,26) – Sünde wiederum bedeutet in biblischem Denken Zerstörung der das menschliche Leben ermöglichenden und glücken lassenden Beziehung zu Gott; dies muss in den Tod führen (vgl. Röm 1,32).

Röm 2 führt diesen Gedanken noch einmal aus anderer Perspektive aus: Jedes Handeln des Menschen findet vor Gott statt, dessen gerechtem Gericht am „Tag des Zorns" (Röm 2,5) der Mensch nicht entrinnen kann; entscheidend im Hinblick auf das Gericht Gottes ist es, den Willen Gottes zu tun (Röm 2,6–10).

Interessanterweise unterscheidet Paulus hier nicht zwischen Juden und Heiden – denn beide haben die Möglichkeit, den Willen Gottes zu erkennen: die Heiden im Gewissen, in dem „ihnen die Forderung des Gesetzes ins Herz geschrieben ist" (Röm 2,15), ihnen also Gottes Wille entgegentritt, die Juden in der Tora (Röm 2,17–29). Es nützt – so Paulus – jedoch nichts, diese nur zu besitzen, sie ist voll und ganz zu tun (Röm 2,25–29). Faktisch ist jedoch niemand gerecht vor Gott (Röm 3,10-18) – diese Tatsache führt dazu, dass letztlich „niemand durch Werke des Gesetzes vor Gott gerecht wird", die Tora jedoch zur „Erkenntnis der Sünde" führt (beides Röm 3,20).

Um diesen den Abschnitt abschließenden Schlüsselsatz verstehen zu können, sind einige zusätzliche Bemerkungen angebracht: Das griechische Syntagma *érga nómou*, das im Deutschen üblicherweise als „Werke des Gesetzes" übersetzt wird, ist, auch da sich im Griechischen keine echten Parallelen dazu finden lassen, kaum eindeutig zu deuten. In einer der wichtigsten Parallelstellen zu Röm 3,20, nämlich Gal 2,16, spricht einiges dafür, dass hier vor allem diejenigen Aspekte der Tora, die die Trennung von Juden und Nicht-Juden betonen, also Beschneidung, Reinheitsvorschriften, Speisegesetze etc. gemeint sind. Dieses Verständnis lässt sich in Röm 3,20 schwerlich durchhalten: Geht es um Werke, die man aufgrund des Gesetzes tut? Geht es um Vorschriften des Gesetzes? (weiterführend Frey: *Das Judentum des Paulus* 35–42). Eine ganz eindeutige Antwort ist nicht möglich, wichtig ist vor diesem Hintergrund jedoch vor allem der Gedanke, dass Paulus hier weiterhin zum Ausdruck bringt, dass Gott in der Tora seinen Willen offenbart – sei es in der den Juden offenbarten Tora oder sei es in dem Gewissen jedes Menschen eingeschriebenen „Gesetz". Die Tora ist auch weiter gültig, Gott bleibt bei seinem Willen, da der Mensch ihm aber nie vollkommen entsprechen kann, führt die Tora „zur Erkenntnis der Sünde". Damit jedoch ist sie keineswegs etwas, was in irgendeiner Weise überholt werden könnte; sie spielt vielmehr im Heilsplan Gottes weiterhin eine entscheidende Rolle: Wenn Sünde Störung bzw. Zerstörung der allein Leben spendenden Beziehung des Menschen zu Gott ist, so kann die „Erkenntnis der Sünde" im Grunde der Diagnose einer schweren Erkrankung, die ohne Therapie zum Tode führt, verglichen werden. Anders gesagt: im paulinischen Bild des göttlichen Heilsplans ist die Tora so gesehen unverzichtbarer Bestandteil.

érga nómou

Zieht man aus dieser Argumentation nun die entscheidenden Folgerungen für das paulinische Bild Gottes, so ist Gott hier verstanden als der ewige und vollmächtige Schöpfer der Welt, der sich der Menschheit auf verschiedensten Wegen offenbart und ihr seinen Willen – sei es über die Tora, sei es über das menschliche Gewissen – kundtut. Gleichzeitig ist er der Richter, auf den die gesamte Welt zuläuft und vor dem sich die gesamte Menschheit verantworten muss. Da die Menschheit sich aber in Sünde befindet, ist sie auf dem Weg in den Tod, Gottes Initiative allein kann sie retten: Ein erster Teil dieser Initiative besteht in der Offenbarung des göttlichen Willens in der Tora, die das Zerbrechen der rechten Gottesbeziehung durch die Sünde aufzeigt. Dieser folgt nun ein zweiter Teil:

Paulinisches Gottesbild

5.2 Röm 3,21–8,39: Der liebende und versöhnende Gott schafft Heil für die Völker

Die Argumentation des folgenden, komplexen Abschnitts wenigstens in Ansätzen zusammenzufassen, ist nicht ganz leicht. Gerade in dem Schlüsselabschnitt Röm 3,21–31 verdeckt auch die Einheitsübersetzung ins Deutsche den Sinn mehr, als sie ihn erhellt. Der entscheidende Gedanke dürfte in Röm 3,25 zu fassen sein, ein Text, der sich vielleicht folgendermaßen angemessen wiedergeben lässt (weiterführend Tiwald: *Christ as Hilasterion (Rom 3:25)*; Janowski: *Das Geschenk der Versöhnung*).

Zitat

„Ihn [Christus], hat Gott (öffentlich) als *hilastḗrion* aufgestellt,
durch Glauben in seinem Blut,
um seine Gerechtigkeit zu erweisen
um der Vergebung der zuvor, in der Zeit der Geduld Gottes begangenen Sünden willen [...]“ (Röm 3,25).

Versöhnung mit Gott

Auch das Judentum kennt ja eine rituelle Form der Versöhnung mit Gott: Am Fest des großen Versöhnungstages, des *Yom Kippur*, schenkt Gott seinem Volk in einem komplexen Ritus die Versöhnung. In der Zeit, in der Paulus schreibt, waren dabei vor allem zwei einander gegenläufige Riten am Tempel von Bedeutung: Die Sünden des Volkes werden durch den Hohenpriester auf einen Sündenbock übertragen, welcher vom Tempel weg hinaus in die gottferne Wüste geschickt wird. Dem nach außen führenden Ritus entspricht ein nach innen, zum Allerheiligsten gerichteter Ritus, bei dem der Hohepriester das Blut eines zweiten Bocks, des Sündopferbocks, auf die *kapporaet* im Allerheiligsten des Tempels

Yom Kippur

sprengt. Das Wort *kapporaet* bezeichnet dabei einen Aufsatz auf der Bundeslade im Allerheiligsten des Tempels; nach Ex 25,17–22 ist dies eine Goldplatte, auf der links und rechts Keruben stehen. Diese *kapporaet* wiederum wird als Ort der Gottesgegenwart verstanden: Im Ritus des Versöhnungstags lässt sich Gott also geradezu vom Blut des Sündopferbocks, welches für das durch die Sünde Israels zutiefst gefährdete Leben steht, berühren, ja geradezu anrühren und schenkt dem Volk so Versöhnung.

Das griechische Wort *hilastḗrion*, das Paulus hier benutzt, ist wahrscheinlich als Übersetzung des hebräischen *kapporaet* zu deuten. Paulus setzt also an dem alttestamentlichen Gedanken der Versöhnungsbereitschaft Gottes im Rahmen der Zeremonie des *Yom Kippur* an und überträgt ihn auf Christus, der in seinem Kreuz öffentlich zum Ort der versöhnenden Gottesgegenwart geworden ist. Wenn im Kontext nun immer wieder von Gottes Gerechtigkeit die Rede ist, so ist damit keine ausgleichende oder strafende Gerechtigkeit, sondern eine Leben schaffende Gerechtigkeit Gottes gemeint, eine aus Gottes Gnade erwachsende Haltung, die dem Menschen Versöhnung gewährt, eine Brücke baut, die das einseitig zerbrochene Verhältnis zwischen Mensch und Gott heilen kann. Dieses Heil ist für Paulus nun im Glauben möglich: „Glauben" bedeutet dabei weniger ein „Für-Wahr-Halten" von Glaubenssätzen, die man nicht beweisen kann, sondern eine Lebenshaltung, die sich ganz an der über Christus vermittelten Beziehung zu Gott ausrichtet; Norbert Baumert verwendet deswegen sicherlich mit Recht den Begriff des „Trauens" (vgl. Baumert: *Der Weg des Trauens*), der noch weiter geht als „Vertrauen". Damit ist nicht „das Gesetz außer Kraft" (Röm 3,31) gesetzt, sondern der Diagnose die Therapie zugefügt, die den Menschen zum Heil bringen kann. An Christus zu glauben – oder besser: sein ganzes Leben in einer Haltung des Trauens auf Christus zu leben – wiederum heißt für Paulus eine Christusbeziehung einzugehen, die den Menschen in einen solch engen Christusbezug versetzt, dass der Getaufte geradezu mit Christus stirbt und begraben wird, wie Christus jedoch „durch die Herrlichkeit des Vaters von den Toten auferweckt" (Röm 6,4) wird. Da Gott diese Haltung vollkommenen „Trauens" bereits bei Abraham als Gerechtigkeit angerechnet hat (Röm 4; vgl. auch Gal 3,6–18), hat er dies auch bei Christus als dem vorbildlich Glaubenden, auf Gott Trauenden getan. Dieser letzte Gedanke scheint uns fremd, was sicherlich an unserer heutigen Christologie liegt: Viele paulinische Gedanken jedoch lassen sich besser verstehen, wo das griechische Syntagma *pístis christoú* (z.B. in Gal 2,16) als „Christus-

Glauben als Lebenshaltung

pístis christoú

glaube" oder „Glaube" bzw. „Trauen Christi" (und nicht als Glaube an Christus) übersetzt wird. Dann ist Christus als derjenige zu verstehen, der im Kreuz wie einst Abraham vollkommen Gott getraut hat und in seiner Auferweckung als gerechtfertigt anzusehen ist. An Christus zu glauben bedeutet dann, in eine Beziehung mit ihm zu treten, die so tief geht, dass man geradezu eins mit Christus, dem vor Gott Gerechten, wird. Paulus kann dies auf unterschiedliche Weise ausdrücken – Hinweise auf ein solches Verständnis finden sich etwa in seiner Rede davon, dass die Mitglieder der Gemeinden „in Christus" (vgl. z.B. Röm 3,24; 6,11.23; 8,1.2.39; 9,1; 12,5; 15,17; 16,3.7.9.10, dazu eine Vielzahl von Belegen in den anderen paulinischen Schriften) seien, in seinem Verständnis der Gemeinde als „Leib Christi" (vgl. v.a. 1 Kor 12,12–31a; Röm 12,3–8) oder in dem Gedanken, dass man in der Taufe Christus „wie ein Kleid anziehe" (Gal 3,27). Das in Kreuz und Auferweckung Christi Geschehene ist für Paulus wiederum von solch entscheidender eschatologischer Bedeutung, dass es die gesamte Schöpfung betrifft, welche „voller Sehnsucht auf das Offenbarwerden der Söhne Gottes wartet" (Röm 8,19) und die ebenfalls von „Sklaverei und Verlorenheit zur Freiheit und Herrlichkeit der Kinder Gottes" (Röm 8,21) befreit werden soll.

So kommt nach dem Römerbrief auch auf den Anhänger Christi das Gericht Gottes zu, in diesem Gericht steht ihm jedoch Christus wie ein Anwalt bei (Röm 8,34), und die Begegnung mit Gott im Gericht wird zur Begegnung mit dem, „der uns geliebt hat" (Röm 8,37). Gottes versöhnendes Handeln durch Jesus Christus wird somit zum Zeichen einer in Christus alles überwindenden Liebe Gottes: „Ich bin gewiss: Weder Tod noch Leben, weder Engel noch Mächte, weder Gegenwärtiges noch Zukünftiges, weder Gewalten der Höhe oder Tiefe noch irgendeine andere Kreatur können uns scheiden von der Liebe Gottes, die in Christus Jesus ist, unserem Herrn" (Röm 8,39).

Dem in Röm 1,18–3,20 entwickelten Bild Gottes, der zwar sich und seinen Willen der Menschheit offenbart hat, die sich jedoch in Sünde von ihm entfernt hat und so in den Tod geht, stellt Röm 3,21–8,39 also den Gott gegenüber, der in Christus die Initiative zur Versöhnung aller gemacht hat. An die Stelle der Rede vom Zorn Gottes in Röm 1,18 tritt so in Röm 8,37.39 die Rede von der Liebe Gottes, die in Christus ist. Der Diagnose der „Tora", die die Sünde des Menschen offenbart, welche zum Tod führt, folgt im heilsgeschichtlichen Denken des Paulus die Therapie „in Christus". Dass die Tora als Offenbarung des Gotteswillens damit keineswegs als obsolet verstanden werden kann, dürfte damit klar sein.

5.3 Röm 9,1–11,36: Der treue Gott schafft Heil für Israel

Der Argumentationsgang aus Röm 3,21-8,39 jedoch wirft bei Paulus die Frage auf, worin denn das Schicksal der Teile Israels bestehe, die sich nicht Christus zuwenden. Dieses Problem ist für Paulus nicht nur ein heilsgeschichtliches, sondern ein zutiefst theo-logisches. Die Basis seiner Argumentation dürfte deswegen in Röm 9,5 zu finden sein: Israel ist die Sohnschaft, Herrlichkeit, Bundesordnungen, Tora, Gottesdienst und Verheißungen gegeben; Israel hat die Väter und Christus entstammt ihm (Röm 9,3–4); dies alles geht auf Gottes Gnade spendendes Wort zurück. Dieses „Wort Gottes" jedoch ist nach Röm 9,5 nicht hinfällig geworden (vgl. auch Röm 11,1–2.29). Mit anderen Worten: Wenn im Kern des paulinischen Denkens die Idee des vollkommenen Trauens auf Gott steht, der den gekreuzigten Christus von den Toten auferweckt hat, dann kann dieses Gott Trauen nur dann Sinn haben, wenn ihm die Treue Gottes entspricht. Ein Gott, dessen im Bund mit Israel Gnade zusprechendes Wort jedoch hinfällig werden kann, wäre letztlich ein Gott, dem auch nicht zu „trauen" ist. Paulus hat sich so ein enormes theologisches Problem eingehandelt. Röm 9–11 enthält deswegen mehrere Argumentationsgänge, an deren Ende Paulus die Ebene rein logischen Argumentierens verlässt und von einem „Geheimnis" (Röm 11,25) spricht. Um die Verwendung des hier verwendeten Begriffs *„mystérion"* richtig einzuordnen, ist es wichtig zu verstehen, dass das frühe Judentum ihn (im Anklang an antike Mysterienkulte) sehr spezifisch auf besonders qualifizierte göttliche Geheimnisse anwandte, die mit dem Ende der Zeiten in Verbindung stehen. Derartige Geheimnisse kann der Mensch nicht durch eigenes Nachdenken ergründen – sie werden ihm von Gott selbst zugänglich gemacht. Der Röm 9–11 abschließende Gedanke wird dadurch also mit dem besonderen Gewicht einer offenbarten eschatologischen Wahrheit versehen. Die für das Gottesbild des Paulus entscheidenden Grundgedanken von Röm 11,25–36 wiederum lassen sich vielleicht am besten folgendermaßen zusammenfassen (weiterführend Nicklas: *Paulus und die Errettung Israels*). Röm 11,25-36

Das „Verstocktsein" bzw. „Hart-Gemacht-Sein" Israels (Röm 11,25) bedeutet keine böswillige Verfehlung, sondern ist von Gott gewollt und heilsgeschichtlich relevant (vgl. v.a. Röm 11,30–32, wo Schicksal Israels und Schicksal der Völker untrennbar verbunden werden); es kann gewendet auch als „Treue" Israels gegenüber seinem Gott gedeutet werden, die gleichzeitig den Völkern die Möglichkeit des Heilszugangs über Christus ermöglicht.

Ohne dass von einer endzeitlichen Massenbekehrung Israels zu Christus die Rede ist, spricht Paulus von einer endzeitlichen Rettung ganz Israels (Röm 11,26). Diese Rettung hat mit dem unaufgehobenen Bund zu tun, den der treue Gott Israel gewährt. Die Entscheidung wiederum, wer mit dem in Röm 11,26b genannten „Retter aus Zion" gemeint ist, Gott selbst oder Christus, ist nicht einfach. Interessant jedoch ist, dass sich der Text genau hier, wo er von der Zukunft Israels spricht, jeder eindeutig christologischen Sprache entkleidet. So ist es möglich, dass Paulus hier tatsächlich von Gott als dem endzeitlichen Retter Israels spricht. Dass er sich diesen Gott aber nicht mehr vorstellen kann, ohne Christus mitzudenken, geht aus Röm 9,5 am Ausgang der Argumentation hervor, wo er Christus ganz in die Nähe Gottes rückt.

Paulus bleibt jedoch weder bei Argumenten noch Offenbarung stehen, der Abschnitt mündet in einen hymnischen Schluss, der durchaus auch einem Psalm entstammen könnte: Von Christus ist hier nicht mehr die Rede, sondern von der unergründlichen Weisheit und Erkenntnis Gottes, die „Heil für alle" ermöglicht:

Zitat

„Oh Tiefe des Reichtums, der Weisheit und der Erkenntnis Gottes! Wie unergründlich sind seine Entscheidungen, wie unerforschlich seine Wege! Denn wer hat die Gedanken des Herrn erkannt? Oder wer ist sein Ratgeber gewesen? Wer hat ihm etwas gegeben, sodass Gott ihm etwas zurückgeben müsste? Denn aus ihm und durch ihn und auf ihn hin ist die ganze Schöpfung. Ihm sei Ehre in Ewigkeit. Amen" (Röm 11,33–36).

5.4 Röm 12,1–15,13: Angemessenes Leben im Angesicht Gottes

Auch der letzte Großabschnitt des Römerbriefs wird im paulinischen Gottesbild verankert: Die mit Kapitel 12 folgenden *paränetischen Teile,* in denen Paulus zu einem angemessenen Verhalten der Glaubenden auffordert, verstehen sich nicht als Widerspruch zu den Aussagen über die „Werke des Gesetzes", aus denen niemand gerechtfertigt werde (Röm 3,20). Die Erkenntnis der übergroßen Barmherzigkeit Gottes bedeutet für Paulus nun auch ein Leben, das ganz diesem „Entgegen-Kommen" Gottes entspricht:

Zitat

„Angesichts des Erbarmens Gottes ermahne ich euch, meine Brüder, euch selbst als lebendiges und heiliges Opfer darzubringen, das Gott gefällt; das ist für euch der wahre und angemessene Gottesdienst" (Röm 12,1).

Damit steht Paulus im Grunde in bester prophetischer Tradition: Der wahre Gottesdienst besteht darin, den Willen Gottes zu tun (vgl. Amos 5,21ff.; Hos 4; Zeph 1; Ez 8,9ff. u.a.).

Dass es Paulus tatsächlich nie um eine Aufhebung des Gesetzes als des Willens Gottes geht, zeigt dabei besonders Röm 13,9–10, wo er das Liebesgebot aus Lev 19,18 zitiert und als „Erfüllung des Gesetzes" und damit des Willens Gottes bezeichnet (vgl. ähnlich auch Gal 5,14):

Zitat

„... alle anderen Gebote sind in dem einen Satz zusammengefasst: Du sollst deinen Nächsten lieben wie dich selbst. Die Liebe tut dem Nächsten nichts Böses. Also ist die Liebe die Erfüllung des Gesetzes."

Dieser Gedanke findet seine Wurzeln im Alten Testament und erinnert natürlich an Jesu Aussagen über das Doppelgebot der Liebe, die wir bei den Synoptikern finden (vgl. Mt 22,39–40 par.). Er erhält seine besondere Bedeutung bei Paulus jedoch im Licht der Idee, dass alldem eine den Glaubenden *vorausgehenden Liebe Gottes vorausgeht*, von der der Glaubende durch nichts und niemand getrennt werden kann (Röm 8,37–39). Dies erinnert durchaus an die Logik der zehn Gebote (Ex 20,1–21; Dtn 5,6–22), deren Forderungen ebenfalls die Erinnerung an Gottes Heilshandeln an Israel *vorausgeht*. Das für Paulus entscheidende Heilshandeln Gottes besteht jedoch in seiner Sendung Christi als Ort der Versöhnung aller mit Gott.

Vorausgehende Liebe Gottes

6. Die Offenbarung des Johannes: Der geheimnisvolle Schöpfer und Weltenherrscher

Die Offenbarung des Johannes gehört sicherlich zu den schwierigsten Büchern des Neuen Testaments, ihre Sprache und Bildwelt erscheint uns nicht nur fremd, sondern auch Furcht einflößend. Für die Frage nach Gottesbildern des frühen Christentums jedoch sagt sie so Entscheidendes aus, dass es sich lohnt, sich hier etwas näher mit ihr zu beschäftigen. Die Offenbarung des Johannes entstand mit größter Wahrscheinlichkeit an der Wende vom 1. zum 2. Jahrhundert unserer Zeitrechnung, womöglich in der Regierungszeit des Domitian (81 – 96 n. Chr.), vielleicht auch etwas später. Auch wenn wir heute nicht mehr von einer systematischen Christenverfolgung in dieser Zeit ausgehen, ist der Text doch vom Zueinander zweier Krisen geprägt. Einerseits scheint wohl aufgrund des Kaiserkults und der damit einhergehenden Zwänge, wahrscheinlich auch aufgrund von Auseinandersetzungen mit den lokalen Synagogengemeinschaften der Druck auf die christlichen Gemeinden so sehr gewachsen zu sein, dass es zumindest in einem Einzelfall zum Martyrium gekommen ist (Offb 2,13: Antipas), andererseits – und dies ist eventuell noch wichtiger – waren die Gemeinden selbst in der Gefahr über der Frage nach dem angemessenen Verhältnis zu Welt, Staat und Gesellschaft zu zerreißen. In diese Krisensituation hinein schreibt der Seher von Patmos seine Apokalypse, und in diesem Kontext erhalten auch manche Aussagen des Textes über Gott noch einmal ein ganz besonderes Gewicht (weiterführend auch Nicklas: *The Apocalypse in the Framework of the Canon*).

Text vom Zueinander zweier Krisen geprägt

6.1 Schöpfer und Pantokrator

Eng zusammen hängen für die Offenbarung des Johannes die Vorstellungen Gottes als des ewigen und über der Zeit stehenden Schöpfers, der als „Alpha und Omega", oder als „der Seiende, der ‚Er war' und der Kommende" (beides z.B. Offb 1,8) bezeichnet werden kann und des auf seinem himmlischen Thron sitzenden Allherrschers, des „Pantokrators" (vgl. auch schon Offb 1,8). Eine Schlüsselszene bietet vor allem die Vision des himmlischen Thronsaals aus Offb 4–5. Über eine Tür wird der Seher in einen himmlischen Raum, den Thronsaal Gottes, entrückt (Offb 4,1) – die folgende Vision ist in vielen Details der Vision Ezechiels (Ez 1–3) nachempfunden. Gleich mehrere Aspekte dieser Vision sind für unsere Fragestellung von Bedeutung:

Vision des himmlischen Thronsaals

– Anders als in Ez 1,26, wo auf dem himmlischen Thron noch eine Gestalt erkennbar ist, die „wie ein Mensch aussah", schreckt die Offenbarung des Johannes noch stärker vor jeder Beschreibung des Thronenden zurück – die Rede ist nur von einem, der „auf dem Thron sitzt" (Offb 4,2); dieses Attribut Gottes wird in der Offenbarung noch mehrfach begegnen – Gott ist damit als der

„Thronende“ beschrieben, und gleichzeitig – vielleicht noch stärker als bei Ezechiel – seine Transzendenz gewahrt.

– Liest man die Vision aus Offb 4 in ihrem griechischen Originaltext, so fällt auf, dass für gleich mehrere Verse außer dem reflektierenden „Ich sah“ des Sehers sämtliche Verbformen, in denen nur punktuelle, einmalige Handlungen angedeutet sind, fehlen. Der Text sucht so zu erzählen, dass der Seher in seiner Begegnung mit der Ewigkeit Gottes geradezu „aus der Zeit gefallen ist“.

Betonung von letzter Transzendenz und Ewigkeit Gottes

Die Betonung von letzter Transzendenz und Ewigkeit Gottes jedoch steht vor allem im Dienste des Gedankens, seine absolute Souveränität zu beschreiben. Dies wird alleine schon dadurch deutlich, dass der Seher geradezu in eine immer währende himmlische Liturgie hinein genommen ist, in der immer und immer wieder Herrlichkeit, Ehre und Macht des Thronenden zum Ausdruck gebracht werden (Offb 4,11). Dies wiederum wird in 4,11 zusätzlich mit der Schöpfermacht Gottes begründet: „denn du bist es, der die Welt erschaffen hat, durch deinen Willen war sie und wurde sie erschaffen.“ Mit der Betonung des schöpferischen Wirkens Gottes spannt die Offenbarung des Johannes noch einmal einen großen Bogen zurück zum Anfang der Bibel, gleichzeitig fügt sie mit dem (ansonsten kaum einmal bezeugten) Gedanken, dass die Welt „durch Gottes Willen“ erschaffen wurde, eine interessante Komponente hinzu. Auch damit ist natürlich die Souveränität Gottes zum Ausdruck gebracht: Dieser kann nicht im Sinne eines schaffenden „Handwerkers“, eines so genannten Demiurgen, missverstanden werden. Das schöpferische Handeln Gottes jedoch bezieht sich für die Offenbarung des Johannes nicht nur auf den Anfang, den Ursprung der Welt, es geht vielmehr weiter: Der Text versteht im Grunde Eschatologie als die letzte Konsequenz des schöpferischen Handelns Gottes.

Eschatologie als die letzte Konsequenz des schöpferischen Handelns Gottes

All diese Gedanken der Apokalypse verdanken sich jedoch nicht purer systematischer Nachfrage, sie beinhalten eine klar politische Komponente: Mit der eindeutigen Betonung der absoluten Souveränität Gottes, des Schöpfers und Allherrschers, relativiert die Apokalypse jeden Anspruch weltlicher Herrscher auf göttliche Verehrung und Anbetung radikal und entlarvt ihn als unrechtmäßig. Konkret gedacht sind in der Zeit der Entstehung der Apokalypse an die die Gemeinden bedrängenden Ansprüche des römischen Staats mit seinen Vertretern, vor allem im Kaiserkult. Übersetzbar sind diese Gedanken hin auf jede Form sich selbst verabsolutierender Ideologien, die den Menschen ganz für sich in Anspruch nehmen wollen.

6.2 Die Inthronisation des Lammes

Siehe vorn: Exkurs Trinitätslehre S. 109-112.

6.3 Das Mysterium Gott: die Theodizeefrage ...

So sehr die Kapitel 4–5 die Souveränität Gottes betonen, der – nun zusammen mit dem Lamm – als Schöpfer und Weltenherrscher regiert, geht mit der Idee der Transzendenz Gottes auch die Vorstellung seiner – letzten Entzogenheit einher (vgl. auch Wengst: „*Wie lange noch?*"). Dies wird in scharfer Form in der Vision nach der Öffnung des fünften Siegels zum Ausdruck gebracht (Offb 6,9–11): Unvermittelt wird im himmlischen Thronsaal ein Opferaltar sichtbar, unter dem der Seher, die „Seelen aller, die hingeschlachtet worden waren wegen des Wortes Gottes und wegen des Zeugnisses, das sie abgelegt hatten" (Offb 6,9), erblickt. Im Munde dieser „Seelen" – der Ausdruck steht hier sicherlich für das, was das „Leben" und „Wesen" dieser Verstorbenen ausmacht – hören wir im Grunde eine radikal formulierte Anfrage an Gottes Gerechtigkeit (Offb 6,10): „Wie lange zögerst du noch, Herr, du Heiliger und Wahrhaftiger, Gericht zu halten und unser Blut an den Bewohnern der Erde zu rächen?" Im unmittelbaren Kontext der Vision aus Offb 4–5, die die verschiedensten erzählerischen Mittel nutzt, um Gottes Allmacht zum Ausdruck zu bringen, findet sich so im Grunde die Theodizeefrage. Auch wenn nun in Offb 6,11 davon die Rede ist, dass den Rufenden „ein weißes Gewand gegeben wird", werden sie mit der Antwort, „sie sollten noch kurze Zeit warten, bis die volle Zahl erreicht sei" (Offb 6,11), im Grunde nur vertröstet: Der auf dem Thron Sitzende antwortet nicht – oder scheint zumindest nicht zu antworten, er bleibt in all seiner Souveränität der radikal Entzogene.

Radikal formulierte Anfrage an Gottes Gerechtigkeit (Offb 6,10)

6.4 ... und die Antwort der Apokalypse

Damit ist eine radikale Krise formuliert, die sicherlich letztlich den Kern der Krise, die hinter der Offenbarung des Johannes liegt, auf den Punkt bringt: Wie ist es möglich, dass Gott allmächtig und souveräner Schöpfer der Welt ist und gleichzeitig ausgerechnet diejenigen, die auf seiner Seite stehen, für ihn „Zeugnis ablegen", leiden, ja zu Tode kommen?

Die explizite Antwort Gottes auf diese Frage lässt quälend lange auf sich warten: Erst in Offb 21,5 ist zum ersten und einzigen Mal in der Apokalypse davon die Rede, dass der auf dem Thron Sitzende selbst spricht: „Siehe, ich mache alles neu!“ Dies geschieht erst, als der neue Himmel und die neue Erde zu erkennen sind, als die bedrohliche Macht des Meeres nicht mehr ist (Offb 21,1) und die Heilige Stadt, das neue Jerusalem, vom Himmel herabsteigt (Offb 21,2). Gott wird von nun an nicht mehr der im Letzten Entzogene, Unzugängliche sein, sondern „in ihrer Mitte wohnen, sie werden sein Volk sein, und er, Gott, wird bei ihnen sein“ (Offb 21,3). Dies bedeutet auch, dass alles in der Welt erlittene Leid wie auch die das Leben des Menschen in Frage stellende Größe des Todes ein Ende haben soll:

„Siehe, ich mache alles neu!“

Zitat

„Er wird alle Tränen von ihren Augen abwischen. Der Tod wird nicht mehr sein, keine Trauer, keine Klage, keine Mühsal“ (Offb 21,4; vgl. Jes 25,8; weiterführend auch Hieke: *„Er verschlingt den Tod für immer“ (Jes 25,8)*).

Offb 21,5 schließlich macht klar, dass dies alles – verheißen bereits in den Schriften Israels und doch noch nicht erfüllt – nicht vergessen ist, sondern durch Gott selbst, der auf dem Thron sitzt, herbeigeführt wird.

Und doch ist dies nur eine erste Dimension der Antwort: Innerhalb des Plots der Offenbarung des Johannes ist diese explizite Antwort Gottes, dessen Entzogenheit in seinem Wohnen in der endzeitlichen Heiligen Stadt überwunden ist, in Offb 21,5 zu finden: „Siehe, ich mache alles neu!“ In der himmlischen Stadt Jerusalem, die auf die Erde herabsteigt, ist kein Tempel mehr nötig, weil Gott selbst und das Lamm ihr Tempel sind (Offb 21,22); die Stadt ist von der Herrlichkeit Gottes erleuchtet (Offb 21,23) und in ihr werden die Knechte Gottes „sein Angesicht schauen“ (Offb 22,4), das selbst dem Seher in seiner Thronsaalvision verborgen geblieben ist.

Man könnte jedoch auch die Perspektive ändern und die gesamte Johannesoffenbarung als sich letztlich auf Gott selbst zurückführende Antwort auf die bedrängende Frage aus Offb 6,9–11 verstehen: Dazu ist ein Blick in das ziemlich erstaunliche Präskript der Offenbarung des Johannes zu werfen. Besonders wichtig scheint Offb 1,1: „Offenbarung Jesu Christi, die Gott ihm gegeben hat, um seinen Knechten zu zeigen, was bald geschehen muss ...“ Der Inhalt des folgenden Buches versteht sich also als Ganzes als letztlich auf Gott zurückgeführte Offenbarung – Gottes zukünftige und gleichzeitig ewige Antwort wird im Text, in dem sich Zeit und Ewigkeit berühren, also schon jetzt gegeben.

So zeichnet die Offenbarung des Johannes Gott als denjenigen, der – auch wenn es schwer wahrnehmbar scheint – schon jetzt wie schon zu allen Zeiten seit Anbeginn der Schöpfung handelt und der die Welt souverän zu einem guten Ende führen wird. Ganz am Ende der christlichen Bibel stehend, greift die Apokalypse die Idee des in der Geschichte handelnden Schöpfergotts nicht nur auf, sondern stellt ihn in eine kosmische Dimension und führt ihn zu Ende: Gottes „geschichtliches Handeln" kann so nicht nur als ein *nur* vereinzelte Ereignisse der Vergangenheit umfassendes Handeln missverstanden werden. Es ist vielmehr als das die gesamte Schöpfung auf ihr eschatologisches Ziel hinführende und damit Zeit und Welt betreffende gerechte und doch geheimnisvolle Handeln des Herrschers über das All, des Pantokrators, eingeordnet.

Eschatologisches Ziel

Literatur

BAUMERT, Norbert: Der Weg des Trauens. Übersetzung und Auslegung des Briefes an die Galater und des Briefes an die Philipper (Paulus neu gelesen), Würzburg 2009.

BRAKKE, David: The Gnostics. Myth, Ritual, and Diversity in Early Christianity, Cambridge, Mass. 2011.

FRANKEMÖLLE, Hubert: Frühjudentum und Urchristentum. Vorgeschichte – Verlauf – Auswirkungen (4. Jahrhundert v. Chr. bis 4. Jahrhundert n. Chr.) (Studienbücher Theologie), Stuttgart 2006.

FREY, Jörg: Das Judentum des Paulus, in: WISCHMEYER, Oda (Hg.): Paulus. Leben – Umwelt – Werk – Briefe (UTB), Tübingen/Basel 2006, 5–43.

HARNACK, Adolph von: Marcion: Das Evangelium vom fremden Gott, Leipzig ²1924.

HESCHEL, Susanna: The Aryan Jesus: Christian Theologians and the Bible in Nazi Germany, Princeton 2008.

HIEKE, Thomas: „Er verschlingt den Tod für immer" (Jes 25,8): Eine unerfüllte Verheißung im Alten und Neuen Testament, in: BZ 50 (2006), 31–50.

JANOWSKI, Bernd: Das Geschenk der Versöhnung. Leviticus 16 als Schlussstein der priesterlichen Kulttheologie, in: HIEKE, Thomas/NICKLAS, Tobias (Hg.): The Day of Atonement: Its Interpretations in Early Jewish and Christian Traditions (TBN 15), Leiden/Boston 2011, 3–31.

KLEIN, Hans: Lukasstudien (FRLANT 209), Göttingen 2005.

LUZ, Ulrich: Das Evangelium nach Matthäus (Mt 1–7) (EKK I/1), Zürich/Neukirchen-Vluyn 1985.

MUSSNER, Franz: Der ‚Jude' Jesus (1971), in: Jesus von Nazareth im Umfeld Israels und der Urkirche (WUNT 111), Tübingen 1999, 89–97.

MUSSNER, Franz: Die Kraft der Wurzel: Jesus – Judentum – Kirche, Freiburg u.a. [2]1989.

NICKLAS, Tobias: Wer war Jesus von Nazaret? Jesus im Spiegel der Evangelien, in: HOTZE, Gerhard u.a. (Hg.): Jesus begegnen. Zugänge zur Christologie (Theologische Module), Freiburg u.a. 2009, 7–78.

NICKLAS, Tobias: Wiederholung und Variation. Das Motiv der ‚Stunde' im Johannesevangelium, in: VAN BELLE, Gilbert/MARITZ, Petrus (Hg.): Repetition and Variation in the Fourth Gospel (BEThL 223), Leuven 2009, 295–320.

NICKLAS, Tobias: Paulus – der Apostel als Prophet, in: VERHEYDEN, Joseph/ZAMFIR, Korinna/NICKLAS, Tobias (Hg.): Prophets and Prophecy in Jewish and Early Christian Literature (WUNT II. 278), Tübingen 2010, 77–104.

NICKLAS, Tobias: Paulus und die Errettung Israels: Röm 11,25–32 in der exegetischen Diskussion und im jüdisch-christlichen Dialog, in: Early Christianity 2 (2011), 173–197.

NICKLAS, Tobias: The Crucified Christ and the Silence of God, in: NIEBUHR, Karl-Wilhelm/ROGALSKY, Sviatoslav/KARAKOLIS, Christos (Hg.): Gospel Images of Jesus Christ in Church Tradition and Biblical Scholarship (WUNT 288), Tübingen 2012, 349-372.

NICKLAS, Tobias: The Apocalypse in the Framework of the Canon, in: HAYS, Richard/ALKIER, Stefan (Hg.): The Book of Revelation: Theology, Politics, and Intertextuality, Waco, TX 2012, 143–153.

NICKLAS, Tobias: Der matthäische Davidssohn und das Römische Reich, in: VAN BELLE, Gilbert/VERHEYDEN, Joseph (Hg.): Christ and the Emperor: the Evidence of the Gospels (Biblical Tools and Studies), Leuven 2014.

SÄNGER, Dieter (Hg.): Heiligkeit und Herrschaft. Intertextuelle Studien zu Heiligkeitsvorstellungen und zu Psalm 110 (BThSt 55), Neukirchen-Vluyn 2003.

SCHREIBER, Stefan: Gesalbter und König. Titel und Konzeptionen der königlichen Gesalbtenerwartung in frühjüdischen und urchristlichen Schriften (BZNW 105), Berlin/New York 2000.

TIWALD, Markus: Christ as Hilasterion (Rom 3:25). Pauline Theology on the Day of Atonement in the Mirror of Early Jewish Thought, in: HIEKE, Thomas/NICKLAS, Tobias (Hg.): The Day of Atonement: Its Interpretations in Early Jewish and Christian Traditions (TBN 15), Leiden/Boston 2011, 189–209.

WEIDEMANN, Hans-Ulrich: The Victory of Protology over Eschatology. Creation in the Gospel of John, in: NICKLAS, Tobias/ZAMFIR, Korinna (Hg.): Theologies of Creation in Early Judaism and Ancient Christianity. In Honour of Hans Klein (DCL.Studies 6), Berlin/New York 2010, 299–334.

WENGST, Klaus: „Wie lange noch?" Schreien nach Recht und Gerechtigkeit – eine Deutung der Apokalypse des Johannes, Stuttgart 2010.

III. Trinitätslehre im antiken Christentum

Roland Kany

Das antike Christentum entstand im Judentum und nahm weithin das jüdische Verständnis Gottes als des Schöpfers der Welt und Vaters aller Menschen auf seinen eigenen Weg bis zum heutigen Tag mit. Doch wurden vor allem durch die zentrale Bedeutung der Christusgestalt erhebliche Veränderungen im Gottesbegriff nötig. Zudem betonten die Christen die Vorstellung vom Heiligen Geist stärker als dies im Judentum üblich war. Mit der Zeit bildete sich die spezifisch christliche Form der Gottesauffassung, nämlich der Glaube an den dreifaltigen Gott und die diesen Glauben durchdenkende und in Begriffen formulierende Trinitätslehre. Im folgenden Beitrag soll das Nachdenken des antiken Christentums über die Trinität, unter Auslassung des Neuen Testaments, zusammengefasst und in seine antiken Kontexte gestellt werden. Die Trinitätslehre etablierte sich in der Antike allmählich, bis sie am Ende des vierten Jahrhunderts in einem Akt kirchlicher Konsensbildung einen verbindlich normierten Abschluss fand, auf den sich alles seitherige Nachdenken über dieses schwierige Thema bis zum heutigen Tag zurückbezieht. Man befasst sich mit der Entstehung und dem Sinn der damaligen Trinitätslehre daher nicht allein aus Pietät gegenüber den großen Toten der christlichen Theologiegeschichte, sondern mehr noch in der Absicht, die Motive und den Gehalt der damaligen wie der heutigen Trinitätslehre besser zu verstehen.

Trinitätsglaube als christliche Form des Gottesglaubens

1. Ein komplexes Thema

Als Ausgangspunkt der Betrachtung erscheint eine Kurzfassung der christlichen Trinitätslehre aus dem Jahre 382 geeignet, die eine Summe der Theoriebildung des vierten Jahrhunderts auf diesem Gebiet bietet. Im Jahr zuvor war der anfangs erwähnte Akt der Konsensbildung vollzogen worden. Die im Folgenden zitierte Kurzfassung gibt dessen theologischen Kern am besten wieder. Dass dabei, damaliger Gewohnheit folgend, einem mehr als ein halbes Jahrhundert zuvor abgehaltenen Konzil Ansichten und Begriffe in den Mund gelegt werden, von denen manche in Wahr-

Endgestalt der Trinitätslehre des vierten Jahrhunderts

heit erst im Laufe der zwischenzeitlich aufgeflammten Debatte in Umlauf kamen, sei schon hier festgehalten. Und ebenfalls im Voraus sei bemerkt, dass dieser kleine antike Text am Ende des vorliegenden Aufsatzes in etwa verständlich geworden sein sollte.

Zitat

[Der Glaube der Väter des Konzils von Nizäa (325) lehrt,] zu glauben sei an den Namen des Vaters und des Sohnes und des heiligen Geistes, indem eindeutig eine (einzige) Gottheit (*theótēs/divinitas*) und Kraft (*dýnamis/virtus*) oder Wesenheit (*ousía/substantia*) des Vaters, des Sohnes und des Heiligen Geistes geglaubt wird, gleich geehrt auch an Würde und mitewig in der Herrschaft, in drei ganz vollkommenen Hypostasen (*hypostáseis/subsistentiae*), das heißt in drei vollkommenen Personen (*prósōpa/personae*), so dass weder das Übel des Sabellius Platz habe, wo die Hypostasen vermischt werden (*syncheoménōn tōn hypostáseōn/confusione subsistentiarum*) oder die Eigentümlichkeiten aufgehoben werden (*tōn idiotḗtōn anhairouménōn/ peremptione proprietatum*), noch die Lästerung der Eunomianer und Arianer und Pneumatomachen Macht habe, wo das Wesen oder die Natur der Gottheit zerteilt wird (*tēs ousías ē tēs phýseōs* [...] *temnoménēs/substantia* [...] *aut natura* [...] *divisa*) und der ungeschaffenen und gleichwesentlichen (*homooúsios/consubstantialis*) und mitewigen Trinität (*trías/trinitas*) irgendeine jüngere oder geschaffene oder nicht gleichwesentliche Natur hinzugefügt wird.[1]

Der erste Eindruck der Unverständlichkeit

Der Text mag auf den ersten Blick kompliziert erscheinen und damit den Ruf der Trinitätslehre bestätigen, unverständlich zu sein. Es sind solche ersten Eindrücke, die vor allem in der Neuzeit, gelegentlich aber auch schon in der Antike bei nicht wenigen Menschen das Gefühl eines Befremdens ausgelöst haben. Wie weit ist doch ein solcher Text sprachlich und gedanklich von der Bergpredigt Jesu entfernt! So stellt sich rasch der Eindruck ein, das Christentum sei aus seinen einfachen, menschlich unmittelbar ansprechenden biblischen Anfängen in die Hände von Intellektuellen

1 Schreiben der Konstantinopolitaner „Nachsynode" von 382 im Nachgang zur dortigen Synode von 381, erhalten im griechischen Original bei Theodoret: Kirchengeschichte 5, 9, 11. Die lateinischen Begriffe entstammen der Übersetzung dieses Passus in Cassiodor: Historia ecclesiastica tripartita 9, 14, 13 und werden von mir zitiert, um die Begriffe der lateinischen Tradition einzuführen. Die deutsche Übersetzung folgt weitgehend Abramowski, Luise: Was hat das Nicaeno-Constantinopolitanum mit dem Konzil von Konstantinopel 381 zu tun?, in: Theologie und Philosophie 67 (1992), 481–513; hier 482.

geraten. Dass in Wahrheit die wohl ältesten in ursprünglicher Gestalt überlieferten Texte des Christentums, nämlich die Paulusbriefe, häufig enorm komplex gedacht und formuliert sind, während umgekehrt die Bergpredigt ein Konstrukt des Evangelisten Matthäus ist, das wesentlich später erstellt worden sein dürfte, das wird dabei oft übersehen. Man phantasiert sich ein ländlich-einfaches Jesus-Urchristentum herbei, das zu begreifen keinerlei intellektuelle Anstrengung erfordern soll, und sieht in der Kompliziertheit der Trinitätslehre ein Zeichen des Abfalls vom Ursprung. In Wahrheit gibt es im Christentum, soweit die schriftlichen Quellen reichen, von Anfang an beides: das unmittelbar anrührende Menschliche, das hohe Anforderungen an unsere Moral stellt, und das reflektierende und analysierende Moment, das hohe Anforderungen an unseren Intellekt stellt. Dass in der Trinitätslehre das zweite Moment überwiegt, ist offensichtlich. Denn das Christentum ist eine denkende Religion. Augustin (354–430) hat oft darauf hingewiesen, dass Gott will, dass der Mensch seine vorzüglichste Gabe, die Vernunft, dazu nutzt, um Gott nicht allein im Glauben, sondern auch im Denken zu suchen.[2]

Übrigens ist nicht restlos klar, wie die christliche Trinitätstheologie entstanden ist. Für den Nachvollzug der Anfänge dieser Lehre im zweiten und dritten Jahrhundert wären wohl etwas mehr Quellen erforderlich, als erhalten geblieben sind, damit wir uns ein lebhafteres, vollständigeres Bild machen könnten. Wahrscheinlich handelt es sich um einen komplexen Prozess mit vielen Faktoren, der sich nicht in eine einfache Sequenz von Ursachen und Wirkungen zerlegen lässt. Diese Komplexität soll die folgende Darstellung zum Ausdruck bringen, indem zunächst die einfachen Entstehungstheorien einer Kritik unterzogen, dann aber in ihren jeweiligen Wahrheitsmomenten miteinander verbunden und um weitere Aspekte ergänzt werden.

Zusammenfassung

Die konkrete Gestalt der Gotteslehre im antiken Christentum ist die Trinitätslehre. Wie sie genau entstanden ist, lässt sich nicht mehr in allen Details rekonstruieren. Jedenfalls erlangte sie im ausgehenden vierten Jahrhundert ihre bis heute verbindliche Gestalt. Sie gilt als schwer zu verstehen, doch gehört zum Christentum von Anfang an auch ein intellektuelles Element dazu.

---

[2] Augustinus: Epistula 120, 2, 12.

2. Theorien über die Entstehung der Trinitätslehre

2.1 Neuscholastik: Die Trinitätslehre war von Anfang an im Christentum da

Eine einfache Theorie liegt katholischen Dogmatikhandbüchern des sogenannten römischen Typs im neunzehnten und der ersten Hälfte des zwanzigsten Jahrhunderts zugrunde. In diesen „neuscholastischen“, die mittelalterliche Theologie in einer bestimmten Weise wiederbelebenden Lehrbüchern gilt die Voraussetzung, dass die zentralen Dogmen dem Inhalt nach von Gott geoffenbart wurden, alle Offenbarung mit Christus und den Aposteln ihren Abschluss erreichte und entweder durch biblisches Zeugnis oder mündlich tradiert wurde.[3] Nur in der Entfaltung von zuvor unthematisch Impliziertem und in der Art der lehrhaften Darlegung ist demnach Entwicklung und Veränderung möglich. Obwohl somit genau genommen zwischen der im *Glauben* aufgenommenen Selbstoffenbarung Gottes als Trinität und der Trinitäts*lehre* unterschieden wird, verfahren viele dieser Lehrbücher faktisch so, als stelle sich gar nicht das Problem, wie es zur Trinitätslehre gekommen sei, und als hätten Paulus, Petrus, die Evangelisten und überhaupt alle Autoren des Neuen Testaments ein unzweifelhaftes Trinitätsverständnis gehabt und diesem lediglich nicht immer bereits den lehrbuchmäßigen Ausdruck verliehen. Auf der Basis dieser Glaubensansicht wird dann jede Bibelstelle, die irgendetwas enthält, das an die Trinitätslehre erinnert, als Schriftbeweis für die Trinitätslehre gedeutet. Aus solcher Sicht erscheint der Auftrag Jesu am Ende des Matthäusevangeliums (28,19) als klarer Beleg für die Trinitätslehre: „Tauft sie auf den Namen des Vaters und des Sohnes und des Heiligen Geistes.“ Der Historiker wird demgegenüber betonen, dass diese triadische Stelle (von einer Einheit und Gleichheit der drei ist darin übrigens keine Rede, was aber für die Trinitätslehre erforderlich wäre) die mit Abstand der späteren Trinitätslehre am nächsten kommende ist.[4] Wäre den Autoren des Neuen Testaments vollkommen klar gewesen, dass Gott Trinität ist, hätten sie dann diesen zentralen Glaubensinhalt nicht oft ausgesprochen und wenigstens an einer Stelle auch einmal deutlich expliziert?

Die Illusion, das NT habe bereits eine Trinitätslehre

[3] Beispiele: Franzelin, Ioannes Baptista: Tractatus de divina traditione et scriptura, Rom [3]1882, 263–315; Ott, Ludwig: Grundriß der katholischen Dogmatik, 8. Auflage, Freiburg u.a. 1969, 7–9.

[4] Vgl. dazu unten 2.4.

Als wichtige Stelle gilt oft auch der Schlussgruß 2 Kor 13,13: „Die Gnade des Herrn Jesus Christus und die Liebe Gottes und die Gemeinschaft des heiligen Geistes sei mit euch allen!" Der historisch-kritische Forscher wird jedoch darauf hinweisen, dass erstens der Vers keineswegs explizit aussagt, dass der Heilige Geist auf derselben Stufe wie Jesus Christus und Gott (der Vater?) steht, und dass zweitens im selben zweiten Korintherbrief 3,17 „der Herr", worunter offensichtlich Christus zu verstehen ist, mit dem Heiligen Geist identifiziert wird (*ho de kýrios to pneúma éstin*), wohingegen die spätere kirchliche Trinitätslehre bekanntlich Sohn und Geist unterscheidet. Ähnliche Eindrücke gewinnt der Historiker von vielen Texten der ersten Jahrhunderte, so dass er eher zu der Ansicht neigen wird, dass die Trinitätslehre sich erst allmählich entwickelt hat.

2.2 Religionsgeschichte: Trinitäten gibt es in vielen Religionen

Aus einer ganz anderen Richtung stammt ein vor allem im neunzehnten Jahrhundert, aber auch heute öfters vertretener Versuch, das Rätsel der Entstehung der Trinitätstheologie durch den Hinweis auf antike Götterdreiheiten als deren angebliche Vorbilder zu lösen. So soll etwa die Trimūrti (eine hinduistische Göttertriade), oder die ägyptische Dreieinheit von Amun, Re und Ptah, oder auch die ägyptische Triade von Isis, Osiris und Horus den Christen die Idee zum Trinitätsglauben eingeflößt haben. Um solche Thesen zu beurteilen, sollte man von vornherein zwei Ebenen unterscheiden: die Ebene des inhaltlichen Vergleiches und die Ebene des historischen Einflusses.

Theoretische Möglichkeit von Analogien

Was die erste Ebene angeht, so spricht nichts gegen die prinzipielle Möglichkeit, dass auch andere Religionen ähnliche Gedanken wie die christliche Trinitätslehre entwickelt haben können – insbesondere wenn die Trinitätslehre ein vernünftiges Gottesverständnis impliziert, sollte man sogar vermuten, dass auch andere Religionen ähnliche Lehren kennen. Allerdings muss man beim Vergleich sorgfältig vorgehen. So umfasst die Trimūrti als drittes Element den Zerstörer der Welt,[5] was nicht zur christ-

[5] GERLITZ, Peter: Ausserchristliche Einflüsse auf die Entwicklung des christlichen Trinitätsdogmas, Leiden 1973, 35. Klassiker der religionsgeschichtlichen Ableitungsversuche ist USENER, Hermann: Dreiheit. Ein Versuch mythologischer Zahlenlehre, in: Rheinisches Museum NF 58 (1903), 1–48; 161–208; 321–364; Nachdruck Hildesheim 1966. Neueren Datums: GRIFFTITHS, John Gwyn: Triads and Trinity, Cardiff 1996.

lichen Trinität passt. Und Isis ist die Gattin des Osiris, Horus ihr nach einer Wiederbelebung des ermordeten Osiris gezeugter gemeinsamer Sohn.[6] Selbst wenn man den Heiligen Geist der Christen weiblich denken würde, besagt doch keine Variante der antiken christlichen Trinitätslehre, Gottvater habe mit dieser Heiligen Geistin den Sohn gezeugt; wenn überhaupt, kommt allenfalls nach einigen antiken Autoren der Heilige Geist als vom Vater und vom Sohn hervorgebrachte Größe in Frage, aber das führt zu keiner Familientrias. Man muss also genau benennen, was ähnlich und was unähnlich ist. Vielen, wenn auch nicht allen[7] der religionsgeschichtlich bezeugten Göttertriaden fehlt zudem der für das Christentum charakteristische Aspekt der wirkliche Drei-Einheit. Eine Götter-Trias ist kein dreieiner Gott.

Die zweite Ebene betrifft die Behauptung eines Einflusses solcher Götterdreiheiten auf das Christentum. Eine solche Behauptung wird noch nicht durch den Nachweis von Ähnlichkeiten ausreichend begründet. Vielmehr müssen Zeugnisse oder zumindest Spuren eines solchen Einflusses aus den antiken Quellen nachgewiesen werden. Gerade auf dieser Ebene lösen sich bei genauerer Analyse wohl alle Einflussbehauptungen in wenig bis nichts auf. So sind hinduistische Einflüsse auf das griechische und lateinische Christentum des zweiten bis vierten Jahrhunderts schon aus geographischen Gründen sehr unwahrscheinlich. Ägypten käme geographisch-historisch zwar viel eher als Anreger der Christen in Frage, doch gibt es im Verlauf der Geschichte der antiken Trinitätslehre keinen Augenblick, in dem sich ein solcher Einfluss beobachten lässt oder in dem irgendeine Entwicklung am sinnvollsten und einleuchtendsten durch die These eines Einflusses einer Göttertriade verständlich würde. Die erhaltenen Quellen des antiken Christentums lassen im Gegenteil darauf schließen, dass man schrittweise durch ganz spezifisch an christliche Erfahrungen und Ideen gebundene Aspekte zum Gedanken der Trinität fand.

Faktische Einflüsse nicht nachweisbar

Es gibt noch grundsätzlichere Einwände gegen solche religionsgeschichtlichen Ableitungsversuche. Sie erklären das Wichtigste nicht, denn in der Antike waren die Göttertriaden nicht die einzige, ja nicht einmal die prominenteste Möglichkeit. Bekanntlich gab es auch Eingottglauben und Götterpaare und Götter-Vierhei-

6 Vgl. Assmann, Jan: Ägypten. Theologie und Frömmigkeit einer frühen Hochkultur, Stuttgart u.a. 1984, 149–177.

7 Zur ägyptischen Trinität vgl. Görg, Manfred: Religionen in der Umwelt des Alten Testaments III: Ägyptische Religion. Wurzeln – Wege – Wirkungen, Stuttgart u.a. 2007, 109–116.

ten und Götter-Zwölfheiten und viele weitere Götter-Vielheiten. Die Frage bliebe darum, selbst wenn man einzelne religionsgeschichtliche Parallelen zur christlichen Trinität für plausibel erachtet, weshalb das Christentum unter all den göttlichen Zahlenmöglichkeiten gerade die Drei ausgewählt habe. Was an den religionsgeschichtlichen Ableitungsversuchen als Körnchen Wahrheit anzuerkennen ist, das ist die unbestreitbare Tatsache, dass eine göttliche Dreiheit in der Menschheitsgeschichte nicht in jeder Hinsicht ein völliges Novum darstellt, sondern zu dem gehören mag, was wahr und heilig in manchen Religionen ist. Und ein Gedanke mag zur Trinitätslehre beigetragen haben, der eben auch in anderen Religionen schon Aufnahme gefunden hatte, dass nämlich die Drei nach der Eins, die sich zur Zweiheit auseinanderfaltet, die Summe der beiden vorangegangenen Zahlen ist, sich also gewissermaßen rundet, vollendet, eine synthesefähige, darum für die Sphäre des Göttlichen besonders plausible Zahl ist.

2.3 Philosophiegeschichte: Die Trinität ist eine philosophische Triade

Eine weitere Erklärung wurde besonders im sechzehnten bis achtzehnten Jahrhundert häufig vertreten und von vielen Theologen bekämpft: Kritiker versuchten, die christliche Trinitätslehre als eine im Kern unchristliche, nämlich der paganen („heidnischen") Philosophie, besonders dem Platonismus entstammende Theorie zu entlarven. Es ist tatsächlich nicht zu bestreiten, dass in der antiken Philosophie öfters die Dreizahl hervorgehoben wird. Platon (428/7–348/7) deutet einmal eine Dreiheit an: das Werdende; das, worin es wird; das Urbild, von dem das Werdende stammt.[8] Der entweder von Platon stammende oder ihm später zugeschriebene „zweite Brief" z.B. erwähnt in rätselhafter Weise den königlichen Herrscher, auf den sich alles beziehe, und daneben ein „Zweites" und ein „Drittes".[9] Aristoteles schreibt den Pythagoreern die Lehre zu: „Das All und Alles wird durch die Drei bestimmt. Ende, Mitte und Anfang nämlich haben die Zahl des Alls und diese ist die Dreiheit."[10] Der große Neuplatoniker Plotin lehrte in der Mitte des dritten Jahrhunderts n.Chr. drei oberste Größen

Platonische Einflüsse auf die Theoriebildung

---

8 PLATON: Timaios 50 c 7 – d 4.

9 (Ps.-) PLATON: Epistula 2, 312 e.

10 Aristoteles: De caelo A 1, 268 a 11–13, in der Übersetzung von Olof GIGON.

seines Systems, die sein wichtigster Schüler drei Hypostasen nannte.[11] Mehrere Neuplatoniker des dritten bis sechsten Jahrhunderts n. Chr. entwickelten ganz auf Triaden errichtete metaphysische Systeme,[12] von denen manche sogar eine Einheit von Einheit und Dreiheit umfassen.[13]

Einige antike Christen haben ausdrücklich auf solche Triaden der Philosophen hingewiesen. Bei manchen Theologen lassen sich in Elementen ihrer Trinitätslehre Anleihen bei paganen Philosophen nachweisen. Dazu gehören z.B. Erklärungsmodelle dafür, wie aus einer göttlichen Instanz eine zweite Instanz hervorgehen könnte. Dennoch bestehen stets auch derart gewichtige Differenzen zwischen den christlichen und paganen Triadologien, dass nicht anzunehmen ist, die Christen seien erst durch die Philosophen auf den Einfall gekommen, Gott als Trinität zu denken. Vielmehr scheinen christliche Intellektuelle, um die Implikationen ihres christlichen Glaubens theoretisch zu formulieren, philosophische Konzepte rezipiert und weiterentwickelt zu haben.

2.4 Heilsgeschichte: Die Trinitätslehre entfaltet das Ostergeschehen und die Liturgie

Von manchen Theologen wird die Theorie vertreten, Ursprung von Trinitätsglaube und Trinitätslehre sei die biblische Heilsgeschichte, wie sie sich im Ostergeheimnis am markantesten zeige und wie sie in der Liturgie gefeiert werde: Im Kreuz sei die vollkommene Hingabe des Sohnes gegenüber dem Vater offenbar geworden, und in der Auferstehung habe sich erwiesen, dass diese Hingabe sich im Heiligen Geist vollzog.[14] Darin steckt zweifellos ein Wahrheitsmoment: Die Trinitätslehre deutet die Erfahrungen der frühen Gläubigen, in deren Mittelpunkt Ostern und Pfingsten standen. Christen erfuhren ihr Leben als Wirkung des Geistes Gottes. Dieser Geist wird als Bote und Gabe des aus dem irdischen Leben geschiedenen Christus, des Gottessohnes, gedeutet, der das Heil verkündigt hatte, das Gott der Vater schenken will.

---

11 Plotin: Enneade V, 1: Der Titel „Über die drei obersten Hypostasen" stammt von Plotins Schüler Porphyrios.

12 Vgl. Wallis, Richard Tyrrell: Neoplatonism, London u.a. 1995.

13 Halfwassen, Jens: Das Eine als Einheit und Dreiheit, in: Rheinisches Museum NF 139 (1996), 52–83.

14 Studer, Basil: Gott und unsere Erlösung im Glauben der Alten Kirche, Düsseldorf 1985, 14.

Trinität als Deutung der Heilsgeschichte?

Doch dass damit die Entstehung der Trinitätslehre geklärt sei, kann man nicht behaupten. Dafür fehlen zu viele Zwischenschritte. Es leuchtet durchaus ein, dass sich Jesusanhängern im Glauben an die Wunder und die Auferstehung Jesu die Deutung nahelegte, dass Jesus in die Sphäre Gottes gehört, den er seinen Vater nannte. Doch warum wird der Heilige Geistes zur Zweiheit von Vater und Sohn hinzugenommen? Ist der Geist nicht nur eine Kraft Gottes oder eine dem Menschen geschenkte Gabe Gottes? Und wenn man den Geist Gottes als eigenständige, dritte Größe dem Vater und dem Sohn beigesellt, wären dann nicht weitere Figuren in ähnlicher Weise als vierte, als fünfte Person, und so weiter, hinzuzunehmen, z.B. der verheißene Paraklet, von dem das Johannesevangelium wiederholt spricht, oder die *dýnamis* (Kraft), die bei Paulus öfters betont wird? Die heilsgeschichtliche Erklärung des Ursprungs des Trinitätsglaubens setzt in Wahrheit diesen Glauben bereits voraus. Maurice Wiles (1923–2005) hat schon vor Jahrzehnten gezeigt, dass es aus bibelexegetischen, aber auch aus systematisch-theologischen Gründen nicht möglich ist, aus der biblischen Heilsgeschichte direkt und zwingend auf einen trinitarischen Gott zu schließen.[15] Trinitätsglaube und –lehre deuten die Heilsgeschichte, aber sie folgen nicht zwangsläufig aus ihr, so dass weitere Motive für ihre Entstehung wirksam gewesen sein müssen.

Liturgische Einflüsse?

Auch die Vermutung, die Christen seien durch die Liturgie, insbesondere durch die Taufformel und liturgische Formeln des Gottesdienstes (Epiklesen, Orationsschlüsse, Doxologien) zur Trinitätslehre gelangt, hat einiges für sich, vereinfacht aber den Sachverhalt. Natürlich fällt auf, dass die traditionell als deutlichster Hinweis auf die Trinität im Neuen Testament geltende Stelle die bereits zitierte dreigliedrige Taufformel des jesuanischen Taufbefehls in Mt 28,14 ist. Doch ist die Formel dort singulär. Die Apostelgeschichte und Paulus z.B. bezeugen die eingliedrige Taufformel „auf den Namen Jesu Christi" (Apg 2,38; 19,5; Röm 6,3), wobei dann oft hinzugefügt wird, dass der Taufe der Empfang des Heiligen Geistes folgt (Apg 2,38; 19,6), der damit gerade nicht in Parallele und Gleichrangigkeit mit Christus erscheint. In den ersten Jahrhunderten sind im Christentum unterschiedliche Taufformeln bezeugt, die unterschiedliche Inhalte und Vorstellungen meinen und keineswegs alle dreigliedrig waren.[16] Zudem fällt auf,

[15] Wiles, Maurice: Some Reflections on the Origins of the Doctrine of the Trinity, in: Journal of Theological Studies NS 8 (1957), 92–106.

[16] Kretschmar, Georg: Die Geschichte des Taufgottesdienstes in der alten Kirche, in: Leiturgia, Bd. 5, 1–348; hier 32–51.

dass die frühen griechischen Theologen die Trinität nicht mit dem jesuanischen Taufbefehl begründen. Dies geschieht erst nach dem Konzil von Nizäa 325.[17] Auch die Ansicht, dreigliedrige liturgische Doxologien (Lobpreisformeln, z.B. „Ehre sei dem Vater durch den Sohn im Heiligen Geist") hätten die Trinitätslehre hervorgebracht, weist auf einen wichtigen Faktor hin, doch gibt es hier ebenfalls eine Vielfalt von antiken Formulierungen, darunter ein- und zweigliedrige.[18] Wahrscheinlicher als eine einlinige Wirkung der Liturgie auf die Trinitätslehre sind Wechselwirkungen zwischen der Wortgestalt der Taufformeln, der Doxologien und der Trinitätslehre.

Zusammenfassung

Es gibt verschiedene Theorien, mit denen die Entstehung der Trinitätslehre auf einen einzigen Hauptgrund zurückgeführt werden soll. Die Neuscholastik will die Trinitätslehre oft schon in der Bibel nachweisen. Eine andere Theorie besagt, die christliche Trinitätslehre sei eine Fortsetzung der in mehreren antiken Religionen verbreiteten Götterdreiheiten. Andere Gelehrte weisen auf die Prominenz von Triaden in der antiken Philosophie hin. Manche Theologen meinen, die Trinitätslehre ergebe sich unmittelbar aus der christlichen Sicht der Heilsgeschichte oder aus der Liturgie. Alle vier Theorien haben ein Wahrheitsmoment, aber keine ist umfassend genug, um dem historischen Befund zu entsprechen, der auf eine komplexere, nicht einlinig zu denkende Entstehung weist.

3. Pagane und jüdische Hintergründe der antiken christlichen Trinitätslehre

Vielschichtige Entstehung der Trinitätslehre

Die geschilderten einfachen Theorien enthalten zwar alle irgendetwas Wahres, genügen aber für sich genommen jeweils nicht, um die Entstehung der Trinitätslehre verständlich zu machen. Im Folgenden wird nicht eine weitere einfache Theorie angeboten, sondern es wird versucht, die Perspektive zu weiten und einen größeren Zusammenhang zu skizzieren. Auf diese Weise wird zwar kein Masterplan sichtbar, nach dem sich die Trinitätslehre geradlinig entwickelt hätte (einen solchen Plan gibt es nicht), sondern es soll etwas von der religiösen, philosophischen und politischen antiken Welt sichtbarer werden, in der die antiken Christen

[17] Kretschmar, Georg: Studien zur frühchristlichen Trinitätstheologie, Tübingen 1956, 125f.

[18] Knapper Überblick bei Stuiber, Alfred: Doxologie, in: Reallexikon für Antike und Christentum, Bd. 4 (1959), 210–226.

lebten, dachten und sich ausdrückten, und in der es dann zur theologischen Theoriebildung in Sachen christlicher Gottes- und Trinitätslehre kam.

Das Christentum ist innerhalb des Judentums entstanden und breitete sich dann innerhalb der paganen (primär griechisch-römischen) Welt aus. Als neuzeitlicher Betrachter könnte man sich in einer großzügigen geistesgeschichtlichen Perspektive die Sache so zurechtlegen, dass die christliche Trinitätslehre die goldene Mitte zwischen dem jüdischen Monotheismus seiner Herkunft und dem paganen Polytheismus seines Expansionsraumes halte: Das Moment der Einheit im Monotheismus und das Moment der Vielheit im Polytheismus kämen in der Lehre vom dreieinigen Gott zur Synthese. Schon ein kluger Kopf des vierten Jahrhunderts, wahrscheinlich Apolinarius von Laodicea (ca. 310–390), kommt solchen Gedanken relativ nahe: Er stellt fest, dass die Christen die Göttervielheit der Heiden für gottlos halten, und dass umgekehrt Juden den Christen wegen ihres Christusglaubens Mehrgötterei vorwerfen; er tadelt seinerseits die Juden und einen Teil der Christen, weil sie nicht anerkennen, dass Jesus Christus Gott von Gott sei.[19]

Trinitätslehre als Mitte zwischen Mono- und Polytheismus?

Dabei fällt auf, dass Apolinarius nicht etwa argumentiert, das Christentum sei trotz seines Christusglaubens monotheistisch. Der Begriff des Monotheismus existierte noch nicht; er wurde wohl erst in der Mitte des siebzehnten Jahrhunderts von einem englischen Philosophen geprägt.[20] Man sollte nicht versuchen, sich die Vielschichtigkeit der Antike simplifizierend zurechtzulegen. In Wahrheit dachten diejenigen antiken Menschen, die weder Juden noch Christen waren, und die man in Ermangelung eines neutralen Begriffs unter dem Sammelnamen „Heiden" zusammenfasst, keineswegs allesamt polytheistisch,[21] und umge-

---

19 Pseudo-Athanasius, Contra Sabellianos (Patrologia Graeca 28, 96f.); dass Apolinarius der Autor ist, macht Hübner, Reinhard M.: Die Schrift des Apolinarius von Laodicea gegen Photin (Pseudo-Athanasius, Contra sabellianos) und Basilius von Caesarea, Berlin/New York 1989, wahrscheinlich.

20 Hülsewiesche, Reinhold: Monotheismus, in: Historisches Wörterbuch der Philosophie, Bd. 6, Basel 1984, 142–146. Siehe auch die folgende Anmerkung.

21 Vgl. Mitchell, Stephen/van Nuffelen, Peter (Hg.): One God. Pagan Monotheism in the Roman Empire, Cambridge 2010; Dies. (Hg.): Monotheism Between Pagans and Christians in Late Antiquity, Leuven u.a. 2010. Das Thema ist derzeit in Mode, aber seit jeher bekannt. Schon der erste Beleg des Begriffs Monotheismus (nämlich bei More, Henry: An Explanation of The grand Mystery of Godliness, London 1660, 62) grenzt den paganen vom christlichen Monotheismus ab, weil der pagane Monotheismus die Welt mit Gott identifiziere und darum letztlich atheistisch sei.

kehrt war das antike Judentum nicht zu allen Zeiten so strikt monotheistisch, wie sich das bis heute eine breite Öffentlichkeit vorstellt.[22] Das antike Christentum stand darum zwar vor der ihm eigentümlichen Frage, wie sich sein ihm allein eigener Christusglaube mit dem ererbten jüdischen Gottesverständnis zusammendenken lasse. Doch konnte das Christentum bei Versuchen einer Antwort auf diese Frage auf längst vorhandene pagane und jüdische Vorschläge zur Lösung des Problems zurückgreifen, wie sich der Glaube, dass es nur einen wirklichen Gott gibt, mit der Annahme einer gewissen Pluralität in Gott, oder mit der Annahme einer Mehrzahl von göttlichen Instanzen vereinbaren lasse.

Pseudo-Aristoteles „Über die Welt“

Ein in mancher Hinsicht typischer paganer Text wahrscheinlich aus dem ersten oder zweiten Jahrhundert n. Chr. ist der später fälschlich Aristoteles (384–322) zugeschriebene Traktat eines unbekannten Verfassers *Peri kósmou*, „Über die Welt“. Er bietet eine knappe Gesamtdarstellung des physikalischen Kosmos, der menschlichen Seele und Gottes. Die Philosophie wird hier religiös eingefärbt und als göttliche Wissenschaft verstanden, weil die erkennende Seele selbst etwas Göttliches an sich habe. Der Gott (*ho theós*) sei der Bewahrer (*sōtḗr* – das im Christentum für Erlöser/Erretter übliche Wort) und Erzeuger (*genétōr*) von allem. Manche der alten Griechen hätten darum gemeint, dass alles voll von Göttern sei; diese Ansicht treffe aber nicht das göttliche Wesen (*ousía*), sondern nur die göttliche Kraft (*dýnamis*). Man könnte klarer sagen: Nach Ansicht des Verfassers von *Peri kósmou* verwechseln viele Griechen die Wirkungen der göttlichen Kraft mit Gott selbst. Denn der Gott throne wie ein politischer Herrscher an höchster Stelle, kümmere sich aber nicht unmittelbar um jeden einzelnen seiner Untergebenen: „Jedoch ist es nicht so, dass er die Mühsal eines selber wirkenden, geplagten Wesens auf sich nehmen muss, vielmehr kann er sich einer unermüdlichen Kraft (*dýnamis*) bedienen, mit der er auch, was ferne von ihm zu sein scheint, beherrscht.“[23] Der Gott sei ein einziger, der viele Namen tragen könne (*heis de ōn polyṓnymos ésti*).[24] Dieser pagane Text löst also die Vielfalt der Götter in die bloße Vielnamigkeit eines einzigen Gottes auf, dem allerdings eine einzigartige, unsichtbare Kraft zu Gebote steht, die von Gottes Wesen unterschieden ist; denn nicht der Gott selbst, sondern diese Kraft durchdringt den ganzen Kosmos. – Ähnliche Gedanken findet man in vielen paganen Texten der römischen Kaiserzeit.

---

22 Vgl. dazu oben den Beitrag von Thomas Hieke.

23 Pseudo-Aristoteles: De mundo 6, 397 b 23–25 (Übersetzung Hans Strohm).

24 Pseudo-Aristoteles: De mundo 7, 401 a 12.

Jüdische Mittelwesen

Im Judentum sind verwandte Gedanken bezeugt. Hier sind zum einen die Engel zu erwähnen, die in der hebräischen Bibel der Juden als himmlischer Hofstaat oder himmlisches Heer, als Seraphim und Cherubim, als göttliche Ratsversammlung und in anderen Funktionen auftreten. Im frühen Christentum wird es dann Versuche geben, die Christusgestalt als obersten Engel zu denken.[25] Noch wichtiger für die christliche Trinitätslehre ist, dass in vielen jüdischen Texten vom dritten Jahrhundert v. Chr. bis zum ersten Jahrhundert n. Chr., ganz besonders in solchen, die auf griechisch verfasst wurden, verschiedene „Zwischenwesen" oder „Mittelwesen" erwähnt werden, die irgendwo zwischen Gott und unserer materiellen Welt vermitteln. Dazu zählen wiederum die Engel, aber auch verschiedene, noch enger in die Sphäre Gottes gehörende Wesen, die zunächst wie personifizierte Eigenschaften Gottes wirken, doch eine gewisse personale Selbständigkeit und Eigenexistenz haben und insofern den Monotheismus mindestens latent gefährden. Dazu gehören insbesondere die Weisheit (*sophía*), die Vernunft oder das Wort Gottes (*lógos*) und der Geist Gottes (*pneúma*). So tritt die Weisheit im Proverbienbuch („Sprüche Salomos") als Person auf und spricht: „Der Herr hat mich erschaffen am Anfang seiner Wege auf seine Werke hin, vor allen Zeiten hat er mich befestigt am Anfang, bevor er die Erde erschuf [...] vor allen Hügeln zeugte er mich" (8,22–25 nach der Septuaginta). Der hebräische Terminus *ruach* für den Lufthauch, das Lebensprinzip alles Lebendigen und den Geist Gottes wurde in der griechischen Bibelübersetzung zum Pneuma, das vor allem in der stoischen Philosophie ein wichtiger Begriff war: Gott, so nahm der Stoiker Chrysipp (3. Jahrhundert v. Chr.) offenbar an, durchdringt als zugleich stofflich, vernünftig und ewig gedachtes Pneuma den gesamten Kosmos.[26] Im Buch Weisheit, das von vornherein auf griechisch geschrieben wurde, wird betont, das Pneuma des Herrn erfülle die ganze Erde (1,7); hier werden einerseits Pneuma und Sophia mehr oder minder gleichgesetzt (1,6), andererseits Logos und Sophia in ihrer Funktion als Schöpfungsmittler oder schöpferische Kraft angeglichen (9,1 f.). In einem Hymnus auf die Weisheit (7,22–8,1) wird gesagt, in ihr sei ein Pneuma, das vernünftig (*noerón*) und einziggeboren (*monogenḗs*) sei; die Weisheit sei Kraft (*dýnamis*), Herausfluss (*apórroia*) und Bild (*eíkōn*) der Gutheit Gottes, sie regiere schlechthin alles gut.

25 Vgl. Barbel, Joseph: Christos Angelos, Bonn 1964.

26 Chrysippos nach dem Bericht des Alexander v. Aphrodisias: De mixtione, 224 Bruns (v. Arnim, Achim: Stoicorum veterum Fragmenta II, Nr. 310).

Jüdische und pagane Konzepte bei Philo

Auch Philo von Alexandrien (erste Hälfte 1. Jahrhundert n. Chr.), ein jüdischer Zeitgenosse des Paulus, denkt die Sophia (Weisheit) und den Logos (Vernunft, Sprache, Wort) als göttliche Wesen und übersetzt auf diese Weise biblisch-jüdische Überzeugungen in die Begriffs- und Denkwelt paganer Philosophie.[27] Bekanntlich wird am Anfang des Buches Genesis erzählt, dass Gott jeweils sprach, und dass das Ausgesprochene dann wurde. Dieses göttliche Wort, dieser schöpferische Logos, ließ sich nun interpretieren im Sinne der stoischen Vorstellung einer alles durchwaltenden Weltvernunft. Philo sagt, alles in der Welt werde letztlich von Gott regiert, doch so wie ein Großkönig nicht selber die Verwaltung ausübe, sondern Beamte und Vertreter einsetze, so habe Gott den Logos, seinen erstgeborenen Sohn, zum Leiter eingesetzt.[28] Dieser Logos sei älter als alles Geschaffene,[29] er stehe zwischen Gott und den Menschen „weder als ein Unerschaffener wie Gott noch wie ihr geschaffen".[30] Die damit einhergehende Gefährdung des jüdischen Glaubens an den einen Gott durch die Einführung weiterer göttlicher Instanzen wird erkannt, und dieses Problem mit einem teils ähnlichen Gedanken wie in der pseudo-aristotelischen Schrift *Peri kósmou* gelöst:

Zitat

„Der wahrhafte Gott ist nur einer; die Götter aber, von denen man in uneigentlicher Redeweise spricht, sind mehrere. Deshalb hat auch die heilige Schrift an der vorliegenden Stelle [Gen 31,13]: „Ich bin der Gott, der dir an dem Orte Gottes erschien"] den in Wahrheit existierenden Gott durch [den bestimmten] Artikel bezeichnet und gesagt: ‚Ich bin der Gott' [*egṓ eimi ho theós*], den in uneigentlichem Sprachgebrauch aber ohne Artikel mit den Worten: ‚der von dir gesehen wurde an dem Orte', nicht des Gottes, sondern nur ‚Gottes' [*ou tou theoú, all' autó mónon theoú*]. Sie [die Bibel] nennt aber Gott [ohne Artikel] hier seinen ältesten Logos."[31]

[27] Zum Folgenden vgl. Wolfson, Harry Austryn: Philo. Foundations of Religious Philosophy in Judaism, Christianity, and Islam, 2 Bde., Cambridge, Mass. ⁴1968.

[28] Philo: De agricultura 51.

[29] Philo: De migratione Abrahami 6.

[30] Philo: Quis rerum divinarum heres sit 206.

[31] Philo: De somniis I, 229f.

Wie nahe Philo und christliche Autoren sich hier stehen, sieht man daran, dass auch der Prolog des Johannesevangeliums, ausgehend von dem Satz „Im Anfang war der Logos", die Unterscheidung zwischen *dem* Gott mit bestimmtem Artikel und *einem* Gott ohne Artikel trifft, denn er fährt fort: „und der Logos war bei dem Gott [*pros ton theón*], und Gott [*kai theós*] war der Logos" (1,1); in der Formulierung „und Gott war der Logos" ist „Gott" Prädikatsnomen, d.h. der Logos ist (ein) Gott, ist also Gott ohne Artikel.[32] Das Johannesevangelium dürfte deutlich später als Philos Schriften verfasst worden sein.[33] Philo kann Ähnliches wie über den Logos auch über die göttliche Weisheit sagen, die Gott als höchste aus seinen Kräften genommen habe, wie auch der göttliche Logos das Zweite nach dem Gott sei.[34] In einem Genesis-Kommentar legt Philo die Stelle Gen 9,6 (im Wortlaut der griechischen Bibelübersetzung) aus, worin Gott sagt: „nach dem Bilde Gottes habe ich den Menschen gemacht." Philo verweist auch hier wieder auf den fehlenden Artikel – *en eikóni theoú* „nach dem Bilde eines Gottes" und nicht des Gottes – und erläutert, der Mensch könne nicht nach dem Höchsten und Vater von allem gebildet sein, sondern nur „nach dem zweiten Gott [*pros ton deúteron theón*], d.h. nach seinem Logos".[35] Philo bezeichnet also ausdrücklich den Logos als „zweiten Gott" (*deúteros theós*), mit deutlicher Abstufung und Subordination (Unterordnung) gegenüber dem eigentlichen und höchsten Gott. Gleichzeitig muss man hier aber natürlich auch den großen Unterschied festhalten: Zwar kann Philo den Logos auch als Gesandten und Hohepriester Gottes bezeichnen, aber er identifiziert keine konkrete Person, keinen Messias mit dem Logos. Hier geht das Christentum seinen ganz eigenen Weg.

Die Idee eines zweiten Gottes

32 Zwar steht beim Prädikat meistens kein Artikel, aber dies ist keine Grammatikregel, sondern inhaltlich bedingt (Zerwick, Maximilian: Biblical Greek, Rom 1963, §172), und daher darf man Philos Argument hier in die Deutung einbeziehen.

33 Das Johannesevangelium ist irgendwann zwischen dem ausgehenden ersten Jahrhundert und ca. 180 n.Chr. (um diese Zeit wird es erstmals zitiert: Theophilus, Ad Autolycum 2, 22) verfasst worden.

34 Philo: De legum allegoria II, 86.

35 Philo: Quaestiones in Genesin II, 62 (griechisches Fragment bei Eusebius: Praeparatio evangelica VII, 13, 1), abgesichert durch die vollständige altarmenische Übersetzung: Philonis Judaei Paralipomena armena, hg. von Aucher, J. B., Venedig 1826, 147.

Zusammenfassung

Das antike Christentum wuchs in einer paganen und jüdischen Umgebung auf, die sich keineswegs auf den Gegensatz von Polytheismus und Monotheismus reduzieren lässt. Im Gegenteil gibt es in der paganen Philosophie und Kosmologie der frühen römischen Kaiserzeit teils sehr ähnliche Verbindungen eines Eingottglaubens mit der Annahme verschiedener göttlicher Instanzen und Vermittlergestalten gegenüber der Welt wie im antiken Judentum der Zeit, besonders im griechischsprachigen. Hieran knüpfen viele frühe Denkversuche der Christen auf dem Weg zur Trinitätslehre an.

4. Christliche Theoriebildungen im zweiten und frühen dritten Jahrhundert

Historisch gesehen wäre es sinnvoll, auf diesem Hintergrund nun Texte und Gedankenwelt des antiken Christentums von Paulus an bis zur Spätantike zu untersuchen. Eine theologisch, nicht historisch bedingte strikte Unterscheidung zwischen der Bibel als Wort Gottes und allem sonstigen Schrifttum als Menschenwort hat jedoch häufig zu einer wissenschaftspraktischen Trennung zwischen Forschern, die sich mit den im Neuen Testament kanonisierten Schriften befassen, und solchen, die sich mit nicht im Neuen Testament kanonisierten antiken christlichen Schriften beschäftigen, geführt. Darum bleiben im Folgenden die Schriften des Neuen Testaments weitgehend ausgespart, weil sie bereits oben in einem anderen Beitrag behandelt werden.

Pagane und jüdische Vorbilder im Christentum des 2. Jahrhunderts

In der Mitte des zweiten Jahrhunderts scheint das Christentum eine Fülle von sehr unterschiedlichen Denkversuchen hervorgebracht zu haben, die jedoch zumeist den gleichen Anliegen dienen, einmal sich selbst über den eigenen Christusglauben klarer zu werden und zum anderen diesen Glauben einer jüdischen oder einer paganen Umgebung plausibel zu erläutern, ihn also mit akzeptanzfähigen Argumenten zu untermauern. Um diese Zeit entsteht eine nicht mehr allein verkündigende, sondern im damaligen Sinne wissenschaftlich argumentierende Theologie, die teils an die pagane Intellektuellenliteratur anknüpfen konnte, teils an die jüdische Literatur griechischer Sprache, ganz besonders an Philo von Alexandrien (1. Jh. n. Chr.). Wenn Philo versucht hatte, Bibelstellen und darin bezeugte überirdische Gestalten mit philosophischen Konzepten zu identifizieren, so führten gebildete Christen dies fort, wobei sie gewissermaßen eine doppelte Identifikation vollzogen: Jesus Christus und mitunter der Heilige

Geist wurden mit solchen jüdischen Figuren in Bezug gesetzt oder identifiziert, die schon von Philo und anderen jüdischen Denkern mit philosophischen Konzepten in Bezug gesetzt oder identifiziert worden waren, also Logos, Weisheit usw.

Nebenzweige

Dabei muss im Folgenden die unübersichtliche Vielfalt der Entwicklungen auf einige ganz wenige Hauptzüge reduziert werden. Beispielsweise wird die sogenannte Engelchristologie fortgelassen, eine frühe, gerade in noch enger am Judentum orientierten Formen des Christentums verbreitete, doch noch bis ins vierte Jahrhundert hier und dort nachweisbare Christusdeutung, die sich die zwischen Gott und Mensch stehende Gestalt Jesu von Nazaret als den hervorragendsten Engel Gottes zurechtlegt, an Philos Identifizierung des Logos mit dem Erzengel anknüpfend.[36] Auch die sogenannte Geistchristologie muss übergangen werden, in der Christus als der auf Erden erschienene Geist Gottes interpretiert wird, so dass hier binitarische statt trinitarische Konzepte entstehen können, so etwa tendenziell noch bei Laktanz um 300.[37] Übergangen werden auch Versuche, in Jesus von Nazaret einen bloßen Menschen zu sehen, einen Propheten wie die Propheten der jüdischen Bibel. Dieser „Psilanthropismus" (*psilós ánthrōpos*, „bloßer Mensch") scheint von manchen Judenchristen und von zwei Männern namens „Theodot" (um 200 in Rom) vertreten worden zu sein;[38] mit einem solchen Christusverständnis verlässt man den Boden des Judentums nicht notwendig und bedarf dann auch keiner Trinitätstheologie.

Ein mangelhafter Schöpfer-Gott und ein guter Erlöser-Gott

Auf dem Hintergrund der zeittypisch pagan-jüdisch-christlichen Tendenz, die materielle Welt gegenüber der höchsten göttlichen Sphäre gegenüber abzuwerten, gab es verschiedene Denkmöglichkeiten. Einmal konnte man die Theorie entwickeln, dass ein eigentlicher, guter, vollkommener Gott zu unterscheiden sei von dem Gott, der unsere fehlerhafte, schlechte Welt erschaffen hat. Diese These vertrat möglicherweise schon eine jüdische Sondergemeinschaft, die nach Philos Bericht Gott für die Ursache von allem Guten, aber von nichts Schlechtem ansah.[39] Die volle Kon-

---

36 Philo: De confusione linguarum I, 427. Vgl. Barbel.

37 Zur Engel- wie zur Geistchristologie und überhaupt zu allen Fragen der antiken Christologie vgl. Grillmeier, Alois: Jesus der Christus im Glauben der Kirche, 2 Bde. in 5 Teilbänden, Freiburg u.a. ³1990.

38 Eusebius v. Cäsarea: Kirchengeschichte 5,28,6. Analyse der Quellen bei Löhr, Winrich: Theodotus der Lederarbeiter und Theodotus der Bankier – ein Beitrag zur römischen Theologiegeschichte des zweiten und dritten Jahrhunderts, in: Zeitschrift für die neutestamentliche Wissenschaft 87 (1996), 101–125.

39 Philo: Quod omnis probus liber sit 84.

sequenz, dass für das Schlechte, Unvollkommene dann eine zweite göttliche Instanz verantwortlich sein muss, vertraten in der Mitte des zweiten Jahrhunderts mehrere derjenigen christlichen Denker, die man Gnostiker nennt, zudem auch der mit ihnen in manchen wichtigen Punkten übereinstimmende Markion (ca. 85–ca. 160 n. Chr.). Hier konnte der gute, erlösende Gott, der sich entweder in Jesus Christus selber zeigt oder von diesem verkündigt wird, von dem schlechten Schöpfergott strikt geschieden werden. Mit solchen Konzepten schien erklärbar, warum die Welt mangelhaft ist. Doch sehr schwer zu lösen war nun das Problem, wie sich die beiden Gottheiten zueinander verhalten: Ist der schlechte Gott auf irgendeine Weise aus dem guten hervorgegangen, oder ist der Dualismus zweier entgegengesetzter Gottheiten das letzte Wort, oder ist ein Mittleres anzunehmen? Ein gewisser Ptolemaios lehrte in der Mitte des zweiten Jahrhunderts, dass der Soter, also die Erlösergestalt, gesagt habe, „dass es nur einen einzigen guten Gott gebe, seinen Vater"; von der Natur des Guten aber behauptet er, dass sie „sich selbst Ähnliches und Wesensgleiches [*homoúsia*] zeuge und hervorbringe"; der Schöpfergott oder Demiurg stehe in der Mitte zwischen dem guten Gott und dem Teufel.[40]

Derselbe Gott ist Schöpfer und Erlöser

In der auf lange Sicht erfolgreicheren „Mehrheitskirche" des antiken Christentums wurde eine andere Theorie häufiger vertreten. Demnach gibt es nur einen einzigen höchsten Gott, der Schöpfer und Erlöser zugleich ist. In den Gottesbegriff werden jedoch gewisse Unterscheidungen eingetragen, die teils schon im griechischsprachigen Judentum entwickelt worden waren. Dies geschieht teils, um die Differenz zwischen dem einen Gott und der unvollkommenen Welt zu überbrücken, teils um die Christusgestalt in das Gotteskonzept zu integrieren. Wie bei Philo kann der göttliche Logos als Mittlergestalt mit Schöpferfunktion gedacht werden: „Alles ist durch ihn geworden", sagt der Johannesprolog (1,3) über den Logos. Vergleichbare Vorstellungen, wahrscheinlich nicht immer vom Johannesevangelium abhängig, finden sich bei einigen Theologen des zweiten und dritten Jahrhunderts, denen man vereinfachend eine „Logostheologie" zuschreibt, obwohl sie mit mehreren göttlichen Instanzen argumentieren, nicht allein mit dem Logos. Justin (gestorben als Märtyrer um 165 n. Chr.) erläutert z.B. zur Verheißung des Engels an Ma-

Logostheologie: Unterscheidungen in Gott

40 Ptolemaeus: Ad Floram 7, 5 u. 8. Zur Deutung vgl. Schmid, Herbert: Ist der Soter in Ptolemäus' *Epistula ad Floram* der Demiurg? Zu einer These von Christoph Markschies, in: Zeitschrift für Antikes Christentum 15 (2011), 249-271.

ria nach Lk 1,35, der dort erwähnte Geist und die Kraft Gottes seien niemand anderer als der Logos.[41] An anderer Stelle derselben Schrift nennt Justin dagegen Jesus Christus den Sohn des wahrhaftigen Gottes und betont, die Christen würden diesen an zweiter Stelle (nach Gott dem Vater) einordnen und den prophetischen Geist an dritter Stelle ehren.[42] Man spürt hier wie auch bei anderen christlichen Autoren des zweiten Jahrhunderts (z.B. Theophilus von Antiochien), wie mit Zuordnungen primär von Jesus Christus, manchmal aber auch des Heiligen Geistes, zu den bei Philo und anderen jüdischen Vordenkern, teils aber auch in der zur damaligen Zeit üblichen Form des Platonismus (dem sogenannten Mittelplatonismus) bedachten göttlichen Instanzen wie *dýnamis, pneúma, lógos, sophía* experimentiert wird. Dabei ist aber noch nicht klar, dass Vater, Sohn/Logos und Pneuma und genau und nur diese drei die gleichrangigen Größen des christlichen Gottesverständnisses sind.

Die jüdischen Quellen solcher Identifikationsmöglichkeiten werden früh häufig verschwiegen. Justin z.B. behauptet, „die Juden" würden glauben, immer habe der Vater des Alls mit Mose gesprochen, während doch in Wahrheit der Sohn mit Mose sprach. Sie hätten darum weder den Vater noch den Sohn wirklich erkannt. „Die den Sohn zum Vater machen, laden den Vorwurf auf sich, weder den Vater zu kennen, noch zu wissen, dass der Vater des Alls einen Sohn hat, der als Gottes Logos und Erstgeborener ebenfalls Gott ist."[43] In einem anderen Werk schreibt Justin, derjenige, der Abraham, Jakob und Mose erschienen ist, sei „ein anderer Gott (*theós héteros*) als der Gott, der das All gemacht, der Zahl nach, nicht der Gesinnung nach".[44] Bei Justin wie bei anderen, die im zweiten und dritten Jahrhundert mit dem Logosbegriff in solcher Weise die Christusfigur und gegebenenfalls in analoger Weise auch den Heiligen Geist konzipierten, ist die Unterordnung des Logos unter den eigentlichen Gottvater deutlich, wie das schon bei Philo der Fall war. Diese Subordination könnte zugleich auch als Mittel der Unterscheidung gegenüber gnostischen und ähnlichen Separierungen eines, vereinfacht gesagt, guten und eines schlechten Gottes gedient haben: Der Logos ist kein dem Vatergott konträr gegenüberstehender, sondern aus ihm nach Art eines Sohnes hervorgegangener zweiter Gott.

Ein zweiter Gott

41 Apologia 1, 33, 5f.

42 Ebd. 1, 13, 3.

43 Ebd. 1, 63, 14f.

44 Justinus: Dialogus cum Tryphone 56, 11.

Auch ein Jahrhundert nach Philo dürften solche Versuche, die Christusgestalt mit dem jüdischen Gottesverständnis durch ihre Bezeichnung als „zweiten“ oder „anderen Gott“ zusammenzubringen, für viele Juden und Christen immer noch gewagt geklungen haben. Zudem konnten solche Versuche sehr leicht, entgegen ihrer Absicht, mit gnostischen Zwei- oder Mehr-Götter-Lehren verwechselt werden. Gerade die als Gnosis bezeichneten Erscheinungen sowie Markions Theorien sind nun aber das, was die sogenannte Mehrheitskirche im zweiten Jahrhundert am allermeisten innerchristlich zu bekämpfen versuchte. Verschiedene dieser gnostischen Pluralisierungen des Gottesverständnisses gingen so weit, dass mit ihrer Übernahme das jüdische Gottesverständnis gänzlich hätte abgelehnt werden müssen – bei Markion etwa ist das ganz evident: Er macht aus der komplexen Spannung von (alttestamentlichem) Gesetz und (neutestamentlichem) Evangelium, das Paulus so beschäftigt hatte, die schroffe Entgegensetzung des gerechten, aber nicht guten Gottes der Juden und des guten, fremden Gottes der Christen.[45] Damit hätte sich das Christentum aber der jüdischen Bibel entledigen müssen und von seinen für wahr gehaltenen Wurzeln radikal entfernt. Viel häufiger als die Subordinations-Theologien waren darum im Mehrheitschristentum des zweiten und dritten Jahrhunderts die bewusst gegen die Gnostiker und Markion gerichteten Theorien, wonach der Gottessohn, wie er in Jesus Christus erschienen ist, kein anderer sei als der Gott, von dem schon die Juden als dem Vater sprechen konnten. Die Vertreter dieser Theorie, die sogenannten Monarchianer, darunter Noët von Smyrna und Praxeas (Ende 2. Jh.), betonten, dass es ihnen darauf ankam, die Alleinherrschaft und Alleinursächlichkeit des Einen Gottes, die *monarchia* Gottes zu sichern.[46] Gott der Vater und der Gottessohn seien im Grunde ein und derselbe. Die früheste erhaltene Glaubensdefinition eines römischen Bischofs, nämlich des Zephyrin (amtierte ca. 198/199–217), ist genau so zu verstehen: „Ich kenne einen einzigen Gott Christus Jesus und außer ihm keinen anderen gezeugten und leidensfähigen.“[47]

Monarchianismus

Ohne dass die Motive dafür noch im einzelnen nachvollziehbar sind, konnte mit der Zeit wahrscheinlich auch der Heilige Geist als dritte Instanz in das monarchianische Konzept einbezogen werden. Man könnte in diesem Monarchianismus, wenn in ihm

45 Vgl. Frey, Jörg: Markion, in: Graf, Friedrich Wilhelm (Hg.), Klassiker der Theologie, Bd. 1, München 2005, 11–27.

46 Vgl. dazu Hübner, Reinhard M.: Der paradox Eine. Antignostischer Monarchianismus im zweiten Jahrhundert, Leiden u.a. 1999.

47 Bei Hippolyt: Refutatio 9, 11, 3. Vgl. Hübner, 234.

außer Vater und Sohn auch der Heilige Geist einbezogen ist, eine erste deutliche Trinitätslehre sehen: Die drei und nur sie werden dem Gottesbegriff zugeordnet, und es wird die Einheit Gottes behauptet. Dennoch fehlt etwas ganz Entscheidendes, und einer der ersten Kritiker des Monarchianismus, der Nordafrikaner Tertullian (ca. 160–ca. 220), hat dies in seiner Schrift gegen den Monarchianer Praxeas klar ausgesprochen: Praxeas ebne die Unterscheidung der drei Personen ein und verstehe nicht, dass man die Einheit des göttlichen Wesens (*substantiae unitas*) auf viel angemessenere Weise denken könne, indem man das Geheimnis der göttlichen „Ökonomie“ (sozusagen der Haushaltsplanung) Gottes wahre, welche die Einheit in der Dreiheit (*trinitas*) anordne, und den Vater, den Sohn und den Heiligen Geist als drei nicht der Substanz nach, wohl aber der Form nach denke.[48] Allerdings stellt sich Tertullian dabei die Substanz Gottes als einen (feinen) Stoff vor, wobei dann der Vater die ganze Substanz, der Sohn dagegen nur ein Teil dieses Ganzen sei.[49] Tertullian gebraucht bereits als erster Lateiner die wichtigsten Grundbegriffe auch der späteren Trinitätslehre: *trinitas* (der erste Beleg in der lateinischen Sprache überhaupt), was bei ihm aber Dreiheit, nicht Drei-Einheit heißt,[50] *unitas* für die Einheit, sodann *substantia* für das Wesen (griechisch *ousía*), und *persona* für Person. Für alle diese Termini gab es schon zuvor Äquivalente bei griechischen Christen. Das griechische Äquivalent von Person (*prósōpon*) wurde u.a. bereits von Justin ein halbes Jahrhundert zuvor verwendet. Der Begriff „Person“ klingt für neuzeitliche Ohren nach dem Inbegriff dessen, was einen Menschen ausmacht. In der christlichen Trinitätsdebatte ist er in einem ganz anderen Sinne zu verstehen. Man sieht das sehr gut an der Art, wie Justin ihn in Anknüpfung an Philo und andere antike Philologen in seiner Apologie des Christentums verwendet: Er macht den Leser darauf aufmerksam, dass bei der Lektüre der Bibel immer genau beachtet werden muss, welche zunächst einmal grammatische Person (auch wir sprechen ja noch z.B. von der „dritten Person Singular“), dann aber auch mit einem bestimmten wirklichen Menschen oder einer Gottheit oder einer literarischen Figur identifizierbare Person der Autor eines Werkes an einer Stelle sprechen lässt, und wer hier tatsäch-

Mangelnde Unterscheidung der drei Personen

48 Tertullian: Adversus Praxean 2, 4.

49 Ebd. 7, 8; 9, 2. Vgl. Hübner, 210.

50 Ähnlich das griechische Äquivalent *Trias*, wohl erstmals in der christlichen Literatur belegt bei Theophilus: Ad Autolycum 2, 15, wo allerdings auf die Trias von Gott, Logos und Sophia ausdrücklich „an vierter Stelle“ der Mensch folgt, und worin laut 2, 10 Logos und Sophia identisch zu sein scheinen.

lich spricht (z.B. ob Gott durch einen Engel spricht usw.).[51] Auf diese Weise wollen Theologen wie Justin und Tertullian die wirkliche Unterscheidung der Personen etwa des Vaters und des Sohnes erkennen helfen.

Tertullian legt seinen Finger auch in die Wunde des Monarchianismus: Wer Gottvater und den Sohn, ohne die Personen hinreichend zu unterscheiden, miteinander identifiziert, der muss nicht nur Jesu Anrede an den Vater gewissermaßen zu einem Selbstgespräch umdeuten, sondern der behauptet auch, Gott der Vater und Schöpfer des Himmels und der Erde sei ans Kreuz geschlagen worden und habe dort gelitten.[52] Dieser Vorwurf des sogenannten *Patripassianismus* (Vorstellung des leidenden Vaters) konnte nach althergebrachtem antikem Verständnis als vernichtend empfunden werden, denn der höchste, wahre Gott ist nach paganem und jüdischem und späterem christlichem Verständnis der Antike ein vollkommener Gott, der darum kein leidender Gott sein kann. In der jüngeren Generation von Theologen monarchianischer Ausrichtung unterschied nun der römische Bischof Kallistos (Bischof ca. 217/218–222) zur Vermeidung des *Patripassianismus* in Jesus Christus einen leidensunfähigen göttlichen und einen leidensfähigen menschlichen Teil.[53] Er wurde von einem anderen Monarchianer namens Sabellius (3. Jh.) dafür gerügt, den Glauben Noëts verlassen zu haben,[54] der nun gerade darauf zielte, in antignostischer Absicht die absolute, wenn auch paradoxe Identität des leidensunfähigen Leidenden zu betonen, so wie darin auch die Identität des Unsichtbaren, der sich sichtbar gemacht hat, des Ungewordenen, der gezeugt wurde, der Unsterblichen, der starb, behauptet wurde.[55]

Vorwurf des Patripassianismus

Letztlich bot der Monarchianismus konzeptionell, besonders in der zentralen Frage des *Patripassianismus* zu offene Flanken, als dass er sich auf Dauer hätte durchsetzen können. Zudem ließ die Bedrohung durch die Gnosis im Laufe des dritten und vierten Jahrhunderts anscheinend nach. Daher konnte man jetzt gefahrloser eine deutliche Unterscheidung der göttlichen Personen treffen, ohne in den Verdacht mangelnder Abgrenzung von den Gnostikern zu geraten. Der Logos-Theologe Hip-

---

51 JUSTINUS: Apologia 1, 36, 1f. Vgl. Dazu ANDRESEN, Carl: Zur Entstehung und Geschichte des trinitarischen Personbegriffs, in: Zeitschrift für die Neutestamentliche Wissenschaft 52 (1961), 1–39.

52 TERTULLIAN: Adversus Praxean 2, 1.

53 HIPPOLYT: Refutatio 9, 12, 16–19.

54 Ebd. 9, 12, 16.

55 Ebd. 9, 10, 9–12; 10, 27, 1–2. Vgl. HÜBNER, 1–129.

polyt (wohl vor 170–235) in Rom war dagegen noch als Häretiker (Ketzer) und Ditheist (Zwei-Gott-Gläubiger) verurteilt worden, weil er Gott den Vater und den Sohn als zwei Personen (*prósōpa*) bezeichnet hatte.[56] Das sollte sich bald ändern. Der Monarchianismus, einst als antignostische Theologie von so vielen Theologen vertreten, wurde allmählich als „Sabellianismus“ zur Häresie, also zu einer falschen Lehre, erklärt und verurteilt.[57] Erfolgreicher wurde die Ansicht derer, die wie Tertullian den Gedanken der Einheit der Substanz Gottes mit dem Gedanken von drei unterschiedenen Personen, die den einen Gott ausmachen, verbanden. Schon Tertullian erklärt diese Sicht wohl in der Zeit um 213 als *substantia novi testamenti*, als Inbegriff der neutestamentlichen Verkündigung des Christentums im Unterschied zum Judentum.[58]

Monarchianismus wird zur Häresie erklärt

Zusammenfassung

Im zweiten und frühen dritten Jahrhundert gibt es eine Fülle von Theoriebildungen im Christentum. Unter diesen sind vor allem zwei Richtungen bedeutend. Beide sind Gegenbewegungen zu Versuchen sogenannter Gnostiker und des Theologen Markion, scharf zwischen einem guten oder wahren und erlösenden Gott und einem fragwürdigen Schöpfergott, der für das Negative in der Welt verantwortlich ist, oder weiteren kosmischen Instanzen zu unterscheiden. Die antignostischen Theologen versuchen dagegen, Gott als Einen zu denken. Die subordinatianische Richtung ordnet Jesus Christus als Gottessohn, Logos und Gott zweiten Ranges dem Vater unter, riskiert auch die Rede von einem „zweiten“ oder „anderen“ Gott, setzt diesen aber nicht dem Vater entgegen. Die andere, weitaus verbreitetere Form antignostischer frühchristlicher Theologie ist der Monarchianismus, der die Einzigkeit Gottes durch Identifikation von Vater, Sohn und mitunter auch Heiligem Geist betont, und Gott darum paradox bestimmen muss: der Unsichtbare, der sichtbar wurde usw. Der Monarchianismus zog sich aber den Vorwurf zu, etwas nach antikem Verständnis Absurdes zu behaupten, nämlich einen leidenden Gott. Demgegenüber wiesen Kritiker wie Tertullian auf die Notwendigkeit hin, die Einheit der Substanz Gottes mit der wirklichen Unterscheidung der drei Personen zusammenzudenken.

56 Ebd. 9, 11, 3; 9, 12, 15f. Vgl. Hübner, 235.

57 Bienert, Wolfgang A.: Sabellius und Sabellianismus als historisches Problem, in: Logos (FS Luise Abramowski), hg. von Brennecke, Hanns Christof/Grasmück, Ernst Ludwig/Markschies, Christoph, Berlin/New York 1993, 124–139.

58 Tertullian: Adversus Praxean 31, 1.

5. Die Neukonzeption der Trinitätstheologie durch Origenes

Origenes, der überragende griechische Theologe

Der überragende christliche Denker des dritten Jahrhunderts und vielleicht des antiken griechischsprachigen Christentums überhaupt war Origenes (um 185–ca. 254). Er lebte in der großen ägyptischen Bildungsmetropole Alexandrien, später dann in Cäsarea in Palästina. Seine Leistung liegt erstens darin, das Ganze des Christentums ideenreich und scharfsinnig durchdacht zu haben, dabei zweitens seine Theologie in einem bis dahin unbekannten Maße auf die Auslegung des gesamten Alten und Neuen Testamentes gestützt zu haben und drittens die Theologie auf das Reflexionsniveau bester damaliger Wissenschaften gebracht zu haben. Viele seiner Gedanken waren schon zu seinen Lebzeiten umstritten, nach seinem Tod wurde er wiederholt verurteilt. Dennoch wirkten seine Anregungen auf die meisten bedeutenden späteren antiken Theologen des Christentums sehr stark.[59]

Das gilt auch für die Trinitätslehre.[60] Von den Lehren des Origenes hängen, so erstaunlich das zunächst klingt, die beiden einander entgegengesetzten Richtungen der Trinitätslehre des vierten Jahrhunderts gleichermaßen ab, nämlich die Theologie des Konzils von Nizäa 325 und die Theologie des sogenannten Arianismus, die in Nizäa verurteilt wurde. Dabei ist es der nizänischen Theologie um die Einheit und Gleichheit Gottes des Vaters und Gottes des Sohnes zu tun, wohingegen Formen nichtnizänischer Theologie die Differenz und rangmäßige Ungleichheit von Gott Vater, Sohn und Heiligem Geist betonen, also die Subordination. Doch beide Gruppen stützen sich auf Gedanken des Origenes. Warum enthält dessen Theologie die Keime zu einer derart gespaltenen Rezeptionsgeschichte?

Die philosophische Frage nach dem Ursprung

Dazu muss man in die antike Philosophie zurückblicken.[61] Eine Grundfrage der antiken Philosophie galt dem Ursprung oder den Prinzipien von allem, was ist. Warum ist die Welt so, wie sie ist? Woraus ist alles entstanden? Lässt sich vernünftig denken, aus welchen Prinzipien alles herrührt? Platon findet heraus: Eine

[59] Vgl. Williams, Rowan: Origenes/Origenismus, in: Theologische Realenzyklopädie, Bd. 25 (1995), 397–420.

[60] Vgl. zum Folgenden Ziebritzki, Henning: Heiliger Geist und Weltseele. Das Problem der dritten Hypostase bei Origenes, Plotin und ihren Vorläufern, Tübingen 1994.

[61] Vgl. zum Folgenden Kany, Roland: Augustins Trinitätsdenken. Bilanz, Kritik und Weiterführung der modernen Forschung zu „De trinitate“, Tübingen 2007, 436–461.

Zweizahl oder gar Mehrzahl von Prinzipien kann niemals der letzte Ursprung von allem sein. Denn zwei Prinzipien haben etwas gemeinsam, mindestens dass sie Prinzipien sind, und sie unterscheiden sich in etwas, mindestens in einem einzigen Punkt, denn sonst wären es ja nicht zwei Prinzipien, sondern nur eines. Zwei Prinzipien erfordern daher für das, was sie gemeinsam haben, und für das, was sie unterscheidet, im letzten erneut zwei Prinzipien. Und diese zwei Prinzipien setzen natürlich auch wieder zwei Prinzipien voraus, eines für das, was ihnen gemeinsam ist, und eines für das, worin sie sich unterscheiden, und so fort. Das höchste Prinzip, so scheint es also, kann nur ein einziges sein. Aber auch das funktioniert nicht laut Platons Analyse: Ein einziges Prinzip kann die Vielheit in dieser Welt nicht erklären. Wenn nämlich alles aus ein und demselben Prinzip hervorgegangen ist, also aus „dem Einen", warum ist dann nicht alles in der Welt exakt identisch, warum gibt es Heißes und Kaltes, Schweres und Leichtes, Lebewesen und leblose Dinge usw.?

Eines oder Vieles als Ursprung?

Platon zeigt, dass der Sachverhalt komplizierter ist: Es scheint, als sei das Höchste und Letzte weder Eines noch Nicht-Eines und verstoße damit gegen den Satz des Widerspruchs. Aber damit nicht genug: Das höchste und letzte Prinzip von allem muss einerseits das Allereinfachste, Grundlegendste sein, andererseits muss es allem anderen überlegen sein, kann also nicht geringer als etwa der menschliche Geist sein. Der menschliche Geist zeichnet sich durch die Fähigkeit aus, über sich selbst nachdenken zu können, also durch die Fähigkeit zur Selbstreflexion. Das Höchste muss also denken und sich denken, womit es aber in gewisser Hinsicht, auf einer theoretischen Ebene, mehr als nur Eines ist, nämlich mindestens zwei, Denkendes und Gedachtes. Damit ergibt sich die paradoxe Erkenntnis, dass das Eine, Höchste, Letzte bereits mehr als Eines ist, also eine Vielheit ist, was aber dann wieder das Problem aufwirft, dass eine Mehrzahl nicht das letzte Prinzip sein kann. Das Eine und der Geist wetteifern so um den Vorrang. Das Problem scheint noch ganz am Ende der Antike als unlösbar zu gelten: über tausend Jahre lang, bis zum sechsten Jahrhundert n.Chr. haben die antiken Philosophen damit gerungen.

Plotin (204–270), jüngerer Zeitgenosse des Origenes und vielleicht Schüler desselben Lehrers, bei dem auch Origenes studiert haben könnte, versuchte, das Problem durch eine Stufung zu lösen: Als oberstes Prinzip setzte er „das Eine" (*hen*) an, darunter komme der Geist (*nous*), darunter die Weltseele (*psyché*); das sind die drei geistigen Wirklichkeiten, und die dritte vermittelt dann schon zur Welt der Dinge dieser unserer Welt hin, die unterhalb dieser Dreiheit liegt.[62] Plotin selbst und vor allem sein Schüler Porphyrios (234–ca. 305) nannten solche Wirklichkeiten, die nicht „Dinge" dieser Welt sind, aber dennoch eine selbständige Existenz haben, „Hypostasen".[63] Jede dieser drei obersten Hypostasen entlässt aus sich ohne Verminderung ihrer selbst eine unter ihr stehende Stufe, und so generiert sich nach und nach die ganze Welt. Damit ist natürlich das ungelöste Problem Platons nicht gelöst, denn es bleibt die Frage, warum aus dem höchsten Einen sich irgendetwas anderes ergeben soll, warum dieses Eine nicht einfach als amorphe Masse in sich verharrt, ohne dass sich daraus eine vielfältige Welt ergibt.

Die drei obersten Hypostasen Plotins

Origenes scheint solche oder zumindest ähnliche Konzepte zu kennen. Er gebraucht ebenfalls den Begriff der drei Hypostasen und wendet ihn wohl erstmals im Christentum auf Gott den Vater, den Sohn und den Heiligen Geist an:

Die drei Hypostasen bei Origenes

Zitat

„Wir aber sind überzeugt, dass es drei Hypostasen gibt, den Vater und den Sohn und den Heiligen Geist, und glauben, dass kein anderer ungeworden (*agénētos*) ist als der Vater, so wie wir für frömmer und wahr halten, dass, da alles durch den Logos geworden ist, der Heilige Geist ehrwürdiger als alles ist und der Ordnung nach ‚der erste' von allem, was vom Vater durch den Sohn geworden ist."[64]

Origenes erkennt, dass der Gottesbegriff der Christen nicht mit der obersten Hypostase Plotins gleichgesetzt werden kann, außer in der Hinsicht, dass er als das Oberste und Höchste gedacht ist. Denn ansonsten ist das „Eine" Plotins schlechterdings eigenschaftslos, es hat keinerlei Vielheit an und in sich, kann sich streng genommen nicht gegenübertreten und insofern auch nicht über sich nachdenken, ist also nicht selbstreflexiv, weil es wirklich nur schlechthin strukturlose Einheit ist. Dagegen ist der Gott der Juden und Christen ein denkender, fühlender, wissender Gott, also Geist, und darin steht er grundsätzlich auf einer Stufe mit Plotins zweiter Hypostase, dem Geist. Origenes

62 Plotin: Enneade 5, 1.

63 Vgl. Hammerstaedt, Jürgen: Hypostasis, in: Reallexikon für Antike und Christentum, Bd. 16 (1994), 986–1035.

64 Origenes: In Iohannem 2, 75 (Übersetzung Thümmel, H. G.).

spricht Gott dem Vater dennoch notwendig einige Merkmale zu, die Plotin vom Einen behauptet, etwa dass er das Höchste sei, dass alles andere von ihm stamme, dass er für alles unter ihm stehende nicht voll erkennbar sei usw. Dass somit ein und derselbe Gott einerseits Merkmale von Plotins Einem trägt, andererseits Merkmale von Plotins Geistbegriff, bedeutet eine innere Mehrdeutigkeit der Position des Origenes, aus der sich dann zwei konträre Verstehensmöglichkeiten von Origenes' Gedanken ergeben haben: Wenn Gott der Vater als Spitze des Seins verstanden wird, ist der Sohn dem Vater untergeordnet, und die gleiche Unterordnung wiederholt sich beim Heiligen Geist gegenüber dem Sohn: Es entsteht eine deutliche Subordination bei Origenes, ein abnehmender Rang nach unten hin. Das kann später zum Arianismus führen, der nur Gottvater für Gott im vollen Wortsinne hält, den Sohn und erst recht den heiligen Geist dagegen für Wesen geringeren Ranges.

Unterordnung der Hypostasen

Wenn Origenes dagegen Gott als Geist denkt, also als das, was bei Plotin erst als zweite Hypostase gilt, dann gibt es Platz für die Möglichkeit, Gott als Vielfalt zu denken und Vater, Sohn und Heiligen Geist auf eine Stufe zu stellen. Denn der Geist (*nous*) bei Plotin ist vielfältig, selbstreflexiv usw. In dieser Hinsicht bieten sich also Origenes Möglichkeiten, Vater, Sohn und Heiligen Geist auf eine Stufe zu stellen und das wäre dann die Position, die sich auf dem Konzil von Nizäa 325 durchzusetzen beginnt und die dann im Laufe des vierten Jahrhunderts zur beherrschenden Theologie wird.

Gleichordnung der Hypostasen

Damit soll nicht der Eindruck erweckt werden, Origenes sei nur aus der philosophischen Tradition zu verstehen. Im Gegenteil, wie man gerade an der dritten Größe sieht: Origenes nimmt wohl ausdrücklich und eindeutig als dritte und letzte selbständige göttliche Wirklichkeit nach Gottvater und dem Sohn den Heiligen Geist an. Wenn nun, wie gesehen, bei Origenes Gott der Vater eher der zweiten Hypostase Plotins und Gott der Sohn der dritten Hypostase Plotins entspricht, dann bleibt für den Heiligen Geist kein Vorbild in den obersten geistigen Hypostasen Plotins übrig. Doch die Idee zu einer Metaphysik des Heiligen Geistes hat sich bei Origenes aufgrund biblischer Quellen und insbesondere der Anrufung von Vater, Sohn und Geist bei der Taufe entwickelt. Origenes bedenkt mit enormer Wirkung auf alle spätere Theologie, dass man sich das Hervorbringen von Sohn und Geist aus dem Vater nicht als zeitlichen Vorgang vorstellen darf, sondern dass es sich um einen Prozess in der Zeitlosigkeit handelt, also in der Ewigkeit (die nicht als lange Zeit missverstanden werden

Ewige Zeugung des Sohnes

darf). Die ewige Zeugung des Sohnes aus dem Vater schildert Origenes mit fast den gleichen Worten, die Plotin für den Hervorgang des *nous* aus dem *hen* gebraucht, nämlich mit Hilfe der Metapher von Licht und Abglanz.[65] Für Origenes folgt daraus ihre Subordination. Er kann darum auch die alte Redeweise Philos vom Logos als „zweitem Gott" aufgreifen und über den Gottessohn sagen: „Wenn wir ihn also ‚zweiten Gott' nennen, so soll man wissen, dass wir mit dem Ausdruck ‚zweiter Gott' nichts anderes bezeichnen als die Vollkommenheit, die alle Vollkommenheit umfasst und den *lógos*."[66]

Origenes findet, wie schon angedeutet, Ansätze, um die Einheit und Gleichheit der drei Hypostasen zu denken: Vater, Sohn und Geist seien in einem exklusiven Sinne substantiell vollkommen gut und nicht aufnahmefähig für das Ungerechte, Unvernünftige, Finstere, Unheilige; von da ist es kein weiter Weg zu der These, sie seien von gleicher Natur.[67] Einen ähnlichen Gedanken gibt es bei Plotin nicht, da der Zweck der obersten Hypostasen in seiner Philosophie gerade darin besteht, aus dem höchsten Prinzip stufenweise den Kosmos abzuleiten. Origenes betont, Gott sei „sowohl Geist als auch die Quelle, aus der jede intelligible Natur oder jeder Geist den Ursprung hat".[68]

Andere Entwicklungen des 3. Jahrhunderts

Es gab wahrscheinlich im weiteren Verlauf des dritten Jahrhunderts verschiedene Konflikte um die Trinitätslehre, die teils die alte Differenz von Monarchianismus und Subordinationstheologie neu behandelten, teils von der Theologie des Origenes ausgingen. Theologen, die an solchen Konflikten beteiligt gewesen sein sollen, waren Dionysios von Alexandrien (ca. 190–ca. 264), Dionysios von Rom (Bischof 259/260–267/268) und Paul von Samosata (schrieb in den 260er Jahren). Dabei ist jedoch in der neueren Forschung sehr umstritten, in welchem Maße man den antiken Berichten über diese Konflikte trauen kann, vor allem inwieweit Dokumente dazu im vierten Jahrhundert gefälscht wurden.[69] Diese schwierigen Fragen seien hier übergangen.

---

65 ORIGENES: De principiis 1, 2, 4; PLOTIN: Enneade 5, 1, 6.

66 ORIGENES: Contra Celsum 5, 39.

67 ORIGENES: De principiis, 1, 6, 2; 1, 8, 3. Vgl. zu diesem Thema ZIEBRITZKI, Hennig: Heiliger Geist und Weltseele. Das Problem der dritten Hypostase bei Origenes, Plotin und ihren Vorläufern, Tübingen 1994, 248–257.

68 ORIGENES: De principiis 1, 1, 6.

69 Vgl. MARKSCHIES, Christoph: Alta Trinità Beata. Gesammelte Studien zur altkirchlichen Trinitätstheologie, Tübingen 2000, 99–195.

Zusammenfassung

Origenes erstellte in kritischer Aufnahme damaliger platonischer Theorien den ersten großen Entwurf einer systematischen Trinitätslehre. Er gebraucht bereits den Ausdruck „drei Hypostasen" für die drei Wirklichkeiten Vater, Sohn und Geist. Origenes neigt deutlich zur Subordination des Sohnes (als „zweitem Gott") unter den Vater und des Heiligen Geistes unter Vater und Sohn, aber er entwickelt auch Argumente für ihre Gleichrangigkeit. Bedeutsam für die spätere Trinitätslehre war zudem die Einsicht des Origenes, dass es sich bei dem Hervorbringen von Sohn und Geist um zeitlose (ewige) und nicht etwa zeitliche Prozesse handelt.

6. Arius und das erste Konzil von Nizäa

Person des Arius

Der große Streit um die Trinitätslehre begann wohl um 320 in Alexandrien und wurde durch den dort tätigen Priester Arius (ca. 260–ca. 336) ausgelöst, der bald in Konflikt mit dem 312 bis 328 amtierenden Ortsbischof Alexander von Alexandrien geriet.[70] Man warf Arius und bestimmten, mit seinem Namen in Verbindung gebrachten Theologen vor, dass sie den Gottessohn nicht wirklich als Gott ansahen, ihn vielmehr auf die Seite der Geschöpfe statt des Schöpfers stellten und damit den Kern des christlichen Glaubens verfehlten, wonach uns in Christus Gott selbst begegnet. Demgegenüber erklärte das Konzil von Nizäa 325, Gottvater und Gottsohn seien gleichen Wesens.

Platonische Tendenzen des Arius

Arius scheint seine geistige Prägung in Alexandrien empfangen zu haben, wo insbesondere Lehren des Origenes noch sehr präsent waren. Arius wirkte als Presbyter in der sogenannten Baukaliskirche, einer der Hauptkirchen von Alexandrien. Dort war er wohl von Amts wegen vor allem mit Bibelauslegung befasst, er war aber auch philosophisch geschult, von den zeitgenössischen „mittelplatonischen" und neuplatonischen Gedanken einer hierarchischen Stufung allen Seins und der Transzendenz des Höchsten tief geprägt, und galt als ehrbarer, angesehener Priester. Zuerst scheint Arius bei seinem Bischof wegen angeblicher theologischer Neuerungen angezeigt worden zu sein, dann aber ging er zum Gegenangriff über und kritisierte Alexander, der daraufhin Arius und einige seiner Anhänger im Klerus exkommunizierte. Arius und seine Anhänger werden aus Alexandrien

70 Vgl. Williams, Rowan: Arius. Heresy and Tradition, 2. Auf., London 2001; Löhr, Winrich: Arius Reconsidered, in: Zeitschrift für Antikes Christentum 9 (2005), S. 524-560; 10 (2006), 121–157.

ausgewiesen, er geht zeitweise nach Palästina, seine Anhängerschaft wächst, auch einige Bischöfe sind darunter. Alexander beruft eine Synode (griechisch *sýnodos*, „Zusammenkunft", lateinisches Äquivalent *concilium*) von mehr als hundert Bischöfen Ägyptens und Libyens ein. Die Lehre des Arius wird verurteilt, zwei libysche Bischöfe werden absetzt. Umgekehrt halten Anhänger des Arius eine Synode ab, welche den Glauben des Arius billigt. Da Arius und seine Anhänger nicht mehr die Kirchen benutzen dürfen, feiern sie in alexandrinischen Privathäusern Gottesdienst. Es kommt zu Tumulten und Protesten.

Kaiser Konstantins Eingreifen

Es war die Zeit Konstantins des Großen (im Amt 306–337), zu dessen traditionellen kaiserlichen Aufgaben es gehörte, die oberste Aufsicht über religiöse Angelegenheiten im Reich zu führen. Im Jahre 324 besiegte Konstantin den Mitregenten der östlichen Reichshälfte, Licinius, und wurde nun Alleinherrscher über das gesamte Römische Reich. Sofort bemühten sich die verschiedenen Kirchenparteien im Streit um Arius, die Zustimmung und Durchsetzung ihrer Position durch den Kaiser zu erlangen. Am Ende des Jahres 324 schickte Konstantin einen theologischen Berater nach Alexandrien, um den Streit zu schlichten. Das scheint nicht gelungen zu sein. Vielleicht kam es noch auf einer Synode in Antiochien 324 zur Verurteilung der Lehre des Arius, aber der Streit war damit nicht beendet.

Grundgedanken des Arius

Erhalten sind nur wenige kurze Originaltexte des Arius, aus denen seine Konzeption aber noch zu erschließen ist.[71] Arius radikalisiert, wenn man so will, einerseits einen Grundgedanken des Monarchianismus: Arius betont, dass es einen einzigen Gott gibt, und dieser Eine ist allein Gott der Vater. Zum anderen radikalisiert Arius den Gedanken der Subordination aus dem Christentum des zweiten und dritten Jahrhunderts: Die subordinierte Größe, also der Sohn, wird von Arius nun so stark untergeordnet, dass er nicht mehr zur göttlichen Sphäre zählt, sondern zu den Geschöpfen gehört. Da Gott der Vater für Arius absolut transzendent (alles Seiende schlechthin übersteigend) ist, erscheint eine Mittlerfigur nötig, die zwischen diesem jenseitig-fernen Gott und unserer Welt die Verbindungsbrücke schlagen kann. Diesen Mittler sieht Arius in Christus, der zwar ein Geschöpf des allein ungewordenen, allein ewigen Vaters sei, doch kein Geschöpf wie alle

[71] Das Folgende vor allem nach Arius' Bekenntnis, Urkunde 6, in: Opitz, Hans-Georg: Urkunden zur Geschichte des Arianischen Streites, 1. und 2. Lieferung, Berlin/Leipzig 1934, fortgeführt und übersetzt in der 3. Lieferung von Brennecke, Hanns Christof u.a., Berlin/New York 2007 (durchweg in: Athanasius, Werke, Bd. 3, erster Teil).

anderen, vielmehr das erste, vor aller Zeit erschaffene, vollkommene Geschöpf. Der Sohn ist nicht innerhalb der Zeit geworden wie die anderen Geschöpfe, sondern aus dem Willen Gottes heraus gleichsam in der Stunde Null, als die Zeit begann. Arius sagt daher nicht (wie man oft in modernen Lehrbüchern liest), es habe einmal eine Zeit gegeben, als der Sohn noch nicht war, sondern er lässt das Wort Zeit weg und sagt: „Es war einmal, dass er nicht war" (*ēn póte hóte ouk ēn*).[72]

Diese Radikalisierung des zuvor ja durchaus von vielen Theologen vertretenen Subordinationsgedankens rief nun das kritische Nachdenken vieler Christen hervor, von denen manche den Kern des Christusglaubens in Gefahr sahen: Hätte Arius Recht, hätten wir es in Jesus Christus nicht mehr wirklich mit Gott selbst zu tun. Könnten wir dann überhaupt noch die Erlösung vom Christusgeschehen erhoffen? Bischof Alexander von Alexandrien lehnte die Vorstellung des Arius ab, der Sohn sei Geschöpf. Nun beginnt man deutlicher zu unterscheiden zwischen „erschaffen" und „zeugen". Mit dem „Zeugen" ist in der Trinitätstheologie keinerlei sexuelle Konnotation verbunden, sondern es besagt nur ein Hervorbringen von Wesensgleichem (nämlich des Sohnes aus dem Vater), das nicht aus einem Nichtseienden ein Seiendes macht, sondern sich zeitlos in Ewigkeit vollzieht. Vorstellen kann man sich dies natürlich nicht, man muss es denken! Alexander und die spätere nizänische Theologie lehren in Anlehnung an Origenes die ewige Zeugung des Sohnes. Diese Zeugung geschieht nicht irgendwann einmal – dann würde Gott sich wandeln, was beim vollkommenen Gott nach antiker Sicht nicht möglich ist. Für Alexander gilt somit die Gleichewigkeit von Gottvater und Sohn, ein ewiges Zusammen-Bestehen.

„Erschaffen" oder „zeugen"

Arius dagegen wirft Alexander vor, mit seiner Theorie der Gleichewigkeit von Gottvater und Gottsohn die unmögliche Theorie zweier ungewordener Ursprünge von allem zu lehren. Alexander teile damit die eine göttliche Natur in zwei Teile, was aber nur bei materiellen Wesen, nicht bei Gott denkbar sei. In Übereinstimmung mit der klassischen philosophischen Gotteslehre sagt Arius: Ungeworden zu sein, unentstanden, unerzeugt, anfangslos – das sind Gottesprädikate schlechthin, sie gelten aber nur für Einen: Nur Gott der Vater ist dieser Eine. Dagegen ist der Sohn geworden, er ist nicht gleichewig mit dem Vater, er ist nicht aus dem Wesen des Vaters herausgeflossen, er ist auch nicht als ein Teil Gottes, das diesem wesengleich ist (*merós homooúsion*), zu

Arius' Kritik

72 Wiedergabe z.B. in Urkunde 4 b, 7, Opitz (Athanasius: De decretis 35, 7).

verstehen. Der Sohn könne den Vater nicht einmal erkennen, weil dieser unsagbar sei.[73]

Es scheint, als habe sich Arius auch Gedanken darüber gemacht, wie und wozu Gottvater den Sohn vor allen anderen Geschöpfen ausgezeichnet hat: Gottvater habe im voraus gewusst, dass dieses sein erstes und herrlichstes Geschöpf einen vollkommenen sittlichen Gehorsam beweisen werde. Der Sohn habe die Freiheit gehabt, aber eine perfekte Sittlichkeit gelebt, und das habe der Vater vorhergesehen. Bischof Alexander und sein Nachfolger Athanasius (ca. 295–373) warfen daraufhin dem Arius vor, er stelle sich das so vor, als habe Gottvater den Christus als Sohn adoptiert, nachdem er erkannt hatte, dass Christus perfekt war und keine Schuld auf sich laden werde. Wahrscheinlich meinte Arius jedoch gerade nicht, dass der Mensch Jesus Christus von Gott als Gottessohn adoptiert wird, sondern diese Erhöhung ist in seinen Augen vor aller Schöpfung geschehen, nicht erst zu Ostern. Doch hielt Arius die Freiheit des Sohnes vermutlich für wichtig, weil der Sohn mit den Menschen in diesem Punkt prinzipiell auf gleicher Stufe steht, mit ihnen im gleichen Boot sitzt, so dass das Geschehen um Jesus Christus die Menschen erlösend mitnehmen kann.

Das Konzil von Nizäa 325

Kaiser Konstantin berief zur Feier seiner 324 errungenen Alleinherrschaft und zur Entscheidung kirchlicher Streitigkeiten im Jahre 325 ein großes Konzil nach Nizäa (heute Iznik in der Türkei) ein.[74] Mehr als zweihundert Bischöfe folgten der Einladung, darunter einige wenige Lateiner. Der römische Bischof ließ sich durch Legaten vertreten. Akten über den Verlauf sind nicht erhalten geblieben, doch wissen wir, dass nach heftigem Streit die Lehre des Arius verurteilt wurde. Der Kaiser schickte Arius in die Verbannung nach Illyrien, das Land entlang der östlichen Adriaküste. Was danach mit Arius geschah, ist kaum bekannt. Es gab offenbar Versuche, Arius zu begnadigen und zu rehabilitieren, und Konstantin scheint seine Meinung über Arius mehrfach geändert zu haben. Die Versöhnung gestaltete sich wohl schwierig, nicht zuletzt wegen des Widerstands des Nachfolgers von Alexander auf dem Bischofsstuhl von Alexandrien seit 328: Athanasius der Große. Arius ist anscheinend um 336 gestorben.

---

73 Arius: Thalia, Fragment bei Athanasius: De synodis 15, 3.

74 Vgl. Kany, Roland: Kaiser Konstantin und das erste Konzil von Nizäa, in: Schuller, Florian/Wolff, Hartmut (Hg.): Konstantin der Große. Kaiser einer Epochenwende, Lindenberg 2007, 95–124.

Das Konzil von Nizäa schuf etwas, das es bis dahin so nicht gegeben hatte: Es formulierte ein aus dem Streit erwachsenes, konsensuell verbindliches Glaubensbekenntnis.[75] In den ersten drei Jahrhunderten hatten alle Glaubensbekenntnisse eher örtlichen Charakter gehabt. Man war überzeugt, dass sie den von den Aposteln her überlieferten Glauben festhielten, aber sie waren regional etwas unterschiedlich. Ihr Ort war vor allem die Taufe und die Taufvorbereitung. Das Bekenntnis von Nizäa 325 hat im Prinzip, im Kern, eine gängige Struktur solcher Taufbekenntnisse, die etwa so lauten konnten:

Das Glaubensbekenntnis von Nizäa

Zitat

„Wir glauben an den einen Gott, den Vater, den allmächtigen, den Schöpfer alles Sichtbaren und Unsichtbaren, und an den einen Herrn Jesus Christus, den Sohn Gottes, einziggeborener aus dem Vater, Gott aus Gott, Licht aus Licht, durch ihn ist alles geschaffen, er ist um unseres Heiles willen herabgestiegen, hat gelitten, ist auferstanden, er kommt die Lebenden und die Toten zu richten, und wir glauben an den Hl. Geist."

Diesem Bekenntnis fügte man nun in Nizäa Präzisierungen hinzu, die sich gegen Arius richteten. Der Heilige Geist war zu dieser Zeit kein großes Diskussionsthema, und darum wurde diesem Bestandteil älterer Bekenntnisse nichts hinzugefügt. Noch blieb also offen, wie man sich das Rangverhältnis des Geistes zu Sohn und Vater denken sollte. Die Hinzufügungen betrafen nur den Passus über den Sohn.

Der Formulierung, der Sohn sei geboren als einziger (d.h. als einziger Sohn) aus dem Vater bzw. vom Vater her, fügte man die Erläuterung hinzu: „das heißt aus dem Wesen (*oúsia*) des Vaters, wahrer Gott aus wahrem Gott, gezeugt, nicht geschaffen, wesensgleich (*homooúsios*) dem Vater". Die Formulierung „aus dem Wesen des Vaters" ist schwierig und soll wohl besagen, dass der Sohn nicht durch einen Willensentschluss des Vaters aus dem Nichts als Geschöpf entstanden ist. „Wahrer Gott von wahrem Gott" verdeutlicht, dass Christus kein zweitrangiger Gott oder eine bloße göttliche Instanz ist, sondern von gleichem Rang und gleicher Würde wie Gott der Vater. „Gezeugt, nicht geschaffen", d.h. der

75 Hierzu und zu allen anderen Bekenntnissen des vierten Jahrhunderts vgl. Kelly, John Norman Davidson: Altchristliche Glaubensbekenntnisse. Geschichte und Theologie, Göttingen 1972.

Sohn ist zwar vom Vater her, aber er ist kein Geschöpf. Unendlich viel Tinte ist darüber vergossen worden, was genau *homooúsios* bedeutet, „wesensgleich", „wesens-eins" usw.[76] Es war ein Begriff, den Arius, wie eben zitiert, in einem bestimmten Kontext abgelehnt hatte. Eine Interpretation des nizänischen *homooúsios* besagt, es bedeute „von ein und derselben Substanz"; demnach wären Vater und Sohn zwar unterscheidbar, hätten oder seien jedoch nur eine einzige Substanz. Eine andere Möglichkeit besagt, das Wort besage in bewusstem Gegensatz zu Arius, dass der Sohn nicht zur Schöpfung gehöre, sondern den gleichen Rang wie der Vater einnehme: Er sei also „gleichen Wesens", d.h. im gleichen Sinne und Rang Gott wie der Vater. Wahrscheinlich gab es schon 325 mehrere Interpretationen des Terminus. In der Diskussion des vierten Jahrhunderts über das Verhältnis von Gott Vater, Sohn und Geist ist es nicht nur bei diesem Terminus nie gelungen, eine klare, logisch einwandfreie Definition zu erzielen.

Zusammenfassung

Arius übernimmt den mittel- oder neuplatonischen Gedanken einer Hierarchie von Seinsstufen und einer Transzendenz des Höchsten, und in Verschärfung des Subordinatianismus von Origenes und anderen früheren Denkern gewinnt er daraus seine Theorie, dass allein Gottvater im vollen Sinne Gott ist, der Sohn hingegen das erste, hervorragendste und göttliche Geschöpf dieses Vaters, das zwischen dem absolut jenseitigen Vater und unserer Welt vermittelt. Das Konzil von Nizäa sah darin den Kern des Christusglaubens gefährdet und betonte, der Sohn sei wahrer Gott, gleichen Wesens wie der Vater und kein Geschöpf des Vaters, sondern von diesem „gezeugt" (zeitlos hervorgebracht). Das Bekenntnis von Nizäa nennt den Heiligen Geist als drittes Element neben Vater und Sohn, sagt aber nichts über seinen Rang und sein Verhältnis zu den beiden anderen aus.

7. Die Zeit nach dem Konzil von Nizäa bis zum Konzil von Konstantinopel 381

Streit nach 325

Kaiser Konstantins Hoffnung, den innerchristlichen Streit durch das Konzil beizulegen und die von ihm zunehmend geförderte Religion der Christen wieder zu befrieden, erfüllte sich nicht. Im Gegenteil scheint das Konzil in Ost und West zwei bis drei Jahrzehnte lang wenig Beachtung gefunden zu haben, und mehr als

[76] Vgl. Stead, George Christopher: Homousios, in: Reallexikon für Antike und Christentum, Bd. 16 (1994), 364–433.

ein halbes Jahrhundert lang wurde erbittert weitergestritten. Verschiedene Gruppierungen und Fraktionen bildeten sich, nicht allein aus theologischen, sondern auch aus kirchenpolitischen und politischen Motiven. So förderten beispielsweise die Söhne Kaiser Konstantins nach dessen Tod (337) unterschiedliche Richtungen der Theologie. Im Folgenden kann die verwickelte Geschichte des Streits nicht umfassend dargestellt werden.[77] Versucht wird lediglich, eine grobe Orientierung anhand einiger Hauptpositionen zu geben. Zu warnen ist vor der Simplifizierung, die Diskussion des vierten Jahrhunderts auf einen Konflikt von arianischer Ketzerei und nizänischer Rechtgläubigkeit zu reduzieren. In Wahrheit ist „Arianismus" ein Kampfbegriff des vierten Jahrhunderts, mit dem alle den Sohn dem Vater unterordnenden Theologien zusammengeworfen wurden, um sie unter die Verurteilung des Arius in Nizäa 325 fallen zu lassen. Und das Konzil von Nizäa errang erst sehr allmählich im vierten Jahrhundert das hohe Ansehen, das es schließlich innehatte.

Markell von Ankyra

Eine spezielle Position, die viel Widerspruch und damit fruchtbares Nachdenken auslöste, entwickelte Bischof Markell von Ankyra (um 280–374), dem heutigen Ankara, der möglicherweise zu den Vordenkern des Bekenntnisses von Nizäa gehört hatte. Markell versuchte dem Kaiser in einer Schrift darzulegen, dass nicht nur Arius, sondern die ganze origenistische Logos- und Hypostasenlehre verdammt gehöre. Konstantin berief eine kleinere lokale Synode in Konstantinopel in den 330er Jahren ein. Markell wurde verurteilt und seines Amtes enthoben. Man warf ihm u.a. vor, er lehre, dass die Königsherrschaft Christi einmal ein Ende habe, Christus gewissermaßen in Gott aufgehe. Dagegen hielt man fest, was wir heute noch im Glaubensbekenntnis sprechen: „seiner Herrschaft wird kein Ende sein". Markell betonte, darin den Monarchianern, aber auch seinem Gegner Arius ähnlich, den Glauben an einen einzigen Gott. Diesen sah er als strikte Einheit (*mónas*), die unmöglich mit der Annahme einer ewigen, ursprünglichen Dreiheit von Hypostasen kompatibel sei. Daher gelangte

[77] Gute Darstellungen geben Ritter, Adolf Martin: Dogma und Lehre in der Alten Kirche, in: Handbuch der Dogmen- und Theologiegeschichte, hg. von Andresen, Carl und Ritter, Adolf Martin, Göttingen ²1999, 99–283; Dünzl, Franz: Kleine Geschichte des trinitarischen Dogmas in der Alten Kirche, Freiburg 2006. Wer es genau wissen will, muss auf umfangreichere Bücher zurückgreifen: Simonetti, Manlio: La crisi ariana nel IV secolo, Rom 1975; Hanson, Richard Patrick Crosland: The Search for the Christian Doctrine of God. The Arian Controversy 318–381, Edinburgh 1988; Ayres, Lewis: Nicaea and its Legacy. An Approach to Fourth-Century Trinitarian Theology, Oxford 2004.

Markell zu einer mit mathematischen Modellen arbeitenden Theorie, wonach diese *mónas* sich temporär zur *trías* erweitert habe, schließlich aber am Ende der Zeiten zur *mónas* zurückkehre.[78] Ein anderer bedeutender Theologe, wahrscheinlich Apolinarius von Laodicea, wies jedoch die Mängel dieser Konzeption nach, weil das Konstrukt der Selbsterweiterung der Einheit zur Dreiheit entweder die Dreiheit schon in der Einheit voraussetzen muss oder die Dreiheit nicht mehr als Einheit denken kann, also in jedem Falle in Widersprüche führt.[79] – Markell hielt sich nach seiner Absetzung für einige Zeit in Rom auf, wo er im Jahr 341 durch eine Synode für rehabilitiert erklärt wurde. Es gelang ihm zwar nicht, für seine speziellen Theorien volle Zustimmung zu erlangen, wohl aber für seine Betonung der unbedingten Einheit Gottes und für seine Ablehnung der origenistischen Drei-Hypostasen-Lehre. Beides hielt sich vor allem im lateinischen Raum für einige Jahrzehnte als starker Trend.

Das Konzil von Serdika 342/3

Zur Lösung der theologischen Konflikte nach dem Konzil von Nizäa wurde 342 oder 343 ein Konzil nach Serdika, dem heutigen Sofia, einberufen. Doch noch bevor das Konzil offiziell eröffnet war, brach es auseinander. Eine überwiegend östliche und eine überwiegend westliche Rumpfsynode verurteilten sich wechselseitig. Die westlichen Theologen sahen in der Drei-Hypostasen-Theologie Arianismus und erklärten, es gebe nur eine einzige göttliche Hypostase.[80] Die Bischöfe der östlichen Rumpfsynode dagegen betrachteten die so denkenden westlichen Bischöfen als Markell-Anhänger, denen Sabellianismus vorzuwerfen sei und empfanden deren Ablehnung ihrer Terminologie der göttlichen Hypostasen (im Plural) als Angriff auf ihre alte, von Origenes und seinen Schülern geprägte Tradition.

Die homöische Theologie

Als der Konstantinsohn Constantius II. im Jahr 350 Alleinherrscher wurde, versuchte er, den kirchlichen Frieden durch eine staatlich vorgeschriebene Standardtheologie herbeizuzwingen. Er ließ neue Glaubensbekenntnisse formulieren, die das Nizänum ablösen sollten. Die neue Linie nennt man „homöische" Theologie (von griechisch *homoíos* „ähnlich"). Worum es ging, wird etwa

[78] Vgl. Seibt, Klaus: Die Theologie des Markell von Ankyra, Berlin/New York 1994.

[79] Pseudo-Athanasius: Contra Arianos 4, 1f. Vgl. Hübner, Reinhard M.: Die Schrift des Apolinarius von Laodicea gegen Photin (Pseudo-Athanasius, Contra Sabellianos) und Basilius von Caesarea, Berlin/New York 1989.

[80] Erhalten bei Theodoret: Kirchengeschichte 2, 8. Vgl. Ulrich, Jörg, Die Anfänge der abendländischen Rezeption des Nizänums, Berlin/New York 1994, 143 und 281–287.

deutlich in dem sogenannten „Datierten Credo", das verschiedene Bischöfe am Kaiserhof in Sirmium (dem heutigen Sremska Mitrovica in Serbien) am 22. Mai 359 verabschiedeten: Da das Wort *ousía* (Wesen) von den Vätern (von Nizäa) gut gemeint eingeführt worden sei, doch dem Volk unbekannt sei und Ärgernis erregt habe, da es (in der nizänischen Wortbedeutung) nicht in der Bibel stehe, scheine es richtig, seinen Gebrauch einzustellen. „Vielmehr bezeichnen wir den Sohn als dem Vater in allen Dingen ähnlich [*homoíon ... kata pánta*]."[81] Das war ein Toleranzedikt für subordinatianische Positionen diverser Art, wohingegen der Wortlaut des Nizänums zurückgenommen werden sollte. Die homöische Position umschifft die Problemzonen des Dogmas: Gott ähnlich sind alle Menschen infolge ihrer Gottebenbildlichkeit. Aber die Frage war, ob Christus auf die Seite Gottes oder die Seite der Geschöpfe gehört. Denn davon hängt es ab, ob die Menschen erlöst sind oder nicht. Synoden in Rimini (359), Seleukia (360) und Konstantinopel (360) sollten nach dem Willen des Kaisers die homöische Theologie durchsetzen.

Widerstand gegen die homöische Theologie

Gegen die vom Kaiser aufgezwungene Theologie regte sich aber Widerstand. Die Lage war unübersichtlich. Neben Anhängern der kaiserlichen homöischen Theologie gab es seit dem Konzil von 325 Bischöfe wie Athanasius, die mehr und mehr das Bekenntnis von Nizäa als Maßstab der Rechtgläubigkeit ansahen. Dann gab es ein Spektrum verschiedener, zumeist gemäßigter Vertreter einer origenistischen Drei-Hypostasen-Theologie; sie witterten im Bekenntnis von Nizäa „Sabellianismus", also jene schon im dritten Jahrhundert verurteilte Form des Monarchianismus, in der die Differenz der drei Hypostasen in der einen *ousía* Gottes verschwindet. Sodann gab es eine von den Theologen Aëtios (ca. 313–ca. 367) und Eunomios (ca. 335–392/395) entwickelte Richtung, welche die Lehre des Arius noch radikalisierte und die vollkommene Unähnlichkeit von Gott dem Vater und dem Sohn mit einem guten Argument behauptete: Wenn die traditionelle christliche wie pagan-philosophische Kennzeichnung des wahren Gottes als unerzeugt/ungezeugt zutreffend Gottes Wesen bezeichne, dann könne dieses Wesen unmöglich von gleicher Art wie das Wesen des Sohnes sein, da der Sohn zweifellos gezeugt sei; Gottvater und Sohn seien somit einander strikt unähnlich (*anhomoíos*) – man nennt diese Eunomianer daher auch „Anhomöer".

Apolinarius von Laodicea

Den Kampf mit den Anhomöern nahm wohl um 359 wahrscheinlich wiederum Apolinarius von Laodicea auf, der philoso-

[81] Bei Athanasius: De synodis 8.

phisch wahrscheinlich kompetenteste griechische Theologe in der Mitte des vierten Jahrhunderts. Apolinarius sah, dass die Argumentation der Anhomöer zutrifft, falls man ihre Voraussetzung teilt, dass die Begriffe „ungezeugt" und „gezeugt" jeweils Wesensaussagen sind. Wenn es so sein sollte, ist Christus nicht mehr als Gott und Erlöser denkbar. Darum musste nach Apolinarius die genannte Voraussetzung des anhomöischen Arguments falsch sein. Die Begriffe „ungezeugt" und gezeugt" sagen nicht das Wesen von Vater und Sohn aus, sondern nur deren „Daseinsweise" (*trópos tēs hypárxeōs*).[82] Damit können Vater und Sohn gleichen Wesens sein, obwohl der eine ungezeugt, der andere gezeugt ist.

Der Heilige Geist kommt um 360 in die Diskussion

Um 360 kam ein neues Element in die Debatte. Bis dahin hatte die Diskussion des vierten Jahrhunderts weitgehend nur das Verhältnis von Gottvater und Sohn berührt, doch kaum vom Heiligen Geist gehandelt, auch wenn häufig von den „drei Hypostasen" gesprochen wurde und zu dieser Zeit wohl die meisten liturgischen Formeln bei Taufe und Doxologie dreigliedrig waren, nach Vater und Sohn also den Geist nannten. Um 360 lenkt Bischof Serapion von Thmuis (im Nildelta, Unterägypten) die Aufmerksamkeit des Athanasius auf ägyptische Christen, die zwar den Sohn mit dem Vater gleichen Wesens sein ließen, aber den Heiligen Geist als einen der dienstbaren Geister, nur graduell von den Engeln verschieden, dachten. Ähnliche Ansichten waren offenbar aus verschiedenen Motiven und an verschiedenen Orten verbreitet. Möglicherweise kamen manche dieser Ideen aus Formen des Mönchtums, in denen der Geist als eine in der spirituellen Tiefe des Menschen aufzufindende göttliche Kraft gedeutet wurde, die darum nicht Gott selbst sein könne. Athanasius wandte sich jedoch gegen die Ansichten solcher „Pneumatomachen" („Geistbekämpfer"), und so weitete sich die Debatte und wurde erst jetzt zu einer im engsten Sinne trinitätstheologischen. Der zentrale Gedanke der Trinitätstheologie des Athanasius lag in der Zusammengehörigkeit der Trinitätslehre mit der Soteriologie, also der Lehre von Heil und Erlösung des Menschen. Athanasius argumentiert: Wie kann Christus Retter und Erlöser sein? Dazu muss er selbst Gott sein. Christus, wahrer Gott, wird Mensch und nimmt den Tod auf sich, damit wir in Gottes Sphäre aufgenommen, also errettet und vom Tod erlöst werden können. Unsere Erlösung wäre aber auch kaum denkbar, wenn der Geist, der den Christen geschenkt ist, nicht wirklich Gott selbst wäre. Nur wenn

[82] Pseudo-Basilius: Adversus Eunomium 4 (Patrologia Graeca 29, 681 A).

der Heilige Geist Gott ist, kann er uns mit dem göttlichen Sohn und dem Vater in einen heilbringenden Bezug bringen, nur dann den Gläubigen letztlich die Vergöttlichung schenken, d.h. die Unvergänglichkeit und Erlösung. Athanasius erklärt es daher für gottlos, den Geist für ein Geschöpf zu halten.[83] Vor allem Basilius von Cäsarea arbeitete diese Konzeption weiter aus.[84]

Als Ende 361 Kaiser Julian zur Alleinherrschaft gelangte, der sich vom Christentum abgewandt hatte, hob er die Verbannungsedikte auf, die Constantius II. gegen Athanasius und andere erlassen hatte. Damit ergab sich nun die Chance, die langjährigen innerchristlichen Konflikte ohne kaiserliche Bevormundung anzupacken. Es war Bischof Athanasius, der die Gunst der Stunde erkannte, um einen theologischen Kompromiss zwischen mehreren Richtungen zu erlangen. Gleich nachdem er aus dem Exil zurückgekehrt war, berief er 362 eine Synode nach Alexandrien ein. Vertreter theologisch unterschiedlich denkender Gruppen nahmen teil, und Athanasius machte die Ergebnisse durch ein Schreiben publik.[85] Ein durchdachter Kompromiss gelang, indem „Arianismus" und „Sabellianismus" gleichermaßen verurteilt wurden und durch die gemeinsame Abgrenzung gegen die beiden Extreme breiter Raum für eine mittleren Linie eröffnet wurde. Gegenüber den Vertretern der Drei-Hypostasen-Theologie wurde betont, dass ihre Theologie mit dem Bekenntnis von Nizäa vereinbar ist, solange ihre Redeweise nicht dazu führt, drei Wesen (*ousíai*) und somit letztlich drei Götter anzunehmen; umgekehrt wurde den Kritikern der Drei-Hypostasen-Theologie das Zugeständnis entlockt, dass sie mit ihrer Konzeption, wonach nur eine göttliche Hypostase existiert, eigentlich dasselbe meinten wie „ein Wesen" (*ousía*), und dass sie darum nicht dem Sabellianismus huldigen. Mit diesem Ausgleich der Interessen und mit der Einsicht, dass die jeweils andere Seite nicht notwendig als Häresie anzusehen war, wurde die Lösung des langen Streites vorbereitet. Sie erfolgte allerdings nicht sofort, der Streit ging zunächst weiter, und die homöische Theologie erhielt hier und dort erneuten kaiserlichen Rückenwind.

Synode nach Alexandrien 362

Dem von Athanasius vorbereiteten Kompromiss fehlte noch eine ausgearbeitete Konzeption, wie die nizänische Theologie des einen Wesens (*ousía*) Gottes mit der origenistischen Rede von den drei Hypostasen zusammengedacht werden konnte, so dass we-

83 Vgl. Athanasius: Briefe an Serapion.

84 In seinem Werk De spiritu sancto.

85 Athanasius: Tomus ad Antiochenos.

der der Gedanke von Gottes Einheit aufgelöst wird (wie man das Arius, den Anhomöern und den Pneumatomachen vorwarf), noch die drei göttlichen Personen in eins fallen (wie man das dem Sabellianismus vorhielt). Der erfolgreiche Vorschlag zur Lösung dieses Problems wird vor allem den drei großen Theologen der Landschaft Kappadokien (in der heutigen Innertürkei) zugeschrieben, Basilius von Cäsarea in Kappadokien (ca. 329/30–378), seinem Freund Gregor von Nazianz (ca. 326–ca. 390) und dem Bruder des Basilius, Gregor von Nyssa (ca. 335/340–vor 400). Die drei haben das Thema der Trinität und der Gottheit des Heiligen Geistes in vielen Schriften und Predigten behandelt. Dabei gibt es viele Unterschiede zwischen ihnen, und teils bestehen auch Unterschiede und Widersprüche innerhalb ihrer eigenen Werke.[86] Doch grob gesagt besteht ihre Idee darin, die Einheit Gottes dem Begriff der *ousía* zuzuordnen, die Dreiheit dagegen den Hypostasen, die als Daseinsweisen mit einem gleichsam auf eine Minimum reduzierten, aber dennoch vorhandenen Wirklichkeitsgehalt verstanden werden. Das Grundmodell läuft also auf die Redeweise „ein Wesen, drei Hypostasen" (*mía ousía, treis hypostáseis*) hinaus, wobei zum Konzept noch die wichtige Präzisierung gehört, dass die drei Hypostasen nicht vermischt, aber auch nicht getrennt gedacht werden dürfen.[87] Die Terminologie der zuletzt genannten Präzisierung ist übrigens keine Erfindung der Kappadokier, sondern begegnet früher beispielsweise in paganen Konzepten der Leib-Seele-Einheit des Menschen, die ebenfalls als „unvermischte Einheit" bestimmt werden konnte. Jede der drei göttlichen Hypostasen hat den Kappadokiern zufolge ihre Eigentümlichkeit (*idiótēs*), also etwas, das nur sie hat. Gregor von Nazianz etwa sagt: die Besonderheit des Vaters ist die Ungezeugtheit (*agennēsía*), diejenige des Sohnes die Erzeugtheit (*génnēsis*), diejenige des Geistes das Ausgehen (*ekpóreusis*, nach Joh 15,26) vom Vater.[88] Durch diese Differenzierungen wird auch – zumindest terminologisch – gesichert, dass der Geist nicht wie ein zweiter Sohn erscheint. Ob die kappadokischen Vorschläge allerdings nur terminologische oder auch klare konzeptionelle Unterscheidungen sind, kann man sich fragen.

Die drei Kappadokier

---

86 Unübertroffen: Holl, Karl: Amphilochius von Ikonium in seinem Verhältnis zu den grossen Kappadoziern, Tübingen 1904; vgl. Markschies, Christoph: Alta Trinità Beata, 196–237.

87 Vgl. Abramowski, Luise: Drei christologische Untersuchungen, Berlin/New York 1981, 63–109.

88 Vgl. Gregor von Nazianz: Fünf theologische Reden (orationes 27–31).

Ist etwa die Redeweise vom einen Wesen und den drei Hypostasen eine befriedigende wissenschaftliche Klärung des Problems? Ist sie in irgendeine philosophische Sprache übersetzbar? Gregor von Nyssa versucht, die Redeweise so zu deuten, dass die *ousía* die gemeinsame Natur der drei Hypostasen bezeichne, die Hypostasen dagegen wie Individuen zu deuten seien, so wie z.B. Petrus, Jakobus und Johannes drei Individuen seien, jedoch jeder an der gemeinsamen menschlichen Natur teilhabe.[89] Doch bald bemerkt Gregor, dass diese Erklärung fatal ist: Jeder der drei ist ein Mensch, somit sind es drei Menschen – warum darf man dann nicht auch sagen: Der Vater ist Gott, der Sohn ist Gott, der Geist ist Gott, also sind es drei Götter? Gregor versteigt sich in haarsträubende Theorien, z.B. dass man genau genommen Petrus, Jakobus und Johannes gar nicht als drei Menschen bezeichnen dürfe, da sie sich ein einziges Menschsein teilen.[90] Es gibt bessere Argumente bei Gregor, aber auch diese beweisen nicht hinreichend, wie ein Drei-Götter-Glaube begrifflich sauber vermieden werden kann.[91]

Ousía als Art, Hypostasen als Individuen

Dass die drei Kappadokier häufig die Unerkennbarkeit Gottes stark betonen, sei hinzugefügt. Richtig verstanden, ist diese Betonung theologisch zutreffend, und gerade die Kappadokier haben diese Wahrheit tief durchdacht. Mitunter ist aber nicht ausgeschlossen, dass sie damit die Unzulänglichkeit ihrer Argumente kaschieren und aus der Not eine Tugend zu machen versuchen. Generell muss man, um den Kappadokiern gerecht zu werden, deutlich sagen, dass ihre Theologie weit reicher, auch spirituell tiefer ist, als es eine Reduktion ihrer Ideen auf einige theologische Formeln suggeriert. Doch bleibt es durchaus ein Kernproblem ihrer Theologie, dass sich in der antiken Philosophie kein Konzept fand, das befriedigend und für den Bereich der Gotteslehre passend eine Einheit von Einheit und Differenz oder von Einheit und Vielheit zu denken erlaubte.

Unerkennbarkeit Gottes

Nach Jahrzehnte währendem Streit um die Trinitätslehre wollte Kaiser Theodosius der Große dem Konflikt wohl ein Ende bereiten. Das Edikt „Cunctos populos" vom Jahre 380 hatte diese Funktion noch nicht erfüllt und musste in einem weiteren

---

[89] Gregor von Nyssa: Ad Graecos ex communibus notionibus.

[90] Gregor von Nyssa: Ad Adlabium quod non sint tres dei.

[91] Stead, George Christopher: Why not Three Gods?, in: Ders., Doctrine and Philosophy in Early Christianity, Aldershot 2000, Nr. XIV. Übrigens bietet eigentlich die Konzeption der unvermischten Einheit ein Merkmal, das einer Drei-Götter-Theorie entgegensteht, denn wenn die drei unvermischt, aber auch ungetrennt sind, sind sie nicht wie drei Substanzen zu denken.

Das Konzil nach Konstantinopel 381 und sein Bekenntnis

Edikt Anfang 381 abgemildert werden.[92] So berief der Kaiser für Mitte 381 die „homousianisch", also nizänisch gesonnenen Bischöfe und 36 Pneumatomachen zu einem Konzil nach Konstantinopel (Teil des heutigen Istanbul) ein,[93] auf dem trinitätstheologische und weitere Streitfragen für den griechischen Osten geklärt werden sollten, während im selben Jahr in Aquileia eine Synode für den lateinischen Westen mit ähnlicher Zielsetzung einberufen wurde. Das Konzil von Konstantinopel verlief konfliktreich. Heute ist es vor allem berühmt durch das Glaubensbekenntnis, das seit dem siebzehnten Jahrhundert das *Nicaeno-Constantinopolitanum* genannt wird, weil es in vielen Formulierungen mit dem Bekenntnis von Nizäa 325 identisch ist; allerdings gibt es soviele kleine Abweichungen zwischen den beiden Bekenntnissen, dass nicht sicher ist, ob das Bekenntnis von 381 direkt aus einer Bearbeitung desjenigen von 325 entstand, oder auf andere Weise erstellt wurde.[94] Gregor von Nazianz jedenfalls beklagte sich später, es seien zuviele politisch bedingte Kompromisse geschlossen worden, so dass er sich schließlich distanzierte[95] – und das Ergebnis dieser Kompromisse könnte das Bekenntnis sein. Im katholischen Gottesdienst wird das Bekenntnis von 381 heute gelegentlich als das „große Credo" gesungen oder gesprochen, entweder in einer lateinischen Übersetzung oder einer nach dieser Übersetzung angefertigten deutschen Version. Die erhaltenen Quellen bis zum Konzil von Chalcedon 451 schweigen allerdings fast völlig von diesem Glaubensbekenntnis. In Chalcedon dann wird es als das Bekenntnis der 150 Väter von Konstantinopel 381 vorgelesen.[96] Deshalb ist es eine bis heute debattierte Frage, ob diese Zuschreibung stimmt, aber es gibt gute Gründe für die Annahme. Es ist gut möglich, dass die Konzilsväter von 381 auf dem Hintergrund der durch Athanasius vorbereiteten und von den Kappadokiern ausgearbeiteten Deutung der Trinitätslehre den Glauben von Nizäa bekräftigen, präzisieren und im Teil über den Heiligen Geist erweitern wollten. Die im katholischen liturgischen Gebrauch übliche deutsche Übersetzung lautet wie folgt:

---

92 Die beiden Edikte sind enthalten im Codex Theodosianus 16, 1, 2 und 16, 5, 6.

93 Sokrates: Kirchengeschichte 5, 8.

94 Vgl. Hauschild, Wolf-Dieter: Art. Nicaeno-Konstantinopolitanisches Glaubensbekenntnis, in: Theologische Realenzyklopädie 24 (1994), 444–456.

95 Gregor von Nazianz: De vita sua, Verse 1703–77.

96 Schwartz, Eduard (Hg.): Acta conciliorum oecumenicorum II.1.2, 80 (276).

Zitat

Wir glauben an den einen Gott, den Vater, den Allmächtigen,
der alles geschaffen hat, Himmel und Erde, die sichtbare und die unsichtbare Welt.

Und an den einen Herrn Jesus Christus, Gottes eingeborenen Sohn,
aus dem Vater geboren vor aller Zeit: Gott von Gott, Licht vom Licht,
wahrer Gott vom wahren Gott, gezeugt, nicht geschaffen,
eines Wesens mit dem Vater; durch ihn ist alles geschaffen.

Für uns Menschen und zu unserem Heil ist er vom Himmel gekommen,
hat Fleisch angenommen durch den Heiligen Geist von der Jungfrau Maria
und ist Mensch geworden. Er wurde für uns gekreuzigt unter Pontius Pilatus,
hat gelitten und ist begraben worden, ist am dritten Tage auferstanden
nach der Schrift und aufgefahren in den Himmel.
Er sitzt zur Rechten des Vaters und wird wiederkommen in Herrlichkeit,
zu richten die Lebenden und die Toten; seiner Herrschaft wird kein Ende sein.

Wir glauben an den Heiligen Geist, der Herr ist und lebendig macht,
der aus dem Vater und dem Sohn hervorgeht,
der mit dem Vater und dem Sohn angebetet und verherrlicht wird,
der gesprochen hat durch die Propheten;
und die eine, heilige, katholische und apostolische Kirche.

Wir bekennen die eine Taufe zur Vergebung der Sünden.
Wir erwarten die Auferstehung der Toten
und das Leben der kommenden Welt.

Im Nizänum hatte der Passus über den Heiligen Geist nur aus den Worten bestanden „und an den Heiligen Geist". Dieser Abschnitt wird im Bekenntnis von 381 viel länger ausgeführt und um einen Passus zu Taufe und Auferstehung ergänzt, wodurch dieses Credo besonders geeignet als Taufbekenntnis wurde. Dem Heiligen Geist wird in neutestamentlichen Formulierungen das Herrsein (vgl. 2 Kor 3,17 f.) und lebenspendender Charakter (vgl. 1 Kor 15,45; 2 Kor 3,6; Joh 6,63) zugesprochen. Das impliziert, ohne ausgesprochen zu werden, dass der Heilige Geist Gott ist. Auch sein Ausgehen vom Vater wird in einer biblischen Wendung beschrieben (Joh 15,26; 1 Kor 2,12). In dem Passus über den Geist wird somit, wie schon in der Schrift des Basilius über den Heiligen Geist, eher im Kontext der Doxologie gesprochen und darauf verzichtet, die Terminologie der Wesensgleichheit ausdrücklich zu benutzen, die im Abschnitt über den Gottessohn steht und jahrzehntelange Diskussionen nach sich gezogen hatte.

Der theologische Hintergrund des Bekenntnisses

Die kappadokische Trinitätslehre ist in ihren technischen Termini nicht in das Bekenntnis von Konstantinopel eingegangen. Es scheint aber einen ausführlicheren *Tomos*, d.h. ein Lehrschreiben gegeben zu haben. Darauf nimmt jenes Schreiben einer im Folgejahr 382 in derselben Stadt abgehaltenen Synode Bezug, das zu Beginn des vorliegenden Beitrags zitiert worden war.[97] Was dieses Schreiben als kurze Darstellung der Trinitätstheologie bietet, könnte wohl eine Zusammenfassung des Inhalts dieses Tomos sein und liefert, wenn dem so ist, den Interpretationsschlüssel zur Deutung des Bekenntnisses von 381. Aus dem Schreiben geht hervor, dass tatsächlich die Trinitätslehre der Kappadokier zugrundeliegt. Dies vorausgesetzt, lässt sich das Bekenntnis von 381 im Nachhinein als ein großer Abschluss einer langen Debatte ansehen. Zunächst wurde das Bekenntnis allerdings in Ost und West fast nicht rezipiert, dies geschah erst im Laufe des fünften Jahrhunderts. Der Streit um die Trinitätslehre verebbte am Ende des vierten Jahrhunderts und flammte hier und dort wieder auf. Zudem behielten gotische und vandalische Christen ihren homöischen Glauben noch lange bei. Auch die Eunomianer bildeten offenbar eine Sonderkirche, die in kleinen Gruppen hier und dort fortexistierte. Ganz am Ende der Antike gab es im griechischen Raum nochmals teils sehr komplexe, tiefsinnige Überlegungen zur Trinitätslehre, etwa bei Pseudo-Dionysius Areopagita (um 500) und Maximus Confessor (ca. 580–662). Ganz am Ende der Antike wurde sogar eine mit teils guten Argumenten geführte Debatte um tritheistische Gotteskonzepte geführt; Johannes Philoponos (6. Jahrhundert), einer der scharfsinnigsten und philosophisch gebildetsten antiken Christen überhaupt, gelangte durch eine Kombination christologischer Überlegungen mit der aristotelischen Logik zu der Theorie, die drei Hypostasen seien als konkrete Substanzen zu verstehen, was in der Konsequenz auf einen Tritheismus hinauslief und Kritik hervorrief.[98] Trotz all dieser Entwicklungen basierte die mittelalterliche und neuzeitliche östliche und westliche Trinitätslehre weithin auf dem kappadokischen Grundmodell und dem Bekenntnis von Konstantinopel 381.

---

97 Theodoret: Kirchengeschichte 5, 9. Vgl. oben Anm. 1.

98 Ebied, R. Y./van Roey, A./Wickham, L. R. (Hg.), Peter of Callinicum. Anti-Tritheist Dossier, Leuven 1981.

Das Filioque

Das *Filioque*

Dass der Heilige Geist aus dem Vater hervorgehe, steht im griechischen Original des Bekenntnisses von 381, dagegen ist die Hinzufügung „und vom Sohn" eine nur im lateinischen Text stehende Formulierung, das berühmte *Filioque*. Es wurde wohl im sechsten Jahrhundert zunächst in Spanien hinzugefügt, um gegenüber den dort noch starken gotischen Homöern die Gleichrangigkeit von Vater und Sohn zu betonen.[99] Die Vorstellung, dass der Geist nicht allein vom Vater, sondern auch vom Sohn ausgehe, ist im antiken Christentum eine Minderheitsmeinung, die es aber in Ansätzen z.B. bei Athanasius und deutlicher bei Augustin gibt. Bei Augustin ergibt sie sich u.a. durch die Überlegung, dass einerseits zwei nur vom Vater stammende Personen wie zwei Söhne erschienen (was die Frage aufwerfen könnte, warum ein Sohn nicht ausreichte), und dass andererseits der Heilige Geist als die Liebe des Vaters und des Sohnes zu denken ist und er somit von beiden hervorgeht (wobei der Hervorgang vom Sohn, weil dieser selbst seinen Ursprung im Vater hat, letztlich ursprungsmäßig – principaliter – ebenfalls vom Vater ausgeht). Die lateinische Hinzufügung des *Filioque* wurde im Laufe des Mittelalters von Lateinern wie von Griechen zu einem bewussten und zentralen Unterscheidungsmerkmal zwischen östlicher und westlicher Theologie und Kirche hochstilisiert. Noch heute gibt es Theologen in Ost und West, die unbekümmert um all die zahlreichen sonstigen Nuancen und Differenzen, die unter den antiken, mittelalterlichen und neuzeitlichen christlichen griechischen wie auch lateinischen Denkern in der Trinitätstheologie bestanden und bestehen, alle großen theologischen, philosophischen, politischen und kulturellen Differenzen zwischen Ost und West auf diese acht Buchstaben *Filioque* projizieren, die es in die lateinische Fassung des wichtigsten Glaubensbekenntnisses der Christenheit geschafft haben. So meinen einige ostkirchliche Theologen, mit dem *Filioque* habe der Westen seit Augustin den wahren Weg verlassen und sei der Häresie verfallen. Die griechische Theologie sei von den drei göttlichen Personen ausgegangen, der Westen dagegen habe mit dem *Filioque* die Einheit des Wesens den drei Personen übergeordnet. Der Westen habe von der Sendung des Geistes durch Christus auf den innergöttlichen Hervorgang des Geistes aus dem Sohn geschlossen und damit die Unerkennbarkeit Got-

99 Vgl. Gemeinhardt, Peter: Die Filioque-Kontroverse zwischen Ost- und Westkirche im Frühmittelalter, Berlin/New York 2002.

tes geleugnet. Dieser Rationalismus des Westens habe letztlich in den Atheismus geführt. Der Charakter des Vaters als Ursprung von allem sei durch die Hinzunahme des Sohne unterminiert worden, damit sei eine Minderung der Bedeutung des Heiligen Geistes erfolgt, die zur materialistischen Geistlosigkeit des westlichen Menschen geführt habe. Umgekehrt haben westliche Denker der ostkirchlichen Theologie vorgeworfen, die Theologie des Ausganges des Geistes einzig vom Vater habe einen autoritären, vaterzentrierten und undemokratischen Osten generiert. In einigen dieser Kritikpunkte liegt ein winziges Körnchen Wahrheit, aber auch nicht mehr als das. Die simplen Ost-West-Oppositionen sind letztlich Klischees. 1995 gab der Päpstliche Rat für die Förderung der Einheit der Christen eine „Klarstellung" heraus, die entsprechend dem 1993 veröffentlichten Katechismus der Katholischen Kirche das griechische Original des Bekenntnisses von 381 ohne das *Filioque* und die lateinische Version mit dem *Filioque* als zwei gleichberechtigte, einander ergänzende Sichtweisen betrachtet. Es wird betont, dass die griechische Sicht des „allein aus dem Vater" auch von den Lateinern in dem Sinne akzeptiert wird, dass Sohn und Geist in gewissem Sinne aus dem Vater *principaliter* hervorgehen, denn natürlich ist der Vater Ursprung des Sohnes und allein ursprungslos; der Sohn entspringt dagegen dem Vater und insofern geht der Geist, auch wenn er durch den Sohn ausgeht, letztlich aus dem Vater hervor. Das *Filioque* habe die wesensgleiche Gemeinschaft von Vater und Sohn betonen wollen, wogegen auch der Osten nichts einzuwenden haben dürfte.[100]

Zusammenfassung

In den Jahrzehnten nach 325 wurde ein unübersichtlicher Streit ausgetragen, in dem sich verschiedene Richtungen aus verschiedenen theologischen, kirchenpolitischen und politischen Motiven bildeten. Es gab Theologen wie Markell, die alles Gewicht auf die Einheit Gottes legten. Andere führten die Rede- und Denkweise des Origenes von den drei göttlichen Hypostasen fort. Wieder andere argumentierten, der ungezeugte Gottvater und der gezeugte Gottessohn könnten unmöglich gleichen Wesens sein, sie seien ganz unähnlich. Mehrere Kaiser versuchten, eine begrifflich bewusst unscharfe, vermeintlich biblische Theologie vorzuschreiben, die Gott den Vater und den Sohn als „ähnlich" beschrieb. Um 360 tritt eine Debatte über die Frage hinzu, ob der Heilige Geist als Gott zu den-

[100] Vgl. den Text „Die griechische und lateinische Überlieferung über den Ausgang des Heiligen Geistes", in: STIRNEMANN, Alfred/WILFINGER, Gerhard (Hg.): Vom Heiligen Geist, Innsbruck/Wien 1998, 23–33.

ken sei. Durch Athanasius vorbereitet und von den drei Theologen Basilius von Cäsarea, Gregor von Nazianz und Gregor von Nyssa ausgearbeitet wird das Dogma von Nizäa so interpretiert, dass auch die Rede von den drei Hypostasen oder drei Personen als zulässig anerkannt wird: Für Gott gilt demnach: Ein Wesen (*ousía*), aber drei Hypostasen gleichen Ranges, unvermischt und ungetrennt. Diese Theologie steht hinter dem Bekenntnis, das dem Konzil von Konstantinopel 381 zugeschrieben wird.

8. Augustin und die lateinische Trinitätslehre

Das lange Ringen um den trinitarischen Gottesbegriff im vierten Jahrhundert war vor allem die Sache griechischer Theologen gewesen. Der lateinische Westen hatte an der großen Debatte verspätet, eher am Rande und, von Ausnahmen (Marius Victorinus) abgesehen, begrenzt produktiv teilgenommen. Das ändert sich mit Augustin. Um 399 begann er sein fünfzehn Bücher umfassendes großes Werk *De trinitate* („Über die Trinität"), das er erst nach mehr als zwanzig Jahren abschloss.[101]

Augustins Verhältnis zur Trinitätslehre des 4. Jahrhunderts

Auch für Augustin steht fest: Gott ist Trinität, und die Trinität ist Gott. Vater, Sohn und Heiliger Geist sind nicht drei Götter, aber dennoch unterscheidbar. In ihrer Gleichheit zeigen sie die Einheit Gottes. Für Augustin ist es der Sinn des Glaubens, den Menschen auf die rechte Suche nach Verstehen zu führen. Darum untersucht er in der ersten Hälfte des Werkes die exegetischen und systematischen Versuche des vierten Jahrhunderts auf dem Gebiet der Trinitätslehre und unterzieht sie einer sehr scharfsinnigen Kritik. Er zeigt beispielsweise, dass die Bibel viele der anstehenden Fragen nicht beantwortet, sondern im Gegenteil zu eigenem Nachdenken herausfordern will. Auch Versuche der Kappadokier, die Rede von der einen Substanz und den drei Hypostasen nach Art der Logik von Art und Einzelding zu erklären (Gott als Art, und Vater, Sohn und Geist als die Individuen dieser Art), unterwirft Augustin einer vernichtenden Analyse: Weder passe der Ausdruck „Substanz" für Gott, noch liefere die Rede von den Hypostasen oder Personen ein logisch plausibles Modell. Augustin löst daher das große Problem des Eunomius anders als die Kappadokier, indem er in der Trinitätslehre Aussagen über das Wesen und Aussagen über Relationen unterschei-

[101] Das Folgende ist genauer dargestellt bei Kany, Roland: Augustins Trinitätsdenken.

det. Die Unterschiede in Gott betreffen die Relationen, nicht das Wesen Gottes. Augustin hält den Trinitäts*glauben* für wahr, aber die Trinitäts*lehre* des vierten Jahrhunderts für mangelhaft, und das begründet er in den ersten sieben der fünfzehn Bücher von *De trinitate*.

Augustins Neuansatz der Trinitätslehre

Darum entwickelt er in der zweiten Hälfte seines Werkes einen ganz eigenständigen, neuartigen Versuch. Dieser Versuch gründet auf der Einsicht, dass Gott nicht nach dem Modell eines Gegenstandes (auch nicht eines geistigen Gegenstandes) gedacht werden kann. Augustin übt den Leser in eine anders verfahrende Suche nach Verstehen ein. Diese setzt, in wichtigen Aspekten schon einen Grundgedanken neuzeitlicher Philosophie vorwegnehmend, im innersten Kern der menschlichen Geistigkeit und Subjekthaftigkeit an, nämlich dem Prinzip der Reflexivität. Wenn Gott nicht draußen, wie ein Gegenstand, gesucht werden kann, und wenn der Mensch in seiner Geistigkeit Ebenbild Gottes ist, musste dann nicht die Selbsterkenntnis des menschlichen Geistes der erfolgversprechendste Weg sein, Gott zu suchen? Man hat Augustins Methode oft als „psychologische Trinitätslehre" missverstanden, so als werde der in sich abgeschlossene, sich selbst denkende Menschengeist zum Modell der göttlichen Trinität erhoben. Das Gegenteil ist der Fall: Augustin entdeckt, dass aller ausdrücklichen Selbsterkenntnis etwas Uneinholbares als Bedingung ihrer Möglichkeit zugrundeliegt. Ich muss eine gar nicht ausdrücklich von mir bedachte, vor aller Reflexion liegende Gegenwart meiner selbst in mir haben, durch die mir vertraut ist, dass ich es bin, der gemeint ist, wenn ich mich selbst zu erkennen versuche. Insofern liegt im Allerinnersten des Menschengeistes etwas Nichtgegenständliches, das aller Selbstreflexion als Ursprung zugrundeliegt. Hier erahnt der Geist etwas, das nicht als Gegenstand zu denken ist, und hier scheint er der Sphäre Gottes am nächsten. Der Geist ist also gerade nicht in sich abgeschlossen. Von hier aus gewinnt Augustin weitere Perspektiven: Alle menschliche Faszination durch Gutes und Schönes fasst er als ein Lieben auf, das implizit das gute Streben selbst, also die Liebe liebt, und diese ist für den Christen Gott selbst. Wer dies einsieht, wird auch in seinem Nächsten das Bild Gottes lieben. Der Trinitätsglaube, recht bedacht, weitet den Blick über das Selbst hinaus zum Anderen.

„Aber ich sehe noch nicht die Trinität", lässt Augustin seinen Leser einmal einwenden.[102] Doch Augustin zeigt in langen Analy-

[102] Augustinus: De trinitate 8, 8, 12.

sen, wie sich in geistigen Akten immer wieder Strukturen von Trinität finden, etwa folgendermaßen: Der Geist bringt etwas ihm Gleiches und doch von ihm Unterschiedenes hervor, und diese Gleichen stehen in einer Beziehung, die ihnen im Idealfall gleich ist. Wenn etwa der Geist als Inbegriff seiner selbst (*memoria*) zur Erkenntnis seiner selbst (*intelligentia*) zu gelangen sucht, dann liegt in diesem Suchen das Moment der Liebe (*amor*). Und darin kann der Geist sein Urbild erahnen, den Vater als *principium*, den Sohn als Wort und Vernunft, den Heiligen Geist als Liebe von Vater und Sohn, als Geschenk, das vom Vater ausgeht, aber da der Vater sich ganz dem Sohn gegeben hat, ist der Geist dann auch Geschenk des Sohnes. Augustin zeigt bei den Trinitäten des Menschengeistes die Differenzen zu dem, was für Gottes Trinität gelten musste. Keine der Triaden holt das ein, was der Trinitätsglaube behauptet. Die Trinität Gottes rückt in dieser wohlkalkulierten, rationalen Mystik gleichzeitig immer weiter in die Ferne. Dem Leser wird immer bewusster, wie unergründlich das ist, was seinem Innersten zugrundeliegt, nämlich der Gott, der die Trinität ist.

Augustin war mit dem, was bis dahin als Ergebnis dieses Ringens galt, nicht zufrieden, weil er darin die Gefahr sah, Gott wie eine geistige Sache aufzufassen, obwohl Gott doch, wenn überhaupt, dann Ursprung von Allem ist. Der Sinn von Augustins Werk liegt darin, den Leser immer tiefer in eine Bewegung der Gottsuche in sich selbst zu führen, statt sich mit dem Fürwahrhalten rechtgläubiger Formeln zu begnügen. Gott ist verborgen, sagt er einmal, auf dass man ihn suche; und wenn man ihn findet, erweist er sich als unermesslich, auf dass man weiter ihn suche.[103]

Lateinische nachaugustinische Trinitätslehre

Der Versuch Augustins führt in bis dahin unbekannte Höhen der Reflexion, in die ihm kaum jemand zu folgen vermochte. In der lateinischen Theologie setzte sich zunächst eine vor allem aus augustinischen Formulierungen zusammengesetzte, aber nicht die Höhe von *De trinitate* atmende Kurzfassung der Trinitätslehre durch, die als „Athanasianisches Glaubensbekenntnis" bezeichnet wurde und deutlich die Einheit Gottes betont.[104] Im lateinischen Mittelalter arbeiteten die Theologen häufig mit Elementen der augustinischen Trinitätslehre, doch nur äußerst wenige Denker entwickelten ein Gespür für den eigentlichen Gedankengang des Werkes *De trinitate*, darunter in Ansätzen

[103] Augustinus: Tractatus in evangelium Iohannis 58, 1.
[104] Sogenanntes Symbolum Quicumque (Denzinger-Hünermann Nr. 75f.).

Anselm von Canterbury (1033–1109), vor allem aber Meister Eckhart (1260–1328) und Dietrich von Freiberg (1240/45–1310). Die „Scholastik" wie auch ihre Fortsetzungen in den protestantischen und katholischen Konzeptionen neuzeitlicher Trinitätslehre arbeiteten weiter mit den Begriffen der einen Substanz und der drei Personen, obwohl Augustinus deren Mängel aufgedeckt hatte. Der von Augustinus in die lateinische Tradition eingebrachte Begriff der innertrinitarischen Relation wurde zum festen Bestandteil der westlichen Trinitätslehre. In der Systematischen Theologie des zwanzigsten und beginnenden einundzwanzigsten Jahrhunderts wurde dann oft versucht, das mutmaßliche augustinische Erbe wegen seiner angeblich zu einseitig an der Einheit ausgerichteten Grundhaltung auszuschlagen, doch wurden dabei häufig Klischees zugrundegelegt, die mit Augustins eigenen Gedanken wenig zu tun haben.[105]

Zusammenfassung

Die lateinische Theologie nahm lange Zeit den großen trinitätstheologischen Streit des vierten Jahrhunderts eher aus der Ferne wahr. In Augustins Werk *De trinitate* erreicht sie jedoch einen einsamen Höhepunkt. Hier wird die Trinität zunächst im Sinne der kappadokischen Theologie eingeführt. Die einzelnen Begriffe, die ihr zugrundeliegen (Substanz, Hypostase, Person), werden jedoch von Augustin einer vernichtenden Kritik unterzogen: Sie bieten kein rational einsichtiges Modell für die Trinität. Augustin setzt daher mit einem völlig eigenständigen Versuch in der zweiten Hälfte des Werkes neu an. Darin nimmt er Abschied von einer Trinitätslehre, die sich letztlich Gott wie einen Gegenstand vorstellt. Augustin findet das Phänomen eines nichtgegenständlichen Wissens im Allerinnersten des menschlichen Geistes, nämlich in dessen Selbstgegenwart vor aller bewussten Selbstreflexion. Nirgendwo ist der menschliche Geist der Trinität, die Gott ist, so nahe. Der Sinn von Augustins Werk liegt darin, den Leser immer tiefer in die Bewegung wirklicher Gottsuche hineinzuziehen.Die spätere lateinische Trinitätslehre kehrte überwiegend zu konventionelleren Denkmustern zurück.

105 Für Hinweise zum vorliegenden Beitrag danke ich Leonhard Hell, Mainz.

Literatur

Einführende Literatur

BEINERT, Wolfgang Artur: Dogmengeschichte, Stuttgart u.a. 1997.
DÜNZL, Franz: Kleine Geschichte des trinitarischen Dogmas in der Alten Kirche, Freiburg u.a. 2006.
HAUSCHILD, Wolf-Dieter: Lehrbuch der Kirchen- und Dogmengeschichte, Bd. 1, Gütersloh ²2000, 1–54.
KELLY, John Norman Davidson: Altchristliche Glaubensbekenntnisse. Geschichte und Theologie, Göttingen 1972.
RITTER, Adolf Martin: Dogma und Lehre in der Alten Kirche, in: ANDRESEN, Carl/RITTER, Adolf Martin (Hg.): Handbuch der Dogmen- und Theologiegeschichte, Göttingen ²1999, 99–283.
STUDER, Basil: Gott und unsere Erlösung im Glauben der Alten Kirche, Düsseldorf 1985.

Weitere Literatur

ABRAMOWSKI, Luise: Drei christologische Untersuchungen, Berlin/New York 1981.
ABRAMOWSKI, Luise: Formula and Context. Studies in Early Christian Thought, Aldershot 1992.
ABRAMOWSKI, Luise: Was hat das Nicaeno-Constantinopolitanum mit dem Konzil von Kon-stantinopel 381 zu tun?, in: Theologie und Philosophie 67 (1992), 481-513.
ANDRESEN, Carl: Zur Entstehung und Geschichte des trinitarischen Personbegriffs, in: Zeitschrift für die Neutestamentliche Wissenschaft 52 (1961), 1–39.
AYRES, Lewis: Nicaea and its Legacy. An Approach to Fourth-Century Trinitarian Theology, Oxford 2004.
BARBEL, Joseph: Christos Angelos, Bonn ²1964.
BIENERT, Wolfgang Artur: Sabellius und Sabellianismus als historisches Problem, in: VON BRENNECKE, Hanns Christof/GRASMÜCK, Ernst Ludwig/MARKSCHIES, Christoph (Hg.): Logos (FS Luise Abramowski), Berlin/New York 1993, 124–139.
DÜNZL, Franz: Pneuma. Funktionen des theologischen Begriffs in frühchristlicher Literatur, Münster 2000.
EMERY, Gilles/LEVERING, Matthew (Hrsg.): The Oxford Handbook of the Trinity, Oxford 2011.
GEMEINHARDT, Peter: Die Filioque-Kontroverse zwischen Ost- und Westkirche im Frühmit-telalter, Berlin/New York 2002.
GERLITZ, Peter: Ausserchristliche Einflüsse auf die Entwicklung des christlichen Trinitäts-dogmas, Leiden 1973.
GRILLMEIER, Alois: Jesus der Christus im Glauben der Kirche, 2 Bde. in 5 Teilbänden, Freiburg u.a. ³1990.
GRIFFTITHS, John Gwyn: Triads and Trinity, Cardiff 1996.
HALLEUX, André de: Patrologie et œcuménisme. Receuil d'études, Löwen 1990.

Hammerstaedt, Jürgen: Hypostasis, in: Reallexikon für Antike und Christentum, Bd. 16 (1994), 986–1035.

Hanson, Richard Patrick Crosland: The Search for the Christian Doctrine of God. The Arian Controversy 318–381, Edinburgh 1988.

Hauschild, Wolf-Dieter: Art. Nicaeno-Konstantinopolitanisches Glaubensbekenntnis, in: Theologische Realenzyklopädie 24 (1994), 444–456.

Holl, Karl: Amphilochius von Ikonium in seinem Verhältnis zu den grossen Kappadoziern, Tübingen 1904.

Hübner, Reinhard M.: Der paradox Eine. Antignostischer Monarchianismus im zweiten Jahrhundert, Leiden u.a. 1999.

Hübner, Reinhard M.: Die Schrift des Apolinarius von Laodicea gegen Photin (Pseudo-Athanasius, Contra Sabellianos) und Basilius von Caesarea, Berlin/New York 1989.

Kany, Roland: Augustins Trinitätsdenken. Bilanz, Kritik und Weiterführung der modernen Forschung zu „De trinitate", Tübingen 2007.

Kany, Roland: Kaiser Konstantin und das erste Konzil von Nizäa, in: Schuller, Florian/Wolff, Hartmut (Hg.): Konstantin der Große. Kaiser einer Epochenwende, Lindenberg 2007, 95–124.

Kretschmar, Georg: Studien zur frühchristlichen Trinitätstheologie, Tübingen 1956.

Löhr, Winrich: Arius Reconsidered, in: Zeitschrift für Antikes Christentum 9 (2005), S. 524-560; 10 (2006), 121–157.

Löhr, Winrich: Theodotus der Lederarbeiter und Theodotus der Bankier – ein Beitrag zur römischen Theologiegeschichte des zweiten und dritten Jahrhunderts, in: Zeitschrift für die neutestamentliche Wissenschaft 87 (1996), 101–125.

Markschies, Christoph: Alta Trinità Beata. Gesammelte Studien zur altkirchlichen Trinitätstheologie, Tübingen 2000.

Opitz, Hans-Georg: Urkunden zur Geschichte des Arianischen Streites, 1. und 2. Lieferung, Berlin/Leipzig 1934.

Schmid, Herbert: Ist der Soter in Ptolemäus‘ Epistula ad Floram der Demiurg? Zu einer The-se von Christoph Markschies, in: Zeitschrift für Antikes Christentum 15 (2011), 249–271.

Seibt, Klaus: Die Theologie des Markell von Ankyra, Berlin/New York 1994.

Simonetti, Manlio: La crisi ariana nel IV secolo, Rom 1975.

Stead, George Christopher: Homousios, in: Reallexikon für Antike und Christentum, Bd. 16 (1994), 364–433.

Stead, George Christopher: Substance and Illusion in the Christian Fathers, London 1985.

Stead, George Christopher: Why not Three Gods?, in: Ders., Doctrine and Philosophy in Early Christianity, Aldershot 2000, Nr. XIV.

Stirnemann, Alfred/Wilfinger, Gerhard (Hg.): Vom Heiligen Geist, Innsbruck/Wien 1998.

Studer, Basil: Gott und unsere Erlösung im Glauben der Alten Kirche, Düsseldorf 1985.

ULRICH, Jörg, Die Anfänge der abendländischen Rezeption des Nizänums, Berlin/New York 1994.
USENER, Hermann: Dreiheit. Ein Versuch mythologischer Zahlenlehre, in: Rheinisches Museum NF 58 (1903).
WILES, Maurice: Some Reflections on the Origins of the Doctrine of the Trinity, in: Journal of Theological Studies NS 8 (1957), 92–106.
WILLIAMS, Rowan: Arius. Heresy and Tradition, London ²2001.
WILLIAMS, Rowan: Origenes/Origenismus, in: Theologische Realenzyklopädie, Bd. 25 (1995), 397–420.
ZIEBRITZKI, Henning: Heiliger Geist und Weltseele. Das Problem der dritten Hypostase bei Origenes, Plotin und ihren Vorläufern, Tübingen 1994.

IV. Gott im Denken der Philosophie

Markus Enders

Die Entdeckung der Normativität des Gottesbegriffs im philosophischen Denken des Abendlandes

„Was wäre denn sonst der Mühe wert zu begreifen, wenn Gott unbegreiflich ist?"[1] Mit dieser rhetorischen Frage verleiht Georg Wilhelm Friedrich Hegel (1770-1831) seiner dezidierten Überzeugung einen nachdrücklichen Ausdruck, dass der Gottesgedanke der größte und bedeutendste Gedanke nicht nur für das philosophische Denken, sondern für das menschliche Denken überhaupt ist. Damit spricht Hegel dem Gottesgedanken eine Normativität zu, die sich mit Blick auf dessen Geschichte im abendländischen Denken durchaus verifizieren lässt: Dass der Gottesgedanke der größte bzw. höchste Gedanke für das natürliche Erkenntnisvermögen des Menschen überhaupt ist, und zwar unabhängig davon, ob der Gehalt des Gottesbegriffs vom menschlichen Intellekt vollständig erfasst werden kann, wie Hegel annimmt, oder ob er das natürliche Erkenntnisvermögen des menschlichen Intellekts zugleich auch transzendiert, d. h. für diesen unausschöpflich und insofern auch unbegreifbar ist. Im Hinblick insbesondere auf die sog. nachmetaphysische Philosophiegeschichte erscheint Hegels zitierte Auszeichnung des Gottesgedankens allerdings keineswegs selbstverständlich, sondern als höchst zweifelhaft. Denn sowohl die auf die Vernunfttotalitäten von Welt, Geschichte und Sprache bezogene nachidealistische Epoche des philosophischen Denkens in der Neuzeit als auch deren Radikalisierung und Kritik in der sogenannten Postmoderne lassen Gott als Gegenstand des philosophischen Denkens teilweise außer Betracht. Gleichwohl sind diese beiden Epochen ohne jeden Zweifel echte Entwicklungsphasen und Wegstrecken des philosophischen Denkens im Abendland. Erscheint auf diesem Hintergrund das Hegelsche Diktum nicht als antiquiert und sogar anmaßend?

Doch bei genauerem Hinsehen sind auch diese beiden Phasen des philosophischen Denkens keineswegs so „gottlos" wie es auf den ersten Blick zu sein scheint. Vielmehr ist die Gottesfrage in

---

1 Hegel, Georg Wilhelm Friedrich: Vorlesungen über die Philosophie der Religion I, in: Hegel, Georg Wilhelm Friedrich: Werke, Bd. 16, Frankfurt am Main 1986, 44.

wenn auch vielfach gebrochener und transformierter Gestalt in diesen beiden Epochen durchaus präsent.[2] Sie sind daher zur Widerlegung der Hegelschen These streng genommen nicht geeignet. Vielmehr ist der Gottesgedanke für das philosophische Denken eine Herausforderung durch nahezu seine gesamte Geschichte hindurch gewesen. Dieser auffallende Umstand dürfte kaum zufällig sein, sondern im philosophischen Denken selbst seinen Grund haben.

Der Grund, der die herausragende, ja einzigartige Bedeutung des Gottesgedankens für das philosophische Denken verstehen lässt, soll im Folgenden bereits am geschichtlichen Anfang der abendländischen Philosophie im vorsokratischen Denken der Griechen gesucht werden. Diesem Anfang geht jedoch bereits eine Epoche des frühgriechischen religiösen Denkens in mythischer Gestalt voraus, welche die religiöse Herkunft des Gottesnamens sichtbar macht (1.) und in welcher der normative Charakter des Gottesnamens bereits entdeckt worden ist (2.). Daher soll mit der Rekonstruktion dieser ursprünglichen Entdeckungsgeschichte der Normativität des Gottesnamens im mythischen Denken der Griechen begonnen werden (2.1) Diese findet ihre sachliche, zeitlich allerdings teilweise parallel verlaufende Fortsetzung und sukzessive Vervollkommnung in der Geschichte der natürlichen bzw. philosophischen Gotteslehre im Denken der Griechen, die daher in einem zweiten inhaltlichen Schritt (2.2.) rekonstruiert werden soll. Doch auch mit diesem Schritt ist die Entdeckungsgeschichte der Normativität des Gottesbegriffs in der abendländischen Philosophie keineswegs abgeschlossen. Denn zu dieser Geschichte leistet das Christentum einen bedeutenden Beitrag, der in einem dritten Schritt (3.) skizziert werden soll. Dabei sollen auch Überlegungen zu einigen grundlegenden Merkmalen derjenigen Synthese entwickelt werden, die zwischen dem christlichen und dem antik-philosophischen Gottesverständnis in der Patristik und in der Scholastik des lateinischen Mittelalters vorgenommen worden ist.

In einem vierten Schritt (4.) soll Anselm von Canterburys (um 1033–1109) epochale Entdeckung der zweifachen Normativität des sog. ‚ontologischen Gottesbegriffs' ausführlich rekonstruiert und der Vorzug systematisch begründet werden, den der ‚ontologische Gottesbegriff' vor allen anderen Gottesbegriffen im abendländischen Denken verdient. Anschließend wird in einem fünften Schritt (5.) die Frage nach der Gültigkeit des vom ontologischen

---

2 Hierzu vgl. Ruhstorfer, Karlheinz: Gotteslehre, 35–56.

Gottesbeweistyp erhobenen Beweisanspruchs beantwortet, indem die gegen ihn sachlich möglichen und geschichtlich daher auch entwickelten Einwände eingehend untersucht werden: Der sog. logische Einwand gegen den ontologischen Gottesbeweis; der Einwand gegen die widerspruchsfreie Denkbarkeit des ontologischen Gottesbegriffs; und der Einwand gegen das prädikative und qualitative Existenz-Verständnis des ontologischen Gottesbeweises unter Zugrundelegung eines nichtprädikativen und nichtqualitativen, sondern eines quantitativen und erfüllungstheoretischen Existenz-Verständnisses. Dieses Kapitel zur Frage nach der Gültigkeit des ontologischen Gottesbeweises beschließt eine unkonventionelle Begründung der Unbeweisbarkeit der realen Existenz Gottes mithilfe des ontologischen Gottesbegriffs.

Die Weiterentwicklung bzw. Fortbestimmung des ontologischen Gottesbegriffs in seiner nachanselmischen Begriffsgeschichte – insbesondere bei Johannes Duns Scotus (um 1266–1308) bis in die frühe Neuzeit hinein – zu einem Inbegriff einer aktuell unendlichen Vollkommenheit soll im vorletzten sechsten Kapitel (6.) rekonstruiert.werden. Schließlich soll in einem siebten und letzten Kapitel (7.) die systematische Bedeutung des ontologischen Gottesbegriffs als eines Inbegriffs absoluter Unübertrefflichkeit abschließend und zusammenfassend herausgestellt und zugleich gezeigt werden, dass es dieser Gottesbegriff der natürlichen Vernunft ist, der die inhaltliche und die formale Normativität des Gottesbegriffs rational angemessen expliziert.

1. Die religiöse Herkunft des Gottesnamens[3]

Gottesname

Im Unterschied zum philosophischen Gottesbegriff als einem von der natürlichen Vernunft des Menschen hervorgebrachten Begriff ist der stets religiöser Herkunft, da er als Wesensenthüllung und Selbstkundgabe einer Gottheit dem Menschen gegeben bzw. gezeigt werden muss. Dies gilt nicht nur für den zentralen Namen JHWH des Gottes der Stammväter Israels, dessen Namensoffenbarung an Moses als dem Offenbarungsempfänger daher mit einer Theophanie verbunden ist (vgl. Ex 3); dies gilt auch etwa für die Namen der Götter Griechenlands, deren Stammbaum nach

[3] Die Ausführungen in den folgenden Kapiteln 1–4 sind weitgehend übernommen aus ENDERS, Markus: Art. Gott, in: Handbuch philosophischer Grundbegriffe, Bd. 2, Freiburg/München 2011, Sp. 1082-1095.

dem Zeugnis Herodots (490/480–um 424 v. Chr.) zwar Hesiod und Homer gemacht und ihnen ihre Beinamen gegeben sowie Künste und Ehren unter ihnen verteilt und ihre Gestalten aufgezeigt haben. Dennoch haben die Griechen die Namen ihrer Götter von anderen Völkern, zumeist aus Ägypten, übernommen, und zwar erst auf einen Gottesspruch, nämlich auf das Geheiß des Orakels von Dodona, hin (vgl. Herodot, Historien II, 52). Dabei ist die sich in den religiösen Gottesnamen manifestierende menschliche Erfahrung des Göttlichen ursprünglich die einer unverfügbaren Übermacht. Daher kommt dem sprachlichen Ausdruck für Gott im Griechischen (θεός) ursprünglich die Bedeutung eines Prädikats für unverfügbare Mächte zu, die für den Menschen existentiell höchst relevant sind, so z.B. für das Gerücht (Hesiod, Werke und Tage, 764), das Glück-Haben (Aischylos, *Choephoren*, 60), den Neid (Tragicorum Graecorum Fragmenta, hg. V. A. Nauck, 1889, 827) und das Wiedersehen (Euripides, *Helena*, 560).

Als eine geoffenbarte Selbst- und damit Wesensbezeichnung der Gottheit hat der gegebene Gottesname insbesondere in der jüdischen Tradition Anteil an dem für den Menschen vollkommen unverfügbaren Wesen Gottes und muss folglich durch Tabuisierung sowohl vor seinem gewöhnlichen Gebrauch – seinem Aussprechen zur Identifikation seines Signifikats (mit Ausnahme des Hohenpriesters am Versöhnungstag) – als auch vor seinem Missbrauch (2. Gebot des Dekalogs) geschützt werden. Doch auch die sich vorzugsweise Kausativ-Akklamationen und Partizipial-Benennungen bedienende religiöse Anrufung des Gottesnamens wird in nahezu allen religiösen Traditionen als eine göttlich ermächtigte Sprachhandlung und deren Sprecher als Werkzeug und Manifestation einer göttlichen Macht verstanden, die einen Schöpfungsakt oder bestimmte innerzeitliche Vorgänge der Befreiung und Erlösung verursache bzw. verursacht habe und bewirke, dass der Mensch etwas Gutes habe tun können bzw. tun könne.[4] Durch die Weitergabe der dem religiösen Subjekt von der angerufenen Gottheit verliehenen Kraft sowie der ihm von ihr gegebenen Worte an die Hörer seiner Sprachhandlung konstituiert sich vielfach auch die Sprachgemeinschaft der Sprecher des göttlichen Wortes, wird religiöse Intersubjektivität konstituiert.[5]

---

4 Vgl. SCHAEFFLER, Richard: Das Gebet und das Argument. Zwei Weisen des Sprechens von Gott, in: DERS.: Kleine Sprachlehre des Gebets, Einsiedeln 1988, 20-71.

5 Vgl. SCHAEFFLER, Richard: Das Gebet und das Argument, 136.

Aber nicht nur das religiöse Subjekt und die religiöse Gemeinschaft, sondern auch die religiöse Welt als der umfassende und einheitliche Zusammenhang jener kausal bestimmten Erscheinungen und Ereignisse, die vom religiösen Subjekt als die Manifestation eines identisch bleibenden Gottes aufgefasst werden, auch die so verstandene religiöse Welt also wird durch die von der religiösen Sprachhandlung der Namensanrufung meist in Form von Partizipialnomina zum Ausdruck gebrachte Substantialität und Identität des angerufenen Gottes geschaffen. Und nur was als eine objektiv gültige Manifestation einer numinosen Wirklichkeit verstanden werden kann, gilt innerhalb des religiösen Weltverständnisses als „wirklich und wahr, d. h. als maßgeblich für alles menschliche Urteilen und Handeln“[6]. So stiftet etwa der von Jesus gebrauchte und gelehrte Gottesname „abba“, „Väterchen“, im Aramäischen ein zärtliches Kosewort der Kindersprache (vgl. Mk 14,38; Röm 8,15; Gal 4,6), die Gemeinschaft seiner neuen Familie, d. h. derer, die sich als Kinder dieses gütigen und barmherzigen göttlichen Vaters „im Himmel“ verstehen. In monotheistischen religiösen Traditionen erhält der Gottesname einen exklusiven Sinn, indem er zur Anrede und Bezeichnung der Transzendenz und Unendlichkeit des göttlichen Seins überhaupt wird. Damit verliert der Gottesname seine ursprüngliche, für polytheistische Religionen charakteristische, einzelne numinose Wesenheiten identifizierende und von anderen unterscheidende Funktion. Daher wird der monotheistische Gott zugleich als der Namenlose und Unnennbare bezeichnet,[7] von dem auf Grund seiner Einheit und Unendlichkeit kein Name angemessen ausgesagt werden kann,[8] es sei denn, dass die philosophische Reflexion die unendliche Einheit bzw. genauer (*omnia uniter*) als den eigentlichen oder den Wesens-Namen Gottes erkennt.[9] Dieser Gottesname einer unendlichen, vollkommen übergegensätzlichen All-Einheit ist aber auf Grund der Erhabenheit seines Signifikats über jede menschliche Verstandes- und Vernunfterkenntnis[10] genau genommen kein Name der menschlichen Sprache mehr, sondern als der größte Name, der alles in der Einfachheit seiner Einheit

All-Einheit

[6] SCHAEFFLER, Richard: Das Gebet und das Argument, 147.

[7] Vgl. PSEUDO-DIONYSIUS AREOPAGITA: De divinis nominibus [= DN] I, 593,14.

[8] Vgl. AUGUSTINUS: In Iohannis evangelium tractatus 13,5.

[9] Vgl. CUSANUS: De docta ignorantia [= De doc. ign.] I,24: h (heidelbergensis) I, 48, 14-21 (N. 75).

[10] Vgl. CUSANUS: ebd., I, 24: h I, 49, 12-13 (N. 76): „istud est nomen ineffabile et super omnem intellectum“.

umgreift,[11] Gott selbst.[12] Nur von der göttlichen Vernunft kann daher dieser größte Name wirklich erfasst werden, weil Gottes ihm eigenes Sein nur von Gott selbst adäquat erkannt werden kann.[13] ‚Einheit' als Vernunftbegriff des menschlichen Geistes bleibt daher von dem wahren oder größten Namen Gottes unendlich, um die Unendlichkeit Gottes selbst, weit entfernt.[14]

Bevor jedoch der geistesgeschichtliche Übergang des religiösen Gottesnamens zu einem Grundbegriff der abendländischen Philosophie systematisch reflektiert wird, soll auf den bemerkenswerten Umstand aufmerksam gemacht werden, dass bereits das vorphilosophische, das mythische Verständnis des religiösen Gottesnamens im Denken der Griechen eine geschichtliche Entwicklung erfährt, die als eine Entdeckung und fortschreitende Bestimmung der begrifflichen Normativität des Gottesnamens charakterisiert werden kann.

Zusammenfassung

Im Unterschied zum philosophischen Gottesbegriff als einem Begriff der natürlichen Vernunft ist der Gottesname religiöser Herkunft. In monotheistischen Kontexten wird der Gottesname zur exklusiven Anrede und Bezeichnung der göttlichen Transzendenz bzw. All-Einheit.

2. Entdeckung und Bestimmung der Normativität des Gottesnamens in der ‚Theologie' der Griechen

Die Griechen haben schon zu Beginn der schriftlichen Fixierung ihres mythischen Gottesverständnisses zumindest implizit, d. h. unausgesprochen, erkannt, dass der Gottesname einen normativen Charakter besitzt; m. a. W.: dass man sich unter Gott nichts Beliebiges vorstellen darf, dass vielmehr der Gottesname die menschliche Vernunft gleichsam verpflichtet, ihn in einer bestimmten Weise begrifflich zu denken. Dabei können im Folgenden nur die wichtigsten Schritte dieser Entdeckung und fort-

---

11 Vgl. Cusanus: ebd., I, 24: h I, 49, 11-12 (Nr. 76): „Hoc est nomen maximum Omnia in sua simplicitate unitatis complicans."

12 Vgl. Cusanus: ebd., I, 24: h, 49, 22 (Nr. 77): „nomen Dei sit Deus."

13 Vgl. Cusanus: ebd., I, 24: h, 49, 22–23 (Nr. 77): „tunc eius nomen non est cognitum nisi per intellectum, qui est ipsum maximum et nomen maximum."

14 Vgl. Cusanus: ebd., I, 24: h, 49, 24–26 (Nr. 77): „Licet 'unitas' videatur propinquius nomen maximi, tamen adhuc a vero nomine maximi, quod est ipsum maximum, distat per infinitum."

schreitenden Bestimmung der begrifflichen Normativität des Gottesnamens im mythischen Denken der Griechen nachgezeichnet werden.

2.1 Das mythische Gottesverständnis

2.1.1 Homer: Die Seinsmacht der (unsterblichen) Götter und die Schwäche der (sterblichen) Menschen – die (nahezu) vollkommene Macht des Zeus (*Ilias*) und sein vollkommenes Wissen (*Odyssee*)

Homer

Die olympischen Götter der beiden großen Epen des Homer, deren Kenntnis das primäre Bil-dungsgut aller antiken Griechen war, nämlich der *Ilias* und der *Odyssee*, unterscheiden sich von den Menschen in einigen grundlegenden Eigenschaften: Sie sind die buchstäblich „Unsterblichen" (vgl. Ilias I, 525; II, 68; III, 298.308; IV, 61; XII, 242; XV, 107; XXII, 366), während auf den Menschen die Gewissheit des eigenen unabwendbaren Todesschicksals schwer lastet (Odyssee XVIII, 130ff., Ilias V, 407.440f.; XVI, 688; XVII, 446); darüber hinaus führen die olympischen Götter im Gegensatz zu den sich im täglichen Überlebenskampf verzehrenden Menschen ein grundsätzlich mühe- und sorgloses, ein freudiges und lustvolles Leben, von dem ihr „unauslöschliches Gelächter" (Odyssee VIII, 326) ein sprichwörtlich gewordenes Zeugnis gibt. Ihr Wissen und ihre Macht hebt sie weit über das menschliche Maß hinaus: Daher vermögen sie den Gang des einzelnen menschlichen Lebens wie das Schicksal ganzer Völker zu lenken, ohne jedoch das menschliche Todesgeschick (die sog. *Moira*) beeinflussen oder gar aufheben zu können (Ilias VI, 155 – 60; 488; Odyssee I, 2, 36). Jeweils für sich, bei jeder einzelnen Gottheit, sind ihr Wissen und ihre Macht allerdings begrenzt, mit einer einzigen Ausnahme jedoch, im Hinblick auf welche die Götter dann auch insgesamt als allwissend (Odyssee IV, 379) oder als allmächtig (Odyssee IX, 306) bezeichnet werden können.

Diese Ausnahme bildet Zeus, der Vater der Götter und Menschen, der eine Herrschaft über alle anderen Götter ausübt, die sich primär auf seine nahezu (mit Ausnahme der Moira) allumfassende Macht gründet: Denn die in die Weltliteratur eingegangene mythische Erzählung von der goldenen am Himmel befestigten Kette (*catena aurea*), an der alle Götter und Göttinnen auch unter Aufbietung ihrer ganzen Kraft niemals Zeus vom Himmel herab nach unten auf den Boden zu ziehen vermöchten, während Zeus, wenn er am anderen Ende dieser Kette zöge, nicht nur alle anderen Götter, sondern auch noch die Erde und das Meer nach oben ziehen und die Kette um die Spitze des Olymp legen könnte (Ilias VIII, 18-27), zeigt im mythischen Bild die unübertreffliche Macht des Zeus, welche die olympischen Götter hervorgebracht und ihnen ihren jeweiligen Aufenthalts- und (begrenzten) Machtbereich zugewiesen hat. Der Zeus der *Ilias* ist zwar nahezu in seiner Macht, nicht aber in seinem Wissen vollkommen (XVIII, 168f.): Denn er kann von seiner Gattin überlistet bzw. getäuscht (XIX, 95ff.) und mit Hilfe der allbezwingenden Gottheit des Schlafes auch vorübergehend wirkungslos gemacht werden (Ilias XIV, 300-305). So sehen wir in der Allmacht das sachlich erste der drei grundlegenden und daher in der abendländischen Gotteslehre auch klassisch gewordenen Gottesprädikate bereits im Zeus der *Ilias* verwirklicht. Das zweite dieser Gottesprädikate, das des (vollkommenen) Wissens, erhält Zeus und mit ihm die Götter in ihrer Gesamtheit erst in der *Odyssee* (vgl. IV, 379; V, 103.137f.). Doch in beiden homerischen Epen bleibt der Wille des Zeus wie der aller Götter imperfekt: Denn er teilt Gutes und Schlechtes an die Menschen aus, bringt also gute und schlechte Wirkungen hervor (Ilias XXIV, 527-533; Odyssee VI, 188ff.).

2.1.2 Hesiod: Die Vollkommenheit von Macht, Wissen und Willen des Zeus

Die Vervollkommnung des dritten grundlegenden Gottesprädikates des Willens setzt in der mythischen Theologie der Griechen zwar bereits mit der *Odyssee* – etwa in deren sog. kleiner Theodizee (vgl. I, 32-34) oder mit der Kennzeichnung des Zeus als des „höchsten und besten der Götter" (XIX, 303) – ein, wird

Hesiod

aber erst seit Hesiod stark forciert: In dessen ‚Theogonie' sind die Götter nur noch Geber und Spender der Güter und nicht mehr der Übel. Zudem sind bei Hesiod die Musen, die das Vergangene, Gegenwärtige und Zukünftige und damit alles wissen, zu Töchtern des Zeus geworden, die das Allwissen ihres Vaters spiegeln (33-40). Ferner wird Zeus hier zum monarchischen König der Götter (890-895), der diesen ihre Funktionen und Herrschaftsbereiche zuweist (515–520), sowie zum Herrn der ganzen Weltordnung (46), dessen Macht und dessen Wissen vollkommen sind (610–615; vgl. auch Werke und Tage 105; 265–270) und dessen Wille bzw. „Plan" (*nóos*) sich stets durchsetzt

(613f.; 655–660; 710; 730). In der Funktion des Zeus, Stifter und Hüter des Rechts (vgl. Werke und Tage 275–280; 285–294) und Garant der sittlichen Ordnung (vgl. Werke und Tage 237–280) zu sein, manifestiert sich schließlich die herausragende sittliche Qualität seines Willens.

2.1.3 Pindar, Aischylos und Heraklit: ‚Zeus' als Chiffre für eine schlechthin vollkommene Gottheit

Diese Vervollkommnung auch des göttlichen Willens des Zeus bei gleichzeitiger Betonung seiner überragenden Macht setzt sich bei Pindar (522 oder 518–nach 446 v. Chr.) und Aischylos (525–456 v. Chr.) fort: Bei beiden ist Zeus die Gottheit, von deren Wirken letztlich alle Ereignisse abhängen, die in der mythischen Ausdrucksweise als „Herr über alles" (Pindar, Fünfte Isthmische Ode, 53) die Stellung eines alleinherrschenden metaphysischen Prinzips gewinnt und deren ‚großer Geist' (Pindar, Fünfte Pythische Ode, 122) allwissend und truglos, mithin vollkommen gut ist. Mit dieser Vervollkommung der drei basalen Gottesprädikate der Macht, des Wissens und des Willens gewinnt der Götterkönig Zeus die Stellung eines unvergleichlichen Prinzips, welches in eine Transzendenz und Erhabenheit nicht nur über die anderen Götter und die Weltordnung, sondern auch über alles menschlich Erkennbare hinaus rückt, so dass der Wille bzw. „Plan" des Zeus als dem menschlichen Erkenntnisvermögen verborgen erscheint (Aischylos, Agamemnon 160ff.; Die Schutzflehenden, 139.157.822-824). Dieser zunehmenden Abgeschiedenheit des Götterkönigs entspricht die menschliche Suche nach einer angemessenen Bezeichnung des In-Über-Seins eines weltimmanenten und zugleich welttranszendenten Gottes, der aufgrund seiner Erhabenheit und Einzigkeit an sich namenlos ist und für den der Name des ‚Zeus' nur noch eine traditionelle, gewohnheitsmäßige Bezeichnung darstellt (in Aischylos, Heliostöchter, 182f., wird Zeus sowohl mit den Weltbereichen als auch mit dem, was über diese erhaben ist, identifiziert). Nach Heraklit (um 520–um 460 v. Chr.) will daher das einzig-eine Prinzip mit dem Namen des Zeus sowohl bezeichnet als auch nicht mit diesem Namen bezeichnet werden (DK 22 B 32), m. a. W.: Zeus ist zur Chiffre für eine schlechthin vollkommene Gottheit geworden, die keine individuelle Gottheit unter vielen anderen Göttern mehr darstellt, deren Einzigkeit vielmehr die eines ersten metaphysischen Prinzips aller Wirklichkeit ist.

Pindar Aischylos

Heraklit

2.1.4 Sophokles: Einzigkeit und zunehmende Transzendenz des Zeus

Sophokles

Die Vervollkommnung der herrscherlichen Stellung des Zeus schreitet bei Sophokles (497/496–406/405 v. Chr.) insofern voran, als bei ihm die anderen Götter ihre Individualität immer mehr verlieren und zu Beschreibungen von (zudem ausschließlich guten) Funktionen des Zeus werden, der nicht nur als allmächtig und allwissend, sondern zumindest indirekt auch als oberstes Prinzip allen sittlich guten Handelns angenommen wird (vgl. Sophokles, Antigone 450). Zugleich setzt sich bei Sophokles die Bewegung zunehmender Verborgenheit und Transzendenz des höchsten und im Grunde einzigen Gottes fort (vgl. Sophokles, Antigone 1019f.1044).

2.1.5 Krise und Niedergang des Gottesgedankens bei Euripides, in der Komödie und in der Satire

Euripides
Aristophanes
Lukian
Aristophanes

Diese Bewegung einer zunehmenden Entrückung bzw. Transzendenzbewegung des Zeus führt schließlich bei Euripides (480 oder 485/484–406 v. Chr.) dazu, dass die Existenz und die Beschaffenheit des Zeus wie auch die der anderen Götter fraglich und zweifelhaft werden (Cycl. 354), um in der Komödie eines Aristophanes (zwischen 450 und 444–um 380 v. Chr.) und vollends bei Lukian (um 120–nach 180 n. Chr.) zum Gegenstand des Gelächters und Spotts gemacht zu werden: In den ‚Vögeln' des Aristophanes (vgl. 1537.1634.1687.1754) sowie in dessen ‚Plutos' (vgl. 415ff.) wird Zeus entthront und muss seine Herrschaft abgeben, bei Lukian wird er schließlich verspottet (vgl. In Jupp. 3,45).

2.1.6 Zusammenfassung: Die fortschreitende Bestimmung der begrifflichen Normativität des Gottesnamens

Zusammenfassend betrachtet, dürfte diese auffallende Entwicklungslinie des mythischen Gottesgedankens der Griechen durch ihre wachsende Einsicht und fortschreitende Bestimmung der begrifflichen Normativität des Gottesnamens bestimmt sein: Die mit dem Gottesnamen bezeichnete Wesenheit muss in ihrer Macht, in ihrem Wissen und in ihrem Willen und damit in allen drei Grundvermögen einer geistigen Substanz perfekt sein. Dennoch wird aus dieser Erkenntnis einer normativen Bestimmung der Seinsweise Gottes in der mythologischen Theologie der Griechen kein expliziter Monotheismus abgeleitet. Diese Entwicklungsgeschichte der mythischen Theologie der Griechen macht zugleich die religiöse Gefahr einer Übergewichtung der Transzendenz gegenüber der Immanenz Gottes deutlich: Diese führt zu einer Infragestellung und Verneinung des religiösen Gottesglaubens und schließlich sogar zu seiner Verspottung. Ihr philosophisches Pendant findet diese Entwicklung in der philosophischen Theologie innerhalb der griechischen Geistesgeschichte.

Kein expliziter Monotheismus

2.2 Das philosophische Gottesverständnis im Denken der Griechen

2.2.1 Einführung: Einsicht in die inhaltliche Normativität des Gottesbegriffs als eines Inbegriffs vollkommenen Seins

Auch im Erkenntnisbereich der natürlichen Theologie des griechischen Denkens zeichnet sich in ihren ersten Jahrhunderten die Linie einer sukzessiven Vervollkommnung der begrifflichen Bestimmung des Gottesnamens und damit die einer wachsenden Einsicht in die inhaltliche Normativität des Gottesbegriffs ab. Dabei wird unter der inhaltlichen Normativität des vernunftgemäßen Gottesbegriffs dessen Gehalt als Inbegriff aller widerspruchsfrei denkbaren, mithin möglichen Seinsvollkommenheiten verstanden. Seinsvollkommenheiten aber sind solche Eigenschaften, die in ihrer Art eine bestmögliche bzw. genauer unübertrefflich gute Qualität besitzen und deshalb demjenigen Wesen, dem der Gottesbegriff zukommt, zugeschrieben werden müssen. Der Annahme des Gegebenseins eindeutig erkennbarer Seinsvollkommenheiten liegt daher ein gleichsam axiologisches, ein wertendes Seinsverständnis zugrunde, welches von der Prämisse einer Prävalenz und Superiorität des Seins gegenüber dem Nicht-Sein ausgeht. Denn erst unter dieser Voraussetzung ist es besser – um nur einige der wichtigsten klassisch gewordenen Seinsvollkommenheiten zu nennen –, unvergänglich als vergänglich, zeitfrei gegenwärtig als übergänglich, sittlich vollkommen als unvollkommen, selbstgenügsam als bedürftig, das aber bedeutet: in seinem Sein schlechthin uneingeschränkt als in irgendeiner Hinsicht eingeschränkt zu sein. Ein schlechthin vollkommenes Sein ist daher durch den Besitz der Totalität aller möglichen Seinsvollkommenheiten und damit durch uneingeschränkte Seinsfülle bestimmt. Das Bemühen um ihre möglichst

Inhaltliche Normativität des Gottesbegriffs

angemessene und vollständige Bestimmung hat daher die Geschichte der philosophischen Gotteslehre im abendländischen Denken bis weit in die neuzeitliche Philosophie hinein in Bewegung gehalten. Denn erst durch die Zuschreibung vollkommenen Seins zum Gottesnamen gewinnt dieser den Charakter eines inhaltlich normativen Gottesbegriffs. Dabei lag dieser Zuschreibung die im griechischen Denken von Anfang an faktisch wirksame, aber erst seit Platon und Aristoteles theoretisch explizit gewordene Einsicht zugrunde, dass der Gottesname etwas unübertrefflich Gutes bzw. ein schlechthin vollkommenes Sein bezeichnet. Diese Gotteserkenntnis und damit die Einsicht in das Wesen vollkommenen Seins aber ist in der abendländischen Geistesgeschichte erst sukzessive gewonnen, entfaltet und später auch kritisiert worden. Exemplarisch lässt sich diese Entwicklungsgeschichte des philosophischen Gottesgedankens eines schlechthin vollkommenen Seins an der Geschichte der philosophischen Theologie im Denken der Griechen aufzeigen. Die folgenden Überlegungen suchen daher in systematischer Absicht einige der wichtigsten Entwicklungsschritte dieser Geschichte in der gebotenen Kürze nachzuzeichnen.

2.2.2 Thales und Anaximander von Milet: Gott als Inbegriff der für sie jeweils denkbar größten Seinsvollkommenheit

Thales von Milet

Bereits Thales von Milet (um 624–um 547 v. Chr.) hat unter impliziter Zugrundelegung des normativen Kriteriums der für ihn denkbar größten Seinsvollkommenheit den einen Gott mit dem Wasser als dem Lebens- und Bewegungsprinzip alles Erscheinenden identifiziert und ihm daher auch die Eigenschaft der Anfang- und Endlosigkeit zugesprochen.[15] Denn gemäß frühgriechischem Denken ist Unsterbliches, für das die Götter als „die Unsterblichen" schlechthin paradigmatisch stehen, seinsmäßig besser als Sterbliches wie die Menschen, deren beklagenswerte Vergänglichkeit sie den Blättern der Bäume (Ilias VI, 146 – 149) und deren schwankende Unbeständigkeit sie „Tageswesen" (Pindar, Pythien VIII, 95) ähnlich macht. Weil jedoch dem Wasser noch eine zeitliche, übergängliche Seinsweise eignet und es zugleich die imma-

---

[15] Vgl. Thales von Milet: Fragment 18 (Hippolytos, Adversus Haereses I,1), in: Mansfeld, Jaap: Die Vorsokratiker I. Milesier, Pythagoreer, Xenophanes, Heraklit, Parmenides. Griechisch/deutsch, Stuttgart 1983, 52ff; hierzu vgl. Enders, Markus: Natürliche Theologie im Denken der Griechen, Frankfurt a.M. 2000, 17-28.

nente Stoffursache alles Erscheinenden darstellt, ist dieser Gottesbegriff noch höchst unvollkommen und mangelhaft.

Anaximander von Milet

Das Gottesverständnis des Anaximander von Milet (um 610–nach 547 v. Chr.)[16] führt insofern über dasjenige des Thales von Milet deutlich hinaus als er die prinzipientheoretische Einsicht vollzog, dass der göttliche Ursprung allen Werdens selbst nicht die Bestimmungen des Gewordenen besitzen darf bzw. von diesem verschieden sein muss. In dieser wesenhaften Andersartigkeit und herrschaftlichen Erhabenheit eines einzigen alles Erscheinende hervorbringenden sowie lenkenden und erhaltenden, selbst aber in seiner Wirkmacht unbegrenzten Gottes im Vergleich zum Wasser als metaphysischem Prinzip bei Thales, welches ein Moment der Erscheinungswirklichkeit ist und bleibt, liegt der entscheidende Fortschritt in der philosophischen Theologie des Anaximander gegenüber derjenigen des Thales von Milet. Beiden aber ist gemeinsam, dass sie den einen Gott (Thales) bzw. das abstrakt Göttliche (Anaximander) als Inbegriff der für sie jeweils denkbar größten Seinsfülle, nämlich eines anfang- und endlosen Ursprungs und Ziels alles übergänglich Erscheinenden, verstehen.

2.2.3 Die Einzigkeit Gottes als des schlechthin unübertrefflichen Wesens: Der implizite Monotheismus bei Xenophanes von Kolophon und Heraklit von Ephesos

Xenophanes von Kolophon

Einen weiteren wichtigen Schritt in der Entdeckungsgeschichte der inhaltlichen Normativität des philosophischen Gottesbegriffs markiert die philosophische Theologie des Xenophanes von Kolophon (um 570–um 470 v. Chr.). Dessen Projektionsthese, nach der die faktisch unterschiedlichen Vorstellungen und Bilder von Göttern bei den verschiedenen Kulturvölkern durch deren Projektion ihrer jeweiligen Eigenschaften und Selbstwahrnehmungen zustande kommen, soll polytheistische Vorstellungen überhaupt ad absurdum führen (vgl. DK 21 B14 – B 16; 21 A 12). An deren Stelle tritt bei Xenophanes die implizit monotheistische Annahme der Existenz eines einzigen Gottes, dem die Vollkommenheitsprädikate der Bedürfnislosigkeit und damit der Freiheit von jeder Ortsbewegung, des immanenten Ungeteiltseins, des wesenhaften Geistbesitzes, d. h. der Identität seines Seins und seines Denkens, der – aufgrund seiner Bedürfnislosigkeit – mü-

[16] Vgl. Enders, Markus: Natürliche Theologie im Denken der Griechen, 29-46.

helosen Lenkung des Weltganzen allein durch seinen Geist, der sittlichen Reinheit und schließlich der (wenn auch nur indirekt erschließbaren) Personalität zugeschrieben werden, die die Fähigkeit zu einer aktiven Beziehung positiver Zuwendung an die Menschen einschließt, welche Zuwendung den Charakter einer sittlichen Vervollkommnung besitzt (vgl. DK 21 B 1; 23–26). Diesen einen Gott versucht Xenophanes daher als Inbegriff vollkommenen Seins zu denken.[17] Eine ähnlich monotheistische Position vertritt auch Heraklit von Ephesos, der den Gott im Singular mit seinem metaphysischen Prinzip des Logos als der selbst übergegensätzlichen (DK 22 B 102) und deshalb allgemeinen (DK 22 B 2) Einheit der die erscheinende Welt strukturierenden und erhaltenden Gegensätze in eins setzt, welche als zugleich immanentes, stoffliches (Feuer, vgl. DK 22 B 30. B 31. B 64. B 66. B 90) und transzendentes, geistiges Weltgesetz (DK 22 B 114) alle Veränderungen im Kosmos als einen kontinuierlichen Wechsel zwischen gegensätzlichen Erscheinungsformen ordnet (DK 22 B 2. B 67. B 72). Diese universale Vernunft (DK 22 B 1. B 114) bzw. göttliche Weisheit ist in ihrer einzigartigen Größe einerseits mit Zeus als dem (alleinigen) Hochgott des olympischen Pantheons vergleichbar; zugleich ist sie jedoch über den noch mit anthropomorphen Zügen ausgestatteten Zeus der traditionell-homerischen Volksreligion unendlich erhaben (DK 22 B 32), da sie die Menschen an allen seinsmäßigen Vollkommenheiten wie etwa an Einsichtsfähigkeit, Weisheit und Schönheit in völlig analogieloser Weise überragt (DK 22 B 78. B 79. B 83. B 86). Es entspricht dieser Erhabenheit der göttlichen Weltvernunft, dass Heraklit ihr eine unbegrenzte Dauer ihres Seins sowie Allwissenheit (DK 22 B 16) und eine eschatologische Richter-Funktion (DK 22 B 66) zuzuschreiben scheint. Dieser zumindest implizite Monotheismus Heraklits und des Xenophanes markiert einen entscheidenden Erkenntnisfortschritt in der Geschichte der philosophischen Theologie der Griechen. Denn das Göttliche kann als das schlechthin Unübertreffliche überhaupt nur ein einziges Mal instantiiert bzw. verwirklicht sein.

Heraklit von Ephesos

[17] Mit dieser Interpretationsthese stimmt sachlich ein späterer Bericht aus der peripatetischen Schrift *Über Melissos, Xenophanes und Gorgias* überein, Xenophanes habe sich Gott im Bilde einer ungeheuren Kugel, d.h. kugelförmig, gedacht (vgl. DK 21 A 28,7; ähnlich auch DK 21 A 33,2): Denn die Kugel galt den Griechen als die vollkommenste aller Formen; vgl. hierzu treffend SCHADEWALDT, Wolfgang: Die Anfänge der Philosophie bei den Griechen. Die Vorsokratiker und ihre Voraussetzungen, Frankfurt a.M. 1978, 309.

2.2.4 Platons dreistufige Gottesprädikation – Einfachheit als Kriterium der (göttlichen) Unübertrefflichkeit

Platon

Bei Platon (428/427–348/347 v. Chr.) treffen die dem Gott im Singular und den Göttern im Plural prädikativ gemeinsamen Bestimmungen der Seinsvollkommenheit (Rep. II 381b4f.), der Ursächlichkeit ausschließlich für alles Gute (Rep. 380c6-9), der wesenhaften Unwandelbarkeit (Rep. 381c7-10) sowie des Geistbesitzes (Rep. 381e8-382c5) sowohl auf den mit ‚dem Gott' im Singular bezeichneten Ideenkosmos als ganzen (Tim. 30b1f.; Soph. 248e-249f) als auch auf die daher im Plural mit ‚den Göttern' bezeichneten vielen einzelnen Ideen zu, so dass Platon, wenn er in eigener Sache von einem als seinsmäßig vollkommen angenommenen Gott im Singular und oft auch mit bestimmtem Artikel spricht, die rein intelligible Welt der Ideen als ganze und wenn er von den ebenfalls vollkommenen Göttern im Plural spricht – sofern er damit nicht die Gestirnseelen meint, wie vor allem in den Nomoi (899b7 u. ö.) – nichts anderes bezeichnet als die Vielfalt der Ideen innerhalb dieses Ideenkosmos. Platons Begriff des vollkommenen Seins der Idee, zu dem auch die Vollkommenheitsprädikate der gänzlichen Ort- und Zeitfreiheit, d. h. der Ewigkeit, der Eingestaltigkeit, des Geistbesitzes und nicht zuletzt der Teilhabbarkeit in Form einer prinzipiellen Erkennbarkeit für die Menschen gehören, führt über Xenophanes' Verständnis des größten Gottes deutlich hinaus, dem diese Prädikate teilweise ganz, teilweise zumindest in dieser Klarheit fehlen. Ferner erkennt Platon den Gottesnamen im Plural den Astralseelen sowie darüber hinaus, wenn auch nur im Singular, wahrscheinlich auch seinem ersten metaphysischen Prinzip, dem Guten bzw. dem Einen seiner sog. Ungeschriebenen Lehre, zu.[18]

Dreistufige Gottesprädikation

Diese dreistufige Gottesprädikation nimmt Platon vermutlich deshalb vor, weil er den Gottesbegriff sowohl als Inbegriff vollkommen guter Seelen (wie bei den Gestirnseelen) als auch vollkommenen Seins (in seiner Anwendung auf die Ideen) und damit jeweils als nach seinem Verständnis relative Unübertrefflichkeit als auch als Inbegriff schlechthinniger Unübertrefflichkeit denkt, die er in der vollkommenen, seins- und geisttranszendenten Einfachheit des Guten selbst verwirklicht sieht, da für ihn die Einfachheit und nicht die Seinsvollkommenheit das Maß ab-

---

18 Vgl. ENDERS, Markus: Platons Theologie: Der Gott, die Götter und das Gute, in: Perspektiven der Philosophie 25 (1999), 131-185, hier: 75-89.

soluter Unübertrefflichkeit und damit höchster Göttlichkeit darstellt.[19]

2.2.5 Aristoteles: Seinsvollkommenheit als Kriterium der (göttlichen) Unübertrefflichkeit – die Geistwirklichkeit Gottes

Aristoteles

Im Unterschied hierzu ist der aristotelische Gottesbegriff ausschließlich auf ein vollkommenes Sein bezogen, sind für Aristoteles (384–322 v. Chr.) göttliche Unübertrefflichkeit und Seinsvollkommenheit koextensive Bestimmungen. Einen Fortschritt in der philosophischen Theologie über Platon hinaus erreicht Aristoteles durch seine präzisere Bestimmung sowohl der Bewegungsursächlichkeit als auch und vor allem der Geistdimension des göttlichen Prinzips: Dem Gott als der selbst unbewegten Ziel- und Zweckursache der immerwährenden Kreisbewegung der Fixsternsphäre und mittelbar des gesamten Kosmos ist in seiner vollkommenen Selbstbewegung das beste und ewige, d. h. zeitfrei unwandelbare, stets tätige Leben zu eigen, das von der höchsten Lust (mitfolgend) begleitet wird. (Met. XII 7, 1072b15-30). Über Ewigkeit, bestes und selbstgenügsames Leben sowie Unbewegtsein (De Cael. 279a17-b3) und aktuale Vernunfttätigkeit hinaus kommen diesem Gott die Vollkom-menheitsprädikate des Abgetrenntseins von allem sinnlich Wahrnehmbaren und damit der Immaterialität, der Größe- und Ausdehnungslosigkeit, der Unteilbarkeit, des Unbegrenztseins seines (bewegenden) Vermögens sowie der Leidensunfähigkeit zu (Met. XII, 7 1073a3-13). Die Göttlichkeit des Göttlichen als des besten Seins (Met. XII 9, 1074b20) liegt in der göttlichen Würde seiner Vernunft als reiner, aktualer Erkenntnistätigkeit beschlossen (Met. XII 9, 1074b15-21). Denn wirkliche, höchste Vernunfttätigkeit ist das Göttlichste (Met. XII 9, 1074,b15-21, bes. b15) und damit das Angenehmste (Met. XII 7, 1072 b18.24) und Beste (Met. XII 7, 1072b19: *kath' heautó arístou*; b24: *to áriston*; Met. XII 9, 1074,b33; b34) und kann als solches nur das Göttlichste und Würdigste (Met. XII 9, 1074b26), also sich selbst, zum Gegenstand ihres Erkennens haben (Met. XII 7, 1072b20; XII 9, 1074b34f.; De an. 430 a2-4). Wesenhafte Selbstreflexivität ist daher jene Seinsvollkommenheit, die Aristoteles über Platon hinaus zu Recht dem einen, einzigen Gott als dem Guten und Besten (Met. XII 10, 1075a12f.) zuspricht.

Wesenhafte Selbstreflexivität

---

[19] Vgl. ENDERS, Markus: Platons Theologie: Der Gott, die Götter und das Gute, ebd., 164-173.

2.2.6 Krise und Niedergang des Gottesgedankens in der griechischen Sophistik

Analog zum beschriebenen Niedergang des Gottesgedankens im mythischen Denken der Griechen gelangte dieser auch in der Geschichte der philosophischen Theologie der Griechen in eine Krise. Vertrat der Sophist Protagoras (um 490–um 411 v. Chr.) einen religiösen Agnostizismus, der die Möglichkeit eines Wissens sowohl von der Existenz als auch von der Gestalt von Göttern mit dem Hinweis auf die Verborgenheit dieses Gegenstandsbereichs und die Kürze des Menschenlebens zumindest für sich selbst ausschließt (DK B 4), so verneinen etwa die Sophisten Antiphon (vgl. DK B 87) und Gorgias (vgl. DK B 82) sowie Diagoras von Melos (vgl. DK B 5) dezidiert die Existenz von Göttern, deren menschliche Annahme in der Religionsentstehungstheorie des Kritias sogar kausalanalytisch abgeleitet wird, und zwar als Erfindung eines Staatsmanns zur Erhöhung der Durchsetzungsfähigkeit der von ihm erlassenen Gesetze (vgl. DK B 25) – in sachlicher Entsprechung zur Travestierung des Gottesglaubens in der Komödie des Aristophanes.

Protagoras

Antiphon

Gorgias

2.2.7 Seinsvollkommenheit oder Einfachheit als Maßstab der Unübertrefflichkeit als der Göttlichkeit?

Die philosophische Theologie der Griechen findet aber auch in der gegenüber Platon präziseren und ausgeführteren Gotteslehre des Aristoteles noch nicht ihren definitiven Abschluss. Denn sowohl Xenokrates (396/395–314/313 v. Chr.)[20] als auch der spätere sog. Mittlere Platonismus bestimmen Gott als Inbegriff der transzendenten Welt des reinen, einfachen Seins und des absoluten Geistes, dem mit der Gesamtheit der Ideen das geistige Weltmodell immanent ist.[21] Diesen Vertretern einer Zusammenführung des geist- und seinstranszendenten Einen als der ersten mit dem seienden Einen als der zweiten Hypothese des platonischen *Parmenides* im Gottesbegriff stehen in der Wirkungsgeschichte Pla-

Xenokrates

20 Vgl. Xenokrates: Fragment 15 Heinze = Aet. I 7,3, Diels, Doxogr. 304 b1.

21 Zur Theologie des Xenokrates vgl. Krämer, Hans Joachim: Die Ältere Akademie, in: Flashar, Hellmut (Hg.): Grundriss der Geschichte der Philosophie, begr. v. F. Ueberweg, Bd. 3, Basel/Stuttgart 1983, 58-63; zur philosophischen Theologie des sog. Mittleren Platonismus vgl. Krämer, Hans Joachim: Der Ursprung der Geistmetaphysik. Untersuchungen zur Geschichte des Platonismus zwischen Platon und Plotin, Amsterdam, 1964, ²1967, 63-126.

Plotin Proklos tons solche wie etwa auf neuplatonischer Seite Plotin (205–270 n. Chr.) und Proklos (412–485 n. Chr.) gegenüber, die die Einfachheit und nicht die Seinsvollkommenheit zum Maß der höchsten Göttlichkeit ihres Ersten Prinzips erheben.[22] Welche von beiden Positionen aber ist in systematischer Hinsicht zutreffend: die platonisch-neuplatonische oder die aristotelisch-mittelplatonische, die die Seinsvollkommenheit zum Maß der Unübertrefflichkeit und damit der Göttlichkeit Gottes erhebt?

2.2.8 Die Superiorität der ontologischen (bzw. noologischen) gegenüber der henologischen Bestimmung des Gottesbegriffs

Diese Frage nach dem Gehalt der inhaltlichen Normativität des Gottesbegriffs lässt sich meines Erachtens mit der folgenden Überlegung entscheiden: Wenn Gott gemäß der inhaltlichen Normativität seines Begriffs als Inbegriff schlechthinniger, d. h. in jeder möglichen Hinsicht bestehender, Unübertrefflichkeit gedacht werden muss, dann müssen ihm per definitionem alle unübertrefflichen Qualitäten zugesprochen werden, die überhaupt möglich sind. Höchste, in sich differenzlose Einfachheit des We-

[22] Zu Plotins prädikativer Gleichsetzung des Einen mit Gott vgl. Plotin: Enneade I 6,7,8f.; VI 9,5,3; 9,27f.; 34,56; 11,28; V 8,11,5f.; V 5,9,16f.; zu Plotins Unterscheidung zwischen dem absoluten Geist als dem zweiten und dem Einen als dem ersten Gott vgl. Enneade V 5,3,1-6; zu Proklos' Identifizierung des Einen mit dem höchsten Gott vgl. Proklos: In Platonis Timaeum commentaria III 207,8; Commentarium in Platonis Parmenidem 641,10-13; 1096,27; Theologia Platonis II 11; 110,6f. Es ist allerdings aufschlussreich, dass sowohl Plotin: VI, 9,6 („Das Eine ist mehr als Geist oder Gott"; VI, 9,8: „Gott ist das, was mit jenem [sc. dem Einen] verbunden ist") als auch Pseudo-Dionysius Areopagita (vgl. DN XIII, 3, in: Suchla, Beate R. (Hg.): Corpus Dionysiacum I, Pseudo-Dionysius Areopagita, De Divinis Nominibus [PTS, Bd. 33], Berlin/New York 1990, 299,12f.: Die jeden Verstand und jeden Geist übersteigende Verborgenheit der alles überwesenheitlich überragenden Übergottheit; zur Geist- und Seinstranszendenz des Einen vgl. auch DN I 1, ed. Suchla, 109,11-16) das Eine zugleich auch über das Gottsein hinausheben bzw. als „übergöttlich" prädizieren. Dieser Umstand, dass beide in der Verhältnisbestimmung zwischen dem Einen und dem (höchsten) Gottsein de facto changieren, dürfte sachlich dadurch bedingt sein, dass sie den Besitz eines vollkommenen Geistes als für das (höchste) Gott-Sein konstitutiv erachten, weshalb etwa Dionysius sich der etymologischen Ableitung des Wortes *theós*, Gott, von *theásthai*, schauen, und *thé*, gehen, und daher dessen bereits traditioneller Deutung als „alles schauend" und „alles umkreisend" bedient, vgl. DN VII, 2, ed. Suchla, 224,13-225,2 (zu den dionysischen Quellen dieser beiden Etymologien von *theós* vgl. den kritischen Apparat zur Stelle).

sens einer Entität ist zwar eine solche unübertreffliche Qualität, nicht jedoch die einzig mögliche, wie die Vertreter der platonisch-neuplatonischen Position implizit annehmen müssen, sofern sie die relations- und differenzlose Einfachheit zum alleinigen Kriterium für die höchste Göttlichkeit ihres ersten Gottes erheben. Im Unterschied hierzu kann die xenokratisch-aristotelische sowie die mittelplatonische und später nicht zuletzt die christliche Position darauf verweisen, dass es neben der differenzlosen Einfachheit des Wesens noch viele andere mögliche unübertrefflich gute Eigenschaften gibt, die daher Gott als dem Inbegriff absoluter Unübertrefflichkeit zukommen müssen. M. a. W.: Wenn schlechthinnige Unübertrefflichkeit der Inbegriff des Gottseins ist, dann müssen Gott über die differenzlose Einheit seines Wesens und damit über diese eine spezifische Unübertrefflichkeit hinaus auch alle anderen möglichen spezifischen Unübertrefflichkeiten bzw. unübertrefflich guten Eigenschaften zugesprochen werden, dann muss Gott zwar in seinem Wesen differenzlos einfach, aber doch zugleich auch eine uneingeschränkte und uneinschränkbare Fülle vollkommenen Seins sein. Daher umfasst systematisch gesehen die „ontologische" oder „noologische" Position in der Bestimmung der inhaltlichen Normativität des Gottseins die henologische, nicht jedoch umgekehrt. Dieser Umstand erklärt nicht nur, warum Platon, Plotin und Proklos das Gottsein nicht auf das Eine als das erste Prinzip aller Wirklichkeit einschränken, sondern auch auf die Stufe schlechthin unübertrefflichen Seins und die vollkommener Seelen beziehen wollten; er erklärt darüber hinaus auch, warum sich wirkungsgeschichtlich gesehen die absolute Unübertrefflichkeit gegenüber der Einfachheit als Bestimmungsgrund (des höchsten) Gottes gemäß henologischer Tradition durchgesetzt hat, und zwar bereits vor ihrer verständlicherweise begeisterten Rezeption durch das frühe lateinische Christentum. Denn der Plotin-Schüler Porphyrios (um 233–zwischen 301 und 305 n. Chr.) hat das differenzlose Eine mit dem seienden Einen bei Platon und Plotin in die Konzeption eines dann notwendigerweise in sich triadischen Ersten Prinzips zusammengeführt, dessen drei Grundbestimmungen Sein, Leben und Erkennen sind.[23] Dieser Verschmelzung der beiden ersten „Hypothesen" des platonischen *Parmenides* in ein in sich selbst triadisches Erstes Prinzip liegt die Einsicht in ihre wesenhafte Untrennbarkeit voneinander zugrunde. Die aus der Verbindung von vollkommener

Porphyrios

[23] Vgl. PORPHYRIOS: Fragment P 13, in: SMITH, Andrew (Hg.): Porphyrii philosophi fragmenta, Stuttgart 1993, 196f.

Einfachheit des Wesens mit dem Geist- und Ganzheitscharakter des Ersten (als Totalität aller möglichen Seinsvollkommenheiten) resultierende philosophische Konzeption einer innergöttlichen Trias hat die Trinitätstheologie des Marius Victorinus (zwischen 281 und 291–nach 363 n. Chr.) und durch dessen Vermittlung die des Augustinus sowie durch dessen Autorität weite Teile der mittelalterlichen Philosophie und Theologie maßgeblich beeinflusst. Denn etwas wesenhaft Einfaches muss, wenn ihm selbstreflexives Geist-Sein als eine mögliche Seinsvollkommenheit zukommen soll, ein Beziehungsgefüge dreier subsistenter Relationen bzw. göttlicher Personen sein.

Marius Victorinus

Zusammenfassung

Die mythische Theologie der Griechen zeigt eine kontinuierliche Entwicklung hin zur Einsicht in die normative Gültigkeit der drei daher auch klassisch gewordenen Gottesprädikate der Allmacht, der Allwissenheit und der vollkommenen Güte (des Willens) Gottes. Darüber hinaus weist die natürliche bzw. philosophische Theologie der Griechen eine ebenfalls nahezu kontinuierliche Entwicklung zur Einsicht in die Seinsvollkommenheit, damit auch in die Einzigkeit sowie im Platonismus in die Einfachheit als Implikate der Unübertrefflichkeit als des (normativen) Inbegriffs des Gott-Seins auf. Die Frage nach der Vorrangstellung der noologisch-ontologischen (Seinvollkommenheit als Maß der Unübertrefflichkeit Gottes) oder der henologischen Position (Einfachheit als Maß der Unübertrefflichkeit Gottes) lässt sich zugunsten der noologisch-ontologischen Position entscheiden, da Gott als Inbegriff absoluter, d. h. in jeder möglichen Hinsicht bestehender, Unübertrefflichkeit neben der vollkommenen Einfachheit (seines Wesens) auch alle anderen möglichen unübertrefflich guten Eigenschaften besitzen muss.

3. Der christliche Gottesbegriff: Der trinitarische Gott als Geist und als reine Liebe

Das zunächst nur implizit trinitarische Gottesverständnis des Christentums behauptet von Anfang an, dass Gott an und in sich selbst Geist (Joh 4,24) als auch die reine Gestalt vollkommener Liebe ist (1 Joh 4,16). Denn Liebe ist in ihrer Wesensnatur die (Beziehungs-) Einheit der wechselseitigen Selbsthingabe zweier (personal) Unterschiedener. Daher muss Gott, der sich nach christlichem Verständnis in seinem Mensch gewordenen Sohn als das vollkommene Übermaß der Liebe zu den Menschen erwiesen hat, in sich selbst die Einheit der wechselseitigen Selbsthingabe von Vater und Sohn als zweier (personal) Unterschiedener und damit ein dreifaltiger Gott sein. Als solcher aber ist er selbst das Wesen vollkommener Liebe. Weil also die nach christlichem Verständnis Gott eigene Seinsweise das Wesen reiner Liebe ist, ist die ihm angemessenste Wesensbestimmung des christlichen Gottes die Liebe, ist der christliche Gott in sich selbst das dreifaltige Leben der Liebe. Die Göttlichkeit Gottes, d. h. Gottes ihm eigentümliche Natur, liegt daher für einen Christen nicht primär, wie etwa für den heidnischen Neuplatoniker oder für den Muslim, in der relationslosen Einfachheit des göttlichen Wesens begründet; sie ist ebenso und genau genommen umfassender und damit eigentlicher verwirklicht in der schlechthin unübertrefflichen Vollkommenheit des göttlich-trinitarischen Seins reiner Liebe. Denn die Seinsvollkommenheit der Liebe umfasst begrifflich die der vollkommenen Einfachheit, nicht jedoch umgekehrt. Nicht nur in seiner Wirkung nach außen, sondern auch in sich selbst vollkommene Liebe und damit die Beziehungseinheit dreier subsistenter Relationen bzw. Personen zu sein,[24] stellt zudem eine mögliche Seinsvollkommenheit dar, die Gott als dem Inbegriff schlechthinniger Unübertrefflichkeit nicht fehlen kann. Insbesondere in dieser Erkenntnis der dreieinigen Liebe als der eigentümlichen Seinsweise Gottes liegt daher der spezifisch christliche Beitrag zur Bestimmung des Gottesbegriffs. Während die Thora (Dtn 6,5) und später auch der Koran[25] Gott als Einen in der Bedeutung von sowohl seinsmäßig einfach als auch einzig bezeichnen, nennt folglich das Neue Testament Gott ausdrücklich die Liebe (1 Joh 4,16).[26] Dessen wesenhafte Einheit und dessen Einzigkeit werden vom christlichen Gottesbegriff dabei bereits vorausgesetzt – so wie das Neue Testament das aus christlicher Sicht Erste bzw. Alte Testament konstitutiv

Seinsvollkommenheit der Liebe

---

24 Vgl. hierzu SCHMIDBAUR, Hans Christian: Personarum Trinitas. Die trinitarische Gotteslehre des heiligen Thomas von Aquin, St. Ottilien 1995, 387–447.

25 Das Bekenntnis zum Monotheismus und zur Einheit Gottes ist ein zentrales Anliegen des Korans, vgl. Koran 2,163.255; 3,2.6.18; 4,87 u.a., in: Der Koran. Vollständig und neu übersetzt von Ahmad Milad Karimi. Mit einer Einführung herausgegeben von Bernhard Uhde, Freiburg/Basel/Wien 2009.

26 Zur Deutung insbesondere dieser Stelle (vgl. auch Eph 3,19) als eine Wesensaussage Gottes vgl. VON BALTHASAR, Hans Urs: Glaubhaft ist nur Liebe, Einsiedeln 72011, 84; vgl. auch SCHNACKENBURG, Rudolf: Die Johannesbriefe, Freiburg/Basel/Wien 2002, 244f. Weil die Liebe, die alle (geschaffene) Erkenntniskraft übertrifft, Gott selbst ist, entspricht ihm von allen geschöpflichen Handlungs- und Verhaltensweisen auch am meisten die Liebe, ist das Gebot der Gottes- und der Nächstenliebe das höchste und wichtigste aller christlichen Gebote, vgl. Mk 12,28ff.

voraussetzt.[27] Dabei ist der christliche Glaube an eine trinitarische Einheit Gottes im neutestamentlichen Bekenntnis zu Gott als dem Wesen reiner Liebe zwar schon implizit grundgelegt, wird aber ausdrücklich erst in der frühchristlichen Theologiegeschichte entfaltet.

3.1 Die Synthese zwischen antik-philosophischem und christlichem Gottesverständnis in der Patristik und im lateinischen Mittelalter

Die Aufgabe einer Entfaltung des eigenen christlichen Gottesverständnisses in Auseinandersetzung mit und Verhältnisbestimmung zu den verschiedenen Gottesbegriffen vor allem der antiken Philosophie und des Judentums beschäftigte die Gotteslehre der Patristik. Eingang in das christliche Gottesverständnis fanden dabei grundlegende Gottesattribute der philosophischen, insbesondere der platonisch-akademischen sowie der mittel- und neuplatonischen, ferner der aristotelischen und auch der stoischen Gotteslehre wie die der Einfachheit und Unbewegtheit sowie der Unveränderlichkeit des Wesens, der ort- und raumfreien Allgegenwart und damit der Unbegrenzbarkeit seines Seins sowie der Unendlichkeit seines hervorbringenden Vermögens (Allmacht), der zeitfreien Ewigkeit, der Transzendenz und Immanenz, der reinen Aktualität und damit der Unstofflichkeit und Leidensfreiheit, des (vollkommenen) Geistbesitzes und damit der absoluten Wahrheit, der Allwissenheit einschließlich der Vorsehung, der Bedürfnislosigkeit bzw. vollkommenen Selbstgenügsamkeit, der Erstursächlichkeit sowohl für das Dass- und das Wassein aller Wesenheiten als auch für den Wahrheitsgehalt jeder (wahren) Erkenntnis als auch für die sittliche Qualität aller sittlich guten Willensakte von Vernunftwesen und damit, zusammenfassend betrachtet, alle Wesenseigenschaften der unbegrenzten Fülle und Vollkommenheit des göttlichen Seins. Weil diese Attribute Seinsvollkommenheiten zum Ausdruck bringen, der christliche Gott aber gemäß seinem bereits biblisch grundgelegten[28] Selbstverständnis zumindest implizit als Inbegriff aller (möglichen) Seinsvollkommenheiten angenommen wurde, konnten diese philosophischen Gottesattribute von der christlichen Theologie als

Gottesattribute

[27] Vgl. Zur Einzigkeit Gottes im Neuen Testament vgl. auch Mt 19,17 und Mk 12,28f.

[28] Vgl. Mt 7,11; 19,17; Jak 1,17.

Bestimmungen auch des christlichen Gottes rezipiert werden. Damit wurde auch für den Bereich der Gotteslehre die christliche Verhältnisbestimmung zu der vor- und außerchristlichen Philosophie im Sinne der *Logos-Spermatikos*-Lehre (Justin der Märtyrer[29], Clemens von Alexandrien) sowie der *Praeparatio-evangelica*-Lehre (Eusebius von Caesarea, Praep. Evangelica VII, 11) ermöglicht: Die christliche Gotteslehre vollende und erfülle den Wahrheitsgehalt dieser philosophischen Gotteslehren, die daher für das Christentum einen vorbereitenden und vorausweisenden Charakter für die Selbstoffenbarung der trinitarischen Einheit Gottes in der Person Jesu Christi, seiner einzigartigen Beziehung zum göttlichen Vater und ihrer gemeinsamen Beziehung zum göttlichen Geist erhalten. Während die Gotteslehre der griechischen Patristik stärker von den negativ-theologischen Gottesattributen der griechischen Philosophie (Einheit, Unendlichkeit, Unvergänglichkeit, Immaterialität etc.) geprägt ist,[30] entwickelt die Gotteslehre der lateinischen Patristik (insb. Augustinus) vorzugsweise den affirmativ-theologischen Gottesbegriff eines höchsten Guten (*summum bonum*) bzw. eines vollkommenen Seins.[31]

Logos-Spermatikos-Lehre

Praeparatio-evangelica-Lehre

3.2 Die Privationstheorie des Bösen als Antwort auf das Theodizeeproblem

Wenn Gott Erstursache aller Wesenheiten und in sich vollkommen gut ist, dann kann das Böse als das sittlich Schlechte nicht ursächlich auf Gott zurückgeführt werden, dann muss die perversio bzw. corruptio des selbstbewegten Willens des geschaffenen Geistwesens die causa deficiens für das folglich substanz- bzw. wesenlose Böse sein.[32] Diese Privationslehre des Bösen als Antwort auf das

---

29 Vgl. Justinus: Apologiae II, 8 3; Waszink, Jan Hendrik: Bemerkungen zu Justins Lehre von Logos Spermatikos, in: Mullus (= Festschrift Th. Klauser), Münster/Westf. 1964, 380-390.

30 Zum Einheitsbegriff siehe Clemens von Alexandrien: Stromata V, 134; Origenes: In Iohannem Commentarius II, §12-20; ders.: Contra celsum I,23; zur Rezeption und Modifikation des Unendlichkeitsbegriffs in der frühchristlichen Theologiegeschichte vgl. Böhm, Thomas: Theoria – Unendlichkeit – Aufstieg. Philosophische Implikationen zu De Vita Moysis von Gregor von Nyssa, Leiden/New York/Köln 1996, 107-227.

31 Vgl. Schönberger, Rolf: Die Transformation des klassischen Seinsverständnisses, Berlin 1986, 352-366.

32 Vgl. Augustinus: De libero arbitrio III; Thomas von Aquin: Summa theologica [= S.th.] I, 48; hierzu vgl. Schönberger, Rolf: Die Existenz des Nichtigen. Zur Geschichte der Privationstheorie, in: Hermanni, Friedrich/Koslowski, Peter

Theodizeeproblem, d. h. auf die Frage nach der Herkunft des Bösen angesichts eines vollkommen guten Weltschöpfers, verharmlost – entgegen einem weit verbreiteten Missverständnis – keineswegs die zerstörende Wirkmacht des Bösen; sie trägt vielmehr sowohl der Alleinursächlichkeit Gottes für Existenz und Substanz aller geschaffenen Wesenheiten als auch seiner Güte Rechnung, zu deren Vollkommenheit es gehört, um der freien Liebe der vernunftbegabten Geschöpfe zu Gott und zu allem Geschaffenen willen die Möglichkeit des Bösen zuzulassen, aus dem sie allein Gutes wirken kann.[33]

3.3 Das Phänomen der sog. Gottesbeweise

Das Aufkommen von Gottesbeweisen in der Bedeutung von rational beweisfähigen Argumenten für die reale Existenz Gottes stellt sowohl in der antiken Philosophie[34] als auch in der Patristik[35] und nicht zuletzt in der Philosophie des Mittelalters (Anselm von Canterbury, Thomas von Aquin, Heinrich von Gent, Duns Scotus etc.),[36] aber auch in der frühen Phase der neuzeitlichen Philosophie (Descartes, Leibniz) meist eine Reaktion gegen vorliegende Einwände bzw. Bestreitungen der Existenz Gottes dar, sei es in der antiken Philosophie gegen die Sophistik, sei es gegen den Erkennt-

---

(Hg.), Die Wirklichkeit des Bösen. Systematisch-theologische und philosophische Annäherungen, München 1998, 15-47.

33 Vgl. Thomas von Aquin: S.th. I, 2-3 ad 1; vgl. auch Augustinus: Enchiridion, cap. 11.

34 Vgl. Platon: Nomoi, Buch X, übers. und komm. von P. M. Steiner, Berlin 1992; Flashar, Hellmut: Aristoteles, in: Grundriss der Geschichte der Philosophie, Die Philosophie der Antike, Bd. 3, Basel/Stuttgart 1983, 262; Aristoteles: Physica VII, 3-6; Met. XII, 6-7; Cicero: De natura deorum II, 16-17; Tusculanae disputationes I, 3; Athenagoras, Legatio pro Christianis Nr. 4f., MPG 6, 897-901; Theophil von Antiochien: Ad Autolycum I, 5f., MPG 6, 1029-1033; Clemens von Alexandrien: Stromata V, 14; gegen die Skepsis der Mittleren Akademie vgl. Augustinus: Contra Academicos, und Ders.: De libero arbitrio II, 3, 7-15, 39; De vera religione 29, 52-81; Confessiones VII, 17.

35 Vgl. Athenagoras: Legatio pro Christianis Nr. 4f., MPG 6, 897-901; Theophil von Antiochien: Ad Autolycum I, 5f., MPG 6, 1029-1033; Clemens von Alexandrien: Stromata V, 14; gegen die Skepsis der Mittleren Akademie vgl. Augustinus: Contra Academicos, und Ders.: De libero arbitrio II, 3, 7-15, 39; De vera religione 29, 52-81; Confessiones VII, 17.

36 Siehe Johannes Duns Scotus: Ordinatio I, 1-2 p 1 q 1-3; Lectura in librum sententiarum, lect. I, d 2 p 1, q 1-3; Ders.: Abhandlung über das erste Prinzip, hg. u. übers. v. Kluxen, Wolfgang, Darmstadt 1974; vgl. Anselm von Canterbury: Proslogion 2-4; Monologion 8; Thomas von Aquin: S.th. I, 1-3; Summa contra gentiles [= S. c. g.] I, 13; Heinrich von Gent: Summa 22, 1.4; Quodlibet IX q 15.

nisskeptizismus der Mittleren Akademie (bei Cicero und Augustinus), sei es gegen den Gottesleugner bei Anselm (Proslogion 2) oder gegen die frühneuzeitliche Skepsis und ihre Bestreitung der rationalen Erkennbarkeit des Daseins Gottes bei Descartes (Meditationes 3; 5). Gottesbeweise werden also ursprünglich erst dann entwickelt, wenn die Möglichkeit einer Negation des Daseins Gottes zur Wirklichkeit und damit zu einer echten Herausforderung des Gottesglaubens geworden ist. Im Umkehrschluss zeigt daher diese Möglichkeit eines rationalen bzw. theoretischen Atheismus, dass die Annahme der realen Existenz Gottes nicht selbstverständlich oder gar selbstevident ist; und zwar auch dann nicht, wenn, wie in der metaphysischen Tradition der philosophischen Gotteslehre einschließlich der des sog. ontologischen Gottesbeweises, reale Existenz als eine Seinsvollkommenheit verstanden wird, die folglich dem in seinem Sein vollkommenen Wesen zukommen muss. Denn ob ein solches Wesen, zu dessen Begriff reale und darüber hinaus auch seinsnotwendige Existenz gehören, auch tatsächlich existiert, ist mit der Bildung eines in sich konsistenten und sachadäquaten Begriffs dieses Wesens noch keineswegs entschieden.[37] Wie dem ontologischen so eignet auch den anderen klassischen Gottesbeweistypen (dem kosmologischen, dem alethologischen, dem teleologischen und dem axiologischen bzw., seit Kant, dem ethikotheologischen oder moralischen Gottesbeweis-Typ)[38] genau besehen ein zirkulärer Charakter, der das zu Beweisende in einer der meist implizit bleibenden Prämissen des Beweisganges schon als gegeben voraussetzen muss.

3.4 Unbegreifbarkeit Gottes und ‚negative Theologie'

Da die von der Einfachheit seines Wesens bedingte Transzendenz und Erhabenheit Gottes über das menschliche Erkenntnisvermögen sowohl von der griechischen Philosophie[39] als auch von der

---

37 Vgl. Thomas von Aquin: S. c. g. I, 10-11; S.th., I, 2.

38 Zu diesen klassischen Gottesbeweis-Typen vgl. ausführlich Schmidt, Josef: Philosophische Theologie. Grundkurs Philosophie 5, Stuttgart 2003, 37-212; Enders, Markus: Art. »Gottesbeweise (1450–1650)«, in: Enzyklopädie der Neuzeit, Bd. 4, Stuttgart 2006, Sp. 1024-1032.

39 Zu Platon vgl. Phaidros: 246 c 7 – d 1; Polit. 505 a 5ff.; vgl. hierzu Krämer, Hans Joachim: Arete bei Platon und Aristoteles. Zum Wesen und Geschichte der platonischen Theologie, Heidelberg 1959, ²1967, 543, 555 Anm, 4; 558; Ders.: Der Ursprung der Geistmetaphysik, Amsterdam 1964, 394-403. Zu Plotin vgl. Enneade III, 8; VI, 9; vgl. hierzu Halfwassen, Jens: Der Aufstieg zum Einen. Untersuchungen zu Platon und Plotin, Stuttgart 1992, ²2006,

jüdischen[40] und der christlichen Offenbarung[41] angenommen wurde (weshalb aus christlich-offenbarungstheologischer Sicht die Gotteserkenntnis der griechischen Philosophie einen wenn auch eingeschränkten Offenbarungscharakter besitzt), gehört die Annahme der Unbegreifbarkeit Gottes und damit der negativ-theologische Charakter der menschlichen Erkenntnis des göttlichen Wesens zum eisernen Bestand auch der christlichen Gotteslehre.[42] Hiervon ist die affirmativ-theologische Gotteserkenntnis zu unterscheiden, die Gott die Qualität seiner Wirkweisen via eminentiae attribuiert.

3.5 Vier Grundmodelle einer philosophischen Theologie im Mittelalter: Das axiologische, das henologische, das ontologische und das kosmologische Grundmodell einer philosophischen Gotteslehre

Wenn Gott wie in der Tradition der christlich inspirierten Gotteslehre grundsätzlich als (trinitarische) All-Einheit und damit als Totalität aller möglichen Seinsvollkommenheiten (und somit auch aller ihm immanenten Exemplarursachen der von ihm geschaffenen Welt) aufgefasst wird, dann liegt es nahe, dass in der geschichtlichen Entfaltung dieses prinzipiellen Gottesverständnisses der Schwerpunkt auf bestimmte Seinsvollkommenheiten unter grundsätzlicher Beibehaltung aller anderen jeweils unterschiedlich gelegt wurde. Dies lässt sich an der mittelalterlichen Geschichte der philosophischen Gotteslehre geradezu exemplarisch studieren: Denn in der philosophischen Gotteslehre des lateinischen Mittelalters können mindestens vier verschiedene Modelle einer philosophischen Theologie göttlicher Seinsvollkommenheiten unter-

---

150-182; Proklos: Commentarium in Platonis Parmenidem, VII, 58, 12; Theologia Platonis I, 3; 15, 22; 16, 4; 16,13; Fragment zum Kommentar von Porphyrius, Über Parmenides XII, 23-25; 64-112, in: Hadot, Pierre: Porphyre et Victorinus, Bd. II, Bd. II, § 3 – 93, Paris 1968. Zu Proklos vgl. Beierwaltes, Werner: Proklos: Grundzüge seiner Metaphysik, Frankfurt a.M. ²1979, 367ff.; Ders.: Denken des Einen. Studien zur neuplatonischen Philosophie in ihrer Wirkungsgeschichte, Frankfurt 1985, 179f.; 274ff.; Hadot, Pierre: Porphyre et Victorinus (s. o.), Bd. I, 173-178.

40 Vgl. 1 Kön. 8, 12; Jes. 6, 1-2.

41 Vgl. 1 Tim 1,16.; Mt 11, 25-27; Joh 10, 15; 14,7.

42 Vgl. Pseudo-Dionysios Areopagita: De coelesti hierarchia II,3 140 c-d; DN I, 588,1ff.; Meister Eckhart: Predigt Nr. 7, DW I,1 22,6; Predigt 23, DW I, 402,1; Thomas von Aquin: S. c. g. I, 14; dazu: Hochstaffl, Josef: Negative Theologie, München 1976, insb. 82-155.

schieden werden, die plakativ als axiologisch, henologisch, ontologisch und kosmologisch charakterisiert werden können.[43]

Axiologischer Gottesbegriff

Der auf das platonisch-augustinisch-boethianische Gottesverständnis zurückgehende primär *axiologische* Gottesbegriff bestimmt Gott vorrangig als das alle einzelnen Güter umfassende schlechthin Gute, welches allem anderen an seiner eigenen uneingeschränkten Seinsfülle neidlos teilgibt, ohne sich durch diese Selbstmitteilung zu mindern oder aufzulösen (z.B. Augustinus (354–430), Pseudo-Dionysius Areopagita (6. Jh.), Boethius (um 480/485–zwischen 524 und 526), Johannes Scottus Eriugena (9. Jh.), Anselms *Monologion*, Thomas von Aquin (um 1225–1274), Bonaventura (1221–1274), Nicolaus Cusanus (1401–1464)). Zudem wird von diesem axiologischen Gottesbegriff auch die höchste sittliche Normativität Gottes und dessen Eigenschaft als Zielgrund allen menschlichen Glücksverlangens (Vereinigung aller erstrebenswerten Güter in Gott, dessen geistiger Selbstbesitz das an sich höchste und die Partizipation daran das für den Menschen höchste Glück darstellt) betont.

Henologische Tradition

Von der *henologischen* Tradition wird die vielheitslose Einheit des göttlichen Wesens hervorgehoben und nach ihrer Vereinbarkeit mit ihren Prinzip-Funktionen sowie mit den Eigenschaften des biblischen Gottes und der christlichen Trinitätslehre gefragt (z.B. Pseudo-Dionysius Areopagita, Eriugena, Dietrich von Freiberg (um 1240/1245–nach 1310), Berthold von Moosburg (†nach 1361), die Koinzidenz-Lehre des Cusanus). Eine noologische Modifikation dieses henologischen Modells liegt insofern bei Meister Eckhart (um 1260–vor 1328) vor, als dieser unbeschadet seiner Gleichsetzung Gottes mit dem (vollkommenen) Sein selbst[44] nicht in diesem, sondern in der vollkommenen Einfachheit des Intellekts die Grundbestimmung Gottes sieht, da das Erkennen die Grundlage des Seins darstelle.[45] Da sich diese Annahme einer Vorrangigkeit des vollkommen einfachen Geistes vor dem Sein

---

[43] Vgl. Flasch, Kurt: Art. »Gott. Mittelalter«, in: Historisches Wörterbuch der Philosophie, Bd. 3, Darmstadt 1974, 742-748.

[44] Vgl. hierzu Beierwaltes, Werner: Platonismus und Idealismus, Frankfurt a.M. 1972, 38-67; Ruh, Kurt: Geschichte der abendländischen Mystik, München 1996, Bd. III, 216-353, insbes. 277f.; Manstetten, Reiner: Esse est Deus. Meister Eckharts christologische Versöhnung von Philosophie und Religion und ihre Ursprünge in der Tradition des Abendlandes, Freiburg i. Br./München 1993.

[45] Meister Eckhart: Quaestio Parisiensis I: „Utrum in deo sit idem esse et intelligere“, hg. u. übers. v. Geyer, Bernhard, n. 4-12, in: Ders.: Die lateinischen Werke, Bd. V, 40-48; hierzu vgl. Imbach, Ruedi: Das Verhältnis von Sein und Denken in seiner Bedeutung für das Gottesverständnis bei Thomas von Aquin und in den Pariser Quaestionen Meister Eckharts, Freiburg/Schweiz 1976.

aber auf die der sachlichen Vorrangigkeit der Einheit gegenüber dem Sein (als einer Form geeinter Vielheit) zurückführen lässt, kann diese Position Meister Eckharts grundsätzlich dem henologischen Modell zugerechnet werden.

Ontologisches Modell

Im Unterschied hierzu legt das mit dem axiologischen sich überschneidende *ontologische* Modell der philosophischen Gotteslehre – oft unter Bezug auf Ex 3,14[46] – den der platonisch-neuplatonischen Tradition entnommenen Seinsbegriff als uneingeschränkte Fülle aller Vollkommenheiten zugrunde und bestimmt Gott daher als das unveränderliche, übersubstanzielle (überkategoriale) Sein selbst.[47] Nach der insbesondere thomanischen Aufnahme der Lehre Avicennas vom Sein als dem Ersterkannten sowie dessen Unterscheidung zwischen Existenz und Essenz hat Thomas von Aquin den philosophischen Gottesbegriff des *„ipsum esse per se subsistens“* geprägt und somit in dem Begriff eines vollkommenen und daher auch vollkommen selbstbestimmten Seins die philosophische Grundbestimmung Gottes gesehen.[48] Wirkungsgeschichtlich gesehen hat sich dieses ontologische Modell der philosophischen Gotteslehre, dem unbeschadet erheblicher Unterschiede im einzelnen u.a. auch die bedeutenden Gotteslehren des Heinrich von Gent (vor 1240–1293), des Duns Scotus und des Francisco Suárez (1548–1617) angehören, bis in die Philosophie der Aufklärung (Christian Wolff etc.) hinein durchgesetzt.[49]

Kosmologischer Gottesbegriff

Schließlich bestimmt der insbesondere aristotelisch inspirierte *kosmologische* Gottesbegriff die schöpferische Weltbeziehung Gottes als die einer verschiedenartigen Verursachung: 1. als erste überkategoriale Wirkursache aller innerweltlichen Bewegungsprozesse, 2. als Form- bzw. als Exemplarursache aller innerweltlichen Entitäten, die diesen ihren Seinsakt (*actus essendi*) und ihren Seinsgehalt (*forma essendi*) sowie ihre Ordnungsstrukturen (Maß, Zahl und Gewicht) und damit ihren wenn auch vergänglichen, mithin endlichen, Seinserhalt verleiht; und 3. erhält Gott im

---

46 Vgl. die nicht ganz unproblematische Begriffsprägung einer Exodus-Metaphysik im philosophischen Denken von Gilson, Etienne: Le Thomisme, Paris 1947, 135ff.; Beierwaltes, Werner: Platonismus und Idealismus, 5-82.

47 Vgl. Augustinus: Confessiones VII; Boethius: De consolatione philosophiae III; De Hebdomadibus; Petrus Lombardus: Sent. I, dist 8, c 1.; Anselm von Canterbury: Monologion 3;6; Richard von St. Victor: De sacramentis 1, 1, cap. 8; 11, cap. 13.

48 Zu Thomas' philosophischem Gottesbegriff des „Ipsum esse per se subsistens" vgl. S.th. I ,4,2; I, 14,1.

49 Zu Heinrich von Gent vgl. Laarmann, Matthias: Deus primum cognitum. Die Lehre von Gott als dem Ersterkannten des menschlichen Intellekts bei Heinrich von Gent, Münster 1999. Zu Scotus, Suárez und Wolff vgl. Honnefelder, Ludger: Scientia transcendens, Hamburg 1990, 200-381.

Rahmen dieses kosmologischen Gottesverständnisses als letzte Ziel- oder Zweckursache aller natürlichen Strebensvorgänge auch eine allumfassende kosmische Schöpfungs- und Steuerungsfunktion.

In diesen vier Grundtypen (axiologischer, henologischer, ontologischer und kosmologischer Typ) einer philosophischen Theologie im lateinischen Mittelalter artikuliert sich in meist unterschiedlich akzentuierter Weise ein begriffliches Grundverständnis des Gott eigenen Seins, welches Gott als das unübertrefflich Höchste und Größte, sei es an allumfassender Güte und Glückseligkeit sowie an Selbstmitteilungsbereitschaft und Gebefreudigkeit (axiologischer Typ), sei es an Einfachheit (henologischer Typ), sei es an vollkommenem Sein (ontologischer Typ) oder an verursachender und vollendender Macht (kosmologischer Typ) versteht. Da diese spezifischen Unübertrefflichkeiten jeweils durchaus zu Recht von Gott ausgesagt bzw. angenommen werden, stellt sich die Frage nach dem Rechtsgrund bzw. Kriterium ihrer gemeinsamen Anwendbarkeit auf Gott und damit die Frage nach dem präzisen Gehalt der Normativität des Gottesbegriffs für seine Bestimmung durch das Erkenntnisvermögen der endlichen Vernunft. Auf diese Frage vermag der ebenfalls im Denken des Mittelalters entwickelte ontologische Gottesbegriff eine weiterführende Antwort zu geben.

Zusammenfassung

In der Patristik und im lateinischen Mittelalter vollzog sich eine begriffliche Synthese zwischen dem antik-philosophischen und dem christlichen Verständnis Gottes als des dreipersönlichen Wesens reiner Liebe, wobei dieses als Vollendung von jenem angesehen wurde. Ausprägungen der philosophischen Theologie dieser beiden Epochen sind u.a. die Privationstheorie des Bösen, die sog. negative Theologie und die Gottesbeweise. Die philosophische Gotteslehre des lateinischen Mittelalters wurde von insgesamt vier Grundmodellen dominiert: erstens von dem henologischen Modell, das in der teillosen Einheit und Einfachheit die Grundbestimmung Gottes sieht; zweitens von dem axiologischen Modell, welches Gott als das alle Güter in sich enthaltende vollkommene Gut bestimmt, welches allen von ihm hervorgebrachten Wesenheiten an seiner eigenen Seinsfülle neidlos teilgibt; drittens von dem ontologischen Modell, welches Gott als das vollkommene, daher auch unveränderliche und übersubstanzielle Sein selbst versteht; und viertens von dem kosmologischen Modell, welches das schöpferische Weltverhältnis Gottes meist als das einer form- bzw. exemplar- und einer finalursächlichen Hervorbringung bestimmt.

4. Die Entdeckung der zweifachen Normativität des ‚ontologischen Gottesbegriffs' bei Anselm von Canterbury

4.1 ‚Ontologischer Gottesbeweis' und ‚ontologischer Gottesbegriff'

Ontologischer Gottesbeweis

Als ein wissenschaftlich akzeptierter Fachterminus ist seit Immanuel Kant nur der Ausdruck ‚ontologischer Gottesbeweis', bzw. ‚ontologisches Argument', nicht aber der Ausdruck des ‚ontologischen Gottesbegriffs geläufig. Unter einem ‚ontologischen Gottesbeweis' versteht Kant ausdrücklich jenen Typ eines Beweises der realen Existenz Gottes, der von aller Erfahrung abstrahiert und „gänzlich a priori aus bloßen Begriffen auf das Dasein einer höchsten Ursache"[50] schließt, d. h. ohne Rückgriff auf Erfahrung und damit rein apriorisch das Dasein Gottes zu beweisen sucht. Bei diesem sogenannten „ontologischen Gottesbeweis" handelt es sich also um ein Argument, in dem die bloße Begriffsbestimmung des bezeichneten Gegenstandes, also Gottes, die Erkenntnis seiner wirklichen Existenz einschließt. Dabei weist der Ausdruck „ontologisch" darauf hin, dass sich der Beweis „auf Grundbegriffe der Ontologie – nämlich ‚Seiendes', ‚Existenz', ‚Wesenheit' (*essentia*), ‚Vollkommenheit' (*perfectio*) bzw. gleichbedeutend Realität (*realitas*) – sowie auf ontologische Grundsätze" stützt, „z. B. die These, dass ‚Existenz' eine Vollkommenheit sei oder dass sich das Wirklichsein gegenüber dem Gedachtsein durch einen Seinsüberschuss auszeichne"[51]. Unter einem „ontologischen Gottesbegriff" soll hier ein solcher Gottesbegriff verstanden werden, der alle für die Beweiskraft des erläuterten ontologischen Gottesbeweistyps erforderlichen Prämissen in sich enthält.

4.2 Vorstufen des ‚ontologischen Gottesbegriffs' im (Neu-)Platonismus

Anselm von Canterbury

Anselm von Canterbury, der die Vollform des ‚ontologischen Gottesbegriffs' in seiner Schrift *Proslogion* (1077/78) entwickelt hat, kleidet diesen rein rationalen[52] Gottesbegriff in die sprachliche

[50] KANT, Immanuel: Kritik der reinen Vernunft [= KrV] B 619, A 591.

[51] RÖD, Wolfgang: Der Gott der reinen Vernunft. Die Auseinandersetzung um den ontologischen Gottesbeweis von Kant bis Hegel, München 1992, 21.

[52] Zur Klärung des epistemischen Status von ‚Q' als eines rein rationalen Gottesbegriffs vgl. ENDERS, Markus: Denken des Unübertrefflichen. Die zweifache

Formel „aliquid quo maius nihil cogitari potest", die im Folgenden der Kürze halber einfach mit „Q" bezeichnen werden soll.[53] Anselm identifiziert den lateinischen Komparativ „maius" innerhalb von Q wiederholt mit „melius" und versteht daher Gott zugleich als etwas, über das hinaus nichts Besseres, gemeint ist: nichts im Sein Vollkommeneres gedacht werden kann.[54] Daher nimmt er mit seinem ‚ontologischen Gottesbegriff' einen Begriff von Sein als uneingeschränkter Vollkommenheit auf, den im Ausgang von Platon zuerst Plotin entwickelt hatte und den Anselm aus Augustinus und Boethius kannte.[55] Die diesbezügliche boethianische Formel für den rationalen Gottesbegriff, „dass nichts Besseres als Gott gedacht werden kann"[56], steht bei Boethius im Kontext eines Beweises für die Existenz Gottes, als dessen Fundament sich der neuplatonische Seinsbegriff ausweisen lässt. Boethius übernimmt wie schon Augustinus die neuplatonische Konzeption eines schlechthin vollkommenen Seins in allerdings modifizierter Form, insofern er das vollkommene Sein des absoluten Geistes als der zweiten Hypostase im System des philosophischen Neuplatonismus mit dessen erster Hypostase, dem geist- und seinstranszendenten Einen als dem in sich relationslos Einfachen, in eine einzige Wirklichkeitsstufe zusammenfasst. Erst durch diese schon von Porphyrius vorgenommene und von Marius Victorinus und von Augustinus verständlicherweise begeistert aufgenommene Zusammenführung der beiden ersten neuplatonischen Hypostasen (des geist- und seinslosen und des seienden Einen) in dem ersten und einzigen Prinzip aller Wirklichkeit wurde es christlicherseits möglich, den platonisch-neuplatonischen Seinsbegriff in dieser modifizierten Gestalt auch auf den trinitarischen Gott des christlichen Glaubens zu beziehen. Denn dieser ist in sich zugleich dreifaltiger Geist, höchstes, vollkommenes Sein und in seinem Wesen differenzlos einfach. Erst in dieser christlich adap-

Dreifaltiger Geist

Normativität des ontologischen Gottesbegriffs, in: Jahrbuch für Religionsphilosophie, Bd. 1 (2002), 50-86, hier: 57-60.

53 Vgl. ANSELM VON CANTERBURY: Proslogion 2 [II 101, 4f.] „Et quidem credimus te esse aliquid quo nihil maius cogitari possit."

54 Vgl. ENDERS, Markus: Denken des Unübertrefflichen, 60.

55 Dazu KREMER, Klaus: Die Neuplatonische Seinsphilosophie und ihre Wirkung auf Thomas von Aquin, Leiden 1966, ²1971, 135; HALFWASSEN, Jens: Sein als uneingeschränkte Fülle. Zur Vorgeschichte des ontologischen Gottesbeweises im antiken Platonismus, in: Zeitschrift für philosophische Forschung 56 (2002), 497-516.

56 Vgl. BOETHIUS: De consolatione philosophiae III, pr. 10 in: CCSL XCIV, hg. v. BIELER, Ludwig: Turnhout 1957, 53, 22f.: „nam cum nihil deo melius excogitari queat, id quo melius nihil est bonum esse quis dubitet?"

tierten Gestalt konnte der neuplatonische Seinsbegriff zu einer unmittelbaren Voraussetzung für Anselms ‚ontologischen Gottesbegriff' werden.

4.3 Die inhaltliche Normativität des ‚ontologischen Gottesbegriffs' (‚Q')

4.3.1 Der affirmativ-theologische Gehalt von ‚Q'

Gottesprädikate

Anselm ersetzt ab dem fünften Kapitel des *Proslogion* bei seiner Wiedergabe von ‚Q' den lateinischen Komparativ ‚*maius*' (größer) durch den lateinischen Komparativ ‚*melius*' (besser), versteht also Gott zugleich als etwas, über das hinaus Besseres von einem geschaffenen Intellekt nicht gedacht werden kann.[57] Daher bezeichnet ‚Q' die Gesamtheit der göttlichen Seinsvollkommenheiten, zu denen nicht nur die drei im Denken der Griechen entwickelten klassischen Gottesprädikate der (vollkommenen) Macht, Weisheit und Güte (des Willens), sondern auch die der realen und nur als real denkbaren, d. h. der seinsnotwendigen Existenz gehören und die als Wesensbestimmungen Gottes in einem widerspruchsfreien Verhältnis zueinander stehen müssen. Diese Seinsvollkommenheiten Gottes werden in den Kapiteln 5 bis 23 des *Proslogion* aus ‚Q' insofern abgeleitet, als ‚Q' vorschreibt, Gott alle jene Bestimmungen zuzusprechen, deren Besitz ihren Träger im Sein vollkommener machen als ihr Nicht-Besitz. Dies aber sind im Einzelnen: Gerechtigkeit und zugleich Barmherzigkeit,[58] ferner Wahrhaftigkeit, Glückseligkeit,[59] Allmacht, Leidensunfähigkeit und damit Körperlosigkeit,[60] Lebendigkeit, ja das Leben selbst zu sein, ferner höchste Güte,[61] Ewigkeit als zeitfreie Gegenwart und damit als Nicht-Übergänglichkeit,[62] folglich auch Unbegrenztheit im Sinne von zeit- und ortloser Allgegenwart;[63] höchs-

57 Vgl. Anselm von Canterbury: Proslogion 5, I 104,14f.

58 Vgl. hierzu die Kapitel 9 bis 11 des Proslogion.

59 Vgl. Anselm von Canterbury: Proslogion 5, I 104,15ff.

60 Vgl. ebd., 6, I 104,20-25.

61 Vgl. hierzu ebd., 12, I 110,5-8. Anselm will hier vor allem zeigen, dass alle göttlichen Eigenschaften Wesensbestimmungen Gottes und damit keine Akzidentien sind.

62 Vgl. ebd., 13, I 110,12-18, insb. 17f.; 19, I 115,6-15.

63 Vgl. ebd., 13, I 110,12-15. Zur Geschichte der Gottesprädikate der Allgegenwart und Unendlichkeit in der lateinischen Patristik, bei Boethius und Eriugena bis einschließlich ihrer Erörterung in Anselms ‚Proslogion' sowie in seiner Kontroverse mit Gaunilo vgl. Enders, Markus: Allgegenwart und Unendlichkeit

te Schönheit,[64] immanente Ungeteiltheit, d. h. vollkommene Einfachheit des Wesens,[65] universelle Immanenz und Transzendenz,[66] vollkommene Unbedürftigkeit, mithin Selbstbestimmung,[67] Identität von Existenz und Essenz[68] und nicht zuletzt seine Geistnatur und deren vollkommenes Wissen; denn es ist besser, Geist, und zwar allwissender Geist, zu sein, als keinen Geist zu besitzen.[69] Anselm leitet also aus seinem ontologischen, mit der Seinsvollkommenheit argumentierenden Gottesbegriff sowohl dessen Geistnatur als auch die wesenhafte Einfachheit Gottes ab. M. a. W.: Die vollkommene Einfachheit Gottes geht aus seiner Seinsvollkommenheit hervor und nicht umgekehrt – ein Gedanke, der die Differenz zwischen Anselms Fassung des ontologischen Gottesbegriffs und dessen Vorstufen in der Geist- und Seinsmetaphysik des antiken Platonismus und spätantiken Neuplatonismus deutlich hervortreten lässt: Denn der absolute Geist ist in der platonischen, altakademischen und neuplatonischen Geistmetaphysik gegenüber dem Einen als dem Ersten Prinzip aller Wirklichkeit deshalb inferior, weil er einen geringeren, schwächeren Grad an Einheit besitzt, sofern er als die geeinte Vielheit des gesamten Ideenkosmos nicht vollkommen einfach, sondern All-Einheit ist.[70]

Gottes in der lateinischen Patristik sowie im philosophischen und theologischen Denken des frühen Mittelalters, in: Ders.: Zum Begriff der Unendlichkeit im abendländischen Denken. Unendlichkeit Gottes und Unendlichkeit der Welt, Hamburg 2009, 19-49.

64 Vgl. Anselm von Canterbury: Proslogion 17, I 113,6-15.

65 Anselm leitet auch die immanente Teillosigkeit bzw. Einfachheit des Wesens Gottes aus dessen unübertrefflicher Seinsvollkommenheit ab, vgl. Ders.: Proslogion 18, I 114,17-115,4.

66 In den Kapiteln 19 und 20 des Proslogion zeigt Anselm, dass alles Geschaffene in Gott enthalten ist, d.h. von ihm erhalten wird (Proslogion 19) und dass er alle, auch die ohne Ende existierenden Entitäten (wie etwa die Engel) transzendiert (Proslogion 20).

67 Vgl. Anselm von Canterbury: Proslogion 22, I 117,1f.

68 Die Identität von Dass- und Was-Sein Gottes schließt Anselm aus der wesenhaften Einfachheit und zeitfreien Gegenwart Gottes, vgl. Proslogion 22, I 116,15.

69 Vgl. Anselm von Canterbury: Proslogion 6, I 104,24f.

70 Zur platonischen und zur altakademischen Geistmetaphysik vgl. vor allem Krämer, Hans-J.: Der Ursprung der Geistmetaphysik; zu Plotins Begriff des absoluten Geistes vgl. auch Beierwaltes, Werner: Das wahre Selbst. Studien zu Plotins Begriff des Geistes und des Einen, Frankfurt a.M. 2001, insb. 16-30; Halfwassen, Jens: Der Aufstieg zum Einen, Untersuchungen zu Platon und Plotin, Stuttgart 1992, ²2006, 130-149; Ders.: Hegel und der spätantike Neuplatonismus. Untersuchungen zur Metaphysik des Einen und des Nous in

4.3.2 Der negativ-theologische Gehalt von ,Q'

Mit dieser Interpretation des affirmativ-theologischen Gehalts von ,Q' ist die inhaltliche Normativität des ontologischen Gottesbegriffs allerdings noch nicht hinreichend ausgewiesen. Denn von der negativen sprachlichen Formel „etwas, über das hinaus Größeres nicht" bzw. „nichts Größeres gedacht werden kann" wird nicht nur Gottes vollkommenes Sein, sondern zugleich auch negativ-theologisch Gottes Über-Sein, d. h. seine Transzendenz über alle von einem endlichen Intellekt denkbaren begrifflichen Gehalte, ausgesagt. Der Gott des christlichen Glaubens ist zwar das für jeden geschaffenen Intellekt denkbar Größte, d. h. der Inbegriff aller von ihm prinzipiell denkbaren Seinsvollkommenheiten – dies bezeichnet der affirmativ-theologische Begriffsgehalt von ,Q'; darüber hinaus aber muss er gerade als das für uns denkbar Größte zugleich größer, und zwar unendlich größer, sein als von uns, genauer als von einem endlichen Intellekt, überhaupt gedacht werden kann.[71] Denn es liegt im natürlichen Vermögen des endlichen Intellekts, sich gleichsam fiktiv etwas als wirklich existierend auszudenken, dessen Seinsweise die Reichweite seiner intellektuellen Anschauung prinzipiell übersteigt.[72] Daher gilt im Umkehrschluss: Wäre Gott nicht etwas Größeres als von uns gedacht – im Sinne von intellektuell angeschaut – werden kann, dann wäre er nicht das für uns denkbar Größte. Zur inhaltlichen Normativität des ontologischen Gottesbegriffs gehört also nicht nur seine begrifflich affirmative Bestimmtheit als die Summe aller denkbaren Seinsvollkommenheiten, sondern auch seine begrifflich negative Bestimmtheit als das unser Erkenntnisvermögen schlechthin übertreffende Sein, welches in seiner unendlichen Vollkommenheit erhaben ist über jede mögliche Steigerungsreihe begrifflicher Wertsetzungen des endlichen Intellekts.[73] Die negative Formulierung *„maius nihil"* (nichts Größeres) bzw. *„maius non cogitari potest"* (nichts Größeres kann gedacht werden) aber ist geeignet, Gottes Erhabenheit über jeden möglichen Begriff eines endlich-geschaffenen Intellekts mitauszusagen. Der (dem) Gott (des christlichen Glaubens) inhaltlich angemessenste Vernunftbegriff muss daher sowohl einen affirmativ-theologischen als auch einen nega-

Transzendenz

Hegels spekulativer und geschichtlicher Deutung (Hegel-Studien, Beiheft 40), Bonn 1999, 328-365.

[71] Vgl. hierzu Anselm von Canterbury: Proslogion 15, I 112, 14-17.

[72] Vgl. hierzu Anselm von Canterbury: Quid ad haec respondeat editor ipsius libelli 4, I 134, 8-10.

[73] Vgl. ebd., 5, I 135,8- 36,2.

tiv-theologischen Gehalt besitzen. In dieser doppelten Gestalt als affirmativ-theologischer und zugleich negativ-theologischer Gottesbegriff bringt daher der ontologische Gottesbegriff das prinzipielle Paradox des Gottdenkens zumindest der abendländischen Metaphysik- und weitgehend auch der christlichen Theologiegeschichte am reinsten zum Ausdruck: Gott als das denkbar Beste und zugleich als größer als alles von einem endlichen Intellekt Denkbare annehmen zu müssen.

4.4 Die formale Normativität des ‚ontologischen Gottesbegriffs'

4.4.1 ‚Q' als negative Denkregel der Unübertrefflichkeit

‚Q' besitzt den Charakter einer negativen Denkregel, genauer einer Denkregel der Un- oder Nichtübertrefflichkeit, die negativ vorschreibt, wie über Gott nicht angemessen gedacht werden darf, wenn man ihn rational angemessen denken will. Man darf sich gemäß dieser Regel Gott nicht als etwas vorstellen, das in seinem Wert noch von etwas anderem übertroffen werden könnte; dies aber bedeutet, affirmativ gewendet: Wenn sich ein endlicher Intellekt mit seinem Vernunftvermögen Gott angemessen denken will, dann muss sein Gottesbegriff die Form eines absoluten Superlativs besitzen, dann muss er sich Gott als das unübertrefflich Beste, als etwas im Sein Vollkommenes, vorstellen. Wer also Gott nicht bereits rein formal als das schlechthin Unübertreffliche begreift, der denkt sicher nicht Gott, sondern etwas anderes, dessen Gottesgedanke ist schon formal und damit auch inhaltlich falsch. Auch diese formale Normativität[74] des ontologischen Gottesbegriffs, die nur einen präskriptiven Gebrauch zulässt,[75] hat eine sie einschränkende Bedingung. Diese kann zwar nicht mit mathematischer Präzision bewiesen, wohl aber sowohl mit Blick auf die faktische Religionsgeschichte der Menschheit als auch auf die innere Finalität der endlichen Vernunft höchst wahrscheinlich gemacht werden: Nämlich die Annahme, dass der Gottesbegriff Inbegriff des schlechthin Unüber-

Denkregel

---

74 Der Norm-Begriff wird hier nicht in seiner rechtswissenschaftlichen, sondern in seiner philosophischen Bedeutung eines Begriffs für ein bestimmtes, objektiviertes Maß genommen; zu diesem Norm-Begriff vgl. ausführlich Krings, Hermann: Art. »Norm I. Philosophie der Norm«, in: Staatslexikon Bd. 4 (Freiburg i.Br. [7]1988), 62.

75 Zu dieser Möglichkeit eines präskriptiven Gebrauchs eines Normbegriffs vgl. Krings, Hermann, ebd., 63.

Absolute Unübertrefflichkeit

trefflichen ist und damit einen singulären epistemischen Status besitzt und folglich nur ein einziges Referenzobjekt bezeichnen kann; m. a. W.: Weil absolute Unübertrefflichkeit nur ein einziges Mal verwirklicht sein kann, wenn sie überhaupt verwirklicht ist, muss Gott als Inbegriff dieser Unübertrefflichkeit einer, mithin einzig sein. Philosophisch legitimierbar ist daher nur ein monotheistischer Gottesbegriff. In dieser formalen Normativität aber liegt ein weiterer Vorzug des ontologischen Gottesbegriffs gegenüber vielen anderen Gottesbegriffen der klassischen Metaphysik, denen in ihrer expliziten Gestalt diese formale Normativität fehlt, da sie den formalen Charakter von Gegenstandsbestimmungen besitzen. Im Unterschied hierzu macht der ontologische Gottesbegriff Gott zu einer in Relation zum prinzipiellen Denkvermögen der endlichen Vernunft bestimmten Größe und hat damit nicht nur einen ontologischen, sondern ebenfalls einen gleichsam noologischen Charakter. Auf Grund dieser seiner formalen Normativität eignet dem ontologischen Gottesbegriff daher eine unüberholbare Aktualität und bleibende Bedeutsamkeit auch für jene Epochen der Geistesgeschichte wie die unsere, die die inhaltliche Normativität von ‚Q' gedanklich nicht mehr akzeptieren zu können glauben.

4.4.2 Der ontologische Gottesbeweistyp in der Philosophie der Neuzeit

Die frühneuzeitliche und neuzeitliche Geschichte des ontologischen Gottesbeweises (Descartes (1596–1650), Malebranche (1638–1715), Spinoza (1632–1677), Leibniz (1646–1716), Hegel) steht zwar wie schon dessen Grundlegung bei Anselm von Canterbury sowie dessen mittelalterliche Tradition[76] in der Wirkungsgeschichte des platonisch-neuplatonischen Verständnisses von Sein als der Totalität aller (möglichen) Vollkommenheiten, zu denen auch die reale und die seinsnotwendige Existenz gehören. Aber zwischen Anselms eigenem Gottesbeweis-Argument und der neuzeitlichen Geschichte des ontologischen Gottesbeweis-Typs besteht vor allem folgende fundamentale Differenz: Anselms eigener ‚ontologischer Gottesbegriff' (‚Q') wird von der neuzeitlichen Geschichte des ontologischen Gottesbeweis-Typs genau genommen

[76] Vgl. hierzu Daniels, Augustinus: Quellenbeiträge zur Geschichte des ontologischen Gottesbeweises im dreizehnten Jahrhundert, mit besonderer Berücksichtigung des Arguments im Proslogion des Hl. Anselm, Münster 1909.

nicht adäquat rezipiert.[77] Vielmehr gehen die neuzeitlichen Vertreter des ontologischen Gottesbeweistyps bereits von einem Begriff Gottes als des vollkommenen Wesens aus. Damit jedoch fällt sowohl der negativ-theologische Gehalt von ‚Q' als auch dessen formale Normativität für die neuzeitliche Geschichte des ontologischen Gottesbeweis-Typs schlicht aus. Denn diese reduziert den ontologischen Gottesbegriff Anselms auf dessen affirmativ-theologischen Gehalt seiner inhaltlichen Normativität, indem sie dessen noologischen Charakter, d. h. dessen begriffliche Bestimmung Gottes in Relation zum prinzipiellen Denkvermögen der endlichen Vernunft, unberücksichtigt lässt. Damit aber verliert der ‚ontologische Gottesbegriff' des neuzeitlichen Denkens, welcher Gott einfach als das schlechthin vollkommene Wesen versteht, gerade jene Bedeutungsdimension, die den ‚ontologischen Gottesbegriff' Anselms gegenüber allen anderen Gottesbegriffen des klassischen abendländischen Denkens auszeichnet, welche den formalen Charakter von Gegenstandsbestimmungen besitzen.

Schließlich trifft Kants Kritik des ontologischen Gottesbeweises dessen ursprüngliche Form (‚Q') nicht, weil sie reale Existenz nicht als eine Seinsvollkommenheit, sondern nur noch als die raum-zeitliche Position eines Gegenstandes versteht (vgl. I. Kant, KrV B 626, 627 [AA III 401]).

Zusammenfassung

Dem ‚ontologischen Gottesbegriff', dessen begriffliche Vollform bei Anselm von Canterbury „*aliquid quo maius nihil cogitari potest*" („etwas, über das hinaus Größeres nicht einmal [widerspruchsfrei] gedacht werden kann") lautet und auf dem der ‚ontologische Gottesbeweis' fußt, eignet eine formale und eine inhaltliche Normativität. In inhaltlicher Hinsicht besitzt der ‚ontologische Gottesbegriff' einen affirmativ-theologischen Charakter als Inbegriff aller möglichen, d. h. widerspruchsfrei denkbaren, Seinsvollkommenheiten bzw. perfekten Eigenschaften; als solcher besitzt er aber zugleich auch einen negativ-theologischen Charakter, der Gottes Transzendenz und Erhabenheit über die Reichweite des intellektuellen Anschauungsvermögens der endlichen Vernunft bezeichnet. Die formale Normativität des ontologischen Gottesbegriffs besteht in seinem Charakter als einer negativen Denkregel der Unübertrefflichkeit, die negativ vorschreibt, dass nichts Größeres, d. h. im Sein Besseres, als Gott widerspruchsfrei auch nur gedacht werden kann. Als solche besitzt diese Denkregel der Nicht- oder Unübertrefflichkeit daher zugleich auch einen noologischen Charakter, der in der neuzeitlichen Geschichte dieses Gottesbegriffs jedoch unbeachtet geblieben ist.

77 Vgl. hierzu HINDRICHS, Gunnar: Das Absolute und das Subjekt. Untersuchungen zum Verhältnis von Metaphysik und Nachmetaphysik, Frankfurt a.M. 2008, 19-145.

5. Der ontologische Gottesbegriff und der ontologische Gottesbeweis: Ist der ,ontologische Gottesbeweis' gültig?[78]

Drei Einwände

Gegen den Beweisanspruch des ontologischen Gottesbeweises können sachlich genau drei Einwände erhoben werden, die daher auch in der Geschichte der Auseinandersetzung mit diesem Beweis faktisch erhoben worden sind. Es handelt sich dabei erstens um den sog. logischen Einwand gegen den ontologischen Gottesbeweis, zweitens um den Einwand gegen die widerspruchsfreie Denkbarkeit des ontologischen Gottesbegriffs und drittens um den Einwand gegen das Existenz-Verständnis des ontologischen Gottesbeweises. In dieser Reihenfolge werden wir uns im Folgenden mit diesen drei Einwänden befassen.

5.1 Der sogenannte „logische Einwand" gegen den ontologischen Gottesbeweis

Anselm hat bekanntlich den Anspruch erhoben, in den Kapiteln 2 und 3 seines *Proslogion* zuerst die reale Existenz (Proslogion 2) und dann auch die nur als real denkbare, mithin notwendige Existenz (Proslogion 3) des Signifikats von ,Q', d. h. Gottes als des schlechthin Unübertrefflichen, rein rational bewiesen zu haben. Dabei hat er als gültig vorausgesetzt, dass die reale und dass die nur als real denkbare, mithin notwendige Existenz eines Wesens eine widerspruchsfrei denkbare, d. h. mögliche, Seinsvollkommenheit darstellt, die ,Q' als dem einzigen verwirklichten Fall aller möglichen Seinsvollkommenheiten zuerkannt werden müsse. Gegen diesen Beweisanspruch des ontologischen Gottesbeweises haben bereits Thomas von Aquin[79] und in der jüngeren Zeit

---

78 Die in diesem fünften Kapitel entwickelten Überlegungen sind weitgehend übernommen aus: Enders, Markus: Ontologischer Gottesbegriff und ontologischer Gottesbeweis. Der Vernunft-Charakter des ontologischen Gottesbegriffs und dessen Entfaltung im ontologischen Gotteesbeweis, in: Buchheim, Thomas/Hermanni, Friedrich/Hutter, Axel/Schwöbel, Christoph (Hg.): Gottesbeweise als Herausforderung für die moderne Vernunft (Collegium Metaphysicum, Bd. 4), Tübingen 2012, 241-287, insb. 249-284.

79 Vgl. Thomas von Aquin: Summa theologiae I, q. 2, a. 1 ad 2: „Ad secundum dicendum quod forte ille qui audit hoc nomen Deus, non intelligit significari aliquid quo maius cogitari non possit, cum quidam crediderint Deum esse corpus. Dato etiam quod quilibet intelligat hoc nomine Deus significari hoc quod dicitur, scilicet illud quo maius cogitari non potest; non tamen propter hoc sequitur quod intelligat id quod significatur per nomen, esse in rerum

etwa John Leslie Mackie (1917–1981)[80] und Wolfgang Röd (*1926)[81] den seit Dieter Henrich (*1927)[82] als „logisch" bezeichneten Einwand erhoben, dass dieser Beweis die von ‚Q' nur begrifflich vorgestellte Existenz mit der wirklichen Existenz des Signifikats oder Referenzobjekts von ‚Q' verwechsle, dass er also einen illegitimen Übergang von einem bloßen Gottesbegriff der endlichen Vernunft auf die Ebene der realen Existenz des von diesem Begriff bezeichneten Wesens vollziehe. Denn es ist nach diesen Vertretern des logischen Einwands gegen den ontologischen Gottesbeweis zwar richtig, dass Gott angemessen nur als notwendigerweise existierend gedacht werden kann, weil sein Wesen seine reale und seine notwendige Existenz einschließt. Ob aber ein solches mit Notwendigkeit existierendes Wesen auch real existiert, ob es also eine singuläre Entität gibt, die dieses begrifflich vollständig bestimmte Wesen auch instantiiert, könne man nicht aus dem bloßen Begriff eines solchen Wesens gültig schließen, sondern, wie etwa Thomas von Aquin annimmt, nur aus Wirkungen, deren Qualitäten einen Rückschluss auf die ihnen zugrundeliegende Ursache erlauben und erforderlich machen, und zwar unter Anwendung des metaphysischen Kausalitätsprinzips. Ist dieser sog. logische Einwand gegen die Vollform des ontologischen Gottesbeweises zutreffend oder nicht?

Diese Frage ist erstaunlich leicht zu klären, und zwar wie folgt: Anselms ontologischer Gottesbeweis geht davon aus, dass reale Existenz eine mögliche Seinsvollkommenheit darstellt, die einem schlechthin unübertrefflichen Wesen als eine Eigenschaft desselben nicht fehlen kann bzw. zugehören muss. Wir können diesen Schluss auch mit Descartes' Formulierung des ontologischen Gottesbeweises zum Ausdruck bringen: Wenn die reale Existenz eine Eigenschaft des schlechthin vollkommenen Wesens Gottes ist, dann muss Gott als dieses Wesen auch real existieren.

Nun erkennen aber die Vertreter des logischen Einwands gegen den ontologischen Gottesbeweis diese Konklusion auf die reale Exis-

natura, sed in apprehensione intellectus tantum. Nec potest argui quod sit in re, nisi daretur quod sit in re aliquid quo maius cogitari non potest: quod non est datum a ponentibus Deum non esse."

80 Vgl. Mackie, John Leslie: Das Wunder des Theismus. Argumente für und gegen die Existenz Gottes, übersetzt von R. Ginter, Stuttgart 1985 (= Das Wunder des Theismus), 78ff., 85f., 88f.

81 Vgl. Röd, Wolfgang: Der Gott der reinen Vernunft. Die Auseinandersetzung um den ontologischen Gottesbeweis von Anselm bis Hegel, München 1992 (= Der Gott der reinen Vernunft), 37.65.

82 Henrich, Dieter: Der ontologische Gottesbeweis. Sein Problem und seine Geschichte in der Neuzeit, Tübingen 1960, insb. 73-77.

tenz Gottes nicht an, obwohl sie einräumen, dass Gott als das vollkommene Wesen (‚Q') nur als real existierend widerspruchsfrei gedacht werden kann. In den Augen der Befürworter der Beweiskraft des ontologischen Gottesbeweises begeben sich die Vertreter des logischen Einwands daher in einen Selbstwiderspruch der Form:

(1) Das Signifikat von ‚Q' kann nur als real existierend widerspruchsfrei gedacht werden.

(2) Es kann widerspruchsfrei gedacht werden, dass das Signifikat von ‚Q' nicht real existiert.

Diese Behauptung des logischen Einwands gegen den ontologischen Gottesbeweis ist daher bereits formal und damit zwangsläufig auch inhaltlich falsch.

Hat der logische Einwand unvermeidlich diese kontradiktorische Form? Der logische Einwand behauptet seiner logischen Form nach:

(1) Ein angemessener Wesensbegriff von Gott (‚Q') muss die reale und die notwendige Existenz als Eigenschaften dieses Wesens einschließen.

(2) Daraus folgt nicht mit Notwendigkeit, dass es ein X in der objektiven Wirklichkeit gibt, in dem ‚Q' bzw. der angemessene Wesensbegriff von Gott instantiiert bzw. verwirklicht ist.

M. a. W.: ‚Q' zeigt nur, wie die endliche Vernunft widerspruchsfrei Gott denken muss, wenn sie ihn rational angemessen denken will, nämlich als etwas kontingenzfrei, d. h. mit Notwendigkeit, Existierendes. ‚Q' zeigt aber nicht, dass diesem ontologischen Begriff eines unübertrefflichen und deshalb notwendigerweise real existierenden Wesens auch eine singuläre Entität, ein X, in der Wirklichkeit entspricht; es zeigt also entgegen seinem Beweisanspruch nicht, dass das Signifikat von ‚Q' instantiiert bzw. wirklich der Fall ist. Man könnte den logischen Einwand dann noch wie folgt zu substantiieren versuchen:

Diese Insuffizienz des ontologischen Arguments liegt letztlich darin begründet, dass der ontologische Gottesbegriff, aus dem heraus der ontologische Gottesbeweis die reale Existenz Gottes gültig folgern zu können den Anspruch erhebt, nur den Charakter einer Denkregel der Unübertrefflichkeit für die endliche Vernunft besitzt, dass er also nur zeigt, als was die endliche Vernunft Gott rational angemessen denken muss, wenn sie sich ihn überhaupt denken will, nämlich als etwas in jeder möglichen Hinsicht, mithin schlechthin Unübertreffliches, dessen Wesen seine reale und seinsnotwendige Existenz als vollkommene Eigenschaften einschließt.

Kann aber nicht gegen diesen logischen Einwand geltend gemacht werden, dass eine Entität, deren Nicht-Existenz denkbar, mithin logisch möglich ist, unter Zugrundelegung der Gültigkeit des ontologischen Gottesbegriffs gar nicht Gott sein kann? Dass also, wer Gott gemäß dem ontologischen Gottesbegriff als das schlechthin Unübertreffliche denkt, ihn immer auch als real und notwendig existierend annehmen muss, andernfalls wird von ihm per definitionem gar nicht Gott gedacht? M. a. W.: Dass der ontologische Gottesbegriff die reale und notwendige Existenz seines Signifikats unvermeidlicherweise in sich enthält, diese gleichsam notwendigerweise setzt.

Mit dem logischen Einwand hat sich in jüngster Zeit Bernd Goebel in einem beachtlichen Beitrag zum ontologischen Gottesbeweis intensiv auseinandergesetzt und ihn seinerseits zu widerlegen versucht.[83]

Goebels radikale Kritik am logischen Einwand gegen den ontologischen Gottesbeweis besitzt den Charakter einer reductio ad absurdum – doch ist diese These auch zutreffend?

Schauen wir uns die beiden angeblich kontradiktorischen Aussagen des logischen Einwands gegen den ontologischen Gottesbegriff in ihrer von Goebel explizierten Form genauer an:

(1) Die erste Aussage lautet: Wenn wir Gott widerspruchsfrei denken wollen, dann müssen wir uns ihn mit dem ontologischen Gottesbegriff als real und als notwendig existierend denken. M. a. W.: Der Begriff Gottes besitzt das (Alleinstellungs-) Merkmal, dass er die wirkliche und die notwendige Existenz als Eigenschaften seines Signifikats in sich enthält.

Diese Aussage bezieht sich auf den begrifflichen Gehalt des ontologischen Gottesbegriffs; sie besagt, dass zu den Eigenschaften eines unübertrefflichen Wesens die der realen und der notwendigen Existenz gehören müssen.

(2) Die zweite Aussage lautet: Wir können uns widerspruchsfrei denken, dass ein schlechthin vollkommenes bzw. unübertreffliches Wesen, Gott genannt, nicht real existiert. M. a. W.: Es ist möglich, dass es kein unübertreffliches Wesen in der Wirklichkeit gibt.

Diese zweite Aussage bezieht sich nicht auf die begrifflichen Merkmale eines vollkommenen Wesens, sie ist vielmehr ein Existenz-Urteil. Dieses besagt, dass es möglich ist, dass Gott als das vollkommene Wesen, zu dessen Begriff die reale und die notwendige Existenz seines Signifikats gehört, in der objektiven Wirklichkeit nicht der Fall bzw. nicht instantiiert ist.

---

[83] Vgl. Goebel, Bernd: Nachdenken über den ontologischen Gottesbeweis. Eine Diskussion philosophischer Einwände gegen seine beiden Grundformen mit einem Blick auf die zeitgenössische Theologie, in: Neue Zeitschrift für systematische Theologie und Philosophie 51 (2009), 105-144.

Kontradiktorische logische Form

Spätestens an dieser Darstellung der beiden im logischen Einwand enthaltenen Aussagen dürfte deutlich werden, dass der logische Einwand tatsächlich, wie von Goebel völlig zu Recht gesehen, eine kontradiktorische logische Form besitzt: Denn nach ihm ist die Nicht-Existenz Gottes als des Unübertrefflichen unmöglich, d. h. nicht widerspruchsfrei denkbar, und zugleich möglich, d. h. widerspruchsfrei denkbar.

Der logische Einwand stellt daher ein Paradox bzw. einen, wie Goebel sagt, „eklatanten Widerspruch"[84] dar. M. a. W.: Gegen den ontologischen Gottesbegriff kann man nicht widerspruchsfrei einwenden, dass sein Signifikat, d. h. Gott als das unübertreffliche Wesen, nicht existiert; oder affirmativ gewendet: Wenn Gott mit dem ontologischen Gottesbegriff als das Unübertreffliche gedacht wird, dann muss er auch als dieses Unübertreffliche real existieren.

Zusammenfassung

Gegen den ontologischen Gottesbeweis können genau drei sachliche Einwände erhoben werden und sind daher auch in der Geschichte der Auseinandersetzung mit diesem Gottesbeweistyp erhoben worden: erstens der sog. logische Einwand, der annimmt, dass dieser Beweis die von dem ontologischen Gottesbegriff nur begrifflich vorgestellte Existenz mit der wirklichen Existenz des Signifikats oder Referenzobjekts dieses Begriffs verwechsle, dass er also einen illegitimen Übergang von einem bloßen Gottesbegriff der endlichen Vernunft auf die Ebene der realen Existenz des von diesem Begriff bezeichneten Wesens vollziehe. Dieser logische Einwand besitzt jedoch eine kontradiktorische logische Form und führt sich daher selbst ad absurdum. Zweitens der Einwand gegen die widerspruchsfreie Denkbarkeit des ontologischen Gottesbegriffs und drittens der Einwand gegen das Existenz-Verständnis des ontologischen Gottesbeweises.

5.2 Anselms, Thomas' und Leibniz' Begründung der widerspruchsfreien Denkbarkeit von ‚Q' gegen die Einwände von Gaunilo, Thomas und Descartes

5.2.1 Gaunilos Einwand und die Antwort Anselms von Canterbury

Der zweite Grundtyp möglicher Einwände gegen den ontologischen Gottesbeweis setzt konsequent bei der widerspruchsfreien Denkbarkeit Gottes als eines unübertrefflichen Wesens an: Denn

[84] Goebel, Bernd: Nachdenken über den ontologischen Gottesbeweis, 123; vgl. ebd.: „Es wäre dann zugleich wahr und falsch, dass wir Gott als (notwendig) existierend denken müssen."

aus ihr folgt nach dem ontologischen Gottesbeweis die reale und seinsnotwendige Existenz des Signifikats von ‚Q'. Daher wurde die Prämisse der widerspruchsfreien Denkbarkeit von ‚Q' schon sehr früh, und zwar bereits von Gaunilo von Marmoutiers in seiner Kontroverse mit Anselm, in Zweifel gezogen:

Gaunilo von Marmoutiers

Gaunilo bestreitet die Denkbarkeit von ‚Q' mit dem Hinweis darauf, dass uns das von ‚Q' bezeichnete Signifikat weder aus einer Art noch aus einer Gattung bekannt sei noch im Ausgang von einem anderen Gegenstand mutmaßend geschlossen werden könne, so dass ‚Q' von uns nur als Lautgebilde, nicht jedoch in seiner Bedeutung geistig erfasst werden könne.[85] In seiner Antwort auf diesen Einwand gegen die Denkbarkeit des Unübertrefflichen für die endliche Vernunft entwirft Anselm eine hierarchische Stufenleiter widerspruchsfrei denkbarer bzw. möglicher Güter, an deren Spitze ‚Q' als das unübertreffliche Gut steht, um damit zumindest eine konjekturale Denkbarkeit von ‚Q' als der Totalität aller möglichen Seinsvollkommenheiten zu demonstrieren.[86] M. a. W.: ‚Q' ist widerspruchsfrei denkbar, woraus – entgegen dem logischen Einwand – notwendigerweise die reale Existenz seines Signifikats folgt.

5.2.2 Zur Frage nach der Denkbarkeit Gottes bei Thomas von Aquin

Einen ungleich gewichtigeren und ausführlicheren Einwand gegen die Denkbarkeit des Gehalts des ontologischen Gottesbegriffs für die endliche Vernunft hat Thomas von Aquin im elften Kapitel des ersten Buches seiner *Summa contra gentiles* entwickelt. Auf diesen soll im Folgenden etwas ausführlicher eingegangen werden.

Thomas von Aquin

Im zehnten Kapitel führt Thomas die These des ontologischen Gottesbeweises an, dass es unmittelbar einleuchtend (*per se notum*) sei, dass Gott real existiert, und zwar so, dass dessen Nicht-Existenz nicht einmal (widerspruchsfrei) gedacht werden könne. Der erste von ihm für diese These angeführte Beweisgrund ist der Existenzbeweis aus dem zweiten Kapitel von Anselms *Proslogion*. Das zweite Argument ist dessen modale Fassung aus dem dritten Kapitel des *Proslogion*: Es könne etwas widerspruchsfrei (aus-)gedacht werden, dessen Nicht-Existenz nicht einmal denkbar ist.

85 Vgl. Gaunilo von Marmoutiers: Liber pro insipiente 4, in: Anselm von Canterbury, ed. Schmitt I, 126,29-127,24.

86 Vgl. Anselm von Canterbury: Quid ad haec respondeat editor ipsius libelli 8 (ed. Schmitt I, 137,6 -138,3).

Dies aber sei größer als dasjenige, dessen Nicht-Existenz denkbar ist. Von Gott als demjenigen, über das hinaus Größeres nicht einmal gedacht werden könne, müsse daher angenommen werden, dass er nicht nicht existieren könne bzw. mit Notwendigkeit real existiere.[87]

Das von Thomas referierte dritte Argument für die These der unmittelbaren Evidenz der Gottesannahme geht davon aus, dass analytisch wahre Sätze wie etwa ‚der Mensch ist ein Mensch' unmittelbar einleuchtend sind. Der Satz ‚Gott existiert real' aber sei ein solcher analytisch wahrer Satz, in dem der Prädikatsbegriff im Subjektsbegriff enthalten sei und ihm daher keine neue Bestimmung mehr hinzufüge. In Gott aber sei das Sein mit seinem Wesen identisch, so dass das Prädikat des Satzes ‚Gott ist' identisch sei mit dem Wesen Gottes als dem Subjekt dieses Satzes oder zumindest in dessen Begriffsbestimmung enthalten sei. Dann aber sei es unmittelbar einleuchtend, dass Gott real existiert.

Das vierte Argument schließt sich unmittelbar an:

Was von Natur aus einleuchtend ist, werde unmittelbar erkannt. Dass Gott real existiert, sei aber von Natur aus einleuchtend, weil Gott das letzte Ziel des natürlichen Verlangens des Menschen ist, wie später noch bewiesen werde. Es sei deshalb unmittelbar einleuchtend, dass Gott existiert.

Schließlich müsse dasjenige unmittelbar einleuchtend sein, wodurch alles andere erkannt werde. Das göttliche Licht aber sei das Prinzip aller geistigen Erkenntnis. Denn es sei dasjenige, in dem sich zuerst und zuhöchst das geistige Licht finde. Also müsse die Existenz Gottes unmittelbar einleuchtend sein.[88]

Thomas antwortet auf diese fünf Argumente für die Annahme einer Selbstevidenz der Existenz Gottes zunächst wie folgt:

Es sei zwar *schlechthin* unmittelbar einleuchtend, dass Gott ist, da bei Gott das Sein und das Wesen identisch sind. Die Annahme der Existenz Gottes sei aber nicht *für uns* unmittelbar einleuchtend. Denn wir können das Wesen Gottes nicht mit dem Geist begreifen, d. h.: Wir besitzen keine hinreichende Einsicht in das Wesen Gottes. M. a. W.: Eine intellektuelle Anschauung des Wesens Gottes ist auf Grund seiner Einfachheit für den vielheitlichen, endlichen, in Raum- und Zeitverhältnissen denkenden In-

---

87 Vgl. Thomas von Aquin: Summa contra gentiles (ed. Leonina, XIII-XV [= ScG]) I,10: „Cogitari quidem potest quod aliquid sit quod non possit cogitari non esse. Quod maius est evidenter eo quod potest cogitari non esse. Sic ergo Deo aliquid maius cogitari posset, si ipse posset cogitari non esse. Quod est contra rationem nominis. Relinquitur igitur quod Deum esse per se notum est."

88 Vgl. S. c. g. I,10.

tellekt nicht möglich – womit Thomas zweifelsohne Recht hat. Ohne eine solche adäquate Wesenserkenntnis Gottes könne der menschliche Intellekt aber auch nicht den Gehalt von ‚Q' als den angemessenen Wesensbegriff Gottes intellektuell angemessen anschauen bzw. begreifen. Dann aber könne auch Gottes reales Sein für den menschlichen Intellekt nicht unmittelbar einleuchtend sein.[89]

Dieses allgemeine Argument aber überzeugt nicht, denn: Ein apriorischer Wesensbegriff Gottes wie ‚Q' setzt für seine Angemessenheit an seinen Gegenstand keine unmittelbare Wesensschau Gottes von Seiten des endlichen Intellekts konstitutiv voraus. Für die Gültigkeit des Beweises genügt es, wenn sich aus ‚Q' die reale Existenz Gottes als des Unübertrefflichen in Gestalt einer logisch notwendigen Folgerungsbeziehung schließen lässt – und genau dies scheint bei ‚Q' der Fall zu sein.

Thomas geht dann auf die fünf genannten Argumente für die behauptete Selbstevidenz der realen Existenz Gottes im Einzelnen ein:

Gegen den ersten Beweisgrund wiederholt er im Grunde seinen oben bereits widerlegten logischen Einwand gegen den ontologischen Gottesbeweis in der *Summa theologiae*:

Selbst dann, wenn von allen Menschen unter dem Wort ‚Gott' etwas verstanden werden würde, über das hinaus Größeres nicht einmal (widerspruchsfrei) gedacht werden kann, ist ‚Q' nur ein begrifflicher Gehalt. Dieser lässt sich zwar ausdenken bzw. hypothetisch annehmen, damit wird aber noch nicht die reale Existenz seines Signifikats bewiesen. Diese Existenz wird vielmehr unbewiesen bereits vorausgesetzt, wenn angenommen wird, dass die Behauptung der Möglichkeit der realen Nicht-Existenz des Signifikats von ‚Q' selbstwidersprüchlich sei.

Entscheidend aber ist nun das Argument des Thomas gegen die zweite, modale Fassung des ontologischen Gottesbeweises bei Anselm: Es muss nicht etwas Größeres als Gott gedacht werden können, wenn gedacht werden kann, Gott existiere nicht real. Denn – und das ist das entscheidende Argument – die Denkmöglichkeit der Nicht-Existenz Gottes für den menschlichen Intellekt ist nicht durch eine Unvollkommenheit des göttlichen Wesens bedingt, welches an und für sich selbst vollkommen und daher auch vollkommen gewiss ist. Diese Möglichkeit der Verneinung der Existenz Gottes ist vielmehr einzig und alleine bedingt durch die

---

89 Vgl. S. c. g. I,11: „Nam simpliciter quidem Deum esse per se notum est: cum hoc ipsum quod Deus est, sit suum esse. Sed quia hoc ipsum quod Deus est mente concipere non possumus, remanet ignotum quoad nos."

Schwäche des menschlichen Intellekts, der aus eigener Kraft Gott nicht an ihm selbst bzw. unmittelbar schauen und deshalb aus ‚Q' als dem Wesensbegriff Gottes auch keine unmittelbare, selbstevidente Erkenntnis seiner realen Existenz gewinnen kann. Auf Grund seines Unvermögens zu einer unmittelbaren Wesenserkenntnis Gottes kann der menschliche Intellekt die reale Existenz Gottes daher nur durch Rückschluss von innerweltlich manifesten Wirkungen – wie etwa von der Fremdbewegung oder der Kontingenz raum-zeitlich existierender Entitäten – auf die ihnen zugrundeliegende göttliche Wirk- oder Formursache erkennen.[90]

Dieser zweite, gegen die Denkbarkeit von ‚Q' gerichtete Einwand des Thomas lässt sich allerdings genauso widerlegen wie das Argument des Thomas, mit dem er seine Erwiderung auf den ‚ontologischen Gottesbeweis' beginnt: Denn ‚Q' als ein apriorischer Wesensbegriff für den unübertrefflichen Gott setzt für seine Angemessenheit an seinen Gegenstand keine unmittelbare Wesensschau Gottes von Seiten des endlichen Intellekts konstitutiv voraus. Für die Gültigkeit des Beweises genügt es, wenn sich aus ‚Q' die reale Existenz Gottes als des Unübertrefflichen in Gestalt einer logisch notwendigen Folgerungsbeziehung schließen lässt – und genau dies scheint beim ontologischen Gottesbeweis der Fall zu sein.

Gegen das dritte Argument für die unmittelbare Evidenz der realen Existenz Gottes führt Thomas denselben Beweisgrund an: Nur denen, die das Wesen Gottes selbst schauen, leuchtet unmittelbar ein, dass Gott real existiert, weil sein vollkommen einfaches Wesen mit seinem Sein identisch ist. Aus seiner eigenen, natürlichen Kraft aber vermag der menschliche Intellekt nicht das Wesen Gottes zu schauen, d. h. angemessen zu erkennen. Deshalb gelangt der menschliche Intellekt zur Erkenntnis der realen Existenz Gottes nicht durch Gott selbst bzw., so können wir ergänzen, nicht durch ‚Q' als den angemessenen Wesensbegriff Gottes, sondern nur über und durch die Wirkungen Gottes und damit durch eine indirekte, mittelbare Erkenntnis.[91]

---

90 Vgl. S. c. g. I,11: „Nec etiam oportet, ut secunda ratio proponebat, Deo posse aliquid maius cogitari si potest cogitari mom esse. Nam quod possit cogitari non esse, non ex imperfectione sui esse est vel incertitudine, cum suum esse sit secundum se manifestissimum: sed ex debilitate nostri intellectus, qui eum intueri non potest per seipsum, sed ex effectibus eius, et sic ad cognoscendum ipsum esse ratiocinando perducitur."

91 Vgl. ebd. I,11: „ [...] sic videntibus ipsam divinam essentiam per se notissimum est Deum esse, ex hoc quod sua essentia est suum esse. Sed quia eius essentiam videre non possumus, ad eius esse cognoscendum non per seipsum, sed per eius effetu pervenimus."

Aus demselben bereits zweifach genannten Grund muss auch dieses dritte Argument des Thomas zurückgewiesen werden.

Das vierte Argument für die Annahme einer unmittelbaren Evidenz der realen Existenz Gottes versucht Thomas wie folgt zu widerlegen:

Der Mensch erkennt Gott natürlicherweise auf dieselbe Weise wie er natürlicherweise nach ihm verlangt. Von Natur aus aber verlangt der Mensch nach Gott insofern, als er natürlicherweise nach dem Glück verlangt, das eine Ähnlichkeit mit der vollkommenen Güte Gottes besitzt. Deshalb braucht auch nicht Gott an sich selbst dem Menschen offenbar zu sein, sondern nur eine Ähnlichkeit mit ihm, damit der Mensch nach Gott streben bzw. verlangen kann. Daher kommt der Mensch zur Gotteserkenntnis auf dem Weg der Schlussfolgerung auch nur durch die in den Wirkungen Gottes entdeckten Ähnlichkeiten mit Gott.

Dieses inhaltlich ganz anders geartete Argument ist in seiner Beweiskraft schwerer zu widerlegen als die vorangegangenen Argumente. Man kann allerdings gegen dieses vierte Argument einwenden, dass der Mensch natürlicherweise nicht nur mittelbar, d. h. über geschöpfliche Ähnlichkeiten mit ihm, sondern auch unmittelbar nach Gott verlangt. Wenn aber dies der Fall ist, dann kann der Mensch auch unmittelbarer Gott bzw. genauer die Existenz Gottes erkennen als im Ausgang von den geschöpflichen Wirkungen Gottes.

Thomas' Widerlegung des fünften und letzten Arguments fällt wie folgt aus:

Es ist zwar richtig, dass Gott das Prinzip jeder Erkenntnis ist; das bedeutet aber nicht, dass nicht etwas erkannt werden könnte, wenn nicht zuerst Gott erkannt werden würde, wie dies bei den unmittelbar einleuchtenden Prinzipien – wie etwa dem Satz vom zu vermeidenden Widerspruch oder dem Satz der Identität etc. – der Fall ist. Gott übt seine prinzipiierende Wirkung auf jeden Erkenntnisakt vielmehr durch seine Illumination aus, die jede Erkenntnis in uns verursacht.

Diese Überlegung des Thomas gegen das fünfte Argument für die Selbstevidenz der realen Existenz Gottes als des Signifikats von ‚Q' verdient m. E. Zustimmung. Damit ist aber nur einer von insgesamt fünf Beweisgründen für diese Selbstevidenz widerlegt. Die anderen vier Gründe werden, wie wir gesehen haben, von Thomas nicht schlüssig widerlegt.

Fassen wir zusammen: Nach Thomas besitzt der ontologische Gottesbeweis genau deshalb keine Beweiskraft, weil der menschliche Intellekt zu schwach ist, um aus eigener, natürlicher Kraft eine angemessene intellektuelle Anschauung des Gehalts von ‚Q', d. h. des ontologischen Wesensbegriffs Gottes, gewinnen zu können. Denn was vollkommene Einfachheit, unendliche Vollkommenheit, Allmacht, Allwissenheit und vollkommene Güte des Willens etc., was also die Seinsvollkommenheiten Gottes, deren Totalität der ontologische Gottesbegriff bzw. ‚Q' bezeichnet, in ihrer Seinsweise aktual bedeuten, das vermag der endliche Intellekt nicht aus eigenem natürlichen Vermögen anzuschauen. Soweit hat Thomas durchaus Recht. Und darin würde ihm Anselm auch Recht geben, ist es doch seine Überzeugung, dass der geschaffene Intellekt von Gott nur erkennen könne, dass Gott und als was Gott existiert, d. h. die Zugehörigkeit aller möglichen Seinsvollkommenheiten zu seinem Wesen, er jedoch nicht erkennen könne, wie Gott als diese verwirklichte Totalität aller Seinsvollkommenheiten existiert, d. h. seine ihm eigentümliche Seinsweise.[92]

Thomas von Aquin hat jedoch nicht Recht mit seiner Voraussetzung, dass der Mensch Gott unmittelbar und damit auch die ihm eigentümliche Seinsweise erkennen können müsste, um eine objektiv wahre Erkenntnis der realen Existenz Gottes als des Unübertrefflichen gewinnen zu können.

5.2.3 Der Selbsteinwand gegen die Denknotwendigkeit Gottes bei Descartes – Leibniz' Begründung der Denkbarkeit des ontologischen Gottesbegriffs durch seinen Kompossibilitätsnachweis der Seinsvollkommenheiten Gottes

Ein Einwand gegen die Denkbarkeit Gottes ist auch in der Auseinandersetzung um Descartes' Fassung des ontologischen Arguments zu Beginn der Neuzeit erhoben worden.

Descartes

Descartes erörtert im elften Kapitel seiner fünften Meditation einen Selbsteinwand genau genommen gegen die Denknotwendigkeit Gottes als des Referenzobjekts des Begriffs eines schlechthin vollkommenen Wesens, das alle Vollkommenheiten besitzt. Dieser Einwand bestreitet die Notwendigkeit der begrifflichen Bestimmung Gottes als eines Wesens, das alle Vollkommenheiten besitzt. M. a. W.: Es könne von Gott gedacht werden, dass er nicht alle Vollkommenheiten in sich enthält;[93] das könne etwa dann der Fall sein, „wenn irgendeine Vollkommenheit eine Bestimmung

---

92 Vgl. z.B. Anselm von Canterbury: Monologion 36 (ed. Schmitt I 54,15-55,10).

93 Vgl. Descartes, René: Meditationes V,11.

enthielte, die durch eine andere Vollkommenheit negiert würde. Ein Wesen, das die eine besitzt, könnte dann die andere nicht besitzen."[94] Wenn man etwa, so das anschauliche Beispiel von Friedrich Hermanni (*1958), davon ausginge, dass Macht korrumpiert, könnte z.B. ein allmächtiges Wesen nicht zugleich vollkommen gut sein. Friedrich Hermanni hat auch noch einen zweiten möglichen Fall konstruiert, in dem „der Begriff eines höchst vollkommenen Wesens dadurch widersprüchlich sein (sc. könnte), dass zwar alle Vollkommenheiten miteinander vereinbar sind, dass sie aber nicht alle zur Definition eines Wesens gehören können. Dies wäre zum Beispiel der Fall, wenn der Begriff irgendeiner Vollkommenheit enthalten würde, dass einem Wesen, dem sie notwendigerweise zukommt, die Existenz nicht notwendigerweise zukommen kann."[95]

Descartes beantwortet diesen Selbsteinwand gegen die Denknotwendigkeit Gottes als eines Wesens, das alle Vollkommenheiten in sich als wirkliche vereinigt, wie folgt: Es ist zwar nicht notwendig für die endliche Vernunft, an Gott zu denken; wenn sie aber die Idee von Gott gleichsam aus der Schatzkammer ihres Denkens hervorholt, dann ist es notwendig, ihm alle möglichen Vollkommenheiten zuzuschreiben, auch wenn diese nicht einzeln oder gar vollständig aufgezählt werden. Die reale Existenz aber ist eine solche Vollkommenheit. Folglich kann Gott überhaupt nur widerspruchsfrei als existierend gedacht werden. Also sei es richtig zu schließen, dass ein erstes und höchstes Wesen existiert.[96] M. a. W.: Gottes Wesen schließt alle möglichen Vollkommenheiten einschließlich der Existenz in sich ein.

Mit dieser Antwort aber hat Descartes die widerspruchsfreie Vereinbarkeit oder Verträglichkeit (Kompossibilität) aller perfekten Eigenschaften miteinander und ihre vollständige Zugehörigkeit zur Definition bzw. zum Begriff eines vollkommenen Wesens bereits vorausgesetzt. M. a. W.: Descartes hat zwar gezeigt, dass es für die endliche Vernunft notwendig ist, anzunehmen, dass Gott alle möglichen Seinsvollkommenheiten besitzt. Er hat aber nicht gezeigt, ob dieser Besitz überhaupt möglich, d. h. ein Wesen widerspruchsfrei denkbar ist, das alle diese Seinsvollkommenheiten in sich als wirkliche vereinigt.

---

94 Hermanni, Friedrich: Der ontologische Gottesbeweis, in: Neue Zeitschrift für systematische Theologie und Religionsphilosophie 44 (2002), 250 (= Der ontologische Gottesbeweis); jetzt auch in: Ders.: Metaphysik. Versuche über letzte Fragen (Collegium Metaphysicum, Bd. 1), Tübingen 2011, 54.

95 Hermanni, Friedrich: ebd.

96 Vgl. Descartes, René: Meditationes V,11.

Deshalb verdient Friedrich Hermanni mit seiner Annahme Zustimmung, dass Descartes diese beiden Probleme nicht überzeugend gelöst hat, sondern erst Leibniz (1646 – 1716). Denn dieser hat „Vollkommenheiten, also Eigenschaften wie Allmacht, Allwissenheit oder Allgüte, als Qualitäten [bestimmt], die einfach und rein positiv“[97] und daher miteinander verträglich sind und in ein und demselben Subjekt zusammen bestehen.[98] Denn die von Leibniz als strikt einfache Qualitäten (*qualitates simplices*) bestimmten Seinsvollkommenheiten sind gerade auf Grund ihrer Einfachheit und Unauflöslichkeit miteinander verträglich (das Kompatibilitätskriterium) und müssen daher in ein und demselben Subjekt zusammen bestehen können.[99] Die Kompatibilität der als einfache Qualitäten bestimmten Vollkommenheiten beweist Leibniz darüber hinaus durch eine reductio ad absurdum – indem er die kontradiktorisch entgegengesetzte Annahme ihrer Inkompatibilität widerlegt.[100] Durch den Beweis der Kompossibilität bzw. Kompatibilität aller Vollkommenheiten miteinander aber hat Leibniz die Möglichkeit eines Wesens bewiesen, welches Subjekt aller Vollkommenheiten und daher ein „vollkommenstes Seiendes“ (*ens perfectissimum*) ist. Mit der Möglichkeit eines solchen Wesens aber ist nach Leibniz auch die reale Existenz eines solchen Wesens bewiesen, „weil auch die (reale) Existenz zu den Vollkommenheiten gehört“[101].

Leibniz

---

97 HERMANNI, Friedrich: Metaphysik, 54.

98 Vgl. LEIBNIZ, Gottfried Wilhem: Quod Ens perfectissimum existit, in: Leibniz, Sämtliche Schriften und Briefe, hg. von der Akademie der Wissenschaften zu Berlin, Bd. VI, 3, Berlin 1980, 577ff.

99 Vgl. ebd. 577,6ff.: „Perfectionem voco omnem qualitatem simplicem quae positiva est, et absoluta, seu quae quicquid exprimit sine ullis limitibus exprimit. [Qualitas] autem eiusmodi quia simplex, ideo est indefinibilis sive irresolubilis, alioqui enim vel non una erit simplex qualitas sed plurium aggregatum, vel si una erit limitibus circumscripta erit atque ita ope negationum intelligetur contra hypothesin, assumta est enim pure positiva. Ex his non est difficile ostendere omnes esse compatibiles inter se, sive in eodem esse posse subjecto.“

100 Vgl. ebd. 577,14-22; hierzu vgl. auch HERMANNI, Friedrich: Metaphysik, 54f.

101 Vgl. LEIBNIZ, Gottfried Wilhelm: Quod Ens perfectissimum existit, 577,22ff.: „Datur ergo sive intelligi potest Ens quod sit subjectum omnium perfectionum sive perfectissimum. Unde ipsum existere statim patet, cum et existentia inter perfectiones contineatur.“ Zu Leibniz’ Präzisierung des cartesischen Gottesbegriffs und seinem Verständnis von Seinsvollkommenheiten als uneingeschränkten, vernünftigerweise wünschenswerten ‚Realitäten‘, d.h. wirklichen Sachgehalten, vgl. ENDERS, Markus: Ontologischer Gottesbegriff und Philosophie des Christentums. Zur philosophischen Rechtfertigung des christlichen Glaubens in Leibniz’ ‚Essais de Théodicee‘, in: METZ, Wilhelm/RUHSTORFER, Karlheinz (Hg.):, Christlichkeit der Neuzeit – Neuzeitlichkeit des Christentums. Zum Verhältnis von freiheitlichem Denken und christlichem Glauben, Paderborn etc. 2008, 51-77, hier: 54-57.

Mit diesem Kompossibilitäts- bzw. Kompatibilitätsnachweis der Seinsvollkommenheiten lasse sich der ontologische Gottesbeweis gegen den Einwand gegen seine Denkbarkeit, er sei auf Grund einer Unverträglichkeit zumindest einiger Seinsvollkommenheiten miteinander in sich widersprüchlich, aufrechterhalten, wie Hermanni unter Bezug auf Leibniz und Russell (1872–1970) zu Recht betont. Das im Kern gleiche Argument richtet Leibniz gegen den zweiten Teileinwand, dass nicht alle Seinsvollkommenheiten zur Definition eines Wesens gehören können, weil sie sich als notwendige Wesensbestimmungen eines Gegenstandes wechselseitig ausschließen könnten. Dies können sie aber nicht, wie Leibniz wiederum mit Recht hervorhebt, weil Seinsvollkommenheiten einfache und positive Qualitäten sind, die sich nicht in ihre Bestandteile auflösen lassen. Damit aber ist der Einwand gegen die Denkbarkeit des ontologischen Gottesbegriffs entkräftet und dessen widerspruchsfreie Denkbarkeit gesichert.

5.3 „Sein ist kein reales Prädikat" – Kants existenztheoretischer Einwand gegen den ontologischen Gottesbeweis und die Frage nach einem angemessenen Verständnis von „Existenz"

Der dritte, erstmals von Petrus Gassendi (1592–1655) gegen den ontologischen Gottesbeweis erhobene Einwand[102] richtet sich gegen das Existenzverständnis der klassischen Form des ontologischen Gottesbeweises insbesondere bei Anselm und Descartes. In seiner ungleich bekannteren Version bei Immanuel Kant (1724–1804) hat dieser Einwand die folgende Gestalt:

Existenzverständnis

Immanuel Kant

Existenz ist kein reales, eine sachhaltige Eigenschaft eines Gegenstandes aussagendes Prädikat; die Existenzaussage setzt vielmehr nur einen Gegenstand als gegeben bzw. vorhanden, der einem bestimmten Subjektsbegriff entspricht.[103] Gemäß diesem Existenzverständnis ist „Existenz" „kein Prädikat im Sinne eines begrifflichen Gehalts, durch den ein Gegenstand charakterisiert wird."[104] Die Aussage ‚Gott existiert' schreibt daher nach Kant dem Subjektsbegriff ‚Gott' nicht eine Eigenschaft neben anderen Eigenschaften wie Allmacht, Allwissenheit und vollkommene Güte des Willens zu, sie bestimmt also nicht den Subjektsbegriff näher, sondern setzt eine diesem Subjektsbegriff entsprechende Entität

[102] Hierzu vgl. ausführlich Hermanni, Friedrich: Metaphysik 56, insb. Anm. 35 und 36.

[103] Vgl. Kant, Immanuel: Kritik der reinen Vernunft, B 626-627, 401.

[104] Hermanni, Friedrich: Metaphysik, 57.

als existent. „‚Gott existiert' bedeutet, dass es ein Wesen gibt, auf das der Gottesbegriff mit allen darin enthaltenen Prädikaten zutrifft."[105]

Kants Argument gegen die Möglichkeit einer prädikativen Auffassung von Existenz, dass es dann grundsätzlich unmöglich wäre, Begriffe auf Gegenstände anzuwenden, weil den Gegenständen mit der realen Existenz etwas zukäme, was den Begriffen fehlen würde, so dass von den Begriffen dann nicht mehr dasselbe als Gegenstand gedacht werden würde, soll an seinem berühmt gewordenem und von Johann Behring übernommenem[106] Beispiel erläutert werden: Hundert wirkliche Taler enthalten nach Kant „nicht das mindeste mehr, als hundert mögliche"[107] Taler, weil, wie Kant ausdrücklich sagt, „das Wirkliche nichts mehr (sc. enthält) als das bloß Mögliche."[108]

Kant begründet seine These wie folgt: Die hundert möglichen Taler setzt er mit dem Begriff eines Gegenstandes gleich, die hundert wirklichen Taler mit der Position bzw. dem realen Gegebensein dieses Gegenstandes. Würde der Gegenstand, so Kant, mit der realen Existenz mehr enthalten als mein Begriff davon, dann würde mein Begriff von ihm nicht mehr den ganzen Gegenstand ausdrücken und damit auch nicht mehr der angemessene Begriff dieses Gegenstandes sein können.[109] Durch die Behauptung seiner realen Existenz werde einem gedachten Gegenstand daher keine Eigenschaft hinzugefügt, denn sonst enthielte der Gegenstand mehr als in seinem Begriff von ihm gedacht worden ist, weil – und genau das ist die Prämisse, die Kants Argument bereits als gültig in Anspruch nimmt und nehmen muss – reale Existenz gar keine Bestimmung eines Begriffs sein könne. Für den ontologischen Gottesbegriff bedeutet dies nach Kant, dass

---

105 Ebd.

106 Hierzu vgl. Henrich, Dieter: Der ontologische Gottesbeweis, 120.

107 Kant, Immanuel: Kritik der reinen Vernunft, 534.

108 Ebd.

109 Vgl. ebd.: „Denn, da diese (sc. die hundert möglichen Taler) den Begriff, jene (sc. die hundert wirklichen Taler) aber den Gegenstand und dessen Position an sich selbst bedeuten, so würde, im Fall dieser mehr enthielte als jener, mein Begriff nicht den ganzen Gegenstand ausdrücken, und also auch nicht der angemessene Begriff von ihm sein. Aber in meinem Vermögenszustande ist mehr bei hundert wirklichen Talern, als bei dem bloßen Begriffe derselben (d. i. ihrer Möglichkeit). Denn der Gegenstand ist bei der Wirklichkeit nicht bloß in meinem Begriffe analytisch enthalten, sondern kommt zu meinem Begriffe (der eine Bestimmung meines Zustandes ist) synthetisch hinzu, ohne daß, durch dieses Sein außerhalb meinem Begriffe, diese gedachten hundert Taler selbst im mindesten vermehrt werden."

dies zwar der Begriff eines vollkommenen Wesens ist, als solcher schließt er aber nicht die reale Existenz seines Signifikats ein, weil diese nicht apriorisch, sondern nur aposteriorisch, mithin durch Erfahrung, erkannt werden könne.[110] Auch hier wird von Kant bereits vorausgesetzt, dass reale Existenz kein ‚reales Prädikat', d. h. kein Sachgehalt eines Begriffs, auch nicht des Begriffs eines vollkommenen oder unübertrefflichen Wesens, sein kann. Denn wenn reale Existenz ein Prädikat, d. h. ein begrifflicher Gehalt, wäre, durch den ein Gegenstand charakterisiert wird (was von Kant nicht widerlegt worden ist), dann wäre die erforderliche Entsprechung zwischen dem Begriff, zu dem dann reale Existenz als ein Prädikat gehören würde, und dem von ihm bezeichneten Gegenstand gegeben bzw. erfüllt, eine Entsprechung, die für die Möglichkeit einer angemessenen empirischen Erkenntnis konstitutiv ist, worauf Kant zu Recht hinweist. Denn dann wäre im Begriff eines wirklich existierenden Gegenstandes genau das gedacht, was auch in dem von diesem Begriff bezeichneten Gegenstand verwirklicht ist, einschließlich der realen Existenz dieses Gegenstandes.

Sein ist kein reales Prädikat

Kants Argument für seine Annahme, dass Sein kein reales Prädikat ist, stellt daher formal betrachtet einen vitiösen Zirkel dar: Es muss sein Demonstrandum bereits als gültig voraussetzen, um selbst gültig zu sein.

Das besondere Argument Kants gegen die Möglichkeit einer prädikativen bzw. qualitativen Auffassung von „Existenz" vermag daher nicht zu überzeugen. Unabhängig von diesem Argument aber könnte das nichtprädikative Existenzverständnis Kants sowie das erfüllungstheoretische Existenzverständnis in der analytischen Philosophie dennoch sachlich zutreffend und das qualitative Existenzverständnis der klassischen Tradition der abendländischen Metaphysik, das dem ontologischen Gottesbeweis in seiner klassischen und in seiner frühneuzeitlichen Gestalt zugrunde liegt, sachlich unangemessen sein. Doch um dies zu zei-

[110] Vgl. ebd.: „Wenn ich also ein Ding, durch welche und wie viel Prädikate ich will (selbst in der durchgängigen Bestimmung), denke, so kommt dadurch, daß ich noch hinzusetze, dieses Ding ist, nicht das mindeste zu dem Dinge hinzu. Denn sonst würde nicht eben dasselbe, sondern mehr existieren, als ich im Begriffe gedacht hatte, und ich könnte nicht sagen, daß gerade der Gegenstand meines Begriffs existiere. … Denke ich mir nun ein Wesen als die höchste Realität (ohne Mangel), so bleibt doch immer die Frage, ob es existiere, oder nicht. Denn, obgleich an meinem Begriffe, von dem möglichen realen Inhalt eines Dinges überhaupt, nichts fehlt, so fehlt doch noch etwas an dem Verhältnisse zu meinem ganzen Zustande des Denkens, nämlich daß die Erkenntnis jenes Objekts auch aposteriori möglich sei."

gen, bedürfte es eines anderen Beweises als desjenigen, den Kant dafür entwickelt hat.

Gemäß Kants nichtprädikativer Auffassung von Existenz, die auch von Frege, Russell und Quine vertreten worden und in der analytischen Philosophie m. W. gängig ist, ist „Existenz" gleichbedeutend mit dem Ausdruck „Es gibt etwas bzw. es ist etwas der Fall, auf das der Begriff von Q zutrifft." Diesem Existenzverständnis zufolge kann reale Existenz keine graduierbare Eigenschaft eines Gegenstandes sein. Als eine solche aber wird von der klassischen Form des ontologischen Gottesbeweises von Anselm bis weit in die Neuzeit hinein die reale und die seinsnotwendige Existenz des schlechthin unübertrefflichen bzw. vollkommenen Wesens verstanden und für den Beweis in Anspruch genommen. Ergo, so schließt dieser Einwand, ist dieser Existenzbeweis ungültig.

Doch ist dieser prima facie überzeugend erscheinende Einwand gegen den ontologischen Gottesbeweis, der in der Existenz kein reales Prädikat und damit keine Eigenschaft von Entitäten sieht, auch sachlich zutreffend?

Was meinen Anselm und Descartes mit ihrer Annahme der realen Existenz als einer Seinsvollkommenheit eigentlich genau? Sie dürften sagen wollen, dass zu dem Vernunftbegriff eines unübertrefflichen bzw. vollkommenen Wesens dessen reale Existenz als ein intensionales Moment dieses Begriffs notwendigerweise gehört, weil der angemessene Vernunftbegriff von einem solchen Wesen auch dessen ihm eigene Seinsmodalität, d. h. die Gegebenheitsweise seines Seins, einschließt. Sie fassen daher den Seinsmodus einer Entität als eine qualifizierbare Eigenschaft derselben auf, die mehr oder weniger gut verwirklicht sein kann. Daher schließen sie: Es kann bei einem vollkommenen Wesen für dessen Wesensbestimmung nicht gleichgültig sein, ob es real existiert oder nicht, und wie es real existiert, d. h. ob es nur kontingenterweise real existiert oder notwendigerweise.

Das Maß oder Kriterium für die Qualitätsstufe des Seinsmodus einer Entität aber ist, wie man etwa mit Blick auf Spinoza sehr gut zeigen kann,[III] das folgende: Je selbstbestimmter eine Entität ist, umso höherwertiger ist ihr Seinsmodus, umso größer ist ihr Wirklichkeitsgrad, umso geringer ist die Möglichkeit ihres Nicht-Seins. Diese Annahme ist allerdings nur zutreffend unter Voraussetzung der Gültigkeit eines ontologischen Basis-Axioms, das alle

---

III Hierzu vgl. Enders, Markus: Ontologischer Gottesbegriff und ontologischer Gottesbeweis, 272-274 (= Kap. 8: Reale und notwendige Existenz als Eigenschaften bzw. Vermögen eines Wesens nach Spinoza).

klassischen Vertreter des ontologischen Arguments als evident und damit als selbstverständlich implizit voraussetzen:

Dass nämlich Sein bzw. Existenz besser ist als Nicht-Sein bzw. Nicht-Existenz und dass daher reale Existenz besser ist als nur mögliche Existenz und dass folglich auch notwendige Existenz besser ist als nur kontingenterweise reale Existenz.

Teilt man dieses axiologische Seins- bzw. Existenzverständnis nicht, wie Kant und die Vertreter einer nichtprädikativen Existenzauffassung, dann wird man reale Existenz genauso wenig als eine graduierbare Qualität von Entitäten auffassen wie mögliche und notwendige Existenz. Das kantische und das moderne, in der analytischen Philosophie seit Frege durchgängige Existenzverständnis ist daher wertfrei, es ist kein qualitatives und daher auch kein graduierbares, es ist vielmehr ein erfüllungstheoretisches und quantifizierendes, ein gleichsam statistisches Verständnis von Existenz im Sinne quantifizierter Vorhandenheit oder Faktizität eines begrifflichen Gehalts in der objektiven Wirklichkeit. Danach bedeutet „Existenz" das Instantiiertsein eines Begriffs in der objektiven Wirklichkeit. Diese nichtprädikative Existenzauffassung versteht daher auch den Existenzmodus einer Entität nicht in einem vermögenstheoretischen, sondern in einem mengentheoretischen Sinne:

Nichtprädikative Existenzauffassung

Die nur mögliche Existenz eines Begriffsgehalts ‚Q' besagt mengentheoretisch, dass es zu einem bestimmten Zeitpunkt ‚t' keine Entität in der Wirklichkeit gibt, die ‚Q' erfüllt bzw. instantiiert, dass es aber zu einem früheren Zeitpunkt ‚t_1' mindestens eine Entität gegeben haben könnte, die ‚Q' erfüllt bzw. instantiiert und dass es zu einem späteren Zeitpunkt ‚t_2' bebenfalls mindestens eine Entität in der Wirklichkeit geben könnte, die ‚Q' erfüllt bzw. instantiiert. Die wirkliche Existenz von ‚Q' besagt mengentheoretisch, dass es zu einem bestimmten Zeitpunkt ‚t' mindestens eine Entität in der Wirklichkeit gibt, die ‚Q' instantiiert. Und die notwendige Existenz von ‚Q' bedeutet mengentheoretisch, dass es immer in der Wirklichkeit mindestens eine Entität gibt, die ‚Q' erfüllt bzw. instantiiert.

Diese mengentheoretische Bestimmung der Existenzmodi von Möglichkeit, Wirklichkeit und Notwendigkeit eines begrifflichen Gehalts versteht diese Existenzmodi nicht, wie das vermögenstheoretische Existenzverständnis der klassischen Metaphysik, als eine qualifizierbare Eigenschaft einer Entität, sondern als die quantifizierbare Form der Instantiierung bzw. Erfüllung eines auf die Wirklichkeit referierenden Begriffs. Wie verhalten sich aber diese beiden Existenzverständnisse zueinander? Lässt sich entscheiden, welches von beiden angemessen ist und welches nicht? Oder schließen sich beide Existenzverständnisse auf Grund ihres verschiedenen Formalobjekts gar nicht wechselseitig aus? Auf diese Fragen soll im anschließenden Resümee eingegangen werden.

5.4 Ein Resümee zur Frage nach der Gültigkeit des ontologischen Gottesbeweises

Am Ende unseres Durchgangs durch die drei Grundformen von Einwänden, die gegen den ontologischen Gottesbeweis erhoben worden sind und erhoben werden können, können wir erstens konstatieren, dass sich der sog. logische Einwand gegen den ontologischen Gottesbeweis und der Einwand gegen die widerspruchsfreie Denkbarkeit des ontologischen Gottesbegriffs entkräften lassen. M. a. W.: Der ontologische Gottesbegriff ist widerspruchsfrei denkbar und der aus ihm abgeleitete ontologische Gottesbeweis besitzt eine gültige logische Form.

Zweitens können wir konstatieren, dass der ontologische Gottesbeweis ein vermögenstheoretisches Verständnis von Existenz im Sinne eines ontologischen (nicht logischen) Existierenkönnens vertritt, nach dem „Existenz“ eine qualitative und graduierbare Eigenschaft von Entitäten darstellt, die deren Existenzmodus bezeichnet. Dieses Existenzverständnis aber wird von Kant abgelehnt und durch ein quantitatives bzw. erfüllungstheoretisches Verständnis von „Existenz“ im Sinne eines Vorkommnisses, d. h. der reinen Faktizität, bzw. einer quantifizierbaren Erfüllung bestimmter begrifflicher Gehalte durch Fälle oder Vorkommnisse ersetzt. Das nichtprädikative Existenzverständnis Kants und das ihm entsprechende erfüllungstheoretische Existenzverständnis der analytischen Philosophie betrachtet das qualitative, prädikative und vermögenstheoretische Existenzverständnis als einen Kategorienfehler und schließt dieses daher aus. Denn Kant hat genau erkannt, dass sich die Frage nach der Gültigkeit des ontologischen Gottesbeweises an dessen Existenzverständnis entscheidet. Sein Argument für die Unangemessenheit des qualitativen Existenzverständnisses aber ist im schlechten Sinne des Wortes zirkulär.

Die Frage nach der Angemessenheit dieser beiden verschiedenen Existenzverständnisse kann hier nicht hinreichend erörtert oder gar entschieden werden. Ein kurzer Hinweis möge genügen: Mir scheint, dass das qualitative, prädikative Existenzverständnis das erfüllungstheoretische Verständnis von Existenz im Sinne des

Gegebenseins einer Entität, die einen Begriff instantiiert, als konstitutiv voraussetzt, nicht jedoch umgekehrt. Denn um den Existenzmodus eines begrifflichen Gehalts bewerten zu können, muss dieser Gehalt überhaupt erst einmal faktisch gegeben, d. h. in der sogenannten objektiven Realität irgendwie instantiiert sein. Einem schlechthin, auch der Möglichkeit nach, Nicht-Existierenden muss man nicht nur die faktische Existenz, sondern überhaupt jeden Existenzmodus, auch den der noch nicht oder nicht mehr verwirklichten Möglichkeit, absprechen. Nur einer irgendwie, d. h. in irgendeinem möglichen Modus, existierenden bzw. vorkommenden Entität kann man eine Qualifizierung ihres Seinsmodus bzw. eine vermögenstheoretische Bewertung ihrer Seinsweise als einer graduierbaren Eigenschaft dieser Entität überhaupt zuteilwerden lassen. Deshalb setzt das eigenschaftstheoretische und qualitative das erfüllungstheoretische und gleichsam quantitative Existenzverständnis als gültig voraus, nicht jedoch umgekehrt. Daran aber wird eine Vorordnung des letzteren gegenüber dem prädikativen Existenzverständnis sichtbar. Zur Existenzkategorie als solcher gehört daher zunächst nur die nichtprädikative bzw. erfüllungstheoretische Bedeutung von Existenz. Damit ist allerdings die systematische Frage nach einem angemessenen Verständnis von Existenz noch keineswegs hinreichend beantwortet.

Aus diesen Überlegungen folgt für den ontologischen Gottesbeweis, dass sich dessen Beweisanspruch nicht einlösen lässt, m. a. W.: Dass die reale Existenz eines unübertrefflichen Wesens im Ausgang von einem apriorischen Begriff dieses Wesens nicht zwingend bzw. gültig abgeleitet werden kann.

5.5 Eine unkonventionelle Begründung der Unbeweisbarkeit der realen Existenz Gottes mithilfe des ontologischen Gottesbegriffs

Am Ende dieses Kapitels zur Frage nach der Beweiskraft des ontologischen Gottesbeweises soll eine unkonventionelle eigene Überlegung zur Diskussion gestellt werden:

Eine unkonventionelle eigene Überlegung

Entgegen der Überzeugung Anselms wie aller anderen Vertreter des ontologischen Gottesbeweises kann m. E. aus dem ontologischen Gottesbegriff sogar gültig abgeleitet werden, dass die reale Existenz Gottes als des schlechthin Unübertrefflichen von der endlichen Vernunft nicht bewiesen werden kann. Diese zugegebenermaßen starke These lässt sich wie folgt begründen:

Wenn die endliche Vernunft die reale Existenz Gottes beweisen könnte, dann wäre Gott nicht mehr schlechthin unübertrefflich und damit – unter Zugrundelegung der Angemessenheit bzw. Gültigkeit des ontologischen Gottesbegriffs – auch nicht Gott. Denn dann würde sich die endliche Vernunft zumindest im Existenz-Urteil über den Unübertrefflichen erheben können, was Anselm grundsätzlich als „*valde absurdum*", d. h. als „ganz widersinnig", ausschließt.[112] Und zwar deshalb, weil, wie es Augustinus klassisch formuliert hat, derjenige, der über etwas urteilt, zumindest in dieser einen Hinsicht besser ist als dasjenige, worüber er ein Urteil fällt.[113] Denn der Urteilende unterwirft im Urteil das von ihm Erkannte bzw. Beurteilte einem von ihm in Anspruch genommenen Maßstab.

Daraus aber folgt für unseren Fall: Fiele die reale Existenz Gottes in einen dem menschlichen Urteilsvermögen zugänglichen Bereich, dann wäre Gott nicht schlechthin unübertrefflich; denn dann könnte das vernunftbegabte Geschöpf zumindest in dieser einen Hinsicht über Gott erkenntnismäßig verfügen. Gott wäre in diesem Fall also nicht mehr schlechthin, d. h. in jeder möglichen Hinsicht, erhaben über und daher auch unverfügbar für die endliche Vernunft und somit nicht mehr unübertrefflich und damit auch nicht Gott. Dies aber bedeutet im Umkehrschluss:

Die Unbeweisbarkeit der realen Existenz Gottes für die endliche Vernunft ist ein Implikat des ontologischen Gottesbegriffs. Mit einfachen Worten: Gerade weil Gott unübertrefflich ist, muss sein Dasein dem sicheren, beweisfähigen Erkenntnisvermögen der endlichen Vernunft unzugänglich, muss er in seinem Dasein für diese letztlich ein Geheimnis bleiben. Abschließend müssen wir uns fragen: Ist mit diesem negativen Bescheid in Bezug auf die Beweiskraft des ontologischen Gottesbeweises auch der ontologi-

---

[112] Vgl. Anselm von Canterbury: Proslogion 3 (ed. Schmitt I 103,4-6): „Si enim aliqua mens posset cogitare aliquid melius te, ascenderet creatura super creatorem, et iudicaret de creatore; quod valde est absurdum."

[113] Vgl. Augustinus: De libero arbitrio II 5,12,48 (ed. Green 245,58f.): „Nulli autem dubium est eum qui iudicat eo de quo iudicat esse meliorem." Ausdrückliche Anwendung findet dieser Grundsatz sowohl auf das Verhältnis der *ratio* zu allem ihr seinsmäßig Unterlegenen (vgl. ebd. II 6,13,51 (ed. Green 246,5-9)) als auch auf das Verhältnis aller menschlichen Geister zur unwandelbaren Wahrheit Gottes (vgl. ebd. II 12,34,136 (ed. Green 260,45f.)); beide durch diesen Grundsatz bestimmten Verhältnisse werden zusammengefasst in: ebd. II 14,38,152 (ed. Green 263,50-53): ... nullus de illa [sc. pulchritudine ueritatis et sapientiae] iudicat nullus sine illa iudicat bene. Ac per hoc eam manifestum est mentibus nostris, quae ab ipsa una fiunt singulae sapientes et non de ipsa, sed per ipsam de ceteris iudices, sine dubitatione esse potiorem."

sche Gottesbegriff irrelevant geworden? Worin sonst als in der ihm zu Unrecht unterstellten Beweiskraft für die reale Existenz Gottes könnte seine systematische Bedeutung liegen?

Zusammenfassung

Der zweite mögliche Einwand gegen den ontologischen Gottesbeweis richtet sich gegen die widerspruchsfreie Denkbarkeit des ontologischen Gottesbegriffs, indem er die Kompossibilität, d. h. die widerspruchsfreie Vereinbarkeit bzw. Verträglichkeit, aller Seinsvollkommenheiten miteinander in Frage stellt. Dieser Einwand ist letztlich und befriedigend erst von Leibniz durch seinen Nachweis der Kompossibilität bzw. widerspruchsfreien Vereinbarkeit und Verträglichkeiten aller Seinsvollkommenheiten als einfacher und unauflöslicher Qualitäten miteinander entkräftet worden, die in ein und demselben Subjekt miteinander widerspruchsfrei bestehen können. Zudem kann gegen den diesbezüglichen Einwand von Thomas von Aquin geltend gemacht werden, dass der menschliche Intellekt die notwendige Zugehörigkeit aller möglichen Seinsvollkommenheiten zum Gottesbegriff einsehen kann, auch wenn er die Gott eigentümliche Seinsweise nicht zu erkennen, d. h. intellektuell nicht adäquat anzuschauen vermag. Der dritte mögliche Einwand gegen den ontologischen Gottesbeweis bezieht sich auf dessen prädikatives und qualitativ-axiologisches Existenzverständnis, das ‚Existenz' als graduierbare Eigenschaft einer Entität versteht. Dieser erstmals von Kant und dann auch in der analytischen Philosophie gegen die Vertreter des ontologischen Gottesbeweises vorgebrachte Einwand vertritt im Unterschied hierzu ein quantitatives, nicht-prädikatives und erfüllungstheoretisches Verständnis von ‚Existenz' im Sinne eines empirisch verifizierbaren Vorkommnisses, Instantiiertseins oder Erfüllt-Seins eines begrifflichen Gehalts in der objektiven Wirklichkeit. Dieses erfüllungstheoretische Existenz-Verständnis wird genau genommen von dem qualitativen und prädikativen Existenz-Verständnis des ontologischen Gottesbeweises als gültig vorausgesetzt, nicht jedoch umgekehrt. Es kann daher im Kern nicht widerlegt werden, so dass die reale Existenz eines unübertrefflichen Wesens im Ausgang von einem apriorischen Begriff dieses Wesens nicht zwingend abgeleitet werden kann. Der Beweisanspruch des ontologischen Gottesbeweises muss daher zurückgewiesen werden. Darüber hinaus kann die Unbeweisbarkeit der realen Existenz Gottes sogar mit dem ontologischen Gottesbegriff selbst begründet werden, weil sich der endliche Intellekt in einer sicheren Erkenntnis der realen Existenz des Unübertrefflichen über dieses zumindest im (Existenz-) Urteil erheben würde – eine Möglichkeit, die jedoch von dessen Unübertrefflichkeit ausgeschlossen wird. Mit anderen Worten: Gerade auf Grund der absoluten Unübertrefflichkeit Gottes muss dessen reale Existenz für die endliche Vernunft notwendigerweise ein unverfügbares Geheimnis bleiben.

6. Die schlechthinnige Unübertrefflichkeit Gottes als seine aktuell unendliche Vollkommenheit[114]

6.1 Unendlichkeit als Attribut des Ersten Prinzips in der Antike und Spätantike

Eine präzisierende Bestimmung hat der ontologische Gottesbegriff Anselms durch dessen spätere Verbindung mit dem Unendlichkeitsbegriff erfahren. Zu einem Attribut eines Ersten Prinzips aller Wirklichkeit ist Unendlichkeit bzw. Unbegrenztsein bereits in der vorsokratischen (Anaximander, Melissos) und dann besonders in der platonischen, altakademischen (Speusipp) und neuplatonischen (Plotin, Proklos) Einheitsmetaphysik geworden: Verstand bereits Anaximander unter dem Unendlichen (apeiron) die Unbegrenztheit der hervorbringenden und erhaltenden bzw. steuernden Wirkmacht eines selbst welttranszendenten Prinzips,[115] so wurde altakademisch (Platon, Speusipp) und neuplatonisch (Plotin, Porphyrios, Proklos) das Unbegrenztsein als die uneingeschränkte Bestimmungs- und Wirkmacht (als absolute Grenze) des Einen, ferner als dessen Prinzipialität und als dessen Transzendenz auch über den Begriff der Einheit[116] sowie (bei Speusipp[117] und Proklos[118], nicht jedoch bei Platon, Plotin[119] und Porphyrios[120]) zugleich mathematisch-limitativ als der quantitativ unbestimmte, daher unmessbare und folglich unendliche Minimum-Charakter des Einen verstanden, welches als solches zugleich das maximum absolutum und damit übergegensätzlich sein muss. Diesen limitativen Unendlichkeitsbegriff rezipiert später die Unendlichkeitsspekulation des Cusanus mit ihrer Minimum-Maximum-Dialektik sowie ihrer Konzeption einer Koinzidenz aller Formen von

Cusanus

[114] Die Ausführungen in den Kapiteln 6 und 7 sind weitgehend übernommen aus Enders, Markus: Art. Gott, in: Handbuch philosophischer Grundbegriffe, Bd. 2, Freiburg/München 2011, Sp. 1082–1095, hier: 1095-1098.

[115] Vgl. DK (= Diels-Kranz) 12 A 14.15; hierzu vgl. auch Enders, Markus: Natürliche Theologie im Denken der Griechen, 32-34.

[116] Vgl. Platon: Parmenides, 137 d7f.

[117] Vgl. das Speusipp-Referat bei Proklos: In Parmenides I, 24-31, Hadot, Pierre: Porphyre et Victorinus, Bd. II 66; vgl. ebenso das Speusipp-Testimonium bei Proklos: In Parmenides 1118, 10-19. Dazu auch (mit ausführlichem Belegmaterial) Halfwassen, Jens: Speusipp und die Unendlichkeit des Einen, in: Archiv für Geschichte der Philosophie 74 (1992), 43-73; vgl. auch Krämer, Hans Joachim: Der Ursprung der Geistmetaphysik, 352-355.

[118] Vgl. Proklos: In Parmenides 1123,15-1124,15.

[119] Vgl. Plotin: Enneade VI, 9, 6-15.

[120] Vgl. das Porphyrios-Testimonium bei Proklos: In Parmenides 1123,22-1124,15.

All-Einheit Gottes

Gegensätzlichkeit in der unendlichen All-Einheit Gottes, die Cusanus als eine „negative Unendlichkeit“[121] versteht und von der privativen Unendlichkeit[122] der raum-zeitlichen Welt unterscheidet, insofern von ihr jede Einschränkung oder Begrenzung ihrer alle Seinsmöglichkeiten bzw. Seinsvollkommenheiten überhaupt umfassenden Aktualität verneint wird.[123]

6.2 Die negative und die formal-wesentliche Unendlichkeit Gottes nach Thomas von Aquin

Sowohl mit dieser Unterscheidung als auch mit seiner Verbindung zwischen der Unendlichkeit und der Vollkommenheit Gottes folgt Cusanus einer bereits hochmittelalterlichen Tradition: Denn schon Thomas von Aquin unterscheidet zwischen der negativen Unendlichkeit als dem wesenhaften Unbegrenztsein Gottes und der privativen Unendlichkeit der geschaffenen Materie, die wesensmäßig dazu bestimmt ist, eine Grenze zu haben, sie aber faktisch nicht hat.[124] Seinen Begriff göttlicher Unendlichkeit leitet Thomas aus der vollkommenen Unendlichkeit der Form gegenüber der unvollkommenen Unendlichkeit der Materie und somit aus dem Begriff formal-wesentlicher Vollkommenheit ab: Weil jede Vollkommenheit der Form entspringt und weil Gott als das subsistierende Sein selbst reine Form oder Akt ist, muss seine formal-wesentliche Unendlichkeit höchste Vollkommenheit bedeuten. Gott besitzt ein absolutes, von nichts anderem aufgenommenes und daher gänzlich uneingeschränktes Sein, mit dem er selbst identisch ist. Deshalb ist sein Wesen und sind daher auch seine Vermögen schlechthin oder absolut unbegrenzt.[125]

---

[121] Vgl. Cusanus: De doc. ign., II, 1: h I, 64, 14 (N. 97): „Solum igitur absolute maximum est negative infinitum.“

[122] Vgl. ebd., II, 1; h I, 64, 15-65, 10 (N. 97).

[123] Ebd., II 1: h I, 64f.; vgl. hierzu Enders, Markus: Unendlichkeit und All-Einheit. Zum Unendlichkeitsgedanken in der philosophischen Theologie des Cusanus, in: Ders.: Zum Begriff der Unendlichkeit im abendländischen Denken, 69-131, insb. 98ff.; zur „negativen Unendlichkeit“ Gottes vgl. auch Albertus Magnus: Commentarii in sententiarum I, 15; in: Ders.: Opera omnia, hg. v. Borgnet, A., Bd. 25, Paris 1890ff., 36, unter Bezug auf Johannes. Damascenus: De fide orthodoxa I, 13 (MPG 94, 849-851).

[124] Vgl. Thomas von Aquin: Compendium theologiae [= Comp. th..] 18, hg. v. Abert, Friedrich, Würzburg 1896, 41.

[125] Vgl. Thomas von Aquin, S.th. I q. 7, a. 1 und 2; Commentum in IV libros sententiarum magistri Petri Lombardi d. 43 q. 1 a. 1; Comp. th. 18 u. 20 (hg. v. Abert, Friedrich, Würzburg 1896), 41-44; hierzu vgl. Sweeney, Leo: Divine Infinity in Greek and Medieval Thought, New York 1992, 432-437.

6.3 Die aktuell unendliche Vollkommenheit Gottes nach Duns Scotus

Heinrich von Gent

Dieses thomanische Konzept der formal-wesenhaften Unendlichkeit Gottes hat Heinrich von Gent unter Rekurs auf den averroischen Begriff eines prozessual oder progressiv Unendlichen, das alles Begrenzte übersteigt, rezipiert und zur Bestimmung der göttlichen Unendlichkeit als eines vollendenden Ziels und einer entgrenzenden Grenze hin modifiziert, die alle Vollkommenheiten im unendlichen Wesen Gottes koinzidieren lässt.[126] Auch Bonaventura bestimmt die Unendlichkeit Gottes als dessen vollständigen Besitz aller Vollkommenheiten und sieht in ihr darüber hinaus auch den seinsmäßigen Grund für die Dreifaltigkeit Gottes.[127] Damit wurde die fundamentale Bedeutung der Unendlichkeit in der Gotteslehre des Duns Scotus vorbereitet, durch die eine präzisere Bestimmung des ontologischen Gottesbegriffs vorgenommen wurde.[128] Scotus weist zunächst die Wider-spruchsfreiheit zwischen den Begriffen „seiend“ und „unendlich“ nach, um die Möglichkeit eines unendlich Seienden zu sichern.[129] Dann zeigt er in einem zweiten Schritt, dass in der Ordnung des Vorrangs nur ein solches Seiendes unübertrefflich sein kann, welches unendlich ist.[130] Denn eine Unendlichkeit in der Vollkommenheit, die zugleich besteht (*in perfectione simul essendo*[131]),

Duns Scotus

---

[126] Vgl. Heinrich von Gent: Summa, art. 35 q. 1-8, ed. 1520 I, fol. 221rI-232rX. Hierzu vgl. Hödl, Ludwig: Der Begriff der göttlichen Unendlichkeit in der Summa des Heinrich von Gent (†1293), in: Scientia und Ars im Hoch- und Spätmittelalter (Misc. Med. 22/2), hg. v. Craemer-Ruegenberg, Ingrid/Speer, Andreas, Berlin/New York 1994, 548-68, 555ff.

[127] Vgl. Bonaventura: Commentaria in IV libros Sententiarum Magistri Petri Lombardi d. 43 a unicus q. 2 (Opera omnia I, 769f.); De myst. trin. q. 4 a. 2 concl. (Opera omnia V, 85f.).

[128] Ähnlich zentral für das Gottesverständnis in der christlichen Tradition war die aktuale Unendlichkeit nur etwa bei Gregor von Nyssa, vgl. hierzu Mühlenberg, Ekkehard: Die Unendlichkeit Gottes bei Gregor von Nyssa, Göttingen 1969, und Böhm, Thomas: Theoria – Unendlichkeit – Aufstieg, 137-189; zur antiken und mittelalterlichen Geschichte der (aktuellen) Unendlichkeit als Gottesprädikat vgl. Sweeney, Leo: Divine infinity in Greek and Medieval Thought; Enders, Markus: Zur Begriffsgeschichte der Allgegenwart und Unendlichkeit Gottes im hochmittelalterlichen Denken, in: Ders.: Zum Begriff der Unendlichkeit im abendländischen Denken, 51-67.

[129] Vgl. Duns Scotus: Ordinatio I nn. 74-147, ed. Vat II.

[130] Vgl. ebd., Ordinatio I d. 2 p 1 q 1-2 n 131, 132, 134 ed. Vat. II 206ff.; Ordinatio I d. 3. p 1 q 1-2 nn. 38-40, ed. Vat III. 25ff.; Lect. I d. 2 p 1 q 1-2 n. 83, 84 , ed. Vat XVI 141f.; De primo principio C 4 concl. 9 n. 78, ed. Kluxen 102.

[131] Vgl. Duns Scotus: Ordinatio I n. 134, ed. Vat. II 208; Lect. n. 85, ed. Vat. XVI 142; De primo princ. C 4 concl. 9 n. 78, ed. Kluxen 104.

widerspricht nicht der Seiendheit und ist daher möglich. Mit diesem Begriff eines aktuell unendlich vollkommenen Seienden interpretiert Scotus Anselms ‚ontologischen Gottesbegriff' (‚Q'), den er als das höchste (widerspruchsfrei) Denkbare (*summum cogitabile sine contradictione*[132]) versteht und aus dessen realer Möglichkeit er auf dessen notwendigerweise reale Existenz schließen zu können glaubt, weil das summum cogitabile als ein bloßes ens rationis eine von einem anderen, dem endlichen Intellekt, abhängige Größe und somit nicht unendlich, mithin nicht es selbst wäre.[133] Dadurch gelangt Scotus zu der Einsicht, dass die intensive Unendlichkeit das Wesen Gottes konstituiert und damit dessen Attribute bzw. Eigenschaften wie die der notwendigen Existenz, der Einfachheit und der Einzigkeit zwar nicht formaliter, aber in ihrem Vollkommenheitsgrad bestimmt. Denn die intensive Unendlichkeit bzw. unendliche Vollkommenheit stellt kein einzelnes Gottesattribut, keinen Formalinhalt in Gott dar, sondern sie ist selbst nichts anderes als der höchste Vollkommenheitsgrad aller Wesensattribute Gottes.[134] Als solche aber bedingt sie die reale Identität aller göttlichen Wesensbestimmungen (ohne diese in ihrem je eigenen formalen Was aufzuheben) und damit auch die Einfachheit des göttlichen Wesens. Damit hat Scotus den begrifflichen Gehalt des anselmischen Gottesbegriffs der schlechthinnigen Unübertrefflichkeit als intensive Unendlichkeit bzw. genauer als aktuell unendliche Vollkommenheit präzisiert.

6.4 Unendlichkeit und Vollkommenheit Gottes im Zentrum der philosophischen Gotteslehren der frühen Neuzeit – Subjektivität und Freiheit im Zentrum der philosophischen Gotteslehren des Deutschen Idealismus

Es nimmt daher nicht wunder, dass sowohl aufgrund dieser Konzeption einer intensiven Unendlichkeit als auch der der negativen Unendlichkeit bei Cusanus Unendlichkeit und Vollkommenheit in das Zentrum der philosophischen Gotteslehren der frühen Neuzeit (Descartes, Spinoza, Leibniz) rücken, während im Deut- Unendlichkeit

---

132 Vgl. Duns Scotus: Ordinatio I n. 137, ed. Vat. II 208f. „Deus est quo cognito sine contradictione maius cogitari non potest sine contradictione."

133 Vgl. ebd., I n. 138, ed. Vat II 209: „Non est autem hoc sic intelligendum quod idem si cogitetur, per hoc sit maius cogitabile existat, sed, omni quod est in intellctu tantum, est maius aliquod quod exsistit."

134 Vgl. ebd., I, d 8, p 1 q 4 n. 192, ed. Vat. IV 261, 6-13.

schen Idealismus das absolute Sein und Wissen (Fichte, 1768-1814), die absolute Subjektivität und Geistwirklichkeit (Hegel) sowie die absolute Indifferenz – von Subjektivität und Objektivität – und die absolute Freiheit (Schelling, 1775-1854) zu den maßgeblichen Wesensbestimmungen des Göttlichen avancieren. Als je besondere Unübertrefflichkeiten lassen sich diese Gottesprädikate aus dem zugrunde gelegten Gottesbegriff einer stets ganz verwirklichten, unendlichen Seinsvollkommenheit ableiten, welche bedingt, dass Gott alle widerspruchsfrei denkbaren, mithin begrifflich möglichen, Attribute zugesprochen werden müssen, und zwar in ihrem jeweils unübertrefflich größten Vollkommenheitsgrad.

6.5 Die Personalität Gottes, seine vollkommene Trinität und seine Schöpfung als Implikate von ‚Q'

Höchste Selbstmitteilung

Daher fordert die inhaltliche Normativität dieses vernunftgemäßen Gottesbegriffs die Annahme nicht nur einer göttlichen Persönlichkeit, d. h. einer vollkommenes Selbstbewusstsein und vollkommenes (willentliches) Selbstbestimmungsvermögen, mithin höchste Freiheit besitzenden Personalität Gottes; sie macht gleichermaßen die Annahme zu einem Vernunftpostulat, dass Gott auch in sich selbst vollkommen gut, d. h. höchste Selbstmitteilung und daher unter Wahrung seiner wesenhaften Einfachheit das Beziehungsgefüge dreier subsistenter Relationen, m. a. W.: dass er in sich das rein geistige, dreieinige, unendliche Wesen vollkommener Liebe ist. Darüber hinaus macht dieser Vernunftbegriff Gottes die Annahme erforderlich, dass Gott auch anderen Wesenheiten ein dann notwendigerweise von dem eigenen wesensverschiedenes Sein gibt, um diese – die ihm ähnlichsten notwendigerweise am meisten, weil diese am meisten aufnahmefähig sind für seine unendliche Seinsfülle – an seiner ihm eigenen Vollkommenheit teilhaben zu lassen, und zwar nicht nur für eine begrenzte Zeit (da eine solche Begrenzung nicht unübertrefflich wäre), sondern für immer und ewig. Denn genau dies, andere Wesenheiten an der eigenen Seinsfülle (neidlos) teilhaben zu lassen und damit selbst gegenüber diesen von ihm wesensverschiedenen Naturen immanent und transzendent zu sein, gehört notwendig zum Begriff des unendlichen Guten, welches daher sowohl in sich selbst als auch nach außen, d. h. in seinem Verhältnis zu anderem Seienden, diffusivum et communicativum sui (Pseudo-Dionysius Areopagita, Bonaventura), d.h. vollkommene

Selbstmitteilung, Selbst-Gabe sein muss. Dass zu diesen von einem unübertrefflich guten Gott daher notwendigerweise hervorgebrachten Naturen auch geistbegabte und (innerhalb vorgegebener Grenzen) selbstbestimmungsfähige, mithin (relativ) freie Wesen gehören müssen, folgt ebenfalls aus dem zugrunde gelegten Vernunftbegriff Gottes. Denn durch deren hypothetisch angenommenes Fehlen in der Welt-Schöpfung eines solchen Gottes würde seiner Schöpfungstätigkeit ein mögliches Vollkommenheitsmerkmal abgehen, weil sich dieser vollkommen mitteilungsbereite Gott den ihm ähnlichsten Geschöpfen selbst auch am meisten mitteilen kann.

6.6 Die Schöpfung aus dem Nichts, der Seelengrund vernunftbegabter Geschöpfe und der Exemplarismus als Implikate von ‚Q'

Dabei ist ebenfalls die Annahme (widerspruchsfrei) möglich und angesichts des entfalteten Gottesbegriffs auch notwendig, dass zumindest eine (Seins-) Art dieser vernunftbegabten Geschöpfe in einer (der daher weltlich verborgensten, weil gottähnlichsten) seiner geschöpflichen Seinsstrukturen (in der christlichen Tradition oft als „Seelengrund" bezeichnet) ein Aufnahmevermögen für den trinitarischen Gott selbst besitzen und darin mit diesem unmittelbar verbunden bzw. von ihm gänzlich durchdrungen sein muß, wie es die abendländische, und zwar schon die neuplatonische, vor allem aber die christliche Mystik lehrt. Denn nur einer solchen Totalempfänglichkeit eines Geschöpfes für ihn kann sich ein unübertrefflich guter und daher in größtmöglicherweise Weise zur Selbstgabe an seine Geschöpfe bereiter Gott auch uneingeschränkt selbst mitteilen.

Ein unendlich vollkommener, mithin allmächtiger und allwissender Gott bringt notwendigerweise nicht nur überhaupt eine von ihm wesensverschiedene Welt hervor; er muß diese Welt als deren einzige Erstursache auch auf vollkommene Weise und daher aus dem Nichts, d. h. ohne eine ihm vorgegebene Stoffursache, und somit alleine aus sich selbst hervorbringen (*creatio ex nihilo*). Ebenso folgt aus diesem Gottesbegriff, dass die von Gott de facto geschaffene Welt auch die beste aller möglichen Welten sein muss (Leibniz), weil ihr Urheber schlechthin unübertrefflich ist. Darüber hinaus ergibt sich aus diesem vernunftgemaßen Gottesbegriff, dass es von allen von Gott kreativ hervorgebrachten Naturen und deren natürlichen Relationen unter- und zueinander innergöttliche Schöpfungsgründe bzw. Exemplarursachen als Gedanken bzw. Ideen im alleinheitlichen Geist Gottes schon von Ewigkeit her geben muss, als deren raum-zeitliche Erscheinungs- und Verwirklichungsformen die real existierenden Geschöpfe daher verstanden werden müssen. Denn das Attribut der weltschöpferischen Tätigkeit kann einem im Sein vollkommenen, mithin selbst zeitfrei gegenwärtig existierenden (ewigen) und folglich unwandelbaren sowie allwissenden Gott nur genau dann widerspruchsfrei zugesprochen werden, wenn dieser Gott ein seins(form)begründendes Wissen aller von ihm hervorgebrachten Naturen einschließlich des Gesamtzusammenhangs ihrer natürlichen Relationen und somit einen umfassenden und vollständigen Entwurf der von ihm zu schaffenden Weltordnung immer schon in sich trägt.

6.7 Die Menschwerdung Gottes und seine Erlösung der Menschheit durch sein stellvertretendes Sühneleiden als Implikate von ‚Q'

Unter der Voraussetzung einer selbstverschuldeten Entfernung und Entzweiung der von diesem Gott geschaffenen geistbegabten und (in vorgegebenen Grenzen) freien Naturen von ihrem göttlichen Schöpfer stellt schließlich auch die folgende, allerdings erst post factum mögliche, weil das natürliche Vorstellungsvermögen des Menschen übersteigende Überzeugung eine Konsequenz aus dem zugrunde gelegten Gottesbegriff dar: Dass dieser Gott in seiner vollkommenen Liebe zu seinen sich von ihm abgewandt habenden freien Geschöpfen sogar durch seine eigene (widerspruchsfrei denkbare und daher grundsätzlich mögliche) Menschwerdung und vollkommene Selbsthingabe in seinem gott-menschlichen Leben deren selbstverschuldetes Unglück der Gottverlassenheit stellvertretend auf sich nimmt, um – unter Wahrung seiner vollkommenen Gerechtigkeit – von sich aus ihre Gottesferne überwinden und die durch ihre eigene Schuld Gottverlassenen doch noch zu sich führen zu können. Denn dieses über die Selbstentäußerung der Menschwerdung bis zur in vollkommener Selbstverleugnung vollzogenen freien Hingabe des eigenen Lebens für das Glück anderer gehende Maß an selbstloser Liebe ist schlechthin unübertrefflich.

Zusammenfassung

Als der Begriff eines aktuell unendlich vollkommenen Seins erfuhr der ontologische Gottesbegriff eine präzisierende Bestimmung durch den Unendlichkeitsbegriff, und zwar insbesondere durch Duns Scotus und Cusanus. Daher sind Vollkommenheit und Unendlichkeit zu zentralen Bestimmungen des philosophischen Gottesbegriffs in der frühen Neuzeit geworden, die vom Deutschen Idealismus noch durch die Bestimmungen des absoluten Wissens (einschließlich der absoluten Subjektivität), der absoluten Freiheit und der Personalität Gottes ergänzt worden sind. Darüber hinaus stellen die trinitarische Seinsweise Gottes, seine Schöpfung der Welt aus dem Nichts und sogar seine Menschwerdung und sein stellvertretendes Sühneleiden für die Menschheit Implikate der inhaltlichen Normativität des ontologischen Gottesbegriffs dar.

7. Der systematische Ertrag der philosophischen Gotteslehre: Gott als Inbegriff absoluter Unübertrefflichkeit

Zusammenfassend betrachtet, sollte deutlich geworden sein, dass es m. E. die Verbindung zweier Vorzüge ist, die den mit Duns Scotus als aktuell unendliche Seinsvollkommenheit präzisierten ‚ontologischen Gottesbegriff' Anselms von Canterbury gegenüber allen anderen Gottesbegriffen der endlichen Vernunft zumindest im Bereich des abendländischen Denkens auszeichnet: Zum einen seine inhaltliche Normativität, die in seinem affirmativ-theologischen und zugleich in seinem negativ-theologischen Gehalt begründet liegt; d. h. darin, dass er mit einer einzigen sprachlichen Formel (‚Q') sowohl die allumfassende Seinsvollkommenheit als auch die Transzendenz Gottes, d. h. seine Erhabenheit über das intellektuelle Anschauungsvermögen der endlichen Vernunft, auszusagen vermag. Zum zweiten – und dieser Vorzug ist meines Erachtens der für die geistige Situation unserer Zeit entscheidende – seine formale Normativität. Denn der ‚ontologische Gottesbegriff' ist so geartet, dass er selbst dann, wenn man seine inhaltliche Bestimmung bzw. seinen begrifflichen Gehalt ablehnt, dennoch seiner Form zustimmen muss, sofern man ihm überhaupt eine referentielle Funktion zusprechen, d. h. als einen vernunftgemäßen Gottesbegriff verstanden wissen will. Diese formale Normativität von ‚Q' aber setzt ein grundsätzliches Verständnis der Bedeutung des Gottesbegriffs als eines Begriffs mit dem qualitativ bestmöglichen Gehalt und damit eine wertende Hierarchisierung begrifflicher Gehalte voraus. Wer sich jedoch Gott nicht

Inhaltliche Normativität

Formale Normativität

einmal formal als den höchsten Gedanken seines eigenen Vernunftvermögens, als das vernünftigerweise denkbar Beste, vorstellen will, sondern als etwas anderes, suspendiert den Vernunftcharakter des Gottesgedankens. M. a. W.: Wer in Gott überhaupt etwas Reales und nicht etwa eine Projektion des eigenen Bewusstseins sehen will, der weiß sich durch sein Vernunftvermögen verpflichtet, sich unter Gott das denkbar Höchste und Größte vorstellen zu sollen. Damit aber dürfte alleine im Falle von ‚Q' als desjenigen, über das hinaus Größeres nicht gedacht werden kann, eine Verbindung von inhaltlicher und formaler Normativität des Gottesbegriffs gegeben sein. Denn selbst ein Philosoph, der das axiologische Seinsdenken der klassischen Metaphysik, welches den begrifflichen Gehalt auch des ontologischen Gottesbegriffs Anselms bestimmt, de facto ablehnt und dennoch Gott rational denken will, wird von seiner Vernunft dazu verpflichtet, der bloßen Form des ontologischen Gottesbegriffs zuzustimmen, d. h. sich unter Gott zumindest formal das denkbar Größte und Beste vorzustellen, auch wenn er sich durch eine nicht mehr vernunftgemäße inhaltliche Bestimmung des Gottesbegriffs in einen performativen Widerspruch begibt. In dieser seiner Verbindung von inhaltlicher und formaler Normativität aber liegt der Vorrang des ‚ontologischen Gottesbegriffs' gegenüber denjenigen Gottesbegriffen der abendländischen Philosophiegeschichte, die den Charakter von Gegenstandsbestimmungen besitzen, sowie seine besondere Aktualität gerade für die geistige Situation unserer Gegenwart, die nicht zuletzt auf Grund eines prinzipiell anderen Seins- und Realitätsverständnisses den von ‚Q' verwahrten inhaltlich normativen Seinsbegriff nicht mehr akzeptieren zu können glaubt.[135] Gemäß dieser formalen Normativität des ‚ontologischen Gottesbegriffs' ist daher der folgende Umkehrschluss gültig: Wer Gott sich als etwas denkt, welches gemäß seinem eigenen Urteil noch von etwas anderem übertroffen werden könnte, hat sicher kein vernunftgemäßes und daher auch kein angemessenes Got-

Vorrang des ‚ontologischen Gottesbegriffs'

[135] Deshalb ist Gott auch für jene postmodernen Denker, die das klassische Verständnis von (unendlicher) Seinsvollkommenheit ablehnen, das für sie Höchste und Größte, etwa für E. Levinas das Gute schlechthin oder für J. Derrida das bzw. der ganz Andere oder für J.-L. Marion die sich gebende Liebe; hierzu vgl. Enders, Markus: Zum ontologischen Gottesbegriff, seiner normativen Bedeutung und seinen Spiegelungen im zeitgenössischen Denken (bei E. Levinas, J. Derrida und J.-L. Marion), in: Böhr, Christoph (Hg.): Mensch und Gott. Zum Grund des Seins. Metaphysik und Anthropologie nach dem Ende der Postmoderne. Festakademie zu Ehren von Rémi Brague, im Druck (erscheint 2014).

tesverständnis, weil er den singulären epistemischen Status des Gottesbegriffs als eines Inbegriffs absoluter, d. h. in jeder möglichen Hinsicht bestehender, Unübertrefflichkeit nicht realisiert hat.

Abschließend sei der systematische Ertrag der vorausgegangenen Überlegungen auf die folgende Kurzformel gebracht: Gott muss, wenn es ihn gibt, schlechthin unübertrefflich sein.

Zusammenfassung

Der besondere Vorrang des ontologischen Gottesbegriffs gegenüber allen anderen traditionellen Gottesbegriffen und seine große Aktualität für die Gegenwart liegen vor allem in seiner formalen Normativität begründet, die sich auf die folgende Kurzformel bringen lässt: Gott muss, wenn es ihn gibt, schlechthin unübertrefflich sein.

Literatur

Albertus Magnus: Commentarii in sententiarum, in: Ders.: Opera omnia, hg. v. Borgnet, A., Bd. 25, Paris 1890ff.

Anselm von Canterbury: Monologion, in: S. Anselmi Cantuariensis Archiepiscopi Opera omnia. Tomus primus. Ad fidem codicum recensuit Franciscus Salesius Schmitt, Stuttgart-Bad Cannstatt 1984, 1-87.

Anselm von Canterbury: Proslogion, in: S. Anselmi Cantuariensis Archiepiscopi Opera omnia. Tomus primus. Ad fidem codicum recensuit Franciscus Salesius Schmitt, Stuttgart-Bad Cannstatt 1984, 89-122.

Anselm von Canterbury: Quid ad haec respondeat editor ipsius libelli, in: S. Anselmi Cantuariensis Archiepiscopi Opera omnia. Tomus primus. Ad fidem codicum recensuit Franciscus Salesius Schmitt, Stuttgart-Bad Cannstatt 1984, 130-139.

Aristoteles: Metaphysik. Zweiter Halbband: Bücher VII (Z) – XIV (N). Neubearbeitung der Übersetzung von Hermann Bonitz. Mit Einleitung und Kommentar herausgegeben von Horst Seidl. Griechischer Text in der Edition von Wilhelm Christ. Griechisch-Deutsch, Hamburg [3]1991.

Aristoteles Physica, ed. W.D. Ross, Oxford 1950, repr. 1982.

Athenagoras, Legatio pro Christianis, in: Migne Patrologia Graeca 6, 897-901.

Augustinus: Contra Academicos, in: CCSL (= Corpus Christianorum Scriptorum Latinorum), Bd. XXIX, ed. W.M. Green Turnhout 1970.

Augustinus: Confessiones, Texte établi et traduit par Pierre de Labriolle I Paris [5]1950, II Paris [3]1947.

Augustinus: De libero arbitrio, in: CCSL XXIX, ed. W.M. Green, Turnhout 1970.

Augustinus: De vera religione, in: CCSL XXII, ed. K.D. Daur, Turnhout 1962.

AUGUSTINUS: Enchiridion ad Lavrentivm de fide et spe et caritate, in: CCSL XLVI, ed. M. Evans, Turnhout 1969.

AUGUSTINUS: In Iohannis evangelium tractatus, in: CCSL XXXVI, ed. D.R. Willems OSB, Turnhout 1954.

BEIERWALTES, Werner: Proklos: Grundzüge seiner Metaphysik, Frankfurt a.M. 1964, ^{2}1979.

BEIERWALTES, Werner: Platonismus und Idealismus, Frankfurt a.M. 1972.

BEIERWALTES, Werner: Denken des Einen. Studien zur neuplatonischen Philosophie in ihrer Wirkungsgeschichte, Frankfurt a.M. 1985.

BEIERWALTES, Werner: Das wahre Selbst. Studien zu Plotins Begriff des Geistes und des Einen, Frankfurt a.M. 2001.

BÖHM, Thomas: Theoria – Unendlichkeit – Aufstieg. Philosophische Implikationen zu De Vita Moysis von Gregor von Nyssa, Leiden/New York/Köln 1996.

BOETHIUS: De consolatione philosophiae, in: CCSL XCIV, ed. L. Bieler, Turnhout 1957.

BOETHIUS: De Hebdomadibus, in: Die Theologischen Traktate. Übers., eingeleitet und mit Anmerkungen versehen von M. Elsässer (Philos. Bibl., Bd. 307), Hamburg 1988.

BONAVENTURA: Commentaria in IV libros Sententiarum magistri Petri Lombardi, in Doctoris seraphici S. Bonaventurae opera omnis edita studio et cura PP. Collegii a S. Bonaventura, vol. I-IV, Quaracchi 1882ff.

BONAVENTURA: Quaestiones disputatae de mysterio trinitatis, in: Doctoris seraphici S. Bonaventurae opera omnis edita studio et cura PP. Collegii a S. Bonaventura, vol. V, Quaracchi 1882ff., 45-115.

CICERO: De natura deorum, ed. O. Plasberg, Leipzig 1917.

CICERO: Tusculanae disputationes, in: M. Tulli Ciceronis Scripta quae manserunt omnia XLIV, ed. stereotypa editionis prioris (MCMXVIII), ed. M. Pohlenz, Berlin 2008.

CLEMENS VON ALEXANDRIEN: Stromata Buch I-VI, herausgegeben von Otto Stählin, neu herausgegeben von Ludwig Früchtel, 4. Auflage mit Nachträgen von Ursula Treu (GCS Clemens Alexandrinus 2), Berlin 1985.

CUSANUS, Nicolaus: De docta ignorantia (= Opera Omnia 2), hg. v. R. Klibansky, Hamburg ^{2}2007.

DANIELS, Augustinus: Quellenbeiträge zur Geschichte des ontologischen Gottesbeweises im dreizehnten Jahrhundert, mit besonderer Berücksichtigung des Arguments im Proslogion des Hl. Anselm, Münster 1909.

DESCARTES, René: Meditationes de prima philosophia, lat.-dt., übers. und hg. von Christian Wohlers (Philosophische Bibliothek 597), Hamburg 2008.

DIELS, Hermann: Doxographi Graeci collegit, recensuit prolegomenis indicibusque instruxit Hermannus Diels, Berlin ^{4}1976.

DIELS, Hermann/KRANZ, Walter (Hg.): Die Fragmente der Vorsokratiker, Griechisch und Deutsch, Band 1-3, Hildesheim ^{6}2004/2005.

JOHANNES DUNS SCOTUS: Ordinatio I, in: Doctoris subtilis et mariani B. Ioannis Duns Scoti opera omnia II, ed. C. Balić, Civitas Vaticana 1950.

JOHANNES DUNS SCOTUS: Lectura in librum primum sententiarum : prologus et distinctiones a prima ad septimam, in: Doctoris subtilis et mariani B. Ioannis Duns Scoti opera omnia XVI, ed. C. Balić, Civitas Vaticana 1960.

JOHANNES DUNS SCOTUS: Tractatus de primo principio, ed. Wolfgang Kluxen 1974, ²1987.

ENDERS, Markus: Platons Theologie: Der Gott, die Götter und das Gute, in: Perspektiven der Philosophie 25 (1999), 131-185.

ENDERS, Markus: Natürliche Theologie im Denken der Griechen (Fuldaer Hiochschulschriften, Bd. 36), Frankfurt a.M. 2000.

ENDERS, Markus: Denken des Unübertrefflichen. Die zweifache Normativität des ontologischen Gottesbegriffs, in: Jahrbuch für Religionsphilosophie, Bd. 1 (2002), 50-86.

ENDERS, Markus: Art. »Gottesbeweise (1450–1650)«, in: Enzyklopädie der Neuzeit, Bd. 4, Stuttgart 2006, Sp. 1024-1032.

ENDERS, Markus: Ontologischer Gottesbegriff und Philosophie des Christentums. Zur philosophischen Rechtfertigung des christlichen Glaubens in Leibniz' „Essais de Théodicée", in: METZ, Wilhelm/RUHSTORFER, Karlheinz (Hg.), Christlichkeit der Neuzeit – Neuzeitlichkeit des Christentums. Zum Verhältnis von freiheitlichem Denken und christlichem Glauben, Paderborn u.a. 2008, 51–77.

ENDERS, Markus: Zur Begriffsgeschichte der Allgegenwart und Unendlichkeit Gottes im hochmittelalterlichen Denken, in: DERS.: Zum Begriff der Unendlichkeit im abendländischen Denken. Unendlichkeit Gottes und Unendlichkeit der Welt, Hamburg 2009, 51-67.

ENDERS, Markus: Unendlichkeit und All-Einheit. Zum Unendlichkeitsgedanken in der philosophischen Theologie des Cusanus, in: DERS.: Zum Begriff der Unendlichkeit im abendländischen Denken. Unendlichkeit Gottes und Unendlichkeit der Welt, Hamburg 2009, 69-131.

ENDERS, Markus: Art. Gott in Neues Handbuch philosophischer Grundbegriffe. Begründet von Hermann Krings, Hans Michael Baumgartner und Christoph Wild. Neu herausgegeben von Petra Kolmer und Armin G. Wildfeuer in Verbindung mit Wolfram Hogrebe, Ludger Honnefelder, Christoph Horn, Wolfgang Kluxen (†) und Wilhelm Vossenkuhl, Bd. 2, Freiburg/München 2011, Sp. 1082-1095.

ENDERS, Markus: Ontologischer Gottesbegriff und ontologischer Gottesbeweis. Der Vernunft-Charakter des ontologischen Gottesbegriffs und dessen Entfaltung im ontologischen Gotteesbeweis, in: BUCHHEIM, Thomas/HERMANNI, Friedrich/HUTTER, Axel/SCHWÖBEL, Christoph (Hg.): Gottesbeweise als Herausforderung für die moderne Vernunft (Collegium Metaphysicum, Bd. 4), Tübingen 2012, 241-287.

ENDERS, Markus: Zum ontologischen Gottesbegriff, seiner normativen Bedeutung und seinen Spiegelungen im zeitgenössischen Denken (bei E. Levinas, J. Derrida und J.-L. Marion), in: BÖHR, Christoph (Hg.): Mensch und Gott. Zum Grund des Seins. Metaphysik und Anthropologie nach dem Ende der Postmoderne. Festakademie zu Ehren von Rémi Brague, im Druck (erscheint 2014).

FLASCH, Kurt: Art. »Gott. Mittelalter«, in: Historisches Wörterbuch der Philosophie, Bd. 3, Darmstadt 1974, 742-748.

FLASHAR, Hellmut: Aristoteles, in: Grundriss der Geschichte der Philosophie, Die Philosophie der Antike, Bd. 3, Basel/Stuttgart 1983, 175-458.

GAUNILO VON MARMOUTIERS: Quid ad haec respondeat quidam pro insipiente, in: S. Anselmi Cantuariensis Archiepiscopi Opera Omnia Tomus Primus ad fidem codicum recensuit Franciscus Salesius Schmitt O.S.B. Stuttgart/Bad Cannstatt 1984, 125-129.

GILSON, Etienne: Le Thomisme, Paris 1947.

GOEBEL, Bernd: Nachdenken über den ontologischen Gottesbeweis. Eine Diskussion philosophischer Einwände gegen seine beiden Grundformen mit einem Blick auf die zeitgenössische Theologie, in: Neue Zeitschrift für systematische Theologie und Philosophie 51 (2009), 105-144.

HADOT, Pierre: Porphyre et Victorinus, Bd. I und II, Paris 1968.

HALFWASSEN, Jens: Der Aufstieg zum Einen, Untersuchungen zu Platon und Plotin, Stuttgart 1992, ²2006.

HALFWASSEN, Jens: Speusipp und die Unendlichkeit des Einen, in: Archiv für Geschichte der Philosophie 74 (1992), 43-73.

HALFWASSEN, Jens: Hegel und der spätantike Neuplatonismus. Untersuchungen zur Metaphysik des Einen und des Nous in Hegels spekulativer und geschichtlicher Deutung (Hegel-Studien, Beiheft 40), Bonn 1999.

HALFWASSEN, Jens: Sein als uneingeschränkte Fülle. Zur Vorgeschichte des ontologischen Gottesbeweises im antiken Platonismus, in: Zeitschrift für philosophische Forschung 56 (2002), 497-516.

HEGEL, Georg Wilhelm Friedrich: Vorlesungen über die Philosophie der Religion I (Theorie-Werkausgabe 16), Frankfurt a.M. 1986.

HEINRICH VON GENT: Summa, art. XXXV – XL, in: Opera omnia XXVIII, ed. G. A. Wilson, Leuven 1994.

HEINRICH VON GENT: Quodlibet IX, in: Opera omnia XIII, ed. R. Macken, Leuven 1983.

HEINZE, Richard: Xenokrates. Darstellung der Lehre und Sammlung der Fragmente, Leipzig 1892.

HENRICH, Dieter: Der ontologische Gottesbeweis. Sein Problem und seine Geschichte in der Neuzeit, Tübingen 1960.

HERMANNI, Friedrich: Der ontologische Gottesbeweis, in: Neue Zeitschrift für systematische Theologie und Religionsphilosophie 44 (2002), 245-267; wiederabgedruckt unter dem Titel „Das ontologische Argument", in: DERS.: Metaphysik. Versuche über letzte Fragen (Collegium Metaphysicum, Bd. 1), Tübingen 2011, 43-66.

HERMANNI, Friedrich: Metaphysik. Versuche über letzte Fragen (Collegium Metaphysicum 1), Tübingen 2011.

HINDRICHS, Gunnar: Das Absolute und das Subjekt. Untersuchungen zum Verhältnis von Metaphysik und Nachmetaphysik, Frankfurt a.M. 2008.

HOCHSTAFFL, Josef: Negative Theologie, München 1976.

HÖDL, Ludwig: Der Begriff der göttlichen Unendlichkeit in der Summa des Heinrich von Gent (†1293), in: Scientia und Ars im Hoch- und Spätmittelalter (Misc. Med. 22/2), hg. v. CRAEMER-RUEGENBERG, Ingrid/SPEER, Andreas, Berlin/New York 1994, 548-568.

HONNEFELDER, Ludger: Scientia transcendens, Hamburg 1990.

HUGO VON ST. VICTOR: De sacramentis Christianae fidei, ed. R. Berndt (Corpus Victorinum, Textus historici, vol. 1), Münster 2008.

IMBACH, Ruedi: Das Verhältnis von Sein und Denken in seiner Bedeutung für das Gottesverständnis bei Thomas von Aquin und in den Pariser Quaestionen Meister Eckharts, Freiburg/Schweiz 1976.

JOHANNES DAMASCENUS: De fide orthodoxa, in: PG 94.

JUSTINUS: Iustini Martyris Apologiae pro christianis, in: Patristische Texte und Studien XXXVIII, ed. M. Marcovich, Berlin/New York 1994.

KANT, Immanuel: Kritik der reinen Vernunft, in: Immanuel Kant. Werke in zehn Bänden, hg. v. Weischedel, Wilhelm, Bd. 3 und Bd. 4, Wiesbaden 1956, repr. Darmstadt 1983.

KRÄMER, Hans Joachim: Arete bei Platon und Aristoteles. Zum Wesen und Geschichte der platonischen Theologie, Heidelberg 1959, Amsterdam ²1967.

KRÄMER, Hans Joachim: Der Ursprung der Geistmetaphysik. Untersuchungen zur Geschichte des Platonismus zwischen Platon und Plotin, Amsterdam, 1964, ²1967.

KRÄMER, Hans Joachim: Die Ältere Akademie, in: FLASHAR, Hellmut (Hg.): Grundriss der Geschichte der Philosophie, begr. v. F. Ueberweg, Bd. 3, Basel/Stuttgart 1983, 1-174.

KREINER, Armin: Das wahre Antlitz Gottes – oder was wir meinen, wenn wir Gott sagen, Freiburg i.Br. 2006.

KREMER, Klaus: Die Neuplatonische Seinsphilosophie und ihre Wirkung auf Thomas von Aquin, Leiden 1966, ²1971.

KRINGS, Hermann: Art. »Norm I. Philosophie der Norm«, in: Staatslexikon Bd. 4, Freiburg i.Br. ⁷1988, Sp. 61-67.

LAARMANN, Matthias: Deus primum cognitum. Die Lehre von Gott als dem Ersterkannten des menschlichen Intellekts bei Heinrich von Gent, Münster 1999.

LEIBNIZ, Gottfried Wilhelm: Quod Ens perfectissimum existit, in: Leibniz, Sämtliche Schriften und Briefe, hg. von der Akademie der Wissenschaften zu Berlin, Bd. VI, 3, Berlin 1980, 578f.

MACKIE, John Leslie: Das Wunder des Theismus. Argumente für und gegen die Existenz Gottes, übersetzt von R. Ginter, Stuttgart 1985.

MANSTETTEN, Reiner: Esse est Deus. Meister Eckharts christologische Versöhnung von Philosophie und Religion und ihre Ursprünge in der Tradition des Abendlandes, Freiburg i.Br./München 1993.

MEISTER ECKHART: Meister Eckharts Predigten I, in: Die deutschen und lateinischen Werke. Die deutschen Werke I, hg. u. übers. von Josef Quint, Stuttgart 1958.

MEISTER ECKHART: Quaestio Parisiensis I: „Utrum in deo sit idem esse et intelligere", hg. u. übers. v. GEYER, Bernhard, n. 4-12, in: DERS.: Die lateinischen Werke, Bd. V, 40-48.

MÜHLENBERG, Ekkehard: Die Unendlichkeit Gottes bei Gregor von Nyssa, Göttingen 1969.

ORIGENES: Contra celsum II = Contre Celse, Tome I. Introduction, texte critique, traduction et notes par Marcel Borret, Sources Chretiennes (= SC), vol. 132, Paris 1967.

ORIGENES: Commentaire sur Saint Jean, Tome II. Texte grec, avant-propos, traduction et notes par Cécile Blanc (SC 120), Paris 1966.
PETRUS LOMBARDUS: Petri Lombardi libri IV sententiarum, studio ed cura PP. Collegii S. Bonaventurae in lucem editi Sententiae, Liber I et II, Claras Aquas ²1916.
PLATON: Nomoi, Buch X, übers. und komm. von P. M. Steiner, Berlin 1992.
PLATON: Platonis Opera, ed. J. Burnet, vol. I-V, Oxford 1900, rep. 1979-1982.
PLOTIN: Enneaden = Plotini Opera, ed. P. Henry/H.R. Schwyzer, vol. I-III, Paris/Brüssel/Leiden 1951-1973 (Editio maior).
PORPHYRIOS: Fragment P 13, in: SMITH, Andrew (Hg.): Porphyrii philosophi fragmenta, Stuttgart 1993.
PROKLOS: Commentarium in Platonis Parmenidem, ed. V. Cousin, Procli Opera inedita, Paris 1864, 617-1258, repr. Hildesheim 1961, ²1980.
PROKLOS: Commentaria In Platonis Timaeum, ed. E. Diehl, 3 Bände, Leipzig 1903-1906, repr. Amsterdam 1965.
PROKLOS: Theologia Platonis = Théologie Platonicienne, Texte établi et traduit par H. D. Saffrey et L. G. Westerink, 6 Bände, Paris 1968-1987.
PSEUDO-DIONYSIOS AREOPAGITA: De coelesti hierarchia = La hiérarchie céleste. Introduction par Réne Roques, étude et texte critique par Günther Heil, traduction et notes par Maurice de Gandillac (SC 58 bis), Paris ²1970.
PSEUDO-DIONYSIUS AREOPAGITA: De divinis nominibus, in: Corpus dionysiacum I, ed. B. R. Suchla, Berlin/New York 1990.
REIS, Oliver: Gott denken. Eine mehrperspektivische Gotteslehre (Studienbücher zur Lehrerbildung 1), Berlin 2012.
RÖD, Wolfgang: Der Gott der reinen Vernunft. Die Auseinandersetzung um den ontologischen Gottesbeweis von Anselm bis Hegel, München 1992.
RUH, Kurt: Geschichte der abendländischen Mystik, Bd III, München 1996.
RUHSTORFER, KARLHEINZ: Gotteslehre (= Gegenwärtig Glauben Denken 2), Paderborn u.a. 2010.
SCHADEWALDT, Wolfgang: Die Anfänge der Philosophie bei den Griechen. Die Vorsokratiker und ihre Voraussetzungen, Frankfurt a. M. 1978.
SCHAEFFLER, Richard: Das Gebet und das Argument. Zwei Weisen des Sprechens von Gott, in: DERS.: Kleine Sprachlehre des Gebets, Einsiedeln 1988, 20-71.
SCHMIDBAUR, Hans Christian: Personarum Trinitas. Die trinitarische Gotteslehre des heiligen Thomas von Aquin, St. Ottilien 1995.
SCHMIDT, Josef: Philosophische Theologie. Grundkurs Philosophie 5, Stuttgart 2003.
SCHNACKENBURG, Rudolf: Die Johannesbriefe, Freiburg/Basel/Wien 2002.
SCHÖNBERGER, Rolf: Die Transformation des klassischen Seinsverständnisses, Berlin 1986.
SCHÖNBERGER, Rolf: Die Existenz des Nichtigen. Zur Geschichte der Privationstheorie, in: HERMANNI, Friedrich/KOSLOWSKI, Peter (Hg.), Die Wirklichkeit des Bösen. Systematisch-theologische und philosophische Annäherungen, München 1998, 15-47.
SWEENEY, Leo: Divine infinity in Greek and Medieval Thought, New York 1992.

THALES VON MILET: Fragment 18 (Hippolytos, Adversus Haereses I,1), in: MANSFELD, Jaap: Die Vorsokratiker I. Milesier, Pythagoreer, Xenophanes, Heraklit, Parmenides. Griechisch/deutsch, Stuttgart 1983, S. xxx.

THEOPHIL VON ANTIOCHIEN: Ad Autolycum, in: PG 6.

THOMAS VON AQUIN: Compendium theologiae [= Comp. th.], hg. v. Abert, Friedrich, Würzburg 1896.

THOMAS VON AQUIN: Summa contra gentiles. Buch I (Thomas von Aquin. Summa contra gentiles), lat.-dt., übers. und hg. von Albert, Karl, Darmstadt 2001.

THOMAS VON AQUIN: Summa theologiae, in: Sancti Thomae Aquinatis Doctoris angelici Opera omnia iussu impensaque Leonis XIII P. M. edita, Romae 1888ff.

THOMAS VON AQUIN: Commentum in libros IV sententiarum, in: Doctoris Angelici Divi Thomae Aquinatis Sacri Ordinis F. F. Praedicatorum opera omnia studio ac labore Stanislai Eduardi Fretté XXX, Vivès 1878.

UHDE, Bernhard (Hg.): Der Koran. Vollständig und neu übersetzt von Ahmad Milad Karimi. Mit einer Einführung herausgegeben von Bernhard Uhde, Freiburg/Basel/Wien 2009.

VON BALTHASAR, Hans Urs: Glaubhaft ist nur Liebe, [7]2011.

WASZINK, Jan Hendrik: Bemerkungen zu Justins Lehre von Logos Spermatikos, in: Mullus (= Festschrift Th. Klauser), Münster/Westf. 1964, 380-390.

V. Der dreieine Gott als Geschichte und Gegenwart

Karlheinz Ruhstorfer

0. Erste Spurensuche

Wer oder was ist das, Gott? Die christliche Antwort auf diese Frage ist der dreieine Gott selbst. Diese Antwort mag auf den ersten Blick seltsam klingen, und doch bleibt es dabei: Nur Gott selbst ist die Antwort, weil er sich selbst mitgeteilt hat und mitteilt. Er ist derjenige, der mitteilt; er ist die Mitteilung; und er ist zugleich die Bedingung der Möglichkeit, dass wir diese Mitteilung verstehen können. Nach alter Überzeugung teilt sich der Vater mit; der Sohn oder das Wort Gottes ist die Mitteilung; und der Heilige Geist in uns bewirkt, dass wir das Wort Gottes verstehen können. Jesus von Nazaret, sein Leben, sein Wirken und sein Sterben ist die Botschaft. Wir sind die Empfänger der guten Nachricht, die allerdings nur dann ankommt, wenn sie im Geist Gottes wahrgenommen wird. Der Vater, der Sohn und der heilige Geist zusammen sind der eine und dreieine Gott. Trinität ist Kommunikation: Mitteilung, Verständnis und Vereinigung im Prozess.

Selbstmitteilung Gottes

Die Rede vom dreieinen Gott kennzeichnet das Christentum. Der Gedanke, der das Christentum von den anderen Religionen unterscheidet, ist es aber zugleich auch, der das Christentum für Alterität und Differenz öffnet. Der Gedanke der Trinität besagt, dass Gott selbst, der Eine, zwischen sich und den Anderen, den Vielen, vermittelt. Gott selbst ist Beziehung, Beziehung zum Anderen. Schon in sich selbst ist Gott sowohl Differenz als auch Beziehung. Gott setzt aber auch das ganz Andere zu sich, das Nichtgöttliche, die Welt. Während aber das Andere in seiner Endlichkeit gegen den Einen begrenzt ist und Gott mithin transzendent bleibt, findet der unendliche Gott seinerseits keine Grenze an der Welt. Dasjenige Andere zu Gott aber, das seinerseits offen ist für das Eine, ist der Mensch. Der Mensch ist die offene Grenze zwischen Gott und Welt.

Gott in Beziehung

Der sich mitteilende Gott vermittelt zwischen sich selbst und den Menschen, aber auch zwischen Mensch und Mensch und schließlich zwischen der inneren und äußeren Zerrissenheit des Menschen und seiner Einheit und Identität, denn auch der Einzelne ist durchaus nicht eins mit sich selbst, vielmehr ist jeder Mensch zerstreut in Raum und Zeit, in Hoffen und Bangen, Fülle und Leere. Wir leben in einer Welt, die einerseits die Herrlichkeit Gottes wiederspiegelt. Die Schönheit der Natur, ihre Zweckmäßigkeit, aber auch die Größe des Menschen sprechen für sich und sie sprechen für Gott. Andererseits leben wir in einer Welt der Naturkatastrophen und Krankheiten, einer Welt, in der Menschen sich gegenseitig das Leben schwer machen, privat, gesellschaftlich, politisch usw. Christen sind Realisten, allerdings Realisten mit einer Hoffnung, und diese Hoffnung nennen sie Gott. Bei aller Bindung an die Welt bleiben letztlich alle Menschen zumindest der Möglichkeit nach offen für Gott. Eben deshalb bringt die Rede vom trinitarischen Gott die Hoffnung der Christen zum Ausdruck, dass Gott selbst die Zerrissenheit, die Zerstörung und Zerstreuung in einem Prozess der Sammlung und Versöhnung überwindet. Trinität besagt nichts anderes, als dass sich jeder Mensch in Gott geborgen wissen kann; jedes relative Individuum, aber auch jede menschliche Beziehung und unser ganzes Tun und Lassen wird vom Absoluten, das seinerseits relativ ist, umfangen und durchdrungen. Gott ist nicht nur der Grund der äußeren menschlichen Person in ihren Weltbezügen, sondern auch der menschlichen Subjektivität und ihres alles umfassenden Bewusstseins. Der Einzelne und seine Beziehungen sind dabei so in Gott aufgehoben, dass seine Besonderheit dadurch gerade nicht normiert oder gar ausgelöscht wird, sondern durch die Beziehung zum relativen Gott zu sich selbst kommt. Deshalb kann Gott auch niemals als einsamer Monarch oder absoluter Herrscher gedacht werden, sondern nur als ein Liebender, der in Beziehung ist. Der christliche Glaube lehrt gerade den unerhörten Gedanken, dass der Mensch und Gott sich auf einer Augenhöhe befinden – nicht weil der Mensch aus sich selbst so erhaben wäre, sondern weil der himmlische Vater uns im Sohn entgegenkommt und im Geist erhöht.

Beziehung auf Augenhöhe

Gott ist das Gegenüber zum Menschen. Und gerade weil der Mensch das Gegenüber Gottes ist, darf sich der Mensch als frei begreifen, denn er ist nichts und niemand Untertan. Nichts vermittelt zwischen dem unendlichen Schöpfer und dem endlichen Geschöpf als der unendliche Gott selbst. Da der Unendliche selbst in Jesus von Nazaret endlich geworden, Gott selbst in Jesus Mensch geworden ist, hat er dadurch die Grenze zur menschlichen Individualität und Endlichkeit überschritten. Die einzelnen Menschen in ihrer unvertretbaren Individualität, aber auch die Menschen, die krank und schuldig werden können, die Opfer von

Gott und Individuum

Natur und Ihresgleichen werden können, sind in Gottes Unendlichkeit und Ewigkeit gut aufgehoben. Ein Prozess der Verwandlung von Allem hat begonnen. Der griechische Kirchenvater Athanasius (330-373) hat dies wie folgt formuliert: „Er ist Mensch geworden damit wir vergöttlicht werden" – *autós gar enēnthrṓpēsen, hína hēmeís theopoiēthōmen* (Athanasius: *De incarnatione Verbi* 54,11). Nicht zuletzt Tod und Auferstehung Jesu verdeutlichen, dass das Ende des Endlichen der Aufgang des Unendlichen sein kann. Und mehr noch wird durch das Kreuz deutlich, dass auch das menschliche Leiden und die menschliche Schuld keine unüberwindliche Wirklichkeit sind.

Gott, der in sich selbst Andersheit birgt, versöhnt nicht nur die Differenz mit der materiellen Welt sowie mit der menschlichen Individualität und Freiheit, sondern auch die Andersheit von Schmerz, Leid und Schuld. Die Frage des Menschen, wie ein zuhöchst mächtiger, guter und wissender Gott mit der Existenz des Schlechten und Bösen vereinbar ist, kann nur mit einem Verweis auf den Gott einer Antwort näher gebracht werden, der selbst geschöpfliche Andersheit aus dem Nichts setzt, der sich selbst in die Geschichte dieser endlichen, kontingenten und freien Schöpfung begibt und dieses Andere mit sich versöhnt, dadurch, dass er die Welt in sich hinein transformiert. Gerade aber weil Gott nicht gegen die Welt begrenzt ist und diese vielmehr in sich enthält, trifft das Leid der Welt und der Menschen letztlich Gott selbst. Er selbst trägt den Schmerz der Schöpfung. Leid

Doch ist bereits hier zu bemerken, dass es auch schwerwiegende Anfragen gibt, ob der Verweis auf den dreieinen Gott, der in Jesus von Nazaret Mensch geworden ist, eine legitime Antwort auf die Theodizeefrage darstellt oder ob nicht dadurch eine vorschnelle und mehr noch unmenschliche „Stilllegung der Theodizeefrage" (Johann Baptist Metz) stattfindet. Jedenfalls kann und darf es nicht zu einer billigen Vertröstung kommen, und auch eine Schwächung des Willens, die Unrechtverhältnisse zu ändern, muss vermieden werden. Ohne Zweifel kommen das menschliche Denken, Empfinden und Tun dabei an eine Grenze, die nicht überschritten werden kann. Doch sei gegen eine zu große Skepsis in Sachen Theodizee behauptet, dass den Abgründen, Verlassenheiten und Unmenschlichkeiten dieser Welt wenn überhaupt nur eines entgegengehalten werden kann: Liebe! Und nichts anderes besagt der Glaube an den dreieinen Gott als: „Gott ist Liebe" (1 Joh 4,8.16). Vielleicht sollte man hier den Wunsch formulieren, „dass Gott ein Tätigkeitswort werde" (Kurt Marti). Dann könnte man formulieren: Gott heißt Lieben. Das impliziert einen Imperativ, Theodizee eine Verheißung und einen Namen: Gott gebietet uns zu lieben. Und ebenso: Gott verheißt, dass wir lieben werden. Nur in dieser Spannung von Geheiß und Verheißung werden wir dem unaussprechlichen Namen Gottes – JHWH – gerecht: „Ich bin es, der für euch da ist!" (Ex 3,14).

Quelle: Offenbarung Gottes als Liebe in Jesus von Nazaret

Zunächst können wir festhalten, dass nach weitgehend einhelliger Überzeugung die Offenbarung Gottes als Liebe in Jesus von Nazaret die eigentliche Quelle des Glaubens an den dreieinen Gott ist. Weder die Spekulationen der natürlichen Vernunft noch Entwicklungen der kirchlichen Tradition, aber auch ebenso wenig bloße existenzielle Erfahrung können für sich genommen den Glauben an den dreieinen Gott begründen. Andererseits bedarf es der individuellen und kollektiven Erfahrung, der geschichtsbewussten Hermeneutik und der vernünftigen Überlegung, um die Offenbarung Gottes denken und mithin glauben zu können, denn nur was denkwürdig ist, kann auch glaubwürdig sein. Gott hat in Jesus von Nazaret sein Wort (*lógos*) gegeben. Es entspricht aber dem Sinn von Mitteilung und Kommunikation, dass das gegebene Wort auch verstanden wird. Freilich kann das angemessene Verstehen hier lediglich ein Nach-denken sein, dem das offenbare Wort Gottes immer schon vorausgeht. Deshalb könnte man die Offenbarung als die *Bedingung der Möglichkeit* für die Entfaltung rationaler Trinitätslehren bezeichnen. Das anfängliche Wort Gottes, das in Jesus von Nazaret Fleisch annimmt (Joh 1,14) und von den biblischen Schriften bezeugt wird, ist die Bedingung, ohne die es zu keinem Glauben und keinem Wissen über die Trinität kommen kann. Dabei sind das Denken und seine Geschichte nicht beiläufige und kontingente Größen. Vielmehr sind die Offenbarung des anfänglichen *lógos* und die *logischen* Entfaltungen der Vernunft *innerlich* aufeinander bezogen, wobei der freien und unableitbaren Offenbarungstat Gottes der Primat zukommt. Damit aber stellt sich die Frage, welches Denken, welche Vernunft denn nun dem unvordenklichen Gott, dessen Wort uns zur Vorgabe geworden ist, heute entspricht?

0.1 Ein neues Interesse

In der (protestantischen) Theologie des 19. und frühen 20. Jahrhunderts findet sich eine grundsätzliche Skepsis gegenüber der

Trinitätslehre. Darüber hinaus wurde spekulative oder metaphysische Gotteserkenntnis und damit auch der Versuch, in der Vernunft Spuren des Trinitätsdenkens zu sehen, weitgehend abgelehnt. Vor allem die so genannte „Liberale Theologie", namentlich Adolf von Harnack (1851-1930), betrachtete die Dreieinigkeit Gottes als Produkt der Hellenisierung des Christentums. Die Dogmen der Trinität, wie sie auf die Konzilien von Nikaia (321) und Konstantinopel (381) sowie auf die Denkarbeit der Kirchenväter zurückgehen, seien das Produkt einer unzulässigen Überfremdung des christlichen Glaubens durch griechische Rationalität. Der protestantische „Kirchenvater" des 20. Jahrhunderts Karl Barth (1886-1968) setzt demgegenüber den trinitarischen Gott wieder in das Zentrum des Glaubens, allerdings ohne zu einer Rehabilitierung der spekulativen Trinitätslehre, also jener Versuche Trinität mit den Mitteln der Vernunft zu erschließen, zu kommen. Barth betont, dass es nur eine Wurzel der Trinitätslehre gebe: die biblische Offenbarung (Barth: *Kirchliche Dogmatik*, Bd. 1, 324). Hier und nur hier zeige sich sowohl die unzerstörte Einheit als auch die unzerstörte Vielheit Gottes, der Offenbarer, Offenbarung und Offenbarsein in Einem ist (311). Barth leitet den Gedanken der Trinität aus der formalen Struktur von Offenbarung ab (329). Der Satz: „Gott offenbart sich als der Herr" (331) fasst die biblische Offenbarung und damit den Sinn der Rede vom dreieinen Gott zusammen. Gott (Vater) ist das Subjekt, die Offenbarung (Sohn) das Prädikat und das Offenbarsein Gottes (Geist) das Objekt des Offenbarungsgeschehens. Spuren der Trinität (*vestigia trinitatis*) in Welt und Kultur sowie in spekulativer Theologie und Philosophie können nach Barth bestenfalls beiläufige Illustrationen des Gemeinten sein (358). Entscheidend ist für ihn der Gedanke, dass wir das Sein Gottes an sich nur auf dem Weg des Seins Gottes in der Welt erschließen können, das heißt auf dem Weg der Offenbarung oder seiner Selbstmitteilung in Jesus Christus (332).

Karl Barth

Der katholische Theologe Karl Rahner (1904-1984) erneuerte ebenfalls die Trinitätslehre. Er wollte sie aus einem Randdasein in Theologie, Kirche und Glaubensleben herausholen. Wie für Barth muss für Rahner die Trinität zum Vorzeichen für die gesamte Dogmatik werden, da wir Maßgebliches von Gott nur über seine Selbstmitteilung erfahren. Dabei weitet Rahner allerdings den Offenbarungsbegriff im Vergleich zu Barth. Die Welt und mehr noch der Mensch als solcher ist fähig, die Trinität abzubilden und mehr noch aufzunehmen. Die Welt wird zum Material für eine „*mögliche* Geschichte Gottes" bzw. „*die Grammatik einer*

Karl Rahner

möglichen Selbstaussage Gottes" (Rahner: *Bemerkungen zum dogmatischen Traktat De trinitate* 221). Welt und Gott rücken dabei in eine bemerkenswerte Nähe. Rahner setzt einen deutlich neuen Akzent, wenn er die *Identität von ökonomischer und immanenter Trinität* postuliert. Dies gilt es, ein wenig zu erläutern: Schon seit der Zeit der Kirchenväter unterscheidet man die ewige, gewissermaßen innergöttliche Trinität von Gott-Vater, Gott-Sohn und Gott-Heiliger Geist von der Trinität, die sich wegen der Offenbarung des Sohnes in Jesus Christus und des Heiligen Geistes in den glaubenden Menschen auch auf die geschaffene Welt (gr. *oikouménē*) erstreckt. Die göttliche Dreieinigkeit, die sich ausgehend von der geglaubten Gottheit Jesu Christi im Heiligen Geist erschließt (ökonomische), ist identisch mit dem inneren Leben Gottes (immanente Trinität). Gerade durch die als Selbstmitteilung Gottes im strengen Sinn des Wortes aufgefasste Trinität wird der Abgrund zwischen Gott und Mensch, Gott und Welt, Ewigkeit und Geschichte überbrückt, wenn Rahner formuliert: „Die ökonomische Trinität ist die immanente und umgekehrt". Damit will der Theologe jedoch keiner Verdoppelung des dreieinen Gottes das Wort reden, vielmehr ist der Vater Gott in der bleibenden Ferne, der Sohn Gott in der mitgeteilten Nähe und der Heilige Geist Gott in der Tiefe unserer eigenen geistigen Existenz und in der Konkretheit unserer leibhaftigen Geschichte (Rahner: *Grundkurs des Glaubens* 142). Deshalb eröffnet Rahner neue Wege, durch existenzielle Selbsterkenntnis zur Gotteserkenntnis zu kommen. Für ihn ist die Gotteserkenntnis in den Erfahrungen des alltäglichen Lebens entscheidend, entsprechend kommt der ökonomischen oder heilsgeschichtlichen Trinität erkenntnistheoretisch gesehen (*ratio cognoscendi*) der Primat zu, während die immanente Trinität dem Sein nach, d.h. ontologisch betrachtet (*ratio essendi*), vorrangig ist. Einer spekulativen Erkenntnis der Trinitätslehre gegenüber bleibt auch Rahner distanziert. Wenn diese als „psychologische Trinitätslehre" kritisiert wird, zeigt sich darin seine Skepsis gegenüber der Tradition spekulativer Vernunfterkenntnis Gottes (vgl. 141). Wir werden darauf noch zurückkommen und dabei die Begriffe weiter klären. Die Überlegungen Barths und Rahners signalisieren das neue Interesse an der Trinitätslehre, wie es sich im 20. Jahrhundert ausgebildet hat.

Ökonomische und immanente Trinität

Im Anschluss an die Überlegungen von Karl Barth und Karl Rahner kam es in den letzten Jahrzehnten des 20. Jahrhunderts zu intensiven und innovativen Überlegungen in Sachen Trinität. Dabei ist durch die Rezeption neuzeitlichen und modernen Denkens eine Problemlage entstanden, die um die Semantik und

Metaphorik der trinitätstheologischen Begriffe kreist. Zwar kehrt die neuere Diskussion nicht einfach zur metaphysischen oder spekulativen Trinitätslehre zurück, die ja Spuren (*vestigia*) des Schöpfers im Geschöpf zu erkennen glaubt, vielmehr stellt sich die Frage im Horizont neuerer Sprach- und Bildtheorien neu. Worin zeigen sich nun Spuren der Trinität? Oder anders gefragt: Womit kann die Dreieinheit des Schöpfers in der Schöpfung am ehesten verglichen werden? Dabei wird unter anderem danach gefragt, ob die Einheit von Vater, Sohn und Geist mehr nach dem Modell einer *intra*personalen oder einer *inter*personalen Ähnlichkeit zu interpretieren ist. Man könnte auch so formulieren: Gleicht die in sich differenzierte Einheit Gottes eher der inneren Struktur des menschlichen Geistes, oder ist sie vielmehr mit der äußeren Gemeinschaft mehrerer menschlicher Personen zu veranschaulichen? Eng damit verbunden ist die Frage, wie Einheit und Differenziertheit in Gott zu denken sind. Dabei werden heute vor allem drei Varianten diskutiert.

Spuren der Trinität?

Zusammenfassung

Die Lehre vom dreieinen Gott bezeichnet das Herzstück des christlichen Glaubens. Sie besagt, dass JHWH, der Gott Israels und Schöpfer der Welt, sich selbst uns in Jesus von Nazaret mitgeteilt hat und im Heiligen Geist immer noch mitteilt. In der jüngeren Geschichte der Theologie war diese Überzeugung nicht immer unumstritten. Doch gibt es gerade in den letzten Jahrzehnten ein neues Interesse am Trinitätsglauben.

0.2 Aktuelle Varianten

0.2.1 „Lateinische Trinitätslehre"

Rahner und Barth wehrten sich im Verein mit dem Gros der abendländischen Tradition gegen eine interpersonale Deutung der göttlichen Trinität, wodurch sie den Vorwurf des Tritheismus abwehren wollten, der dem Christentum immer wieder gemacht wurde. Deshalb betonten sie die wesentliche Einheit der Personen bzw. die Einheit im göttlichen Wesen. Schon die herkömmliche Trinitätslehre des Westens spricht davon, dass die drei göttlichen Personen *im Wesen Gottes* geeint sind. So formulierte bereits das Konzil von Nikaia (325), dass Vater und Sohn *homooúsios* – wesens*gleich* bzw. wie Barth betont, wesens*eins* – sind. Doch ist allein durch den Verweis auf die Wesenseinheit der Vorwurf des Trithe-

Abendländische Tradition

Einheit im Wesen Gottes

ismus noch nicht definitiv gebannt, da in etwa im Falle dreier menschlicher „Personen“, die ja auch das eine Wesen (Natur, Substanz) „Menschsein“ teilen, unweigerlich von drei Menschen gesprochen werden muss. Entsprechend müsste es sich bei drei göttlichen „Personen“ um drei Götter handeln. Dagegen hat schon Augustinus deutlich gemacht, dass zwar der Vater, der Sohn und der Geist jeweils allmächtig, gut, wissend etc. sind, es sich jedoch nicht um drei „Allmächtige“, „Gute“, „Wissende“, sondern eben nur um den einen mächtigen, guten, wissenden Gott handelt.[1] So trägt paradoxerweise die Dreiheit der Personen keine simple Mehrzahl in Gott ein. Schon Augustinus macht deutlich, dass es sich um keinen einfachen numerische Aufzählung handelt, wenn er Liebenden, Geliebten und die Liebe – nicht aber einen weiteren Geliebten – unterscheidet. Als Drittes nennt er vielmehr die Liebe selbst als das Prinzip der Einheit, dass das Verschiedene verbindet (Augustinus: *De Trinitate* VIII 8-10 und XV 17-19). So ist streng genommen der Einheitspunkt nicht nur das die drei Personen verbindende Wesen Gottes, sondern auch in besonderer Weise die dritte göttliche Person, der Geist der Liebe. Deshalb zieht sich innerhalb der lateinischen Tradition eine Linie durch, die bis zu Hegel reicht, der ebenfalls die Liebe als das Dritte nennt, das den Unterschied zwischen dem Einen und dem Anderen aufhebt.

Intrapersonale Analogie

Meist war die spekulative Theologie des lateinischen Westens darauf bedacht, eine *intrapersonale* menschliche Wirklichkeit als Bilder, Analogien oder Ähnlichkeiten für die innertrinitarischen Verhältnisse anzunehmen. So rückt neben der Fähigkeit zu lieben vor allem das *Denken* in den Blick. Wie *Denken und Gedachtes* in einem Menschen eins sind, so sind der Vater und der Sohn eines. Wie *Gedächtnis, Verstand und Wille* im Geist des Menschen eine in sich differenzierte Einheit darstellen (Augustinus) oder wie der menschliche *Geist* in sich die Momente der *Differenz und Identität* birgt (Hegel), da er sonst nichts zu erkennen vermöchte, so wird die Dreiheit der Personen als eine innere Differenzierung des einen Gottes angenommen. Stets ist es dabei das Höchste der geschaffenen Wirklichkeit, der menschliche Geist als solcher, der hier als Abbild des göttlichen Urbildes angenommen wird, weshalb dieser Typ auch häufig missverständlich „psychologische Trinitätslehre“ (griech.: *psyché* = Seele) genannt wird. Diese Antworten sind aber genau in dem Moment in eine Krise geraten, in dem der Mensch nicht mehr vornehmlich als Vernunftwesen,

---

1 Vgl. das Symbolum quicumque, in: DH 75, 13f.

sondern als Weltwesen gedacht wurde. Denn dann ist nicht mehr die Geistigkeit des Menschen das Höchste und damit Gott Ähnlichste in der Welt. So kommt es im Verlauf des 19. Jahrhunderts zu einer Krise des theologischen Personbegriffs, da nun die Geistigkeit des Menschen als nachrangige Eigenschaft des primär weltlichen Menschen gedacht wird, und der Personbegriff nicht mehr als die individuelle Realisierung eines rein geistigen Aspekts (etwa Denken oder Wollen) betrachtet wird, sondern umgekehrt, die wirklichen und sinnlichen menschlichen Personen zur maßgeblichen Spur der Trinität avancieren, wodurch die Trinitätslehre definitiv in den Verdacht des Polytheismus gerät. Barth und Rahner reagieren auf diese Veränderungen, indem etwa Rahner nicht mehr von göttlichen „Personen", sondern von „distinkten Subsistenzweisen" spricht. Dadurch aber zog sich Rahner den Vorwurf des *Modalismus* zu, besagt doch das lateinische Wort *modus* nichts anderes als Art und Weise. Seither stellen nun die Vertreter der „sozialen Trinitätslehre" die Anhänger der „lateinischen" Tradition unter den Generalverdacht des *Modalismus*, der neben dem *Tritheismus* die zweite Einseitigkeit in der Trinitätslehre ist.

0.2.2 „Soziale Trinitätslehre"

Interpersonale Analogie

Gegen die *intrapersonale* oder „lateinische Trinitätslehre" bildet sich der Versuch aus, Trinitätslehre *interpersonal* zu denken, um – wie Thomas von Aquin sich ausdrückt – die „wirklichen Beziehungen" als solche genau in den Blick zu bekommen. Wirklich können die Beziehungen nur sein, wenn die Personen „wirklich" sind. Durch die Entwicklungen der nachhegelischen Philosophie wird aber der Personbegriff in seiner weltlichen Wirklichkeit neu gefasst. Die entscheidende Vorgabe dazu bildet die Philosophie Ludwig Feuerbachs (1804-1872) und in dessen Gefolge der philosophische Personalismus (Martin Buber). Bei Feuerbach vollzieht sich jene Wende von der Theologie zur Anthropologie. *Der Mensch wird fortan nicht mehr als Gedanke Gottes, sondern Gott als Gedanke des Menschen gedacht.* Feuerbach geht dabei von der menschlichen Vorstellung Gottes als Liebe aus. Liebe kann sich letztlich nur zwischen menschlichen Personen, nicht aber zwischen menschlichen Gedanken ereignen. So interpretiert er das Geheimnis der Trinität als das Geheimnis der konkreten, sinnlichen Beziehung von „Ich" und „Du". Entsprechend nennt Feuerbach die Trinität, die er zugleich als das „höchste Mysterium"

Zwischenmenschliche Liebe als Bild der Trinität

des Christentums bezeichnet, das „Geheimnis des *gemeinschaftlichen, gesellschaftlichen Lebens*" (Feuerbach: *Grundsätze einer Philosophie der Zukunft* § 63). Entscheidend ist für Feuerbach freilich, dass durch den Gedanken der Trinität das soziale Wesen des wirklichen Menschen in eine unwirkliche Transzendenz des illusorischen Gottes verlagert wird. Es dauert einige Zeit bis schließlich Hans Urs von Balthasar (1905-1988) diesen im Grunde antichristlichen Traditionsstrang für die Theologie rezipiert, wenn er etwa die Einheit von Vater, Mutter und Kind und damit die basale menschliche Gemeinschaft als trinitarisches Modell bemüht.[2] Doch über die Grenzen einer gewissermaßen privaten Liebesbeziehung oder einer familiären Verbindung hinaus gewinnt die Trinitätslehre im Laufe des 20. Jahrhunderts eine bedeutende gesellschaftliche und politische Dimension. Dies zeigt sich etwa in der Theologie Jürgen Moltmanns (*1926), der seinen Zugang dezidiert als *„soziale Trinitätslehre"* einführt und gegen zwei Spielarten der bisherigen Lehre abgrenzt. Zu Recht unterscheidet er in der lateinischen Tradition die patristisch-scholastische *„Substanztrinität"* und die neuzeitliche *„Subjekttrinität"*. In der Substanztrinität ist Gott die höchste *Ursache* des Seins (Moltmann: *Trinität und Reich Gottes* 26), die mit metaphysischen Wesensbegriffen beschrieben wird. Damit entspricht dieser Trinitätstyp der Grundrelation dieser Epoche: *Ursache und Wirkung*.[3] Während die „Subjekttrinität" Gott als absolutes Subjekt, das in einem ewigen Prozess der Selbstdifferenzierung und -identifizierung die Welt hervorbringt, annimmt. Hier ist das Verhältnis von Gott und Welt letztlich als *Wechselwirkung oder Gemeinschaft* gedacht.[4] Doch kommt diese Variante der spekulativen Trinitätslehre des Abendlandes im Verlauf des 19. Jahrhunderts – wie bereits angedeutet – durch das Aufkommen moderner Anthropologie in die Krise (Moltmann: *Trinität und Reich Gottes* 25). Die soziale Trinitätslehre rückt nun die interpersonalen Beziehungen auf anthropologischer Basis in den Mittelpunkt der Betrachtung, weshalb Moltmann seine Trinitätslehre programmatisch mit dem Gedanken des „Reichs Gottes" verbindet. Die Rede vom „Reich Gottes" hat allerdings eine eminent innerweltliche und damit auch eine politische Konnotation. Trinität wird so zur Chif-

Soziale Trinitätslehre

---

2 Vgl. dazu Schärtl, Thomas: Trinität, Einheit und Eigenschaften Gottes, in: Tatari, Muna/von Stosch, Klaus (Hg.): Trinität. Anstoß für das islamisch-christliche Gespräch, Paderborn u.a. 2013, 13-68, 29, Anm. 30.

3 Zu den verschiedenen epochalen Grundkonstellationen siehe hier auf Seite 297.

4 Siehe hier Seite 307.

fre für eine ideale soziale Ordnung der Dinge. Gegen einen politischen und klerikalen Monotheismus setzt Moltmann einen „personalen Sozialismus" und „sozialen Personalismus" (217). Zugleich wird die Trinitätslehre zu einer theologischen Freiheitslehre, da die Freiheit das Ende und die Vollendung der Weltgeschichte, die zugleich die Geschichte Gottes ist, kennzeichnet. Gott selbst setzt sich der Geschichte aus und erleidet diese (20), doch kommt alles darauf an, das Leid zu überwinden und die Unterdrückten zu befreien (23). Das entsprechende „trinitarische Denken" soll dem „befreienden und heilenden Bedenken der zerstörten Wirklichkeit den Weg bereiten" (25). Und auch hier soll noch einmal festgehalten werden: Der entscheidende Vergleichspunkt ist die äußere Differenziertheit menschlicher Gemeinschaft. Der brasilianische Befreiungstheologe Leonardo Boff macht deutlich, dass Gesellschaftsform und Religion in einer bemerkenswerten Abhängigkeit voneinander stehen. Während die Vorstellung Gottes als einzigem Herrn aller Dinge mit einer monarchisch und autoritär verfassten Gesellschaft korreliere, könne der „Glaube an die trinitarische Gemeinschaft [...] zu einer Losung umfassender Befreiung und zu einem Impuls im Ringen um persönliche, soziale und historische Partizipation werden" (Boff: *Kleine Trinitätslehre* 12).

Trintätslehre als Freiheitslehre

In aktuellen deutschsprachigen Diskursen geht es häufig um die Frage, ob Trinität als Gemeinschaft von drei gleichursprünglichen Freiheiten gedacht werden könne oder nicht.[5] Die dritte göttliche Person wird hier nicht mehr so sehr als in Liebe verbundene Einheit der beiden ersten Personen gedacht, sondern alle drei gelten als „wirkliche" Subjekte, die in ihrer Wirklichkeit weder einfach voneinander abgeleitet noch ineinander aufgehoben werden können. Stattdessen ist die Rede vom „Kommerzium dreier Freiheiten". Während die Vertreter einer sozialen Trinitätslehre die Dreiheit von gewissermaßen eigenständigen Personen als prinzipiell gesetzt annehmen und die Einheit erst als Resultat eines freilich zeitlosen Prozesses der wechselseitigen Anerken-

5 Striet, Magnus: Spekulative Verfremdung? Trinitätstheologie in der Diskussion, in: Herderkorrespondenz 56 (2002) 202-207; ders.: Monotheismus und Schöpfungsdifferenz. Eine trinitätstheologische Erkundung, in: Walter, Peter (Hg.), Das Gewaltpotential des Monotheismus und der dreieine Gott, (QD 216) Freiburg u.a. 2005, 132-153, Nitsche, Bernhard: Gott und Freiheit. Skizzen zur trinitarischen Gotteslehre, Regensburg 2008; ders.: Muslimischer Monotheismus und christliche Trinitätslehre, Ureigene Anliegen und Chancen der Begegnung, in: Tatari/von Stosch, (Hg.): Trinität. Anstoß für das islamisch-christlich Gespräch, 87-125.

nung und Liebe betrachten, sehen die Anhänger der lateinischen Variante darin den Tatbestand des Tritheismus erfüllt.[6]

0.2.3 „Griechische Trinitätslehre"

"Griechisch-orthodoxe Tradition"

Eine dritte Position hat die griechisch-orthodoxe Tradition ausgebildet. Die so genannte „griechische Trinitätslehre" unterscheidet sich wesentlich dadurch von der lateinischen, dass die Rolle des Vaters stärker hervorgehoben wird. Der Geist geht gerade nicht aus Vater *und* Sohn hervor, sondern *allein* aus dem Vater, was zur Folge hat, dass die Liebeseinheit anders bestimmt werden muss. Wird in den bisherigen Varianten der Trinitätslehre die Einheit stets als interpersonale Liebe gedacht, so ist im griechischen Kontext der Vater und seine Monarchie der Garant der Einheit der drei göttlichen Personen. Der Sohn und der Geist bleiben radikal an den Vater rückgebunden. Die Einheit des Vaters umfasst in Liebe gewissermaßen Sohn und Geist. Problematisch bleibt in diesem Kontext die Unterscheidung des Sohnes vom Geist, da ihre Differenz nicht auf den verschiedenen Ursprungsrelationen – der Sohn entspringt dem Vater, der Geist dem Vater und dem Sohn – zurückgeführt werden können. Es ist hier zu erwähnen, dass *ein* dogmatischer Grund für die Trennung der Kirchen des griechischen Ostens und des lateinischen Westens die Einfügung des „filioque" in das Glaubensbekenntnis von Konstantinopel (381) war. In der ursprünglichen Fassung des Konzilstextes hieß es lediglich, dass der Geist „aus dem Vater" hervorgehe. Freilich haben die Kirchen des Westens schon früh – es ist hier Augustinus zu erwähnen – diese Passage im Sinne eines doppelten Hervorgangs des Geistes aus dem Vater „und dem Sohn" interpretiert. Jedenfalls war die Veränderung des Konzilstextes ein Grund dafür, dass die Einheit der Ost- und Westkirche im Jahr 1054 zerbrochen ist. Die griechische Trinitätslehre bleibt in mancher Hinsicht eher dem neuplatonisch inspirierten Denken der alten Kirche, vor allem des Origenes verbunden, in dem das Eine (*to hen*) das absolute Prinzip (*archḗ*) ist, dem die weiteren Prinzipien untergeordnet

Vater der Garant der Einheit

[6] Schärtl: Trinität, Einheit und Eigenschaften Gottes, 21. Ähnlich schon Vorgrimler, Herbert: Randständiges Dasein des dreieinen Gottes? Zur praktischen und spirituellen Dimension der Trinitätslehre, in: Stimmen der Zeit 220 (2002), 545-552. Siehe auch Hoping, Helmut: Die Selbstvermittlung der vollkommenen Freiheit Gottes. Kritische Anmerkungen zu Magnus Striets trinitätstheologischem Vorstoß, in: Walter, Peter (Hg.): Das Gewaltpotential des Monotheismus und der dreieine Gott, 166-177.

sind. Zwar versuchte schon Origenes die radikale Subordination des Denkens (*nous*) und der Weltseele (*psyché*) in eine horizontale Nebenordnung zu bringen, jedoch erhalten sich bei ihm subordinatianistische Tendenzen. Noch heute werde dem griechischen Typ der Trinitätslehre entsprechende Züge unterstellt. Auch wenn schon bei den drei Kappadoziern (Basilius der Große, Gregor von Nyssa und Gregor von Nazianz) diese Hierarchie überwunden sein dürfte, bleibt die Neigung, die absolute Monarchie des Vaters sehr stark zu betonen.

0.3 Schematisierungen

Man kann diese drei Trinitätstypen auf folgendes Schema bringen:

– von der Einheit des Wesens zur Dreiheit der Personen	– lateinischer Typ
– von der Dreiheit der Personen zur Einheit des Wesens	– sozialer Typ
– von der Einheit des Vaters zur Dreiheit der Personen	– griechischer Typ

(vgl. Boff: *Kleine Trinitätslehre* 94-102; Nitsche: *Gott und Freiheit* 63-140; Schärtl: *Trinität, Einheit und Eigenschaften Gottes* 24)

Thomas Schärtl (*Trinität, Einheit und Eigenschaften Gottes* 25) nennt noch ein weiteres Schema, das sich auf den Unterschied des „Latin Trinitarianism" vom „Social Trinitarianism" konzentriert:

1. Gott als Individuum – die Personen als Quasi-Individuum – lateinischer Typ
2. die Personen als Individuen – Gott als Quasi-Individuum – sozialer Typ

Als „*Quasi-Individuum*" wird das verstanden, was lediglich sprachlich oder gedanklich als Individuum gefasst werden kann, dem aber keine endliche Entität als realer Referent (im Sinne der trinitarischen Spuren) korrelieren darf. Grund für die Unmöglichkeit etwa göttliche und menschliche Person analog zu setzen, ist die Verschiedenheit der Individuationsprinzipien. Die raumzeitliche und damit auch materielle Vereinzelung des Menschen ist bei Gott ebenso wenig gegeben wie ein Ich-Bewusstsein, das gegen ein anderes Ich-Bewusstsein begrenzt und mithin endlich ist. Die Frage ist also, was bzw. wer im eigentlichen Sinn als göttliches „Individuum" betrachtet werden kann: Der eine Gott oder die jeweiligen trinitarischen Personen, Gott-Vater, Gott-Sohn und Gott-Geist.

Bernhard Nitsche[7] hat diese Typen samt den ihnen naheliegenden Fehldeutungen der Trinität wie folgt visualisiert:

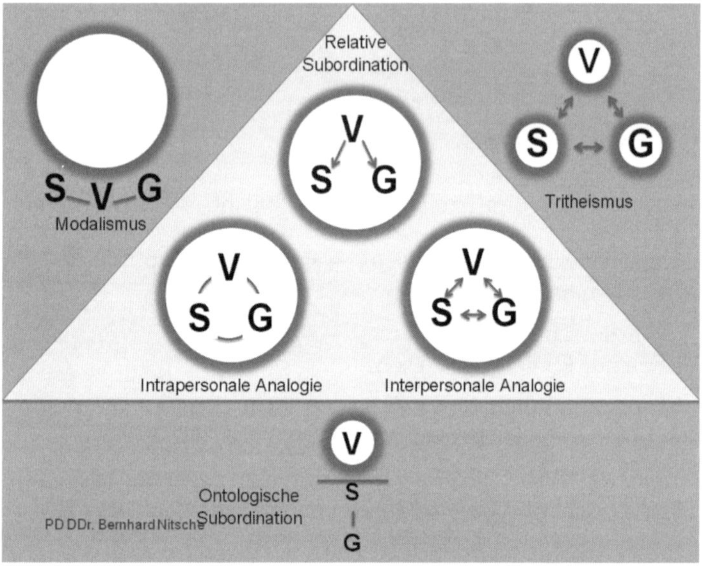

Auch können viele der heutigen trinitätstheologischen Ansätze diesen Modellfamilien zugeordnet werden. So wird die intrapersonale Trinitätslehre lateinischen Typs vor allem von Herbert Vorgrimler (*Randständiges Dasein des dreieinen Gottes?*), Brian Leftow (*A Latin Trinity*), Helmut Hoping (*Deus Trinitas. Zur Hermeneutik trinitarischer Gottesrede*) und Thomas Schärtl (*Trinität, Einheit und Eigenschaften Gottes*) vertreten. Schärtl kommt dabei das Verdienst zu, durch die Rede von „Instanz" eine mögliche Alternative zum hochproblematischen Personbegriff in die Diskussion neu eingebracht zu haben (*Trinität, Einheit und Eigenschaften Gottes*). Die griechische Trinitätslehre wird von John D. Zizoulas (*Being as Communion. Studies in Personhood and the Church*, New York 1985), Dimitru Staniloae (*Orthodoxe Dogmatik 1-3*, Zürich u.a. 1985-1995), Richard Swinburne (*The Christian*

7 NITSCHE: Muslimischer Monotheismus und christliche Trinitätslehre, 93.

God, Oxford 1994) vertreten. Aber auch der katholische Theologe Walter Kasper (*Der Gott Jesu Christi*, Mainz 1982) neigt zu dieser Position, die den Vater als Ausgangs- und Einheitspunkt der Trinität betrachtet. Gisbert Greshake (*Der dreieine Gott*) rückt den Begriff der „*communio*" in das Zentrum der trinitarischen Diskussion und steht der sozialen Trinitätslehre nahe. Magnus Striet (*Monotheismus und Schöpfungsdifferenz*) und Bernhard Nitsche (*Gott und Freiheit*) versuchen in je eigener Weise das prinzipielle „Kommerzium dreier Freiheiten" anzunehmen, ohne in den Tritheismus zu verfallen. Auf die mögliche Einseitigkeit der sozialen und der lateinischen Version weist bereits das Statement von Hans Urs von Balthasar hin, dass das interpersonale Modell die substantielle Einheit Gottes nicht erreichen und das innerpersonale Modell das reale und bleibende Gegenüber nicht darstellen könne (Balthasar: *Theologik* 2, 35; dazu Werbick: *Handbuch Dogmatik* 539). Auch Bernhard Nitsche versucht, diese Einseitigkeiten zu überwinden, wenn er das Konzept eines „vorreflexiv und prätemporal ansetzenden Kommerziums retroszendierender göttlicher Freiheiten" entwickelt (243). Mit dieser hochkomplexen Thematik verlassen wir allerdings die Ebene einer ersten Begegnung mit den Fragen der Trinitätslehre, wie es dieses Buch leisten will.

Postulat: Klärung der den verschiedenen Konzepten inhärierenden Vernunftbegriffe

Meines Erachtens bedarf die derzeitige trinitätstheologische Diskussion dringend eine Klärung der den verschiedenen Konzepten inhärierenden Vernunftbegriffe. Dadurch kann nicht nur die rein wissenschaftliche Dimension vertieft werden, vielmehr können auch neue Optionen für das politische und persönliche Leben der heutigen Menschen gewonnen werden (vgl. auch Agamben: *Herrschaft und Herrlichkeit* 304 und 342). Die Spuren der Trinität durchziehen unsere Geschichte und Gegenwart in einer Weise, welche die rein theologische Betrachtung sprengt. Die Frage nach der Trinität wird so letztlich zum Glaubensartikel, mit dem nicht nur die Kirchen stehen oder fallen, vielmehr lebt unsere Kultur von trinitarischen Voraussetzungen (der Öffnung), die sie nicht nur nicht selbst erbracht hat, sondern die auch ihr Lebenselixier darstellen, ob sie es nun weiß oder nicht.

Zusammenfassung

Gegenwärtig werden vor allem drei trinitätstheologische Modelle diskutiert: die lateinische, die soziale und die griechische Trinitätslehre. Dabei konzentriert sich die deutschsprachige Debatte auf die Frage, ob von einem intrapersonalen Modell und der Einheit des Wesens oder von einem interpersonalen Modell und der Dreiheit der Personen ausgegangen werden muss. Im vorliegenden Entwurf wird zunächst die Erinnerung an Jesus als Grund der Trinität, so dann die Pluralität der durch diesen Grund inspirierten Rationalitätstypen und schließlich der Wille zur Liebe als Verwirklichung der Trinität betrachtet.

1. Die Urspur: Das Gedächtnis der Offenbarung

Wenn wir uns nun auf Spurensuche begeben, müssen wir uns zunächst noch einmal demjenigen zuwenden, der seine Spuren hinterlassen hat, Jesus Christus. Er ist die Urspur oder mit dem französischen Philosophen Jacques Derrida gesprochen die „archi-trace", die sich in die biblischen Texte eingeschrieben hat. Seine Gottesrede spurt auch das christliche Verständnis der gesamten Bibel aus Altem und Neuem Testament. Das Gedächtnis an ihn wird von der Bibel aufbewahrt und überliefert. Die Unerschöpflichkeit Gottes zeigt sich aber gerade in der unerschöpflichen Vielfalt biblischer Gottesbilder und Gottesgeschichten, auf die schon Jesus von Nazaret zurückgreifen konnte. Deshalb ist zunächst die Rede vom erinnerten Jesus und seinem Gott. Sodann verfolgen wir die Spuren in der Geschichte, in der sich das trinitarische Denken Gottes ausbildet. Es geht hier nicht um geschichtstheologische Betrachtungen, sondern um die Analyse von „Denklandschaften", in denen die trinitarischen Vernunfteinsichten gewachsen sind. Und auch die Fülle dieser Einsichten spiegelt die Fülle des dreieinen Gottes wieder, der sich selbst zu denken gibt und doch nicht einfach auf den Begriff gebracht werden kann. Schließlich müssen wir aber zum Erspüren Gottes im Leben der Menschen kommen. Unsere persönliche Freiheit bedarf der Orientierung und der Leitung um zur individuellen Verwirklichung der Gottesliebe zu werden. Der weitere Aufbau der vorliegenden Überlegungen lässt an die alte auf Augustinus zurückgehende trinitarische Spur von Gedächtnis (*memoria*), Einsicht (*intellectus*) und Wille (*voluntas*) denken.

1.1 Zugänge zu Jesus

Die Spuren der Trinität führen in zwei Richtungen. Zum einen führt der gewissermaßen *vertikale* Weg in die Gegenwart des dreieinen Gottes selbst – hier und jetzt; er allein ist der Anfang, die Quelle von Zeit und Ewigkeit, in dem letztlich alle Spuren zusammenlaufen. Der *horizontale* Weg geht zurück auf den Ursprung, das heißt zu dem Punkt in der Geschichte, in dem Himmel und Erde, Gott und Mensch, innere und äußere Trinität verschmelzen. *Für uns* ist die ökonomische Erscheinung Gottes in Jesus von Nazaret und im Heiligen Geist als Ursprung des Glaubens das Erste, wiewohl *an sich* die immanente Trinität als das zeitlose Ereignis Gottes der Offenbarung vorausgeht. Freilich muss man erinnern, dass innere und äußere Trinität sich in einem spannungsreichen Verhältnis von Identität und Differenz befinden, so dass die hier genannten Unterschiede letztlich auf den einen, Zeit und Ewigkeit umfassenden, Selbstvollzug Gottes als Geheimnis der vollkommenen Liebe verweisen.

Trinität in Geschichte und Gegenwart

Und noch ein weiteres Spannungsverhältnis ist an diesem Punkt anzudeuten. Die Spur der Trinität führt uns, wie gesagt, auf ein historisches Ereignis zurück. Was aber ist ein Ereignis? Was ist ein Phänomen? Was ist eine Tatsache? Ohne diese Fragen hier angemessen beantworten zu können, ist nach dem soeben Erinnerten klar, dass in einem *Phänomen* ein Sachverhalt erscheint (gr. *phaínestai*). Im Ereignis tritt die Wahrheit ans Licht. Wenn es sich dabei um eine *Tat*-Sache handelt, so ist diese der Ausdruck einer *inneren Absicht*, die sich durch die Tat äußert. Dies entspricht auch dem Begriff der Offenbarung, der ja ebenfalls das Hervortreten bzw. die Enthüllung einer vordem *unsichtbaren Wahrheit* meint. Doch nicht genug damit. Ein Faktum will auch immer *gedeutet* werden. Jede Tatsache ist mehr als ein physikalischer Vorgang, und jedes Ereignis kann und muss mit *Sprache* beschrieben und im *Gedächtnis* erinnert werden. Durch die Erinnerung wendet sich die Äußerlichkeit des Geschehens zurück in die Innerlichkeit des Gedachten. Diese Rückwendung geschieht vermittelt durch die das Ereignis beschreibende Sprache. Dadurch wird das Phänomen selbst zu einem deutenden *Zeichen*, das seinerseits gedeutet werden will. In diesem Prozess entsteht Bedeutung.

Wahrheit – Erscheinung – Zeichen

Wenn wir uns nun der Person Jesu von Nazaret, ihren Taten und Worten zuwenden, dann können wir dies nur vermittelt über die biblischen Zeugnisse. Die Schrift birgt die Erinnerungen an Jesus und hält das Geschehene in Gestalt einer literarischen Interpretation gegenwärtig. Die neutestamentlichen Interpretatio-

Erinnerung und Deutung

nen Jesu versuchen das Ereignis in eigentümlicher Weise zu begreifen. Dabei werden aber die Hörer und Leser, hier vor allem des Neuen Testaments, selbst in den Prozess der Deutung hineingenommen, da der jeweilige Rezipient seinerseits das Zeugnis der Schrift entziffern und deuten muss. Damit zeichnet sich nun ein Feld ab, in dem die Wahrheit des biblischen Zeugnisses zu eruieren ist. Die drei Eckpunkte dieses Feldes können mit drei Fragen markiert werden:

Ontologische Wahrheit

Wer oder was ist Jesus von Nazaret *in Wahrheit*? Diese Frage zielt auf die *dogmatischen* Inhalte. Da es hier um das „Sein" Jesu geht, können wir diese Frage als „onto-logisch" bezeichnen. Das griechische Wort *on* (Seiendes) bezeichnet das, was in Wahrheit *ist. Ist* Jesus Gott selbst? *Ist* er der Sohn des Vaters? *Ist* er nur Mensch? Wie können Gottheit und Menschheit in ihm zugleich gegeben sein? Handelt es sich hier nicht um einen logischen Selbstwiderspruch? Gleichwohl müssen wir sofort feststellen, dass das neutestamentliche Zeugnis in keiner Weise selbst ontologisch im Sinne der griechischen Philosophie ist, und doch hat es eine immense ontologische Wirkungsgeschichte hervorgerufen, die bereits bei den ersten Theologen des christlichen Glaubens (etwa Justin der Märtyrer, Clemens von Alexandrien oder Origenes) im zweiten Jahrhundert unserer Zeitrechnung beginnt. Schon das Wort „Theo-Logie" verweist auf die zentrale Bedeutung der griechischen Sprache und mehr noch der griechischen Rationalität für das Christentum.

Historische Wirklichkeit

Die zweite Frage lautet: Was war damals wirklich? Diese Frage bezieht sich auf das Äußere des Geschehens oder auf die historisch feststellbaren Tatsachen. Die phänomenale oder, man könnte auch sagen, die materiale Basis des in der Schrift über Jesus Gesagten kann in keiner Weise gleichgültig sein, besteht doch der Inhalt der christlichen Botschaft gerade darin, dass das von Jesus Vollbrachte für uns von entscheidender Bedeutung ist. Etwas stärker dogmatisch akzentuiert könnte man sagen, dass der Kern des Christentums in der Menschwerdung Gottes oder, mit dem Johannesevangelium gesprochen, in der Fleischwerdung des göttlichen Logos liegt (Joh 1,14). Auch hier ist anzufügen, dass die biblischen Schriften durchaus keinen historischen Bericht oder keine journalistische Reportage bieten wollen. Und doch haben sie eine gewaltige historisch-kritische Reflexion hervorgerufen, gleich ob sich die Arbeit der Historiker auf die Person Jesu oder auf die Situation in der christlichen Urgemeinde, in der die Schriften entstanden sind, bezieht (siehe hier die Beiträge von Hieke und Nicklas).

Die dritte Frage bezieht nun die Leserschaft des Textes mit ein: Was bedeutet das Erzählte für mich? Hier kommt nun das *dichterische* Moment der biblischen Texte ins Spiel. Gerade die *metaphorische* Ebene legt Zeugnis ab von der schöpferischen Kraft des Textes. Die gedichtete Welt der Bibel bietet dem Menschen – wie ein gutes Gedicht oder ein Roman – einen Aufenthalt. Die Textwelt der Bibel kann ich gewissermaßen „bewohnen" (Paul Ricœur). Das poetische Moment der Geschichte Jesu, aber auch seiner eigenen Dichtungen so der Gleichnisse beabsichtigt, das je eigene Leben zu verwandeln. Hier ist zu bedenken, dass ebenso wie der Text mit seiner Botschaft – „kehr um!" – mich verändern will, so verändere je ich den Text, da ich es bin, der mit seinen Assoziationen, Konkretionen und seinen ganz eigenen Kontexten den Text formt und lebendig macht.

Poetische Verdichtung

Es ist unschwer zu sehen, dass sich in dieser Struktur als solcher eine bemerkenswerte Spur der Trinität findet. Wie die Idealität und Transzendenz der ersten Ebene an den Vater denken lässt, wie die Rede von inkarnierter Wirklichkeit unweigerlich Jesus und damit den Sohn im Blick hat, so hat die Kontextualisierung der Botschaft mit der belebenden und bewegenden Kraft des Geistes zu tun. Ohne selbst philosophisch oder theologisch im strengen Sinn des Wortes zu sein, ohne selbst historisch oder phänomenologisch zu sein und ohne selbst explizit poetisch oder kommunikationstheoretisch reflektiert zu sein, gibt die Heilige Schrift doch in einer Weise der abendländischen Tradition bis in unsere Tage wie kein zweites Buch zu denken. Sie ist so sehr kulturprägend, dass sie als die Bedingung der Möglichkeit unserer Kultur angesehen werden kann. Diese trinitarische Spur führt uns aber nun auch zu konkreten Inhalten der biblischen Schriften, wie sie trinitätstheologisch einschlägig werden.

Die Schrift gibt zu denken

Zusammenfassung

Jesus von Nazaret ist die Urspur der Trinität. Als solche kann er aber nur in der Spannung von wirklichem Ereignis und Anspruch der Wahrheit im Text der Heiligen Schrift angenommen werden

1.2 Die Frage nach der Gottheit Jesu

In diesem Spannungsfeld von historischem Phänomen, logischem Gedanken und dichterischer Bildwelt hat die Person Jesu als eigentlicher Ausgangspunkt der Trinitätslehre ihren Ort. Es ist sogleich festzuhalten, dass die Frage nach dem historischen Jesus, nach seinem Selbstverständnis und seinem Gottesverhältnis eine methodisch hoch komplexe Angelegenheit mit einer durchweg problematischen Geschichte darstellt.[8] Denn es hatte sich in der Geschichte der Leben-Jesu-Forschung, die genau mit Beginn des modernen, nach-ontologischen Denkens im frühen 19. Jahrhundert einsetzt, herausgestellt, dass man nicht so sehr den „wirklichen Jesus" hinter den Evangelien fand, sondern eher ein Konstrukt historisch-kritischer Reflexion, das stark von den persönlichen, theologischen und geschichtswissenschaftlichen Voreinstellungen des jeweiligen Historikers abhängig war. Nachdem man zwischenzeitlich die Rückfrage nach dem historischen Jesus verabschiedet hatte, kann es heute weitgehend als Konsens gelten, dass eine Rückbindung an das Phänomen Jesus für eine christliche Theologie und eben auch eine Trinitätslehre unverzichtbar bleibt. Dabei ist den Exegeten bewusst, dass sich die Aussagen über Jesus stets in einem Spannungsfeld von Fiktionalität und Faktizität bewegen. Durch diese Bindung an die Resultate exegetischer Forschung wird die systematisch-theologische Reflexion zwar abhängig von der Arbeit historischer Forschung. Doch ist nach dem oben Gesagten klar, dass das historisch rekonstruierte Ereignis nur *ein* Pol im Spannungsfeld aktueller Theologie ist. Die systematische Trinitätslehre beruht ebenso auf ontologischen oder metaphysischen Überlegungen der Geschichte und der Gegenwart wie auch auf text- und kommunikationstheoretischen sowie rezeptionsästhetischen Gedankengängen. Grundsätzlich ist die Beweglichkeit der historischen Forschung ebenso wie der wissenschaftlichen Dogmatik durchweg eher als Zeichen der Lebendigkeit der Rede von Gott zu werten, denn als Bedrohung für die Festigkeit des Glaubens.

Historisches Phänomen Jesu für eine Trinitätslehre unverzichtbar

Gemeinsamer Ausgangspunkt aller Christologie und Trinitätslehre ist die sich in den neutestamentlichen Schriften immer deutlicher abzeichnende Tendenz, Jesus von Nazaret und den Gott Israels in ein besonderes Verhältnis der Nähe zu bringen. Es mag hier genügen, auf die Ausführungen zum Alten und besonders zum Neuen Testament in diesem Band zu verweisen.[9] Lediglich folgende Punkte seien hier noch einmal hervorgehoben:

---

8 Siehe dazu hier Nicklas S. 73f. S. 2; Dochhorn, Jan: Zu den religionsgeschichtlichen Voraussetzungen trinitarischer Gottesvorstellungen im frühen Christentum und in der Religion Israels, in: Drecoll, Henning (Hg.): Trinität, Tübingen 2011, 11-80, 15; und Drecoll, Henning: Zusammenschau, in: Ebd., 245-267, 260.

9 Siehe hier besonders den Exkurs: Neutestamentliche Spitzenaussagen auf dem Weg zur Trinitätslehre, S. 109f.

Schon das Markusevangelium lässt Jesus mit einem Bild auftreten, das ein wesentlicher Impuls für die Trinitätslehre wird. Als Jesus nach seiner Taufe wieder aus dem Wasser des Jordan „hochsteigt", eröffnet sich für ihn folgendes Bild. Die Himmel reißen auf, und „der Geist", gleich einer Taube, „steigt herab" auf Jesus. Die Stimme des göttlichen Vaters erklingt aus dem Himmel und interpretiert das Geschehen: „Du bist mein geliebter Sohn, an dem ich Gefallen gefunden habe" (Mk 1,11). Das Verhältnis von Vater und Sohn wird als Liebe bezeichnet. Der Sohn entspricht in seinen Worten und Taten dem Willen des Vaters, weshalb dieser an ihm „Wohlgefallen" findet. Dem alttestamentlich geschulten Leser eröffnen sich damit eine Fülle von Assoziationen, die vom leidenden Gottesknecht, der das „Licht der Völker" ist (Jes 42,1.6), bis zu Mose, dem Befreier und Gesetzgeber Israels, reichen, – denn auch an ihnen findet Gott „Gefallen". Aber ebenso wird dem naiven Hörer der Botschaft dadurch klargemacht, dass Jesus in einer besonderen Gottesbeziehung lebt, ja dass er einer himmlischen Sphäre entstammt, wie besonders aus der mit der Taufe korrespondierenden Verklärungsszene deutlich wird (Mk 9,2-7).

Taufe Jesu

Auf Jesus ist zu hören, weil er der geliebte Sohn Gottes ist. Wahrscheinlich steht hinter dieser literarischen Darstellung, die das Jesusgeschehen im Hörer vergegenwärtigt, eine Erinnerung an das Wirken Jesu und seine darin aufscheinende Nähe zu seinem „Vater". Diese Erinnerung wird zur Epiphaniegeschichte ausgebaut, dabei werden letztlich die an Jesus Glaubenden in das Kindschaftsverhältnis hineingenommen, denn JHWH ist nicht nur der Vater Jesu, sondern der Vater aller Glaubenden und letztlich *aller Menschen*. Die Bezeichnung Gottes als „Vater" kommt zwar bereits im Alten Testament vor, wird aber erst durch die neutestamentliche Konstellation zu *der* herausragenden Gottesbezeichnung. Auch in anderen Kontexten ist die Gabe des Geistes mit der Gotteskindschaft zunächst aller Glaubenden verbunden. Der „heilige Geist" ist die Bedingung für die Erkenntnis Jesu als „Herrn" (1 Kor 12,3) und für Annahme als Kind Gottes (Röm 8,15), denn nur im „Geist der Kindschaft" können die Glaubenden mit Jesus rufen: „Abba, Vater!" Wenn an dieser Stelle das aramäische Wort für „Papa" erscheint, dann mag dies eine Erinnerung sein an den ursprünglichen Wortgebrauch Jesu. Neben einer weiteren Paulusstelle (Gal 4,6), wo ebenfalls von der Gotteskindschaft die Rede ist, findet sich nur noch ein weiteres Mal das Wort „abba", nämlich im Gebet Jesu im Garten Getsemani (Mk 14,36). Vermutlich ist die Anrede Gottes als „abba" charakteristisch für den „wirklichen" Jesus und sein besonderes Verhältnis zum Gott Israels.

Gott als Vater

Geist der Kindschaft

Abba

Ein weiterer Anknüpfungspunkt für die Entstehung der Christologie und damit auch für die Trinitätslehre dürfte die Reich-Gottes-Botschaft Jesu sein, da Jesus den Anbruch der *basileía tou theóu* wohl schon mit seinem Wirken verbunden hat: „Wenn ich aber mit dem Finger Gottes die Dämonen austreibe, dann ist das Reich Gottes schon zu Euch gekommen" (Lk 11,20). Seine heilenden Handlungen werden zu Zeichen für die machtvolle Gegenwart Gottes. Die Verbindung von Königreich Gottes und Wirken Jesu zieht sich durch bis zu seinem Tod am Kreuz, da ihm unter anderem die möglichen politischen Assoziationen seiner Botschaft vom kommenden Königreich (*basileía*) zum Verhängnis geworden sind, wie die Inschrift am Kreuz zeigt: „Jesus von Nazaret König [*basileús*] der Juden". Freilich liegt gerade darin eine revolutionäre Paradoxie, wenn sich die Macht des Königs ausgerechnet in seiner Ohnmacht offenbart. Allerdings bedurfte es wohl erheblicher gedanklicher und geistlicher Anstrengungen, um den Tod Jesu als Zeichen dafür zu verstehen, dass nicht einmal Tod und Zerstörung die Vollendung des Gottesreiches aufhalten können. Ein verdichtetes trinitarisches Muster findet sich auch in der Todesdarstellung bei Johannes, der den Tod selbst bereits als Verherrlichung des Vaters durch den Sohn und des Sohnes durch den Vater versteht und den Tod Jesu mit den Worten beschreibt: „Er gab den Geist auf" (Joh 19,30). Paradoxerweise wird im Tod Jesu die Herrlichkeit, das heißt die Gegenwart Gottes, vervollkommnet (*tetélestai*; ebd.), und dieser Vollkommenheit entspringt der Geist Gottes, der das durch Jesus gestiftete Ineinandersein von Gott und Mensch in der Geschichte gegenwärtig hält (vgl. Joh 14,10f.; 14,17; 14,26). Das wechselseitige In-Sein von Vater und Sohn wird auch durch den Tod nicht zerstört. Schließlich entsteht der Glauben an die Gottheit Jesu, worin auch in eigentümliche Weise das „*pneúma* der Wahrheit" (Joh 16,13) involviert ist.

Die Reich-Gottes-Botschaft Jesu

Der Tod Jesu

Die johanneische Deutung

Die Gottheit Jesu

Schon kurz nach dem Tod Jesu entstehen erste ausdrückliche Zeugnisse, beginnend mit entsprechenden formelhaften Wendungen, die eine Parallele von Gott und Jesus insinuieren, wenn von „Gott dem Vater und Jesus dem Herrn" die Rede ist (vgl. 1 Thess 1,1), deutlicher wird dies noch aus dem Präskript von 2 Thess 1,3, wo Jesus direkt als „Herr und Gott" angesprochen wird. Diese Linie findet sich nicht nur in Röm 9,5, sondern auch in Joh 20,28. Dort nennt der Jünger Thomas, genannt Didymus, Jesus: „Mein Herr und mein Gott" und spannt in diesem ersten Evangelienschluss einen Bogen zurück zu jener wohl berühmtesten trinitätsrelevanten Stelle zu Beginn des Johannesevangeliums, die davon spricht, dass der in Jesus fleischgewordene Logos Gottes vor aller Zeit „im Prinzip" bei Gott ist und selbst ein Gott ist (Joh 1,1). Es ist darauf hinzuweisen, dass diese Entwicklung auch durch die zwischentestamentliche Logosspekulation eines Philo von Alexandrien (ca. 20 v. Chr.-50 n. Chr.), welche jüdische Weisheitsvorstellungen mit dem griechischen Logosgedanken verbindet, ermöglicht wird. Gerade Philos jüdische Theologie des Logos ist wohl eine der wirkmächtigsten Vorgaben nicht nur für die Trinitätslehre und Christologie, sondern für die christliche Theo-*Logie* überhaupt, denn die Christen glauben an einen Gott, der zugleich selbst Logos, Vernunft ist, der Vernunft hervorruft und der einen vernünftigen, logischen Gottesdienst (*logikē latreía*, Röm 12,2) fordert (vgl. hier Roland Kanys Beitrag).

Der Logos

Es kann auch nicht verwundern, dass diese spannungsreichen Ursprungsdokumente, die in sich so vielschichtig und heterogen sind, dass sie nicht auf einen Begriff gebracht werden können, die so voller historischer und textueller Kontingenzen sind, dass sie kaum für ein Fundament des Glaubens zu taugen scheinen, dennoch so vernunftaffin sind, dass sich der in ihnen angelegte Geistbegriff schließlich mit dem Vernunftbegriff der abendländischen Philosophie berührt. Für die weitere Geschichte der Trinitätslehre und auch für unseren heutigen Zugang zur Heiligen Schrift sind nicht so sehr die einzelnen trinitarischen Passagen entscheidend, sondern vor allem die Tatsache wird wegweisend, dass in der Bibel von einem Gott die Rede ist, der selbst Geist (Joh 4,25) und der selbst Liebe (1 Joh 4,8.16) ist. Und auch hierbei sind nicht nur die einschlägigen Stellen relevant, ob sie nun die Gottheit Jesu, die Gottheit des Geistes oder trinitarische Formeln bezeichnen, sondern der Grundgedanke der Schrift, dass Gott sich selbst mitteilt und dass er sich als Liebe mitteilt, denn die Liebe verbindet das Eine mit dem Anderen in einer Weise, dass Identität und Differenz gewahrt bleiben. Die Unerschöpflichkeit der schriftlichen Zeugnisse, die niemals definitiv interpretiert werden können, zeugen für die Unerschöpflichkeit des Schöpfers selbst. Für unseren heutigen Weg in die Zukunft des Glaubens bleiben neben den Zeugnissen der Schrift auch die Spuren der Vernunftgeschichte, die ihrerseits *vestigia trinitatis* sind, erhellend.

Entscheidend: nicht die trinitarischen Passagen, sondern der Gedanke: Gott ist Liebe!

Zusammenfassung

Ausgangspunkt der Trinitätslehre ist die sich in den neutestamentlichen Schriften immer deutlicher abzeichnende Tendenz, Jesus von Nazaret und den Gott Israels in ein besonderes Verhältnis der Nähe zu bringen. Diese Nähe wird in verschiedensten Bildern und Geschichten, aber auch in argumentativen Texten beschrieben. Resultat der Entwicklung ist, dass Jesus als der Sohn Gottes, der wie der himmlische Vater selbst Gott ist, bezeichnet wird. Dabei werden auf Jesus schließlich auch alttestamentliche Logos-Vorstellungen übertragen. Die Beziehung zwischen Vater und Sohn, Gott und Logos ist die ihrerseits göttliche Liebe.

2. Die Vernunftspuren: Trinitarische Einsichten

Nachdem nun vom *Gedächtnis* Jesu durch die Schrift die Rede war, wird nun von der *Einsicht* zu sprechen sein. Dabei geht es darum, fundamentale Denkstrukturen und -motivationen offenzulegen, welche den Diskurs über den dreieinen Gott bis heute vorzeichnen (Vgl. Schärtl: Trinität, Einheit und Eigenschaften Gottes 14f.). In unserer Geschichte haben sich wesentlich drei Grundoptionen zu denken herausgebildet. Diese lassen sich mit einer platonischen Grundunterscheidung – Idee, sinnliche Erscheinung, Zwischenraum – ebenso fassen wie mit dem Verweis auf das so genannte semiotische Dreieck – Signifikat, Referent, Signifikant. Jüngst bringt auch Thomas Schärtl[10] diese drei Optionen in den trinitätstheologischen Diskurs ein, wenn er bei der Suche nach Spuren der Trinität – in der „lateinischen" Tradition – das *Selbst des Menschen* als das wegweisende *Abbild des dreieinen Gottes* wie folgt unterscheidet: Das *ontologische* oder *transzendentale Selbst* (Idee, Signifikat) bezeichnet das zeitlose und damit auch identitätsstiftende Moment der Selbsterkenntnis, also das Moment in uns, das die Einheit unserer Person von Geburt bis zum Tod anspricht. Das *empirische Selbst* (Erscheinung, Referent) meint den in Raum und Zeit handelnden und wandelnden und dabei sich verändernden Menschen, der von sich selbst und anderen auch erfahren und wahrgenommen werden kann. Zwischen beiden vermittelt das *narrative* oder *semiotische Selbst* (Zwischenraum, Signifikant). In der Textur der Zeichen sind die Intelligibilität des rein Gedachten und die Phänomenalität des Erfahrbaren vermittelt. Worte, Namen, Zeichen und Gesten geben nicht nur der erlebten Geschichte Ausdruck und Gestalt, sondern sie verweisen

Das ontologische Selbst

Das empirische Selbst

Das narrative Selbst

[10] Schärtl, Trinität und Eigenschaften Gottes 63.

auch auf das darin sich Gleichbleibende, indem sie das transzendentale Selbst interpretieren. Zu Recht wendet Schärtl diese Struktur auf die göttliche Dreieinigkeit an. Dabei ergibt sich folgende Zuordnung:

Transzendentales Selbst – der Vater bezeichnet das Moment der wesenhaften und zugleich transzendenten Einheit Gottes. *Empirisches Selbst* – im Sohn wird sich der eine Gott ein Anderer, zumal in der Fleischwerdung des göttlichen Wortes. Jesus von Nazaret ist gewissermaßen die empirische Seite Gottes. *Semiotisches Selbst* – wenn Jesus als Metapher oder Zeichen Gottes verstanden wird, dann können die transzendentale und die empirische Seite Gottes durch den Geist und im Geist miteinander identifiziert werden. Das Wehen des Geistes ist der Wink in die Deutung. Der Geist kann entsprechend als die Interpretation der Geschichte Jesu damit als Selbstdeutung Gottes verstanden werden. Erst im Geist wird die Selbstmitteilung Gottes als solche begriffen. Entsprechend können auch die Heiligen Schriften als inspirierte und inspirierende Erzählungen verstanden werden. Sie sind das schlechthin begeisterte und begeisternde Medium.

Übertragung auf die Trinität

Diese drei Momente lassen an das bereits genannte semiotische Dreieck aus *Signifikat*, *Referent* und *Signifikant* denken. Das Signifikat bezeichnet das rein Gedachte der Idee einer Sache. Die materiale Repräsentanz dieser Sache findet sich im äußeren Bezugspunkt, dem sinnfälligen Referenten. Momente der Sinnlichkeit und der Geistigkeit trägt das beide verbindende Zeichen, der Signifikant, an sich – Gedanke, Sache, Wort. Diese Dreiheit geht letztlich auf die alte platonische Unterscheidung dessen, was ist, zurück (Timaios 27c-e, 48e, 52b). Platon unterscheidet die Sphäre der Ideen oder der Gedanken (*nooúmena*) von der Sphäre der sinnlichen Erscheinung (*phainómena*). Zwischen beiden siedelt er eine „dritte Gattung" an, die er *chṓra* nennt. *Chṓra* meint den Zwischenraum selbst, das Einräumende. Der Gedanke geht auf das *Sein* (gr. *eínai*) der Sache selbst im strengen Sinn des Wortes zurück. Nach Platon *ist* nur die Idee. Das *Sein* einer Sache aber meint nichts anderes als die unwandelbare Wahrheit (*alḗtheia*). Von der ontologischen Wahrheit ist ihr raum-zeitlicher Schein (*dóxa*), die Erscheinung einer Sache, zu unterscheiden. Anders als die reine Idee ist die Erscheinung des Gedankens stets im *Werden* begriffen. Sie geht über vom Sein zum Nichtsein und vom Nichtsein zum Sein. Jenseits von Wahrheit und Erscheinung bleibt die einräumende Möglichkeit stets ein *parádoxon*, die unmögliche Möglichkeit einer Verbindung von Geist und Materie, Wahrheit und Schein, Gott und Welt. Jesus Christus ist demnach die vom

Signifikat – Referent – Signifikant

nooúmenon – phainómenon – chṓra

alḗtheia – dóxa – parádoxon

Sein der göttlichen Wahrheit unterschiedene Seite Gottes, die in biblischer Sprache „Herrlichkeit" genannt wird. Im Neuen Testament wird dafür das griechische Wort *dóxa* (lat. *gloria*; hebr. *schechina*) verwendet. Doch bleibt die Deutung des Menschen Jesu als Zeichen für Gott ein *Paradoxon*. Vor allem im Kreuz offenbart sich die paradoxe Herrlichkeit Gottes, wie es das Johannesevangelium nahelegt.

In der Geschichte des abendländischen Denkens haben sich in drei Phasen jeweils Dimensionen ausgebildet, in denen die Idee, die Erscheinung und das Zeichen den Primat innehaben. Gewiss ist seit Anfängen dieser Geschichte stets in verschiedenen Kombinationen und Variationen sowohl von Ideen als auch von materiellen Wirklichkeiten und sprachlichen Strukturen die Rede gewesen, doch kann man feststellen, dass sich in einer langen ersten Phase unter dem Primat der Idee oder des Signifikats die Sphäre der *Onto-Theo-Logie* oder Metaphysik ausgebildet hat. Gott kommt hierbei als dem höchsten Seienden (*on*) die Stellung des Prinzips (*arché*) zu. Diese Dimension erstreckt sich von Parmenides und Heraklit bis zu Georg Wilhelm Friedrich Hegel (1779-1831) und Friedrich Wilhelm Joseph Schelling (1775-1854). In dieser Phase entwickeln sich die verschiedenen Formen der Griechischen und der Lateinischen Trinitätslehre. Daraufhin folgt seit etwa Ludwig Feuerbach (1804-1872) die Sphäre der *Bio-Anthropo-Logie*, die unter dem Primat des Phänomens oder des sinnlichen Referenten steht. Der Mensch (*ánthrōpos*), sein weltliches Leben (*biós*) und dabei auch die menschliche Gesellschaft rücken nun in den Mittelpunkt der Betrachtung. Hier wurzeln die sozialen Trinitätslehren und auch die Fragen nach dem historischen Jesus. Und schließlich entwickelt sich spätestens seit dem Zweiten Weltkrieg eine Kultur der Medialität, in der Kommunikationsprozesse, Informationssysteme und Zeichenstrukturen den Horizont des Wissens bestimmen. Eine angemessene Bezeichnung für diese Konstellation mag der Ausdruck *Tele-Semeio-Logie* sein. In diesem Kontext wird eine mediale Trinitätslehre denkbar, welche die Dreieinigkeit im Horizont von Kommunikationsprozessen deuten, etwa: Sender (Vater) – Botschaft (Sohn) – Empfänger (Geist). Aber auch die bereits angedeutete metaphorische Dimension der biblischen Inhalte und damit letztlich auch der Trinitätslehre hat in diesem Kontext seinen Ort. Zugleich ist hier festzuhalten, dass spätestens in jener dritten Dimension der Denkformen eine Entgrenzung des abendländischen Denkraums stattfindet, und es ereignet sich die Pluralisierung und Globalisierung des Glaubens.

Onto-Theo-Logie

Bio-Anthropo-Logie

Tele-Semeio-Logie

Deutlich zeichnen sich folgende Affinitäten ab: Onto-Theo-Logie, Vater bzw. immanente Trinität; Bio-Anthropo-Logie, Sohn bzw. ökonomische Trinität; Tele-Semeio-Logie, Geist bzw. Identität und Differenz von immanenter und ökonomischer Trinität. Nun aber ist es sinnvoll, innerhalb der metaphysischen Denkart noch einmal drei Ausprägungen zu unterscheiden, dabei können auch hier die drei Varianten den drei göttlichen Personen appropriiert, d.h. in besonderer Weise zugeschrieben werden. In der griechischen Denkart ist zuhöchst vom *Vatergott* die Rede. Vor allem der himmlische „Vater der Götter und Menschen", Zeus, ist der *Gott über* uns. Freilich ist der Vater hier noch nicht im eigentlichen Sinn „Vater", da der Sohn noch nicht zur Welt gekommen ist. Diese Sachlage kann mit der israelitischen Rede von Gott verglichen werden. Auch im Alten Testament ist beispielsweise in der Sinaioffenbarung vom *Gott über uns* die Rede, der dann im Christentum als „Vater im Himmel" näher spezifiziert wird. Von der griechischen und von der jüdischen Weise Gott zu denken, unterscheidet sich das Christentum dadurch, dass der himmlische Gott selbst, nicht der Vater, wohl aber der Sohn in Jesus von Nazaret und im Geist der Wahrheit selbst zur Welt kommt. Wir können im Folgenden zwei grundverschiedene christliche Denkformen unterscheiden: Die eine hat vor allem den *Sohn* als den inkarnierten *Gott unter uns* als Konstruktionspunkt allen Wissens, während die andere den *Geist* als den im Wesen des Menschen angekommenen *Gott in uns* als ihr Prinzip entfaltet. Im Zeitalter der Patristik und Scholastik entsteht die *christozentrische* Variante des Christentums, die sich noch einmal sehr verschieden im westlichen Katholizismus und in der östlichen Orthodoxie ausbildet. Davon ist das neuzeitliche Denken des Westens, das vor allem im Protestantismus und in der neueren Philosophie ihre epochale Verwirklichung findet und sich durch besondere *Pneumatozentrik* auszeichnet.

Gott über uns – Vater

Gott zwischen uns – Sohn

Gott in uns – Geist

Es ist zu betonen, dass es hier *nicht um geschichtstheologische oder geschichtsphilosophische* Einsichten geht. Lediglich die Herkunft von bestimmten Weisen des Denkens sollte angedeutet werden. Entscheidend bleiben für uns die verschiedenen Konstellationen des Denkens, an denen sich Spuren der Trinität ablesen lassen. Diese Vernunftkonstellationen, Rationalitätstypen oder Denkformen wiederum implizieren verschiedene Logiken, die wiederum für ein heutiges Erschließen der Trinität maßgeblich sind. Selbst wenn sich in unseren Tagen eine kenotische Selbstrelativierung der abendländischen Theologie und Philosophie vollzieht, bleiben doch gerade diese Denkformen auch in einem pluralen und globalen Kontext von höchster Relevanz.

Zusammenfassung

Für jede heutige Trinitätslehre sind die geschichtlich gewachsenen Denkformen unverzichtbar, denn der dreieine Gott hat selbst in der Vernunftgeschichte seine Spuren hinterlassen. Auf zwei Ebenen zeigen sich in der Geschichte Spuren der Trinität. Auf der Metaebene:

1. Die onto-theo-logische Konstellation des Denkens verweist auf die innere Geistigkeit Gottes und damit auf den Vater als den weltjenseitigen Gott und zugleich auf die immanente Trinität.
2. Die bio-anthropo-logische Konstellation verweist auf den Sohn in der Knechtsgestalt als den Gott, der sich seiner Gottheit entäußerte, – Primat der ökonomischen Trinität.
3. Die tele-semeio-logische Konstellation lässt an den Zwischenraum von Idealität und Materialität denken, wie wir sie auch in den Zeichen und Textstrukturen finden. Wir betreten das Reich der unendlichen Interpretation und der offenen Spannung zwischen Gottheit und Menschheit. Dieser Spannung aber entspringt der Geist, der uns die Einsicht in die Einheit des Unterschiedenen schenkt.

Insofern die onto-theo-logische oder metaphysische Konstellation der Quellgrund der klassischen Trinitätslehren ist, zeigt sie auch ihrerseits besondere Spuren der Trinität:

1. Die griechische und die hebräische Konstellationen sind in besonderer Weise vom *Gott über uns* als dem „Vater der Götter und Menschen“ bzw. dem „Vater unser im Himmel“ geprägt.
2. Die patristisch-scholastische Konstellation steht unter dem Primat des inkarnierten Gottmenschen. Er ist der eine „Gott zwischen uns“ bzw. der „Gott unter uns“. Zugleich rückt hier der Vater über uns in eine absolute Transzendenz, die der Vermittlung durch den Sohn und den Heiligen Geist bedarf.
3. Die neuzeitliche Konstellation mit ihrem Prinzip absoluter Freiheit und Vernunft trägt die Spur des göttlichen Geistes als des „Gottes in uns“ in sich. Menschliche Vernunft und Freiheit werden zu Erscheinungsformen des absoluten Geistes. Dadurch erhält die Menschheit des Menschen als solche eine unüberbietbare göttliche Würde.

2.1 Onto-Theo-Logie oder der Primat der Idee: VATER (allgemein) – immanente Trinität

Es ist kein Zufall, dass die Trinitätslehre zu Beginn des 19. Jahrhunderts gemeinsam mit dem metaphysischen Denken in die Krise geriet. Auch wenn die These Harnacks, die Trinitätslehre sei ein Produkt der Hellenisierung des Christentums und zusammen mit dem spekulativen Theologisieren abzulehnen, heute als überholt gilt, dann mag sie dennoch für uns eine Motivation darstellen, den Gesamtzusammenhang von Onto-Theo-Logie und Trinität noch einmal zu bedenken.[11]

Onto-Theo-Logie und Trinität

Die immanente Trinität – Vater

Auf einer Metaebene erscheint die Konstellation der spekulativen Metaphysik insgesamt dem Vater, mehr aber noch der immanenten Trinität verbunden zu sein. Harnack war bewusst, dass der Gedanke des dreieinen Gottes aus der Verbindung von griechischer Metaphysik, alttestamentlichem Gott-Denken und neutestamentlichem Zeugnis hervorgeht. Gerade die Idealität Gottes und die Betrachtung des Menschen als Abbild der göttlichen Rationalität prägt das spekulative Grundverhältnis. Der Mensch als *animal rationale* bzw. als *zōon lógon échon* (*logos*-habendes Lebewesen) spiegelt in seiner Vernunft und Freiheit als Abbild den seinerseits vernünftigen und freien Gott wieder (vgl. Gen 1,26f.).

Spekulatives Grundverhältnis: Geistigkeit Gottes – Geistigkeit des Menschen

Dieses Grundverhältnis konkretisiert sich in der ersten Konstellation der Onto-Theo-Logie als dasjenige zwischen (göttlicher) *Substanz* und (menschlichem) *Akzidens*. Der rein geistige *Vater*-Gott ist letztlich das unwandelbare Wesen. Gott ist das, was im eigentlichen Sinn *ist*, die *ousía* oder *essentia*. Diese kann sich in sehr unterschiedlicher Weise konkretisieren, etwa als parmenideisches Sein, als platonische Idee des Guten oder als aristotelische Reflexion des *nous*. Der Mensch als Sterblicher hat an der unwandelbaren Geistigkeit Gottes lediglich einen begrenzten Anteil. Er *ist* nicht im eigentlichen Sinn, vielmehr zeichnet ihn die Vergänglichkeit aus. Nur im Sinn des Beiläufigen (*symbébekos, accidens*) *ist* er.

1. Substanz – Akzidens

In der zweiten Konstellation der Onto-Theo-Logie wird Gott als *Ursache*, alles von ihm Verschiedene hingegen als seine *Wirkung* betrachtet. Anders als in der griechischen Metaphysik kann der Mensch von sich aus keine Anwesenheit bei der ersten Ursache erlangen. Der Weg zum Vater und zum himmlischen Vaterland (*patria*), wie Augustinus das Ziel der Menschen beschreibt, führt ausschließlich über den Sohn, der als Gott zugleich erste *Ursache* und als Mensch zugleich *Wirkung* ist. Der Mensch Jesus vermittelt als der *Gott unter uns* zum absolut transzendenten *Gott über uns*.

2. Ursache – Wirkung

Die dritte Konstellation der Metaphysik kennt eine prinzipielle *Wechselwirkung* oder *Gemeinschaft* von Gott und Mensch. Zwischen beiden herrscht eine Dialektik. Dies wird dadurch möglich, weil der *Geist* des Menschen selbst die Erscheinung *Gottes in uns* ist.

3. Wechselwirkung oder Gemeinschaft

In allen drei Konstellationen herrscht der Primat der Idee – bis hin zum Deutschen Idealismus. Mit dem Konzil von Chalkedon

[11] MARKSCHIES, Christoph: Hellenisierung des Christentums. Sinn und Unsinn einer historischen Deutungskategorie, Leipzig 2013.

können wir sagen, dass in Jesus die göttliche Natur das Vorzeichen ist, unter dem die Christologie und dann auch die Trinitätslehre betrachtet werden. Entsprechend kommt der immanenten Trinität ein gewisser Vorrang zu. Mit Hegel, der in der seiner „Religionsphilosophie" die Bereiche des Vaters, des Sohnes und des Geistes unterscheidet, der die *immanente Trinität* aber dem ersten Bereich zuschlägt, können auch wir, mit Blick auf die nachmetaphysische Denkart, in der die *menschliche* Natur Christi das Vorzeichen ist, die *Trinitätstheologie der Metaphysik insgesamt dem allgemeinen Bereich des Vaters* zuordnen. Analog zur besonderen Rede vom „Gott über uns" in der griechischen Metaphysik liegt es nahe, in der Onto-Theo-Logie insgesamt ein *prae* der *göttlichen Idee über uns* anzunehmen.

2.1.1 Der „Gott über uns" oder der Vater (besonders)

Wir blicken nun auf den Beginn der Onto-Theo-Logie und ihre besondere Ausprägung in der griechisch-philosophischen Rede von Gott, die in besonderer Weise dem *Vater* als dem *Gott über uns* appropriiert ist. Dazu mag es hilfreich sein, zunächst auf jenen Punkt der Geschichte zu sehen, an dem sich weltweit Kultur, Religion und Philosophie auf eine neue Stufe erheben. Während in China sich der Daoismus und der Konfuzianismus formten, während in Indien der Buddhismus auftrat, der die universale Nichtigkeit aller Erscheinungen lehrte, und der Hinduismus sich in den Upanischaden eine neue, monistische Gestalt gab, entstanden im Nahen Osten das dualistische System des Zarathustra, aber auch der Monotheismus Israels, und in Griechenland entdeckte die Philosophie mit Parmenides, Xenophanes, aber auch Heraklit eine neue Stufe des Geistes. Grob gesagt bewegen wir uns hier um das Jahr 500 vor Christus. Karl Jaspers nannte diese sich über einige Jahrhunderte hinziehende Entwicklung *Achsenzeit*, da hier für die gesamte Weltgeschichte maßgebliche Weichenstellungen stattfanden.[12] Gemeinsam ist diesen verschiedenen religiösen Einsichten der Durchbruch zum Absoluten und Universalen, das als Nichts (Nirvana), als Alleinheit von Atman und Brahman, als göttliches Feuer, als das Seiende (*on*) oder das Nichtseiende (*mē on*), aber auch als universaler Schöpfergott Isra-

Eine neue Stufe: die Achsenzeit

[12] Jaspers, Karl: Vom Ursprung und Ziel der Geschichte, München 1949. Siehe auch Bellah, Robert N.: Religion in human evolution. From the Paleolithic to the Axial Age, Cambridge Mass. 2011.

els JHWH erscheinen kann. Für die Entwicklung des Judentums und des Christentums, aber auch für die westliche Kultur, die ja ihrerseits Weltgeschichte geschrieben hat, werden zwei Unterscheidungen bedeutsam: die *mosaische Unterscheidung* zwischen wahrer und falscher *Religion* und die *parmenideische Unterscheidung* zwischen wahrem und falschem *Wissen*.[13] Aus der mosaischen Unterscheidung gehen die Monotheismen des Judentums, des Christentums und des Islam hervor. Der parmenideischen Unterscheidung entspringt die Wissenskultur des Abendlandes und das heißt zunächst auch die onto-theo-logische Denkart. Es wäre nun interessant, trinitarische Momente in den östlichen Religionen zu analysieren, doch würde dies den Rahmen unserer Bemühungen sprengen.[14] Bezüglich der Fragen der Religionsgeschichte Israels sei hier auf die Ausführungen zur Gotteslehre des AT und NT verwiesen. Zunächst soll es nur darum gehen, die innere trinitarische Verfasstheit der Onto-Theo-Logie in ihren epochalen Konstellationen anzudeuten. In der Tat ist den Kritikern des Dreieinigkeitsglaubens rechtzugeben, dass die Trinitätslehre nicht dem Glauben Israels, insofern Jesus von Nazaret gläubiger Jude war, und auch nicht so sehr dem Auftreten Jesu, sondern vor allem dem Glauben der Christen entspringt, die sich früh mit griechischem Denken kreativ arrangierten. So wird die vorchristliche griechische Denkart ein wichtiger Impuls für das Denken der Trinität.

Die mosaische Unterscheidung

Die parmenideische Unterscheidung

Die Verbindung von Griechischem und Jüdischem

Doch gehen wir kurz zurück an den Beginn griechischer Metaphysik. Zwei Namen sind hier zu nennen: Parmenides und Heraklit. Beide griechischen Denker lebten und wirkten um das Jahr 500 v. Chr., also genau jenem zentralen Moment der Achsenzeit. Seit Parmenides ist das unwandelbare Sein selbst der Ort der Wahrheit, der in der weiteren Geschichte auch mit Gott identifiziert wird. Damit erreicht die griechische Suche nach dem rechten Maß der Dinge ihre innerste Mitte, da alles Maß und alle Ordnung der Dinge (griech.: *kósmos*) seinen letzten Halt an der Unterscheidung zwischen Sein und Nichtsein hat. Im Letzten, und das heißt, in Wahrheit, ist es, wie es zu sein hat, und es ist nicht, wie es nicht zu sein hat (Frgm. 2).[15] Die Welt der Vielheit bleibt bei Parmenides die Welt des Scheins und der menschlichen Meinungen, denen

Parmenides

Das Seiende

[13] Siehe Ruhstorfer: Gotteslehre 69ff., 281f.

[14] Vgl. dazu etwa von Brück, Michael: Einheit der Wirklichkeit. Gott, Gotteserfahrung und Meditation im hinduistisch-christlichen Dialog, München 1986.

[15] Kirk, Geoffrey S./Raven, John E./Schofield, Malcolm: Die vorsokratischen Philosophen. Einführung, Texte und Kommentare. Studienausgabe, Stuttgart – Weimar 2001, 263-289. Dazu Ruhstorfer: Gotteslehre 281-284.

keine wahre Verlässlichkeit innewohnt (Frgm. 1,28-32). Für unseren Kontext kommt es nun auf die monistische Grundidee an. Das Wahre ist das absolut Eine, das in sich ununterschiedene Sein. Auch der onto-theo-logische Monotheismus wird an diesem Gedanken seinen begrifflichen Halt finden. Bei Parmenides erscheint das Sein als Rationalisierung von Zeus, dem „*Vater* der Götter und Menschen", wie er in den homerischen Epen genannt wird. Zeus ist der griechische *Gott über uns*, der Stifter und Wahrer der Rechtsverhältnisse, der über die Grenzen und damit über die Ordnung der Dinge wacht. Es ist kein Zufall, dass die jüdischen Übersetzer der hebräischen Bibel ins Griechische den Gottesnamen JHWH, der in der Bibel mit einer problematischen Etymologie als „Ich bin der ich bin" (Ex 3,14) gedeutet wird, als „Ich bin der Seiende" (*ho ōn*) wiedergeben und sich damit der Terminologie der Metaphysik annähern. Auch der Gott Israels kann als der schlechthin Eine, der *ist*, und mehr noch, der für die Seinen *da ist*, vorgestellt werden. Dieser radikale Monotheismus, der griechisches und jüdisches Denken – entgegen allem Anschein – verbindet, wird auch für die Christen und die Muslime grundlegend.

Das Eine und das Wahre

Der griechische Gott über uns

„Ich bin der Seiende" (Ex 3,14 LXX)

Doch gibt es einen zweiten Beginn metaphysischen Denkens: Heraklit. Sein zentraler Begriff ist nicht das eine „Seiende", sondern der in sich differenzierte „Logos".[16] Damit gewinnt jener Begriff Kontur, der für die Trinitätslehre so entscheidend wird. Auch Heraklit hält an der prinzipiellen Einheit von allem fest: „Wenn man nicht auf mich, sondern auf den Logos hört, ist es weise beizupflichten, dass alles Eins ist" (Frgm. 196). Doch ist diese hier angesprochene „logische" Einheit komplex, da sie aus Gegensätzlichem zusammengesetzt ist (vgl. Frgm. 202). Heraklit denkt *kosmo*-logisch, das heißt er betrachtet die Logik des Kosmos, der einerseits Eines ist, sich aber andererseits aus Gegensätzen aufbaut: „Verbindungen: Ganzheiten und keine Ganzheiten, Zusammentretendes – Auseinandertretendes, aufeinander abgestimmt Klingendes – nicht aufeinander abgestimmt Klingendes; aus allem eins und aus einem alles" (Frgm. 203). Gott selbst ist „Tag-Nacht, Winter-Sommer" etc., in sich differenzierte Einheit. Heraklit kann diese Spannung auch als „Streit" (*polemós*) bezeichnen und folglich formulieren: „Streit ist von allem der Vater und von allem der König" (Frgm. 211). Damit ist jene Entgegensetzung und Bewegung gemeint, die sich in allem Wandel vollzieht und die doch über allem Wandel als ewige Identität des in sich Unter-

Heraklit

Der Logos

„aus allem eins aus einem alles"

Der Streit

[16] Siehe Kirk/Raven/Schofield: Die vorsokratischen Philosophen 198-236.

schiedenen herrscht. Auch Heraklit unterzieht dem mythischen *Göttervater* einer logischen Deutung. Zeus herrscht mit seinem Blitz über alle Gegensätze, und er wahrt alle Grenzen: „Alles steuert der Blitz" (Fgm. 220). Die Vorstellung des obersten Prinzips (*arché*) als vernünftige Deutung des mythischen *Vaters über uns* verbindet die Gedanken des Parmenides und des Heraklit. Der himmlische Vater Zeus begrenzte die Anteile der Menschen an dem, was ist.

Zeus: der Vater über uns

Platon wird in Fortführung des parmenideischen Grundgedankens die Sphäre des wahren Seins differenzieren. Sie wird bei ihm zur Welt der Ideen, die von der höchsten Idee des Guten regiert wird. Diese gleicht der Sonne, die die sichtbare Welt erst erscheinen lässt (*Politeia*). Aristoteles nennt seine erste Wissenschaft „Metaphysik" oder „Theologie". Sie geht auf die höchsten Prinzipien (*archaí*) und benennt das Denken des Denkens als Prinzip aller Prinzipien. Das reine Sich-selbst-Denken Gottes tritt bei ihm als himmlischer Gott auf, der wie ein Geliebtes alles in Bewegung hält. Ein weiterer wichtiger Begriff griechischer Philosophie, der das, was ist, bezeichnet, lautet *ousía*, der im Lateinischen mit *essentia, substantia* oder *natura* wiedergegeben wird. Aristoteles nennt den Gott, das bei sich Sein des Denkens oder auch „erste *ousía*". Dieser Begriff wird für die Ausbildung der Trinitätslehre noch wesentlich. Doch bevor wir zur klassischen Trinitätslehre kommen, müssen wir festhalten, dass die Grundkategorie des griechischen Denkens, die der *Substanz* oder des Wesens ist. Sie steht mit Aristoteles gesprochen in Beziehung zum Akzidens, zur erscheinenden Welt der sinnlichen Phänomene. Die sinnliche Welt gründet in der wesentlichen Welt der Substanzen, da diese letztlich besagen, wie es ist. Damit haben wir aber auch einen prinzipiellen Unterschied zur christlichen Tradition angesprochen: Über das Judentum kommt der Gedanke der *Transzendenz* Gottes in die christliche Theologie. Während vom Gott der Griechen gesagt werden kann, „wie er ist", – das ist es was der Begriff „Substanz" leistet – wird dies für den christlichen Gott streng genommen unmöglich. Auch die platonische Tradition bietet für diesen Gedanken einen Anknüpfungspunkt, wenn sie sagt, dass die Idee des Guten „jenseits der *ousía*" sei. Diese Wendung aus der *Politeia* (509b) Platons wird auch für die christliche Onto-Theo-Logie und damit die Trinitätslehre wegweisend.[17] Während für die Griechen Gott zuhöchst anwesend ist und begriffen werden kann, wird der christlich-trinitarische Gott – auch – unbe-

Platon: die Idee des Guten

Aristoteles: das reine Sich-selbst-Denken

Der himmlische Gott als erste Substanz

Der jüdische Gedanke der Transzendenz

[17] Siehe dazu RUHSTORFER: Gotteslehre 281.

greiflich. Doch bevor wir weiter darauf zu sprechen kommen, ist hier zunächst noch einmal auf den Anfang der Onto-Theo-Logie zurückzublicken. Bereits bei Parmenides ist das prinzipiell Einzusehende als das eine Seiende begriffen, und bei Heraklit wird Gott mit dem in sich differenten Logos identifiziert. Der heraklitische Logos-Begriff wird über den jüdischen Mittelplatonismus des Philo von Alexandrien (ca. 20 v.Chr. – 50 n.Chr.) zur wichtigen Inspiration für den Johannesprolog, wo die griechischen Grundwörter: *archḗ, lógos* und *theós* in eine epochal neuartige Spannung gebracht werden, die denkbar zu machen Aufgabe der klassischen Trinitätslehre war (vgl. hier den Beitrag von Roland Kany).

Philo von Alexandrien

Im Prinzip ist der Logos

Zusammenfassung

Während im hebräischen Raum JHWH zum alleinigen Himmelsgott aufsteigt, ereignet sich unter den Griechen die Rationalisierung des Zeus. Aus dem mythischen „Vater der Götter und Menschen" wird bei Heraklit der rein rationale Gott, den er mit dem göttlichen Logos identifizieren kann. Etwa zugleich entdeckt Parmenides das reine Sein als den Ort der Wahrheit und damit auch die reine Logik als die Methode der Wahrheitssuche. Platon wird das parmenideische Sein zur Idee des Guten fortbestimmen und Aristoteles das Denken des Denkens zum Prinzip aller Wissenschaft erheben. Die Reflexion des *nous* ist als erste Substanz (*ousía*) zugleich der eine Gott, der alles bewegt. Die Art des Urteiles ist in dieser Konstellation unterscheidend zwischen Sein und Nichtsein und in diesem Sinn kategorisch: So ist es und so ist es nicht. Das grundlegende Verhältnis von Gott und Mensch wird als das von Substanz und Akzidens bestimmt. Gott ist der immerdar Seiende, die sterblichen Menschen haben lediglich Anteil am göttlichen Sein. Während es Gott zukommt, wesentlich (substantiell) zu sein, sind die Menschen nur vorübergehend (akzidentell).

2.1.2 Der „Gott unter uns" oder der Sohn

Die onto-theo-logische Konstellation, die unter dem Signum des Sohnes steht, hat ihren Akzent auf der göttlichen Natur Christi, anders als die Bio-Anthropo-Logie, die die Knechtsgestalt des Gottmenschen betont und dabei bis zur Negation der Göttlichkeit Jesu kommen kann. Gemäß der Christologie des Konzils von Chalkedon (451) müssen wir die göttliche und die menschliche Natur in Jesus unterscheiden. Bezeichnend für die metaphysische Christologie und Trinitätslehre ist nun, dass sie die theo-logischen Aspekte betont, das begriffliche Sein Gottes in den Vordergrund rückt und dabei mit Termini der griechischen Philosophie arbei-

Die göttliche und die menschliche Natur Jesu

tet. Doch anders als die griechische Denkart, die das Sein Gottes *kategorisch* auszusagen vermag, wird Gott in der christlichen Philosophie lediglich *hypothetisch* erfasst. „Kategorisch" meint hier, in vernünftigen Kategorien grundsätzlich aussagen können, „wie es ist". Während „hypothetisch" bedeutet, dass nicht mehr grundsätzlich mit der jetzt spezifisch menschlichen Vernunft erkannt werden kann, wie oder was Gott ist, sondern dass Gott die notwendige Voraussetzung von schlechthin allem ist. Die Trinitätslehre wird dabei zur christlichen Fassung Gottes als absolutes Geheimnis. Für die griechische Trinitätslehre werden hier vor allem neuplatonische Denkmuster grundlegend. Die Gottes Beziehung zur Welt kann nicht mehr als Relation von *Substanz* zu *Akzidens* gefasst werden, sondern von *Ursache* zu *Wirkung*. Der dreieine Gott ist die absolute, von menschlichem Erkennen losgelöste Ursache von schlechthin allem. Gerade aber wegen der absoluten Transzendenz Gottes bedarf es der Vermittlung.

Die kategorische und die hypothetische Denkart

Substanz – Akzidens vs. Ursache – Wirkung

Transzendenz und Vermittlung

Diese Vermittlung leistet Jesus Christus, der fleischgewordene Logos Gottes: „Einer nämlich ist Gott, einer auch ist Mittler zwischen Gott und Menschen, der Mensch Christus Jesus" (1 Tim 2,5). Der neue Mittler Jesus tritt aber auch an die Stelle des Mose und des von ihm vermittelten Gesetzes (Hebr 9,15). Jesus und seine Geschichte kann aber nicht in derselben Weise Gegenstand des Wissens sein wie das parmenideische Seiende, eine platonische Idee oder eine aristotelische Substanz. Ausgangspunkt des Wissens ist die Geschichte des Sohnes als Offenbarung des Vaters. Das entsprechende Denken ist nicht mehr die kritische und bei ihrer Sache selbst anwesende Einsicht, *nóēsis*, sondern Glaube, *pístis*, ein vertrauendes Andenken. Im Unterschied zum kategorischen Denken der Griechen ist das hypothetische Glauben eine bedingte Erkenntnis. Sie ist angewiesen auf die Gabe der Offenbarung, auf die Gabe der Gnade oder des Heiligen Geistes und auf die freie Zustimmung des je persönlichen Willens. Dieser Glaube, der wie gesagt letztlich Gott zur *Ursache* hat, ist wiederum die Bedingung für die Erkenntnis Gottes. Augustinus zitiert in diesem Zusammenhang immer wieder die Septuaginta-Fassung von Jes 7,9: „Wenn ihr nicht glaubt, dann werdet ihr nicht einsehen". Der Glaube ist die spezielle Form des Denkens, die dem *Gott unter uns* angemessen ist, und die uns spekulative Einsicht in das trinitarische Sein Gottes gibt. Anselm von Canterbury wird in der Tradition des Augustinus daraufhin das Programm für die mittelalterliche Theologie entwickeln: *fides quaerens intellectum* – Glaube, der Einsicht sucht. Die vernünftige Einsicht ist dem Glauben unterstellt.

Der hypothetische Glaube

Glaube, der Einsicht sucht

Die frühe Entwicklung der Trinitätslehre wurde bereits im Abschnitt über die Kirchenväter ausgiebig dargestellt. Deshalb können wir uns hier auf die Strukturen der scholastischen Lehre konzentrieren. Da die Scholastik einen besonderen Höhepunkt im Werk des Thomas von Aquin (1225-1274) erreicht hat, möchte ich mich auf seine, in ihrer Wirkmächtigkeit kaum zu überschätzende, Gotteslehre beschränken. Für das Verständnis thomanischer Theologie ist es wichtig, die erkenntnistheoretischen Voraussetzungen kurz anzudeuten. Alle Phasen der Onto-Theo-Logie teilen sich die Überzeugung, dass der Mensch primär ein Vernunftwesen ist: *zōon lógon échon, animal rationale*. Vielleicht sollten wir den Begriff der Geistigkeit des Menschen an dieser Stelle noch ein wenig weiten, da es sich um keine bloße natürliche Rationalität handelt, die den Menschen ausmacht. Wenn wir noch einmal kurz an Augustinus und seine Trinitätslehre zurückdenken, dann stellen wir fest, dass Gedächtnis, Verstand und freier Wille (dabei ist auch an Emotionalität und an Liebe zu denken) den Menschen zum Menschen machen. Und es ist eben diese trinitarische Struktur seines Gemüts (*mens*), in der auch die Gottebenbildlichkeit des Menschen besteht, von der Gen 1,27 spricht. Der Mensch als von Gott geschaffenes, d.h. von ihm *verursachtes* Wesen, strebt nun aber auch zu seinem Schöpfer zurück. Gott ist für den Menschen nicht nur die Wirkursache (Schöpfer), nicht nur die Formursache (Urbild), sondern auch Zielursache (*causa finalis*), denn der Mensch strebt zu Gott zurück. Nach Thomas von Aquin ist Jesus Christus der Weg, der die Menschen zu Gott zurückführt (STh p.1, qu. 2 prooem.). Gott aber zeichnet sich dadurch aus, dreieinig zu sein, und nur als trinitarischer Gott ist er das Urbild des Menschen (STh p.1, qu. 93). Das theologische Hauptwerk des Thomas, die *Summa Theologiae* hat denn auch folgenden Aufbau (STh p.1, qu. 2 prooem.). Im ersten Teil dieser „Kathedrale“ mittelalterlicher Theologie behandelt Thomas Gott. Er ist die Ursache von schlechthin allem. Diese große Abhandlung über Gott spricht zunächst von Gott dem Einen, dann von der göttlichen Dreieinigkeit, um im Anschluss daran die Schöpfungslehre zu entfalten. In der Schöpfungslehre wiederum steht der Mensch im Mittelpunkt, der – in seiner Geistigkeit – das Abbild Gottes ist. Anders als Augustinus differenziert Thomas den Geist des Menschen lediglich in die intellektuellen und affektiven Vermögen, Denken und Wollen bzw. Einsicht und Freiheit. Eben darin gleicht er seinem Schöpfer. Noch einmal müssen wir hier unterstreichen, dass im onto-theo-logischen Kontext die Geistigkeit den Primat gegenüber der Materialität der Welt besitzt. Bezogen auf diese

Der Mensch als Vernunftwesen

Menschliche Geistigkeit: (Gedächtnis), Vernunft, freier Wille

Geistigkeit besteht das *spekulative* Grundverhältnis. Die zentrale Stelle im Hohelied der Liebe des Paulus, an der er davon spricht, dass wir Gott „wie in einem Spiegel, in rätselhafter Gestalt" (lat: *per speculum in aenigmate*; 1 Kor 13,12) erkennen, wird grundlegend für die „spekulative" Gotteserkenntnis der Onto-Theo-Logie. Der Mensch in Einsicht und Freiheit ist ausgerichtet auf den dreieinen Gott. In ihm und nur in ihm findet er seine Vollendung. Da nun aber das Ziel die Vermögen des Menschen übersteigt, ist es nötig, dass Gott dieses Ziel dem Menschen vorher bekannt macht:

Spekulative Gotteserkenntnis

Zitat

„[...] der Mensch ist ausgerichtet (*ordinatur*) auf Gott wie auf ein bestimmtes Ziel, das das Erfassen der Vernunft (*ratio*) übersteigt, gemäß Jes 44,4: ‚Kein Auge hat gesehen, Gott, von dir, was du denen bereitet hast, die dich lieben.' Das Ziel aber muss vorher den Menschen bekannt sein, die ihre Absichten und Handlungen auf das Ziel hin ausrichten (*ordinare*) müssen. Daher war es für den Menschen zum Heil notwendig, dass ihm durch die göttliche Offenbarung einiges bekannt gemacht würde, was die menschliche Vernunft übersteigt" (STh p.1, qu.1, art.1).

Die Offenbarung in Jesus Christus, die von der Heiligen Schrift bezeugt wird, ist die Basis, auf der das gesamte Gebäude der „Heiligen Lehre" (*sacra doctrina*) aufruht. Dies manifestiert sich auch darin, dass in jedem einzelnen Artikel der *Summa Theologiae* ein Autoritätsargument, zumeist ein Schriftzitat, manchmal auch eine Wendung der Kirchenväter oder eines griechischen Philosophen die maßgebliche Weichenstellung für die rationale Argumentation markiert. Bezüglich des Gesamtaufbaus ist noch einmal darauf hinzuweisen, dass die Inkarnation des Sohnes in Jesus Christus nicht nur die Substruktur des gesamten Baus darstellt, sondern im dritten Teil ausführlich besprochen wird. Damit ergibt sich folgender Aufbau: 1. Teil: Ursache/Urbild: Gott; 2. Teil: Wirkung/Abbild: Mensch; 3. Teil: Einheit von Ursache/Urbild und Wirkung/Abbild: der Gottmensch. Die Trinitätslehre ist insofern die Achse dieses Aufbaus, als eben in der Geistigkeit (Einsicht und Freiheit) sich sowohl die Bestimmung Gottes als auch die Bestimmung des Menschen vollzieht. Aus Einsicht und Freiheit aber wird die Dreieinheit Gottes abgeleitet.

Offenbarung als Basis der Erkenntnis

Bevor nun Thomas die eigentliche Gotteslehre mit der Abhandlung über Gott den Einen beginnt, muss er noch die Existenz seines Gegenstandes „Gott" aufweisen. Er leistet diese *demonstra-*

tio Dei auf den berühmten „fünf Wegen", die hier bereits im Rahmen der philosophischen Gotteslehre besprochen wurden. Hervorzuheben ist hier nur, dass diese primäre Gotteserkenntnis als *via causativa* bezeichnet wird, d.h. von der Wirkung Gottes, der Schöpfung, wird auf die Ursache, den Schöpfer zurückgeschlossen. Die Bestimmung Gottes als absolute und transzendente Einheit geschieht zunächst auf dem Weg der Negation (*via negativa*), indem Gott alle endlichen Prädikate abgesprochen werden. Es kann hier nicht der Traktat über die Einheit Gottes wiedergegeben werden. Lediglich auf eine Vorzeichnung möchte ich hinweisen: Die erste Bestimmung Gottes im Traktat *De Deo uno* ist die Geistigkeit Gottes. Thomas zitiert das Johannesevangelium (STh p.1, qu.4, art.24): „Spiritus est Deus", und auch die Gottebenbildlichkeit vor allem in Verstand (*ratio*) und Vernunft (*intellectus*) wird in diesem ersten Artikel (STh q.1, qu.3, art.1) genannt, doch während dem Menschen inkarnierte und damit endliche Geistigkeit zukommt, ist diese bei Gott körperlos und unendlich. Sobald die radikale Differenz von Ursache und Wirkung geklärt ist, kann Thomas damit beginnen, positive Aussagen über Gott zu machen. Hier nun greift wieder die Überzeugung von der Ähnlichkeit von Schöpfer und Geschöpf. Durch unendliche Steigerung können auf der *via eminentiae* die geistigen Selbstvollzüge des Menschen in Wissen (*scientia*), Wille (*voluntas*) und Macht (*potentia*) auf Gott übertragen werden. Gottes Einsicht, Freiheit und Kraft der äußeren Verwirklichung sind absolut, vollkommen und unendlich. An die Entfaltung der göttlichen *operationes* schließt sich unmittelbar die Trinitätslehre an, da sie, wie gesagt, aus *scientia* und *voluntas* ihre Herleitung findet. Die *potentia* als dritte *operatio* entfällt, da sie einen „Hervorgang nach außen" darstellt und mithin auf die Schöpfung zielt, die trintarischen Hervorgänge aber nur „nach innen" stattfinden.

Gottesbeweis: Rückschluss auf Ursache

Negative Theologie

Steigerung des Geistigen

Bevor wir nun zur eigentlichen Trinitätslehre kommen, seien noch folgende onto-theo-logischen Grundzüge der thomanischen Gotteslehre festgehalten: Das erste Prinzip – Gott – ist primär durch *Einheit* und *Allgemeinheit* gekennzeichnet, während in der bio-anthropo-logischen (modernen) Betrachtung die *Einzelheit* und die *Allheit* bzw. *Totalität* von *Einzelnem* (auch: *Masse*) – hier des Menschen – primär ist. Das Allgemeine ist generell auch als Wesen zu fassen, weshalb in der spekulativen Trinitätslehre der lateinischen Tradition vor allem dem Wesen Gottes zum primären Konstruktionspunkt der Dreieinigkeit wird, während die nachspekulativ moderne Trinität eine besondere soziale Variante, welche die Verbindung von Einzelnen zu einer „Gesellschaft" themati-

Einheit und Allgemeinheit

siert. Deshalb darf auch nicht das Wesen Gottes, wie es in Kritiken der Lateinischen Trinitätslehre als vierte Person missverstanden werden, vielmehr ist die Rede von der *Einheit* und *Allgemeinheit* der göttlichen *essentia*, d.h. des göttlichen Seins, die Basis, auf der dann dessen innere Differenziertheit entfaltet werden kann. Dieser *Primat* von Einheit und Allgemeinheit findet sich nebenbei bemerkt auch in der trinitarischen Philosophie Hegels. Auch wird jede Argumentation der spekulativen Gotteslehre vom Gedanken der *Notwendigkeit* getragen, während die erfahrungsbasierte anthropologische Argumentation *assertorisch* bleibt, und vom empirischen Dasein bzw. Nichtsein Gottes ausgeht. Die *apodiktische* Trinitätslehre der Onto-Theo-Logie muss, wie bereits gesagt, in sich unterschieden werden in eine christozentrische Variante, die Gott als höchste und zugleich transzendente *Ursache* denkt (Patristik und Scholastik) und eine eher pneumatozentrische Ausprägung, die von der *Wechselwirkung* der göttlichen Personen, aber auch von Gottheit und Menschheit ausgeht. Doch nun zur Trinitätslehre des Thomas von Aquin, die nicht nur für die katholische Tradition wegweisend ist.

Notwendigkeit

Ursache vs. Wechselwirkung

Streng genommen kommen dem einen Wesen Gottes die drei Tätigkeiten, Wissen, Wille und Macht zu. Doch können zwei dieser drei göttlichen *operationes* zur spekulativen Ausleuchtung des Geheimnisses der Trinität dienen. Die entscheidende Kategorie für das Verständnis der thomanischen Lehre vom dreieinen Gott ist die Ursache. Dies zeigt sich schon darin, dass Thomas mit dem Gedanken einsetzt, dass in Gott zwei Hervorgänge (*processiones*) zu denken sind. Eigentlichen Halt findet diese Rede im Schriftwort Joh 8,42, wo Jesus von sich sagt: „*Ego ex Deo processi* – Ich bin aus dem Vater hervorgegangen" (STh p.1, qu.27, art.1). Hervorgang aber meint Verursachung. Der Vater *verursacht* den Sohn. Der Sohn ist *Wirkung* des Vaters. Doch kommt alles darauf an, diesen Gedanken richtig zu begreifen. Zwei Missverständnisse sind hier möglich. Zum einen darf diese innergöttliche Verursachung nicht als „Äußerung" Gottes im Sinne der Schöpfung gedacht werden. Schaffen bedeutet eine nicht-göttliche Realität hervorzubringen. Damit aber wäre der Sohn ein Geschöpf und nicht mehr im vollen Sinn Gott. Diese Position der Unterordnung (*subordinatio*) des Sohnes wird historisch mit der Person des Arius und der von ihm ausgelösten Bewegung des Arianismus verbunden. Das zweite mögliche Missverständnis wird mit der Person des Sabellius und dem Sabellianismus konnotiert. Hier wird angenommen, dass Gott, der Vater bzw. die Ursache, selbst in die Wirkung übergeht. Das bedeutet, dass der Sohn nur eine Erschei-

Hervorgänge – *processiones*

nungsweise (*modus*) des Vaters ist und eine wirkliche Differenz zwischen Verursachendem und Verursachtem nicht mehr zu Stande kommt. Thomas wirft nun sowohl dem arianischen Subordinatianismus als auch dem sabellianischen Modalismus vor, die *processio* nur als Verursachung *ad extra* zu denken, während *procedere* hier einen inneren Hervorgang meint, der freilich dennoch eine reale Unterscheidung mit sich bringt. Diejenige geschöpfliche Wirklichkeit, die nun als Veranschaulichung für diese innere Verursachung verwendet wird, ist die *conceptio rei intellectae*. Die lateinische Sprache erlaubt hier eine sinnige Doppeldeutigkeit. Einerseits wäre dieser Ausdruck dann zu übersetzen mit: *Begreifen* der eingesehenen Sache, wobei das Begreifen das Begriffene im Vorgang des Begreifens erst hervorbringt. Andererseits kann *conceptio* mit Anspielung auf die jungfräuliche *Empfängnis* Mariens gelesen werden. Wie das Kind im Bauch der Mutter empfangen wird, so empfängt das Denken sein Gedachtes. Die erste Bedeutungsebene impliziert männliche und die zweite weibliche Assoziationen – freilich gemäß den Geschlechterkonstruktionen mittelalterlichen Denkens, die das männliche Prinzip als das aktive, das weibliche hingegen als das passive sieht. Beide Aspekte kommen hier zusammen, doch verweist Thomas darauf, dass die maßgebliche Vorstellung der höheren Dimension der Schöpfung entnommen werden muss, und das ist hier – im Horizont der Onto-Theo-Logie – die Geistige, folglich ist der Hervorgang als *emanatio intelligibilis* vorzustellen, dergemäß das Hervorgegangene oder Verursachte im Hervorgegangenen oder Verursachenden bleibt.

Der innere Hervorgang des Geistigen

Im nächsten Schritt unterscheidet Thomas zwei Arten von Hervorgängen, einerseits die Zeugung (*generatio*) und andererseits die Hauchung (*spiratio*). Die Verwendung des Begriffs wird zunächst aus der Schrift, Ps 2,7, gerechtfertigt. Sodann aber werden zwei mögliche Bedeutungen differenziert, zunächst der Übergang von Nichtsein zum Sein, der bei Gott auszuschließen ist, da in ihm keine Bewegung stattfindet, sodann die Zeugung im engeren Sinn, welche das Hervorbringen einer Generationsfolge meint, was ja auch im Wortfeld von „Vater" und „Sohn" impliziert ist. Hierbei kommt es auf die Ähnlichkeit (*similitudo*), besser noch auf die wesensmäßige Gleichheit von Zeugendem und Gezeugtem, an (STh p.1, qu.27, art.2). Wie ein Pferd ein Pferd, ein Mensch einen Menschen hervorbringt, so bringt der göttliche Vater einen Gott hervor. Da es sich aber hier um eine „ideale" und keine „materiale" Verursachung handelt, die zudem jenseits von Raum und Zeit geschieht – dies hat Thomas schon in seiner Bestimmung

Zeugung – *generatio*

des einen Gottes und seines Wesens geklärt – kommt es hier lediglich darauf an, die Wesenseinheit von Vater und Sohn zur Sprache zu bringen. Da Gottes Wesen reines Einsehen ist, verwirklicht (*subsistit*) der Sohn als Eingesehenes ebenfalls die eine Natur Gottes.

Hauchung – *spiratio*

Wie es im geschöpflichen Bereich neben dem Hervorgang nach Art des Intellekts noch einen Hervorgang nach Art des Wollens gibt, so muss nun auch in Gott eine entsprechende Tätigkeit angenommen werden, die Thomas *processio amoris* (Hervorgang der Liebe) nennt (STh 1,27,3). Und wie es auch nicht mehr geistige Tätigkeiten – *nach innen* – gibt, so können auch nicht mehr trinitarische Hervorgänge angenommen werden. Die Liebe aber bezieht sich immer auf die bereits vorhandene geliebte Sache, die in diesem Fall das von Ewigkeit her gezeugte Wort, die *res intellecta*, oder eben der göttliche Sohn ist. Der Wille hat eine gewisse Neigung zur geliebten Sache (STh 1,27,4). Nicht die Ähnlichkeit oder Gleichheit ist hier die Basis der Beziehung, sondern das Drängen oder die Bewegung zu etwas hin. „Geist" (*spiritus*), der ja das Lebensprinzip und damit auch das Prinzip von Bewegung ist, bezeichnet aber genau diese *motio vitalis* oder den belebenden und bewegenden Impuls. Die geliebte Sache bewegt dadurch, dass sie „anziehend" wirkt. Diese basale Attraktion geht aber vor allem von Vergleichbarem aus. Der Liebende muss eine Empfänglichkeit für das Geliebte haben. So wird nun gerade die vollkommene Entsprechung oder *similitudo* zwischen Vater und Sohn zum Prinzip der Liebe, da sie gerade in ihrer Geistigkeit füreinander empfänglich sind. Bezogen auf das lateinische Wort für Geist *spiritus*, nennt Thomas diese besonderen Hervorgang *spiratio*, „Wehen", „Hauchen", „Beleben" oder eben „Begeistern".

„Begeisterung"

Die Relationen

Durch die Hervorgänge entstehen auch die innergöttlichen Beziehungen. Thomas unterscheidet vier Relationen: die Vaterschaft oder das Zeugen (Vater – Sohn), die Sohnschaft oder das Gezeugtwerden (Sohn – Vater), die Hauchung (Vater/Sohn – Geist), das Gehauchtwerden (Geist – Vater Sohn). Entscheidend für das Verständnis dieser Beziehungen ist nun, dass das Maß des Unterschieds zwischen den Bezogenen richtig bestimmt wird. Thomas bezeichnet die Relationen als *wirkliche*, die von bloß *gedachten* unterschieden werden. Gedachte Relationen würden sich aus der sabellianischen Position ergeben, da der Sohn nur eine andere Erscheinungsweise des Vaters ist und deshalb kein wirklicher Unterschied zu Stande kommt. Wird die Differenz aber als zu groß bestimmt, dann fällt man in die arianische Häresie, die den Sohn dem Vater unterordnet und mithin nicht mehr als ganzen

Gedachte und wirkliche Beziehungen

Gott anerkennt. Die *relatio realis* bleibt nach Thomas aber ein *Unterschied im selben.* Dies drückt er dadurch aus, dass er die Beziehung als *wesentlich* bestimmt. Wie schon bei der Attributenlehre deutlich gemacht wurde, dass etwa die Güte Gott nicht nur zukommt, sondern er die Güte ist, so gilt auch hier, dass Gott nicht nur zukommt, Beziehung zu sein, sondern dass er *Beziehung ist.* Das heißt nun aber, dass zwar zwischen Vater und Sohn usw., nicht aber zwischen Sohn und Gottheit, Vater und Gottheit usw. eine reale Differenz besteht. Der Sohn und der Vater usw. unterscheiden sich nur darin, dass der Sohn aus dem Vater hervorgegangen ist und nicht umgekehrt und dass deshalb zwischen beiden eine reale Beziehung besteht. Weil der Vater und der Sohn in Beziehung zueinander stehen, sind sie nicht identisch. Dennoch ist der Sohn nichts anderes als der eine Gott und der Vater nichts anderes als der eine Gott. Die zeitlosen Hervorgänge und Relationen sind die Individuationsprinzipien der göttlichen Personen. Zur Verdeutlichung sei hier noch einmal erinnert, dass zu den menschlichen *principia individuationis* die Fixierung auf einen bestimmten Punkt in Raum und Zeit und d.h. die Bindung an einen Körper gehört. Dies aber ist bei Gott nicht der Fall. Der Vater ist ganz im Sohn; der Sohn ist ganz im Vater.

Beziehung als Prinzip der Individuation

Die Personen

Bei der Bestimmung des trinitarischen Personbegriffs geht Thomas von Aquin von der Definition des Boethius aus: „Person ist die individuelle Substanz einer vernünftigen Natur" (STh p.1, qu.29, art.1). Diese Definition vermittelt zwischen der Seite des Allgemeinen, die hier durch den Terminus der „vernünftigen Natur" angezeigt ist, und der besonderen Seite, die durch „individuelle Substanz" eingeführt wird. In der Gattung der Vernunftwesen werden Individuen als „Personen" bezeichnet. Hier ist an die aristotelische Unterscheidung zwischen erster und zweiter Substanz zu erinnern. Die erste Substanz bezeichnet den individuellen Träger eines allgemeinen Wesens bzw. einer Natur. Grundsätzlich kann die erste Substanz auch als Hypostase oder Subsistenz bezeichnet werden. Aber nur geistige Hypostasen oder Subsistenzen sind Personen, weshalb Thomas den Personbegriff auch als eine Auszeichnung oder „Würde" betrachtet, die mit der Geistigkeit (Einsicht und freier Wille) verbunden ist. Person ist somit ein geistiges Individuum, dem die Herrschaft über seine Handlungen (*dominium sui actus*) zukommt. Entsprechend leitet Thomas das Wort *„persona"* vom lateinischen Ausdruck für „sie handeln durch sich selbst" (*per se agunt*) ab. Da nun aber einerseits, Vater, Sohn und Heiliger Geist je für sich mit der Gottheit identisch sind, und andererseits die drei Personen nicht drei Götter, sondern den ei-

Erste und zweite Substanz

nen Gott bilden, kann der Personbegriff sowohl dem einen Gott als auch den drei göttlichen Personen zugesprochen werden. Im eigentlichen Sinn (*in recto*) werden Vater, Sohn und Geist als Personen bezeichnet; im uneigentlichen Sinn aber (*in obliquo*) ist auch der eine Gott als solcher „Person". Im geschaffenen Bereich ist eine Person niemals ganz identisch mit dem allgemeinen Wesen, d.h. ein Mensch ist niemals die Menschheit, weshalb es ja auch mehrere Ausprägungen der menschlichen Wesenheit gibt und wir folglich von verschiedenen Menschen im Plural sprechen. Bei Gott aber verhält es sich anders. Da die Personen mit der Gottheit identisch sind und sich nur durch die Bezogenheit unterscheiden, kann man nicht von drei Göttern sprechen. Zwischen göttlicher Essenz und Person besteht nur ein gedachter Unterschied.

Im eigentlichen Sinn: drei Personen

Im uneigentlichen Sinn: eine Person

Zitat

„Die Beziehung im Göttlichen inhäriert aber nicht wie ein Akzidens dem Subjekt, vielmehr ist sie selbst die göttliche Wesenheit (*essentia*). Daher ist sie subsistierend, wie auch das göttliche Wesen subsistiert. Wie also die Gottheit [2. Substanz] der Gott ist [1. Substanz], so ist auch die göttliche Vaterschaft [Beziehung] der Gott-Vater, der eine göttliche Person ist. Die göttliche Person bezeichnet also die Beziehung als subistierende" (STh p.1, qu.29, art.4, co.).

In der Trinitätstheologie des 20. Jahrhunderts findet sich eine breite Auseinandersetzung gerade bezogen auf den Personbegriff. Häufig findet sich dabei die Argumentation, dass durch die Veränderungen des neuzeitlichen Denkens sich eine prinzipiell andere Sachlage ergeben habe, und man Gott gerade nicht drei „Aktzentren" zusprechen könne. Nicht zuletzt deshalb ist es sinnvoll, eine radikal neuzeitliche Trinitätslehre, die von epochalen anderen Voraussetzungen ausgeht, zu betrachten. Konstruktionspunkt der neuzeitlichen Lehre vom dreieinen Gott ist nicht mehr der offenbarte Sohn als der Gott unter uns, sondern der offenbare *Geist* als der *Gott in uns*. Die entsprechende Logik unterstellt sich nicht mehr der Offenbarung als einem Ereignis in Raum und Zeit, sondern sie weiß sich mit dem offenbarenden Geist Gottes in uns auf einer Augenhöhe. Das Verhältnis von Schöpfer und Geschöpf ist nicht mehr das von Ursache und Wirkung, sondern die Wechselwirkung. Die ausgereifteste Trinitätslehre in der neuzeitlichen Philosophie finden wir bei Georg Wilhelm Friedrich Hegel (1770-1831).

Neuzeitliche Trinität

Zusammenfassung

Die patristisch-scholastische Konstellation kann als die klassische Zeit der Trinitätslehre betrachtet werden. Die Trinitätslehre ergibt sich aus der Tatsache, dass keine unmittelbare Anwesenheit beim „Vater im Himmel" gedacht werden kann. Die Menschen bedürfen der Vermittlung durch den Sohn als den „Gott unter uns". Doch um ihn als den Sohn des Vaters erkennen zu können, muss im Erkennenden der Geist der Wahrheit gegeben werden. So können Jesus von Nazaret und der Heilige Geist als Offenbarungen des transzendenten Einen begriffen werden. Das jenseitige Eine ist die Ursache von schlechthin Allem. Da es aber von der menschlichen Vernunft nicht mehr kategorisch erkannt werden kann (wie es ist), wird das Denken zum *hypothetischen Glauben* fortbestimmt. Der Glaube unterstellt die Wahrheit und er ist selber der göttlichen Vernunft unterstellt. Die absolute Transzendenz des Einen zeigt sich auch darin, dass es selbst zugleich die Dreiheit von Vater, Sohn und Geist in sich birgt, ohne selbst zur Dreiheit zu werden. Um diese Spannung denken zu können, wird die trinitarische Begrifflichkeit entwickelt:

1. Wesen (*ousía, substantia, essentia*): die Gottheit
2. Hervorgänge (*ekpóreuseis, processiones*): Zeugung (wie der Gedanke aus dem Denken hervorgeht); Hauchung (wie die Liebe von zwei Liebenden ausgeht)
3. Personen (*prósōpa, personae*): individuelle Ausprägung des Wesens
4. Beziehungen (*schéseis, relationes*): aktive Zeugung (Vater), passive Zeugung (Sohn), aktive Hauchung (Vater und Sohn), passive Hauchung (Heiliger Geist)
5. Eigentümlichkeiten (*idiṓmata, proprietates*): Ursprungslosigkeit und Zeugen (Vater); Gezeugtwerden und Hauchen (Sohn); Gehauchtwerden (Heiliger Geist)

2.1.3 Der „Gott in uns" oder der Heilige Geist

Der Begriff des Geistes

Kern der hegelschen Trinitätsphilosophie ist der Begriff des „Geistes". Einerseits handelt es sich dabei um den Geist des Menschen. Andererseits ist hier vom göttlichen Geist die Rede. Gerade der Begriff des *Geistes* eint Gottheit und Menschheit und lässt sie dennoch unterschieden sein. Vernunft und Freiheit bilden die Mitte zwischen Gott und Mensch, weshalb menschliche Vernunft und Freiheit stets *theologisch fundiert* sind. Gerade in ihrer Absolutheit dürfen sie niemals als bloß anthropologische Größen vorgestellt werden, sondern als die Manifestationen *Gottes in uns.* Das bedeutet allerdings für die Bezogenheit der Philosophie Hegels auf die christliche Offenbarung, dass diese nicht in derselben Weise Vorgabe sein kann wie in der mittelalterlichen Theologie, weil die Vernunft nicht mehr der Offenbarung untergeordnet ist. Das hypothetische Grundverhältnis von Ursache und Wirkung wurde durch die *dialektische Relation* beider Seiten abgelöst. Offenbarung und Vernunft befinden sich in einer *Wechselwirkung oder Gemeinschaft.*

Das neuzeitliche Denken ist gehalten, die Wahrheit – auch die Wahrheit über den dreieinen Gott – aus sich selbst hervorzubringen. Allerdings waren sich die zentralen Denker des deutschen Idealismus stets der Tatsache bewusst, dass ihnen ihre höchsten Einsichten nur möglich waren, insofern sie sich im Kontinuum des christlichen Denkens befinden. Diese Überzeugung allerdings musste gegen eine kahle Rationalität des Verstandes, wie sie die „Aufklärung" annahm, errungen werden. So wird auch Hegel erst durch eine intensive Auseinandersetzung mit seinem Freund, dem Dichter Friedrich Hölderlin (1770-1843), in seinen Frankfurter Jahren (1797-1801) von einem „Kritiker der Kirche"[18] zum Denker des „Geistes"[19] und der „Dialektik".

Dialektik – Trinität – Geist

Gerade die Dialektik, die Dynamik von These – Antithese – Synthese bildet das Herz hegelscher Philosophie. Die *These* kann als *Vater*, die *Antithese* als *Sohn* und die *Synthese* als *Einheit* oder *Beziehung* beider und damit als *Geist* vorgestellt werden. Insofern wird Hegel zum Philosophen der Trinität, dessen „eigentümlicher Gedanke" darin besteht, „dass die Relata [Bezogenen] in der Entgegensetzung und zwar aus einem Ganzen verstanden werden müssen, dass dieses Ganze ihnen aber nicht vorausgeht als Sein oder als intellektuelle Anschauung, – sondern dass es nur der entwickelte Begriff der Relation selber ist."[20] Dies beschreibt aber nichts anderes als den spekulativen Grundgedanken der Dialektik von der „Identität von Identität und Nichtidentität". Der *Vater* ist die *Identität vor aller Differenz*, der *Sohn* die *Differenz* oder *Nichtidentität* und der *Geist* die *Identität von Identität und Differenz*. Und es ist genau der Begriff des Geistes, der jene innere Spannung des Absoluten selbst bezeichnet. Der Geist meint den aufgehobenen Unterschied von Vater und Sohn. Das Wort „aufgehoben" drückt genau jene Spannung aus zwischen *bewahren, beseitigen* und *auf*

Identität von Identität und Differenz

18 Henrich, Dieter: Hegel im Kontext. Mit einem Nachwort zur Neuauflage, Frankfurt 1971/Berlin 2010, 39f.

19 Ebd. 38; vgl. Jaeschke, Walter: Hegel Handbuch. Leben – Werk – Wirkung, Stuttgart/Weimar 2003, 98.

20 Henrich: Hegel im Kontext, 36.

eine höhere Ebene heben. Dieser Geist ist aber nichts anderes als die *Liebe*, die Gott selbst ist.

Menschwerdung Gottes und Trinität

Etwa in der „Phänomenologie des Geistes" (1807) bringt Hegel den Begriff des Geistes mit der Menschwerdung Gottes in Verbindung. Das Wissen, dass Gott Geist ist, und das Bewusstsein der eigenen Geistigkeit des Menschen sind für Hegel zwei Momente, die innerlich verbunden sind. Der Inhalt des Christentums als der „offenbaren" und „absoluten Religion" ist einerseits die Menschwerdung Gottes und andererseits die Dreieinigkeit, wobei es gerade der Geist ist, der die Gegensätze zwischen Gott und Mensch, aber auch zwischen Vater und Sohn zusammenhält: „Denn der Geist ist das Wissen seiner selbst in seiner Entäußerung; das [göttliche] Wesen, das die Bewegung ist, in seinem Anderssein die Gleichheit mit sich selbst zu behalten" (*Phänomenologie des Geistes*; 3, 52)[21]. Das Wesen des Geistes und damit das Wesen Gottes ist es, einen Unterschied zu setzen und diesen Unterschied zugleich aufzuheben. So ist in religiöser Sprache ausgedrückt der erste Unterschied überhaupt der innertrinitarische zwischen Vater und Sohn. Beide kommen aber in ihrer reinen Idealität darin überein, Gott zu sein. Und da die Idee des Sohnes sich in nichts von der Idee des Vaters unterscheidet, außer eben darin, nicht der Vater zu sein, behält der *eine* Gott im Anderssein zu sich seine Gleichheit, „so ist er als der dreieinige aufgefasst: der Vater und der Sohn, und dieser Unterschied in seiner Einheit als der Geist" (*Philosophie der Geschichte*; 12, 392).

Idealität

Es ist zu betonen, dass bei Hegel wie bei Thomas und in allen zentralen Gestalten metaphysischer Gotteslehre, Gott zunächst als reine *Idee* erscheint, gleich ob nun der Mensch bei dieser Idee anwesend sein kann, wie bei Aristoteles und Hegel, oder ob ihm das in diesem Leben nicht möglich ist, wie bei Thomas, der die Transzendenz Gottes betont. Während bei Platon das höchste Gedachte die Idee des Guten ist, bei der die Menschen nur sehr begrenzt anwesend sein können, fasst Aristoteles das höchste Denkbare als das Denken selbst auf, genauer, das Beisichsein des Denkens, das er im zwölften Buch der „Metaphysik" als „den Gott" bezeichnet (1072b).[22] Und wenn der mittelalterliche Aristoteliker Thomas von Aquin die zweite göttliche Person durch eine *processio* nach Art des Denkens konstituiert sein lässt, dann findet sich

[21] Diese Angaben beziehen sich auf die im Verlag Suhrkamp erschienene Ausgabe der Werke, Frankfurt 1. Aufl. 4. Nachdruck 2004. Die erste Ziffer bezeichnet den Band, die zweite die Seite.

[22] Aristoteles: Metaphysik. Nach der Übersetzung von H. Bonitz bearb. v. H. Seidl, 2 Bde., Hamburg 1995.

hier ebenfalls die Reflexion des Denkens als Grundmodell. So kann es nicht verwundern, wenn Hegel bei seiner Darstellung des Neuplatonismus, der eine Verbindung von platonischem Einheitsdenken und aristotelischer Reflexion darstellt, die immanente Trinität mit der Grundstruktur des Denkens identifiziert (*Vorlesungen über die Geschichte der Philosophie*; 14, 413):

Grundmodell: das Denken des Denkens

Zitat

„Das Denken, das sich selbst denkt, der *nous* [...], der sich selbst zum Gegenstande hat. Es ist also erstens das Denken; dieses hat zweitens ein *noētón* [ein Gedachtes]; drittens diese beiden sind identisch, das Denken hat in seinem Gegenstande sich selbst. Das sind drei, das eine und das andere und die Einheit beider. Diese konkrete Idee ist [...] als die Dreieinigkeit gewusst".

Zugleich ist die göttliche Idee bzw. das Beisichsein des Denkens die Quelle des Lebens schlechthin. Hegel formuliert in seiner „Philosophie der Religion":

Zitat

„Diese ewige Idee nämlich ist dann ausgesprochen als das, was die heilige Dreieinigkeit heißt – das ist Gott selbst, ewig dreieinig. Der Geist selbst ist dieser Prozeß, Bewegung, Leben. Dies Leben ist, sich zu unterscheiden, sich zu bestimmen, und die erste Unterscheidung ist, daß er ist als diese allgemeine Idee selbst" (3, 201)[23].

Prozeß, Bewegung, Leben

Mit diesem Begriff des Lebens greift der Gedanke der Trinität bereits vor auf das Setzen aller weiteren Unterschiede in der Schöpfung und damit auf das kreatürliche Leben. Hier ist zunächst das Moment der Bewegung, Veränderung und Unterscheidung angesprochen. Andererseits impliziert der Gedanke der Trinität auch das Moment der Verbindung, Vereinigung und Einheit, denn auch die innertrinitarischen Differenzen werden von der prinzipiellen Einheit umfasst. Die vereinigende Kraft, die Unterschiede und Gegensätze verbindet, wird mit dem Begriff der „Liebe" angesprochen. Dass Gott Geist ist, bedeutet also ebenso viel wie, dass er das Leben und die Liebe ist:

Verbindung, Vereinigung und Einheit

„die ewige Liebe"

---

[23] Diese und die folgenden Angaben beziehen sich auf Hegel, Georg Wilhelm Friedrich: Vorlesungen über die Philosophie der Religion. Teil 3. Die vollendete Religion, Hamburg 1995.

Zitat

„Gott ist Geist, d. i. das, was wir *dreieinigen* Gott heißen. Rein SPEKULATIVER Inhalt, d. i. MYSTERIUM Gottes; Gott ist Geist, die *absolute Tätigkeit*, actus purus, d. i. *Subjektivität*, *unendliche Persönlichkeit*, unendliche Unterscheidung *seiner von sich selbst*, Erzeugung; aber dieses Unterschiedene – sich gegenständliche, sich objektive Göttlichkeit – ist *im ewigen Begriff der Allgemeinheit als absoluter Subjektivität* gehalten; so ist es *in seiner unendlichen Unterscheidung* gesetzt, nicht zur Finsternis, d. i. FÜRSICHSEIN, *Undurchsichtigkeit*, Undurchdringlichkeit, Endlichkeit gekommen, sondern ist zugleich als in seinem Unterschied in dieser *unmittelbaren Einheit* bleibend und in seinem Unterschied an ihm selbst somit der ganze göttliche Begriff – *Sohn* und Gott; *diese absolute Einheit* als sich in ihrem Unterschied identisch für sich – die *ewige Liebe*" (3, 16).

Schöpfungsdifferenz

Aber gerade weil der innertrinitarische Unterschied ein Unterschied im Selben ist, kommt es noch nicht zum abgründigen Ernst, der mit der Schöpfungsdifferenz gegeben ist. Wenn Gott bei sich ist und bleibt, handelt es sich um eine Bewegung und ein Spiel der absoluten Vollkommenheit in sich, ohne den abgründigen Ernst, der mit der Schöpfung eintritt.

Zitat

„Das Unterschiedene ist so bestimmt, dass der Unterschied unmittelbar verschwunden sei, dass dies ein Verhältnis Gottes, der Idee nur zu sich selbst sei. Es ist dies Unterscheiden nur eine Bewegung, ein Spiel der Liebe mit sich selbst, wo es noch nicht zur Ernsthaftigkeit des Andersseins, der Trennung und Entzweiung kommt" (3, 216).

Die Welt als „Sohn"

Dort, wo Gott das ganz Andere zu sich setzt, entsteht die Welt. Hegel kann dieses Andere als solches ebenfalls als „Sohn" bezeichnen. Gemeint ist damit allerdings „ein Freies für sich selbst, [...] ein Wirkliches, Außen, ohne Gott" (3, 217). Doch ist damit nicht nur die Differenz zwischen Göttlichem und Nichtgöttlichem gegeben, sondern auch die Möglichkeit zum Bösen, das als das Widergöttliche gilt, denn das Geschaffene ist selbstständig und mithin frei. Die Freiheit kommt nicht schon der natürlichen Welt zu, sondern erst der Welt des endlichen Geistes (3, 218). Der Geist in seiner Endlichkeit konstituiert das menschliche Individuum. Dabei ist zu bemerken, dass der Geist, der sich besondert, abgrenzt und gegen das Allgemeine setzt, böse ist, während der verbindende, vereinigende, sich hingebende Geist, von der Liebe bestimmt wird. Die Versöhnung der endlichen Subjektivität in ihrer Trennung von Gott geschieht dadurch, dass Gott selbst als endliches Subjekt zur Welt kommt. In Jesus Christus, dem Sohn Gottes, werden Unendlichkeit und Endlichkeit, Allgemeinheit und Besonderheit, Gottheit und Menschheit versöhnt. Nichts Geringeres als die unendliche Liebe Gottes kommt in der göttlichen Menschwerdung zur Anschauung.

Die Besonderung des Geistes – das Böse

Zitat

„Das tiefste Bedürfnis des Geistes ist, dass der Gegensatz im Subjekt selbst zu seinem allgemeinen, d.h. abstraktesten Extrem gesteigert werde. Das ist diese Entzweiung, dieser Schmerz, den wir betrachtet haben. Dadurch, dass seine beiden Seiten nicht auseinanderfallen, sondern dieser Widerspruch im Einen, dem Subjekt, sind, beweist sich zugleich das Subjekt als unendliche Kraft der Einheit; es kann diesen Widerspruch aushalten. [...] Das, wodurch das Bedürfnis befriedigt wird, ist das Bewusstsein der Aussöhnung, des Aufhebens, der Nichtigkeit des Gegensatzes, dass nicht dieser, sondern vielmehr dies die Wahrheit ist, durch die Negation des Gegensatzes die Einheit zu erreichen. Dies ist der Friede, die Versöhnung, die das Bedürfnis fordert (3, 233).

Das Bedürfnis der Versöhnung

Hier wird die ungeheuerliche Spannung begriffen, die darin liegt, dass der Schöpfer der Welt, der unendliche Gott, mit einem Geschöpf in seiner Endlichkeit eins wird. Das menschliche Individuum Jesus ist Gott. Gott bleibt im Anderen zu sich mit sich identisch. Auch das Nichtgöttliche und mehr noch das Böse wird so mit Gott versöhnt. Gerade das Kreuz Jesu gibt Hegel zu denken. Der Absolute selbst zieht hier die Negation auf sich, Gott selbst stirbt, und zwar einen schändlichen Tod als vermeintlicher Verbrecher. Dieses Extrem ist nicht mehr zu überbieten. Im Tod aber erlischt die Macht der Negation, die ihr Werk vollbracht hat, und so ereignet sich im Tod Gottes am Kreuz die Negation der Negation, der Tod des Todes und damit die Auferstehung (3, 247 Anm.). Entscheidend ist hierbei, dass dadurch nicht nur Gott selbst von Leid und Tod betroffen wird, mehr noch wird dadurch letztlich „das Menschliche, Endliche, Gebrechliche, die Schwäche, das Negative göttliches Moment" (3, 249). Zunächst wird die Geschichte Jesu zur Geschichte Gottes, letztlich aber wird dadurch die Geschichte der Menschheit zur Geschichte der Gottheit. Für

Die Versöhnung durch den Sohn

Das Endliche in Gott

Geschichte des Menschen – Geschichte Gottes

die Menschen aber bedeutet dies, dass ihre Aufgabe darin besteht, die Wahrheit über sich und die Wahrheit über Gott zu erkennen, und ihr Bewusstsein von Gott zum Selbstbewusstsein fortzubestimmen.

Zitat

„Mit dem Tode Christi beginnt aber die Umkehrung des Bewusstseins. Der Tod Christi ist der Mittelpunkt, um den es sich dreht; in seiner Auffassung liegt der Unterschied äußerlicher Auffassung und des Glaubens, d.h. der Betrachtung mit dem Geiste, aus dem Geiste der Wahrheit, aus dem heiligen Geist. [...] Die höhere Betrachtung ist aber die, dass in Christus die göttliche Natur geoffenbart worden sei. [...] Denn der Glaube ist wesentlich das Bewusstsein der absoluten Wahrheit, dessen was Gott an und für sich ist: was aber kurz an und für sich ist, das haben wir gesehen; er ist dieser Lebensverlauf, die Dreieinigkeit, worin das Allgemeine sich selbst gegenüberstellt und darin identisch mit sich ist. Gott ist in diesem Element der Ewigkeit das Sichzusammenschließen mit sich, dieser Schluss seiner mit sich. Der Glaube fasst nur auf und hat das Bewusstsein, dass in Christus diese an und für sich seiende Wahrheit in ihrem Verlauf angeschaut werde und dass durch ihn erst diese Wahrheit geoffenbart worden sei" (3,244 Anm.).

Dreieinigkeit

Weitung ins Allgemeine

So sehr Hegel einerseits daran festhält, dass nur und ausschließlich in Jesus Christus Gott Mensch geworden sei, so sehr wird die Bedeutung der Menschwerdung Gottes ins Allgemeine geweitet. Durch das Kreuzesgeschehen wird offenbar, dass Gott die Liebe ist (3,246), die alle Gegensätze in sich aufhebt. Diese Aufhebung hat bereits begonnen, was nichts anderes besagt, als dass das Reich Gottes bereits angebrochen und mithin Gott gegenwärtig ist. Die Individuen, denen die verbindliche Gegenwart Gottes aufgeht, bilden die Gemeinde bzw. die Kirche. Hier ereignet sich die „Ausgießung des Heiligen Geistes" (3,247). Das Zu-Sich-Kommen des göttlichen Geistes im Menschen ereignet sich zunächst in der Kirche als besonderer Gemeinschaft. Doch weitet sich im Fortgang der Geschichte diese Gemeinschaft ins Allgemeine. Die Geschichte ist für Hegel, die Geschichte der Befreiung des menschlichen Bewusstseins zum Selbstbewusstsein und als solche die Geschichte der Freiheit. Ein wichtiger historischer Schritt der Befreiung ist für Hegel die Reformation, da hier die Vermittlung Gottes nicht mehr vornehmlich über die besonderen Repräsentanten Christi im Sinne kirchlicher Amtsträger geschieht,

Der Heilige Geist und die Gemeinde

Geschichte der Freiheit

sondern durch die individuelle Gewissheit des Glaubens. Die neuzeitliche Vernunftgeschichte führt nach Hegel zur Befreiung der Vernunft. Parallel zur geistigen Befreiung ereignet sich besonders in der Französischen Revolution die entsprechende politische Befreiung. Für die Menschen aber bedeutet dies, dass ihre Aufgabe darin besteht, die Wahrheit über sich und die Wahrheit über Gott zu erkennen, und ihr Bewusstsein von Gott zum Selbstbewusstsein fortzubestimmen. Deshalb nimmt in der hegelschen Entfaltung des Wissens, wie sie vor allem in der „Enzyklopädie der philosophischen Wissenschaften" geschieht, die Philosophie einen übergeordneten Standpunkt ein. Da das spekulative Denken Gott nicht mehr lediglich als einen Gegenstand des Bewusstseins, sondern ihn auch als den Grund des eigenen Selbstbewusstseins begreift.

Hegel sieht in seiner Zeit die christliche Wahrheit einerseits durch die Aufklärung des kahlen Verstandes und andererseits durch die Vernunftlosigkeit eines bloßen Glaubens oder durch die Historisierung der Wahrheit in der zeitgenössischen Theologie bedroht. Demgegenüber bringt die spekulative Vernunft die Wahrheit aus sich selbst hervor und bietet sie jedem mitdenkenden Menschen als Grund des eigenen Selbstbewusstseins an. Hegel ist der Überzeugung, dass sich die christliche Wahrheit in den philosophischen Begriff geflüchtet hat. Dieser rettet nicht nur den Gedanken der Dreieinigkeit als eine separate Größe, sondern sie hat die Trinität in Gestalt der Dialektik zu seinem Konstruktionsprinzip, da der dialektische Geist gerade die Aufhebung und damit die Einung des Verschiedenen ist. Freilich ist das entsprechende Denken kein bloß menschliches Vermögen, auch kein bloß natürliches Verstehen, vielmehr setzt es einen Subjektwechsel voraus. Der göttliche Geist selbst legt hier Zeugnis von sich ab (3,268):

Trinität und Dialektik

Subjektwechsel

Zitat

„Die Philosophie ist insofern Theologie. Sie stellt die Versöhnung Gottes mit sich selbst und mit der Natur dar, dass die Natur, das anders sein an sich göttlich ist und dass der endliche Geist teils an ihm selbst dies ist, sich zur Versöhnung zu erheben, teils in der Weltgeschichte zu dieser Versöhnung kommt, diese Versöhnung hervorbringt. Diese Versöhnung ist dann der Friede Gottes, der nicht höher ist als alle Vernunft, sondern der durch die Vernunft erst gewusst, gedacht und als das Wahre erkannt wird" (3,269).

Wird hierbei die Grenze menschlicher Vernunft überheblicher Weise überschritten? Wird hier das Geheimnis Gottes missachtet? Werden Offenbarung und Gnade überflüssig? Ich meine nicht, denn es ist zunächst grundsätzlich zu fragen, ob die Menschheit von Gott angenommen werden kann. Oder anders ausgedrückt: Ist die Gottheit Jesu Christi überhaupt zu denken? Und wenn wir diese Frage mit ja beantworten, dann müssen wir weiter fragen, woher wir denn wissen, dass in Jesus von Nazaret Gott Mensch geworden ist. Alle christologischen und trinitätstheologischen Grundgedanken des Christentums sind für einen bloßen anthropologischen Verstand eine Ungeheuerlichkeit und letztlich undenkbar. Für den bloß menschlichen Verstand bleibt der Kern des christlichen Glaubens eine Torheit, eben weil radikal Verschiedenes wie eben Vater und Sohn, Gott und Mensch identifiziert, genauer synthetisiert werden. Freilich steht schon in den Schriften des Neuen Testaments selbst geschrieben:

Denken im Geist

Zitat

„Niemand kann sagen: Jesus ist der Herr, wenn nicht im Heiligen Geist" (1 Kor 12,3).

Glauben und Begreifen im Heiligen Geist

Nur demjenigen, der im göttlichen Geist denkt, kann die Einheit von Jesus und Gott („Herr") aufgehen. Und dasselbe wäre noch einmal von den Heiligen Schriften als solchen zu sagen, die auch niemand als Offenbarungen Gottes auslegen kann, wenn nicht im Heiligen Geist. Und auch der Anspruch der theologischen Tradition sowie der kirchlichen Amtsträger kann nur im entsprechenden Geist als Wahrheit angenommen werden. Der göttliche Geist kann aber nicht absolut vom menschlichen Geist verschieden sein, wenn dieser jenen einsehen soll. Vielmehr muss er die in den Menschen gesetzte Bedingung der Möglichkeit für die Erkenntnis Gottes sein. Mit Goethe gesprochen:

Zitat

„Wär nicht das Auge sonnenhaft, / Die Sonne könnte es nie erblicken; / Läg nicht in uns des Gottes eigene Kraft, / Wie könnt uns Göttliches entzücken" (Zahme Xenien).

Die menschliche Vernunft, sofern sie sich von ihrer menschlich-allzumenschlichen Seite unterscheidet, als Manifestation des göttlichen Geistes zu begreifen, ist eine der großen Errungenschaften der abendländischen Neuzeit. Freilich bleibt noch einmal bestehen, dass sich die neuzeitliche Geschichte der Vernunft nie hätte ereignen können, ohne die auch historisch greifbare Vorgabe Jesus und ohne die ihn bezeugenden Heiligen Schrift. Dass das Verhältnis von Vor-Gabe Gottes und menschlichem Nach-Denken in unserer Zeit nochmal anders bestimmt werden muss als in den Tagen von Goethe und Hegel, versteht sich von selbst, doch bleibt für eine zeitgemäße Trinitätslehre gerade das Denken Hegels seinerseits eine unverzichtbare Inspiration. Und so gilt es, zu einer neuen Gelassenheit gegenüber den maßgeblichen Gestalten der Trinitätslehre zu kommen, gleich, ob sie dem patristisch-scholastischen oder dem neuzeitlichen Kontext entstammen. Dabei ist es entscheidend, dass auch die epochal verschiedenen Konstellationen nicht gegeneinander ausgespielt werden.

Vor-Gabe: Jesus

Deshalb müssen landläufige Missverständnisse ausgeräumt werden. Häufig wird gegen die hegelsche Philosophie eingewandt, dass dadurch etwa die Schöpfung zu einem notwendigen Moment der Entwicklung Gottes werde, und auch dass das Kreuz Christi Ausdruck einer notwendigen Dynamik der Weltgeschichte sei. Und grundlegender wird häufig die geschichtliche Dynamik Gottes selbst als einem christlichen Gottesbegriff widersprechend angenommen. Doch ist hierbei zu beachten, dass Freiheit und Notwendigkeit für Gott nicht unterschieden sein können, denn der Gedanke der Willkürfreiheit ist von Gott ebenso fernzuhalten wie der Gedanke, Gott sei einem äußeren Zwang unterworfen. Bezogen auf Gott besagt vollkommene Notwendigkeit nichts anderes als vollkommene Freiheit. Gottes Handeln folgt einzig seinem eigenen freien Ratschluss, der nichts anderes ist als sein innerer Begriff, eben der Logos, Gottes Sohn. Eine ähnliche Einseitigkeit wie bei der Entgegensetzung von Freiheit und Notwendigkeit muss auch bezogen auf die Relation von Schöpfer und Geschöpf vermieden werden. Nicht nur birgt der Unendliche alle Endlichkeit in sich, da er nicht gegen sie begrenzt sein kann, sondern Gott umfängt auch alle Zeit, die er gleich einer Quelle aus sich entlässt und zugleich in sich aufnimmt. Gerade der Gedanke der Trinität ermöglicht es, einen Gott zu denken, der Einheit und Vielheit, der Eine und das Andere, Vater und Sohn, Theos und Logos, Gott und Mensch, Ewigkeit und Zeit zugleich ist. Die ewige innere Spannung Gottes nennt Hegel *Geist* – er ist die Identität von Identität und Differenz.

Freiheit und Notwendigkeit

Trinität und Geist

Zusammenfassung

Die neuzeitliche Trinitätslehre hat zu ihrem Konstruktionspunkt den Geist, er ist die Manifestation Gottes in uns. Die Menschheit wird dadurch in die geschichtliche Dynamik des Zu-sich-Kommens Gottes hineingenommen. Dadurch finden sowohl das menschliche Individuum als auch die gesamte Menschheit zu einer neuen, nie da gewesenen Würde, die sich in ihrer Freiheit und Vernunft äußert. Bei Hegel wird die Trinität zum Inbegriff des Vernünftigen und zur Mitte seines philosophischen Systems. Der Geist Gottes setzt alle Unterschiede, und er hebt sie im Verlauf des Weltprozesses wieder auf. Auch Hegel unterscheidet die immanente von der ökonomischen Trinität. Dabei kann er die immanente Trinität mit der Person des Vaters identifizieren, die „Ökonomie" der Welt entspricht dann dem Sohn, und der Prozess der Vergöttlichung der Welt wird mit dem Geist Gottes verbunden. Die Trinität als ökonomische und als immanente kann mit den logischen Momenten der Allgemeinheit (Vater), der Besonderheit (Sohn) und der Einzelheit (Geist), aber auch mit der These (Vater), der Antithese (Sohn) und der Synthese (Geist) verbunden werden, dabei gilt die Zuordnung: Vater – Identität vor aller Differenz; Sohn – Differenz; und Geist – Identität von Identität und Differenz.

2.2 Bio-Anthropo-Logie oder Primat der Erfahrung: SOHN

Das spekulative Band, das göttliche und menschliche Geistigkeit miteinander verbindet, wird in der nachmetaphysischen Denkart der Moderne aufgelöst. Vor allem die trinitätsphilosophischen Spekulationen Hegels und Schellings stellen einen letzten Höhepunkt onto-theo-logischer Trinitätslehre dar, der gerade wegen der hier bestimmenden *Wechselwirkung* von Gottheit und Menschheit zum Anstoß für ein radikal verändertes Verständnis von Mensch und Welt führen kann. Die in diesem Kontext angenommene *Gemeinschaft* zwischen Gott und Mensch ist nicht zu überbieten, betrachtet doch der Deutsche Idealismus das menschliche Selbstbewusstsein zugleich als Gottesbewusstsein. Gott denkt sich im Menschen selbst. Er kommt in den trinitarisch fundierten Denkformen zu sich selbst. Es bedarf allerdings nur einen geringen Wechsel der Perspektive, dann ist es *nicht mehr der göttliche Geist in uns, der denkt, sondern, dann sind wir es, die sich Gott ausdenken*. Wir ent-werfen unser eigenes menschlich-allzumenschliches Wesen in himmlische Höhen. Es bedarf aber eben der vorangegangenen Höhe menschlichen Selbstverständnisses, um Gott als Idee des Menschen entlarven zu können. Durch diesen Schritt wird freilich gemäß dem Selbstverständnis des nachmeta-

Die Anthropologisierung

physischen Denkens der theologische Schleier von aller Wirklichkeit gerissen, und diese erscheint zum ersten Mal, wie sie ist. Die vormalige Theologie wird so über die Mitte der Christologie zur Anthropologie. Ludwig Feuerbach gibt damit dem Gedanken der Menschwerdung Gottes eine radikal neue Bedeutung. Das vormals Göttliche hat sich als Produkt des weltlichen Menschen herausgestellt. Es bleiben die bloße Menschlichkeit und Zwischenmenschlichkeit im Sinne der gesellschaftlichen Wirklichkeit übrig. Dies hat weitreichende Konsequenzen für jedes weitere Denken der Trinität.

Mit Anbruch der Bio-Anthropo-Logie werden auch die Trinitätslehren, welche die lateinische und griechische Kirche prägten, zunächst obsolet. Die höchsten Wirkungen Gottes, die menschliche Freiheit und die menschliche Vernunft, befinden sich fortan in keiner spekulativen Relation mehr. Weshalb auch die spekulativen Trinitätslehren der patristischen und der scholastischen Tradition nicht mehr überzeugen können. Der moderne Mensch betrachtet sich nicht mehr vornehmlich als freies Vernunftwesen, sondern als sinnliches Weltwesen. So suchen moderne Theologien, die sich ihrer Modernität bewusst sind, neue Analogien, neue Spuren der Trinität. Dies betrifft vor allem die katholische Trinitätslehre der Moderne, um hier an den bereits erwähnten Karl Rahner zu erinnern. Die Protestantische Theologie der Moderne betont dagegen die unaufhebbare Differenz zwischen Gott und Welt. Die offenbarungstheologische Sicht auf die Trinität rückt bei Karl Barth, wie eingangs angedeutet, in den Vordergrund.

Mensch als Weltwesen

Neue Spuren der Trinität

Entscheidend ist hier zu sehen, dass sich auf einer christologischen und trinitätstheologischen Basis eine Dimension des Nicht-Göttlichen, man könnte auch sagen der Säkularität, entwickelt, die es so in keinem anderen Kulturkreis gibt. Zugleich kommt es zu einer Erneuerung von Theologie und Kirche auf anthropologischer Basis. Plakativ kann diese säkulare Moderne wie folgt beschrieben werden: *Nicht mehr das Bewusstsein bestimmt das Sein, sondern das Sein bestimmt das Bewusstsein*. Dabei kommt es, wie Karl Marx in seiner 11. These über Feuerbach unmissverständlich klarmacht, nicht darauf an, die „Welt" zu interpretieren, sondern sie zu *verändern*. Diese Dynamik der Weltveränderung realisiert sich auch durch die Fortschritte der Naturwissenschaften und Technik in einer nie da gewesenen Intensität und Geschwindigkeit. *Diese Materialisierung des Geistigen kann als eine weitere Dimension der Inkarnation Gottes aufgefasst werden*. Freilich ist zunächst festzustellen, dass sich hier das Moment der *Negation* manifestiert. Das heißt, dass vor allem das weltliche Denken der Moderne,

Weitere Dimension der Inkarnation

das man nicht nur als Philosophie bezeichnen kann, nicht nur einen antimetaphysischen, sondern auch einen antitheologischen und antichristlichen Grundzug ausbildet. Doch geschieht hier nichts anders als dass das zweite Moment in Hegels Dialektik, die Negation, sich absolut setzt. Mit Hegel zu reden, der „Sohn“, insofern er nicht Gott ist, die „Welt“ entfaltet sich ohne Rückbindung an den „Vater“ und ohne Perspektive der Aufhebung in den „Geist“. Das heißt, das abgründigste Moment der Moderne ist der „Tod Gottes“. Doch ist diese *Negation* Gottes bereits biblisch im Kreuzestod des Gottessohnes vorgedacht. Ohne den Tod Gottes am Kreuz kann es keinen Tod Gottes in der Weltgeschichte geben. Die menschliche Natur Christi, der Gottmensch in Knechtsgestalt, wird zu einem Grundmotiv der Moderne. Das heißt nun aber, der leidende Mensch, der zugleich seiner Göttlichkeit entkleidet ist, und der in der Welt mit der Ungerechtigkeit, mit der Enteignung seines Eigensten steht, ist letztlich mit dem Tod konfrontiert. Das Negative wird nun rein weltlich erfahren. Und entsprechend kann sich die Überwindung des Negativen nur rein weltlich vollziehen. Das Leid des Knechts muss innerweltlich und innergeschichtlich überwunden werden. Dadurch wird nicht nur die revolutionäre Dynamik der Moderne, sondern auch die Entfesselung der weltverändernden Produktivkräfte – auch durch die Industrialisierung – begreifbar.

Verneinender Grundzug

Die zweite göttliche Person ohne Göttlichkeit

2.2.1 Die menschlich-allzumenschliche Dimension

Trinitätstheologisch gesprochen ist die Moderne die Phase der ihrer Göttlichkeit ledigen zweiten göttlichen Person, mit Sören Kierkegaard gesagt, die Zeit des Inkognito Gottes. Nietzsche wird dies auf den Punkt bringen, wenn er den Tod Christi am Kreuz zum „Tod Gottes“ fortbestimmt. Damit aber wird die Bio-Anthropo-Logie zur Dimension der bloßen Weltlichkeit des menschlich-allzumenschlichen Menschen. Sie ist aber auch die Sphäre der Entzweiung oder des weltlichen Gegensatzes. Der Mensch steht mit sich selbst und seinesgleichen im Gegensatz. Die Kraft der Negation wird in der Welt und damit auch „weltanschaulich“ ausgetragen. Entsprechend kommen in verschiedener Weise konkrete innerweltliche Kämpfe auf: Feuerbachs anti-metaphysische Anthropologie ist erst der Anfang, es folgen die anti-bürgerlichen und anti-kapitalistischen Analysen von Karl Marx, die auf eine neue – kommunistische Zukunft – zielen. Aber auch das Anti-Christentum Friedrich Nietzsches ist zu nennen. Das „Anti“ rich-

Der Tod Gottes

Weltanschauliche Kämpfe

tet sich auf tatsächlich oder vorgeblich lebensfeindliche Kräfte. Unter Leben (*biós*) wird aber das weltliche Dasein verstanden. So versucht etwa Sigmund Freud mit seiner Psychoanalyse Entfremdungen im bio-anthropo-logischen Lebensgrund aufzudecken und eine neue Vitalität des Menschen zu erlangen. Stets geht es darum, im Leben des Einzelnen (Freud) oder der Masse (Marx) einen Missstand zu überwinden und neue Lebensmöglichkeiten aufzutun, neue Lebensräume zu erobern. Diese Lebensräume befinden nicht nur im Inneren der vitalen Seele, sondern auch in der äußeren Wirklichkeit. Technische Innovationen dienen der Welterschließung. Medizinische Forschung will die Leiblichkeit des Menschen heilen. Die Sozial- und Bio-Politik der Moderne will gesellschaftliche Negativkräfte beseitigen. Dabei kann es sich wie in den verschiedenen Formen des Sozialismus um neue Produktionsverhältnisse handeln, weshalb die gesellschaftlichen Klassen, die die alten Verhältnisse repräsentieren, vernichtet werden sollen, um hier an den Kampf des Sowjetsystems gegen das Bürgerliche und Christliche zu erinnern. Dort, wo der Mensch sich ausschließlich als bio-soziologisches Wesen begreift, können auch Rassen von Menschen Thema der Politik werden. Hier ist zunächst an den eurozentrischen Rassismus zu denken, der auch bei der Unterwerfung der Welt durch die technologisch überlegenen Europäer und ihrer kapitalistischen Produktionsweise eine immense Rolle spielt. Freilich bilden der Nationalsozialismus und die von ihm durchexerzierte Schoah einen einsamen Tiefpunkt der modernen Negationspolitik. Doch ist auch an den größeren Kontext euro-amerikanischen Machtstrebens zu denken, das nicht nur die Welt unterworfen und kolonialisiert, sondern auch die Weltkriege des 20. Jahrhunderts mit verursacht hat. Auf den im imperialistischen Streben der europäischen Mächte nach Weltherrschaft wurzelnden Ersten Weltkrieg folgt nicht nur der weltanschaulich-radikalisierte und die Vernichtung des Anderen zielende Zweite Weltkrieg, sondern auch der noch immer ideologisch motivierte Kalte Krieg, der erst 1989 zu Ende ging. In den ideologischen Kämpfen sollte die Verknechtung des Menschen beseitigt werden. Dabei konnten die verknechtenden Kräfte im „bürgerlichen Kapitalismus", in der „jüdisch-bolschewistischen Weltverschwörung" oder in der „sozialistischen Diktatur des Proletariats" gesehen werden. Stets ging es um einen Unterschied im Ganzen. Stets handelte es sich um unversöhnliche Gegensätze. Eine Versöhnung ist auf der Ebene reiner Negation und reiner Weltlichkeit nicht zu denken. Entsprechend ist für die Moderne eine Entgeistung festzustellen. Der göttliche Geist als das dritte und das ver-

Beseitigung des Negativen

Der Wille zur Macht

Entgeistung

söhnende Moment entfällt und stattdessen kommen der Materie und dem Materialismus der Primat zu. Der Materialismus herrschte nicht nur in den noch einmal sehr differenziert zu betrachtenden materialistischen Weltanschauungen, die von Feuerbach über die modernen Naturwissenschaften und die moderne Medizin bis zu den sozialistischen Ideologien und dem nationalsozialistischen Rassismus reichen, sondern auch im kapitalistischen „Westen", der jedenfalls äußerlich die christlichen Grundlagen bewahrt. Doch wird auch hier der Religion und der Dimension des Geistes – nicht mit ideologischer Gewalt, sondern mit lebenspraktischer Fixierung auf die materiellen Aspekte des Daseins – faktisch der Boden entzogen. Ein glückliches Leben (*beata vita*) erwartet man sich hier nicht mehr von Gott oder der Realisierung des geistigen Lebens, sondern von physischer Gesundheit, struktureller Absicherung, Befriedigung materieller Bedürfnisse (die freilich oft durch die Werbebranche eigens geweckt werden) und die Konsumierung der Produkte der (meist amerikanischen) Unterhaltungsindustrie. So kann es nicht wundern, dass auch in den Demokratien des Westens, die oftmals christliche Grundlagen haben, seit knapp zwei Jahrhunderten eine Entchristianisierung und damit eine Säkularisierung stattfindet, die die Bedeutung von Religion und Metaphysik radikal geschwächt haben. Gleichwohl bleiben das Motiv des „Gottmenschen in Knechtsgestalt" und die Sehnsucht nach Überwindung des unversöhnten Zustandes als enttheologisierte und dadurch anthropologisierte Grundmomente des Christentums virulent. Der urchristliche Gedanke der Inkarnation, der Vermenschlichung Gottes und seiner Erniedrigung und Entäußerung in die Welt geht hier ins Äußerste. Der Mensch der Moderne ist die ihrer Gottheit entkleidete Gestalt Christi.

„Materialismus"

So kann es hier nicht um äußerliche Beurteilungen gehen, vielmehr kommt es darauf an, in der Tiefe kritisch zu sein, das heißt zu unterscheiden. Dass die Moderne – wie auch die verschiedenen Phasen der Metaphysik auf je ihre Weise – schreckliche Phänomene hervorgebracht hat, kann nicht bestritten werden, doch gilt es an dieser Stelle, auch die positiven Aspekte, Entfaltung der Weltlichkeit, der Anthropologie und der entsprechenden (Natur-)Wissenschaften und Techniken, zu sehen. Es gilt, die positiven Wirkungen der radikalen Verweltlichung Gottes aufzudecken und die Spuren des göttlichen Geistes in allem zu suchen. „Prüft aber alles, das Gute behaltet! Meidet das Böse in jeder Gestalt!" (1Thess 5,21f.) Das Böse und mithin die wahre Gottlosigkeit finden sich in jeder Zeit und an jedem Ort auf eigene Weise. Sie sind nicht einfach identisch mit dem modernen Atheismus! Stets gilt es, die Geister zu unterscheiden und das Gute aufzufinden. Bei Feuerbach etwa sehen wir eine heilsame Konzentration auf das Sinnliche und eine notwendige Kritik menschlicher Vorstellungen von Gott.

Zitat

„Wie der Mensch denkt, wie er gesinnt ist, so ist sein Gott: so viel Wert der Mensch hat, so viel Wert und nicht mehr hat sein Gott. Das Bewusstsein Gottes ist das Selbstbewusstsein des Menschen, die Erkenntnis Gottes die Selbsterkenntnis des Menschen. Aus seinem Gotte erkennst Du den Menschen, und wiederum aus dem Menschen seinen Gott; beides ist identisch. Was dem Menschen Gott ist, das ist sein Geist, seine Seele, und was des Menschen Geist, seine Seele, sein Herz, das ist sein Gott: Gott ist das offenbare Innere, das ausgesprochne Selbst des Menschen; die Religion die feierliche Enthüllung der verborgnen Schätze des Menschen, das Eingeständnis seiner innersten Gedanken, das öffentliche Bekenntnis seiner Liebesgeheimnisse".[24]

Gott als das Selbst des Menschen

Wenn diese Sicht nicht verabsolutiert wird, trifft sie durch und durch Wahres. Religion ist – auch – ein Produkt des Menschen im Einzelnen und als Gesellschaft. Die materiellen und die gesellschaftlichen Verhältnisse prägen, wie ein Mensch sich Gott vorstellt. Und häufig wird Religion für menschlich-allzumenschliche Zwecke funktionalisiert. Zum Wesen des Menschen gehört generell auch die Zwischenmenschlichkeit. So leitet Feuerbach die Trinitätslehre aus den elementaren Vorstellungen menschlicher Gemeinschaft ab. Vater, Mutter und Kind[25] gelten als Urbild der Gesellschaft und deshalb auch der Trinität. Und die dialektische Entgegensetzung von Vater und Sohn führt Feuerbach auf die interpersonale Verbindungen von Ich und Du zurück: „*Einsamkeit* ist *Endlichkeit* und *Beschränktheit, Gemeinschaftlichkeit* ist *Freiheit* und *Unendlichkeit*. Der Mensch *für sich* ist Mensch (im gewöhnlichen Sinn), Mensch *mit* Mensch – *die Einheit von Ich und Du ist Gott*."[26] Selbstverständlich entwickelt Feuerbach seine Gedanken im Sinne einer radikalen Kritik der Religion und mehr noch einer Negation. Wie wir bereits am Anfang gesehen haben, wird aber

Trinität und Zwischenmenschlichkeit

[24] FEUERBACH, Ludwig: Das Wesen des Christentums, Stuttgart 1969, 53

[25] FEUERBACH: Das Wesen des Christentums, 128.

[26] FEUERBACH, Ludwig: Grundsätze der Philosophie der Zukunft, §60.

die feuerbachsche Kritik für die moderne Theologie zum Anlass, sich selbst zu entfalten. Bezogen auf unser Thema führt Feuerbach zur Ausbildung der „sozialen Trinitätslehre".

Soziale Trinitätslehre

Gerade in unseren Tagen, in denen ein entfesselter Finanzkapitalismus ganze Nationen in die Armut treibt, gewinnt auch die marxsche Kritik neu an Relevanz. Marx übersetzt die innertrinitarische Dialektik von Vater und Sohn in die Dialektik von gesellschaftlichen Klassen, die durch ihre materielle Basis unterschieden werden. Und in der Tat treibt auch der Gegensatz von Unterdrücker und Unterdrückten, Ausbeutern und Ausgebeuteten die Geschichte voran. Was biblisch als Götze oder Dämon beschrieben ist, kann nun als „das Kapital", aber auch als hemmungslose Profitgier beschrieben werden. Ein kritisches Christentum, das die Geister zu unterscheiden weiß und folglich das Reich Gottes vom Reich der Dämonen trennt, muss seinen Blick auf die Welt mit marxschem Instrumentarium schärfen. Denn, wie Marx klargemacht hat, unterwirft die Herrschaft des Kapitals schlechthin alles:

Die Dialektik der sozialen Klassen

Zitat

„Sie hat den Arzt, den Juristen, den Pfaffen, den Poeten, den Mann der Wissenschaft in ihre bezahlten Lohnarbeiter verwandelt. Die Bourgeoisie hat dem Familienverhältnis seinen rührend-sentimentalen Schleier abgerissen und es auf ein reines Geldverhältnis zurückgeführt. [...] Alles Ständische und Stehende verdampft, alles Heilige wird entweiht, und die Menschen sind endlich gezwungen, ihre Lebensstellung, ihre gegenseitigen Beziehungen mit nüchternen Augen anzusehen" (528f.).

Eine wachsame Theologie darf sich nicht verhehlen, dass sie selbst mit der Lebenswelt der Menschen in die Mühlen kapitalistischer Mechanismen gezogen wird. Marx überlässt die Kritik der Religion den Philosophen, zu denen er noch Feuerbach zählt. Er selbst kritisiert jenseits der Philosophie die Verhältnisse, die – seiner Überzeugung nach – metaphysischen Trost hervorrufen. Und so wendet er sich auch nicht gegen den trinitarischen Gott, sondern gegen „die trinitarischen Formeln" von Kapital, Boden und Arbeit, bzw. Profit, Grundrente und Arbeitslohn. Darin sieht er „die trinitarische Formel, die alle Geheimnisse des gesellschaftlichen Produktionsprozesses einbegreift" (822).

Trinität und Gesellschaftskritik

Es wären hier genauso gut die Inspirationen Nietzsches, Freuds, aber auch Sartres und Heideggers zu bedenken. Und natürlich müssen wir hier explizit die heilenden, heilsamen oder zumindest hilfreichen Einsichten und Praktiken der Medizin, der Psychologie und der Soziologie ebenso erwähnen, wie die Fortschritte der Technik und der industriellen Produktionsweisen, die das Antlitz der Welt durchaus nicht nur negativ verändert haben. Doch mag das bisher Gesagte genügen, um anzudeuten, dass eine heutige Trinitätslehre nicht nur die soziale und ökonomische Dimension der Wirklichkeit, sondern auch die psychischen und existenziellen Verhältnisse nicht außen vor lassen kann. Eine Trinitätslehre, die im Gedanken des dreieinen Gottes eine Entfaltung des Satzes: „Gott ist Liebe“ sieht, muss diese Liebe auch in einem ebenso kritischen wie ganzheitlichen Engagement in dieser Welt verwirklichen. Nur so bleibt Liebe nicht nur ein Wort und trinitarische Spekulationen nur theoretische Wahrheiten. Eine wahre Theorie allerdings – auch diejenige der Trinität – wird immer auch zur Praxis.

Liebe und ganzheitliches Engagement in der Welt

Zusammenfassung

Die bio-anthropo-logische Revolution des frühen 19. Jahrhunderts hat nicht nur die Dimension des Geistigen in einer noch nie da gewesenen Radikalität neu bestimmt, sondern auch die weltliche Wirklichkeit radikal verändert. Die Wurzel (*radix*) dieses Umbruchs ist der Gedanke der Menschwerdung Gottes im Sinn, dass das Göttliche ganz in der Welt aufgeht und untergeht. Das Resultat ist der Tod Gottes. Trinitätstheologisch angespitzt können wir davon sprechen, dass der Vater im Himmel stirbt, der Heilige Geist seiner Heiligkeit entkleidet und der Sohn seiner göttlichen Natur beraubt wird. Es bleibt die menschlich-allzumenschliche Vernunft, die freilich dann die Welt in neuer Weise erschließt und verwandelt. Wegen des Gedankens der Inkarnation des göttlichen Logos kann diese Konstellation insgesamt dem Sohn zugeordnet werden. Dessen Leid am Kreuz wird zum Sinnbild für alles Leid der Welt, das nunmehr ausschließlich innerweltlich gelindert bzw. beseitigt werden will.

2.2.2 Der moderne Glaube

Schon früh hat sich die christliche Theologie vor allem des Protestantismus auf die Dynamik der Moderne eingelassen: Adolf von Harnack (1851-1930), der die Historisierung der Dogmatik vorantrieb, Leonhard Ragaz (1868-1945), der Begründer des religiösen Sozialismus, oder Karl Barth (1886-1968), der Modernisierer des Trinitätsglaubens, dessen theologischer Weg von Harnack und Ragaz geprägt wurde. Noch bis in sein spätes Hauptwerk, die

„Kirchliche Dogmatik", wendet sich Barth gegen eine spekulative Durchdringung der Trinitätslehre (KD 489). Durch einen Abgrund bleibt letztlich jede moderne Theologie nicht nur von der onto-theo-logischen Vernunft getrennt, sondern auch von jeder modernen Weltanschauung. Der negative oder verneinende Grundzug der Moderne verhindert, dass moderner Glaube und modernes Denken sich im Grund versöhnen. Wie Freud, Nietzsche und Marx den Gottesglauben ablehnen, so bleiben moderne Theologie und Kirche in einem prekären Spannungsverhältnis zur Dynamik der modernen Welt und Wissenschaft. Während die Katholische Kirche bis zum II. Vatikanischen Konzil in einem Antimodernismus verharrt, stellt sich das Bild im modernen Protestantismus differenzierter dar. Das Verhältnis reicht von partieller Anpassung wie in der „liberalen Theologie" bis zur radikalen Kritik der modernen Zeit, wie wir sie phasenweise bei Karl Barth und der „dialektischen Theologie" finden. Die Trinitätslehre als solche wurde, wie wir bereits gesehen haben, etwa von Adolf von Harnack als onto-theo-logischer Ballast abgeworfen, während sie Karl Barth offenbarungstheologisch zu erneuern versucht.[27] Bei aller Größe und Originalität moderner Theologie bleibt diese bis in unsere Tage häufig reaktiv oder sekundär gegenüber der Dynamik der Moderne – und Postmoderne. So ist noch die Theologie von Jürgen Moltmann (*1926), einem Hauptvertreter der sozialen Trinitätslehre, maßgeblich von Freud und Marx inspiriert, sucht er doch in seinem frühen Hauptwerk „Der gekreuzigte Gott" Wege zur psychischen und politischen Befreiung des Menschen (ebd. 268-31). Entweder sind die modernen Theologen bemüht, den „Anschluss" an die Welt nicht zu verpassen oder sie setzen sich ihr radikal entgegen, wobei sie sich durchaus zu Recht auf ihr ureigenes Prinzip, Offenbarung, berufen. Durch die Offenbarung unterscheidet sie sich von der Welt. Insofern sie sich bei der gedanklichen Durchdringung aber notgedrungen auf moderne Denkformen einlassen, wird auch noch die entschiedenste Offenbarungstheologie im Grunde zu einer modernen oder, sagen wir präziser, einer bio-anthropo-logischen „Weltanschauung", wenn auch zu einer christlichen. Nicht mehr die onto-theo-logische *Wahrheit* ist ihre Sache, sondern die religiöse *Erfahrung*, denn auch hier gilt, das (weltliche) *Sein bestimmt das Bewusstsein*. Offenbarung aber meint die Begegnung mit der göttlichen *Wirklichkeit*. In der Welt wird das *wirkliche Sein* Gottes – seine wirksame Anwesenheit – erfahren:

Theologie meist sekundär gegenüber Anthropologie

[27] Vgl. dazu hier 267 und RUHSTORFER: Gotteslehre, 135-145.

Zitat

„Die Wirklichkeit Gottes in seiner Offenbarung ist nicht einzuklammern mit einem ‚nur', als ob irgendwo hinter seiner Offenbarung eine andere Wirklichkeit Gottes stünde, sondern eben die uns in der Offenbarung begegnende Wirklichkeit Gottes ist seine Wirklichkeit in alle Tiefen der Ewigkeit. So ernsthaft haben wir sie gerade in seiner Offenbarung zu nehmen" (KD 503).

Dieser Gedanke hat enorm folgenreiche Konsequenzen für die Trinitätslehre, da hier die innere Wirklichkeit Gottes mit seiner Offenbarung letztlich identisch gesetzt wird. Wenn Karl Rahner im Anschluss an Karl Barth die Identität von ökonomischer und immanenter Trinität postuliert und dabei von einem Primat der ökonomischen Trinität ausgeht, dann ist damit allerdings anderes gemeint als wenn Hegel die Welt als das Andere zu Gott im trinitarischen Prozess Gottes aufgehoben sein lässt. Bei Hegel ist die Welt der nichtgöttliche „Sohn" Gottes, der bei aller Differenz noch einmal umfasst wird vom spekulativen Grundsatz der Identität von Identität und Differenz. Doch genau diese letzte Identität der Differenz ist in der Moderne entfallen. Ein bleibender *Abgrund* trennt Welt und Gott. Wenn nun dennoch die Identität von ökonomischer und immanenter Trinität gefordert ist, so ist dies der Versuch, Welt (Ökonomie) und Gott über diesen Abgrund hinweg wieder in eine Beziehung zu bringen. Die Überbrückung geschieht nun aber nicht mehr im Logos Gottes, sondern in der *anthropologischen Erfahrung*, denn der offenbarende Logos Gottes bleibt für die moderne Theologie vom Logos des weltlichen Geistes abgründig verschieden, worauf Karl Barth in aller Radikalität verwiesen hat. So trifft die Offenbarung Gottes den Menschen unmittelbar, durch keine spekulative Vernunft vermittelt. Der katholische Theologe Rahner, der von einem stärkeren Vermittlungsgedanken geprägt ist, sieht diese weniger in der spekulativen Rationalität, sondern in der existenzialistischen und mithin *modernen Vernunft* gegeben. Diese verhält sich aber ihrerseits gegenüber dem Gedanken der Offenbarung spröde, wie man am Philosophen Martin Heidegger (1889-1976) deutlich sehen kann. Rahner selbst bleibt in seiner Theologie allerdings durchaus von der seinsgeschichtlichen Philosophie Heideggers abhängig. So ist die ökonomische Trinität für ihn nichts anders als die *existenzielle Erfahrung* der immanenten Trinität, die in „der heils- und glaubensgeschichtlichen Erfahrung Jesu und seines Geistes in uns [zu] suchen" ist. Beide Arten von Trinität bleiben für die Vernunft

Abgrund trennt Gott und Welt

Erfahrene Offenbarung

bloßes Geheimnis, ja mehr noch sie sind „ein und dasselbe abgründige Mysterium" (Der dreifaltige Gott 340). Wohlgemerkt, Rahner nennt das Geheimnis „abgründig"! Nicht nur Theologie und Vernunft, sondern auch Kirche und Welt bleiben innerhalb des Horizonts der Bio-Anthropo-Logie unversöhnt. Eine Versöhnung wäre nur da möglich, wo die *Modernität als solche* auf die Offenbarung des dreieinen Gottes in vernünftiger Weise rückgeführt wird. Denn die Bio-Anthropo-Logie wäre dann nicht mehr das schlechthin Andere zur Onto-Theo-Logie, sondern *beide* wären verschiedene Reaktionen auf den *ihnen* vorgängigen biblischen Gedanken der Menschwerdung und Weltwerdung Gottes.[28]

Zusammenfassung

Auch innerhalb der nach-spekulativen Theologie gibt es eine *anthropologische Wende*, die den weltlichen Menschen zum Herzen der Betrachtung und der Praxis macht. Die moderne Theologie reagiert auf die verschiedenen Strömungen der Moderne vom Historismus des 19. Jahrhunderts, über den Existenzialismus und den Sozialismus bis hin zur Phänomenologie, den Naturwissenschaften und der Technik des 20. Jahrhunderts. Dabei macht sie häufig auch die menschliche Natur Christi bzw. die ökonomischen Trinität zum entscheidenden Moment von Theorie und Praxis. Da aber die vernünftige Vermittlung im spekulativen Logos entfällt, bleiben die weltliche Wirklichkeit der Moderne und der christliche Glaube durch einen Abgrund getrennt.

2.3 Tele-Semeio-Logie oder Primat der Zeichen: GEIST

Während im bio-anthropo-logischen Kontext der Moderne die zweite göttliche Person – allerdings nicht ihrer Gottheit, sondern ihrer Menschheit nach – im Zentrum steht, spielt im tele-semeio-logischen Rahmen der Geist als Vermittlung zwischen dem Einen und dem Anderen, dem Vater und dem Sohn, die maßgebliche Rolle. Der Geist kann in westlich-lateinischer Tradition verstanden werden als das Dritte oder die Mitte (lat.: *medium*) zwischen zwei Polen. Und eben in der westlichen Philosophie, Theologie und Kultur bildet sich eine Denk- und Lebensform aus, die die Differenz zwischen dem Einen und dem Anderen betont und zugleich die Mitte als *das Offene* betrachtet. Das offene *Medium*, die *Differenz* und so auch letztlich die *Pluralität* sind die Zei-

[28] Entsprechende Versuche finden sich in Ruhstorfer: Christologie und Ruhstorfer: Gotteslehre.

chen dieser Konstellation. Die Kultur der Medialität, der Andersheit und des Pluralismus wird häufig mit dem Namen „Postmoderne" etikettiert. Es ist wohl überflüssig zu bemerken, dass es sich hierbei, wie in der Moderne, um keine ihrem Selbstverständnis nach primär „theologische" Kultur handelt. Der Geist, das Dritte, die Differenz, das Medium, das Andere usw. bleibt kryptisch und zunächst scheinen die un- bzw. sogar anti-christlichen Tendenzen der Moderne fortgeführt zu werden. Allerdings unterzieht die „mediale Moderne" (Claus-Artur Scheier) die Kategorie der Negation einer derart gründlichen Revision, dass die *Verneinung* des Christlichen von einer zwischen Negation und Affirmation oszillierenden Haltung abgelöst wird, die wir *Be-Entgrenzung* bzw. *De-Limitation* nennen können. In der schwebenden Mitte zwischen Ablehnung und Annahme zeigt sich allerdings mehr und mehr die *Spur* des trinitarischen Gottes. Zuletzt hat dies in aller Ausführlichkeit und Ambivalenz Giorgio Agamben (*1942) in seinem Buch „Herrschaft und Herrlichkeit. Zur theologischen Genealogie von Ökonomie und Regierung" (Berlin 2010) gezeigt. Wir werden auf das neue Bewusstsein der Herkünftigkeit von christlichen Motiven noch zurückkommen. Zunächst müssen wir noch einmal betonen, dass das Dritte, das die Tele-Semeio-Logie kennt, letztlich das Leere bzw. das Offene ist.[29] Im Unterschied zur bio-anthropo-logischen Sphäre geht es nicht mehr primär um die materielle Welt und das wirkliche Sein, sondern um die „gedeutete Welt" (Rilke) der Zeichen. Wie Umberto Eco (*1932) im Ende seines Romans der „Name der Rose" (1982) schreibt: *Stat rosa pristina nomine, nomina nuda tenemus.* „Es steht die einstige Rose als Name, nackte Namen haben wir." Damit rücken die Zeichen in den Vordergrund der Betrachtung. Die konkrete, materielle „Rose" selbst verschwindet nicht vollkommen, aber wird sekundär und hinterlässt eine Spur, die gedeutet werden will. Entscheidend ist, dass diese Deutung offen und plural bleibt. Bei der Interpretation der Spur handelt es sich nicht um die rein geistige Idee der „Rose", sondern um die Differenz zwischen Idee und Materie, die zugleich einen Aufschub der Sache selbst impliziert. Das französische Wort *différer* bedeutet sowohl unterscheiden als auch aufschieben. Weder die Idee noch die äußere Wirklichkeit der Sache ist anwesend. Was bleibt ist die „Schrift" (*écriture*), da die „Schrift" – man könnte auch sagen das

Geist – Medium – Differenz

[29] Siehe dazu Foucault, Michel: Das Denken des Außen, in: Ders.: Dits et écrits. Schriften, Frankfurt 2001, 670-697, auch Agamben, Giorgio: Herrschaft und Herrlichkeit, Berlin 2010, 13.

„Bild" oder das „Zeichen" – gerade jene offene Mitte des Mediums anspricht. Sie ist gleichermaßen materialisierte Geistigkeit bzw. geisttragende Materialität. Entsprechend bezeichnet der „Geist", um den es in der Tele-Semeio-Logie geht, nicht die reine Idealität der Onto-Theo-Logie (im Sinne von „mind"), auch nicht die reine Materialität der Bio-Anthropo-Logie (im Sinne von „brain"), sondern die vermittelnde Instanz der Sprache, der Bilder, kurz: der medialen Welt. Geist ist Telekommunikation. Die entscheidende Attraktion unserer Tage geht nicht von der „wirklichen Welt", sondern von der medial vermittelten Welt der Kommunikation aus: Facebook, Twitter, Internet, Smartphone sind die elektrisierenden Stichwörter bzw. die Ikonen des Medienzeitalters. Auch die politischen Kämpfe um die Macht verlagern sich zunehmend in die Cyberworld. Wer die Medien beherrscht, beherrscht die Welt. Dies zeigt nicht zuletzt der Skandal um die Überwachungspraktiken der vor allem anglo-amerikanischen Geheimdienste, der durch den „Whistleblower" Edward Snowden aufgedeckt wurde. Kennzeichnend für den „Geist" unserer Tage ist das „*inter*", die Vermittlung zwischen dem Einen und dem Anderen: *Inter*nationalität, *Inter*aktivität, *Inter*personalität, *Inter*disziplinarität und schließlich noch einmal *Inter*net. Wir leben in einer Zeit wachsender *Vernetzung*.

2.3.1 Der Geist der Postmoderne

Ein weiterer Aspekt, der die Tele-Semeio-Logie kennzeichnet, ist die Distanzierung von einem normativen Begriff des Menschen. Um zu erinnern: Die Menschwerdung Gottes ist das Movens für die Bio-Anthropo-Logie, nur dass hier eben nicht mehr die beiden Naturen Christi, die Gottheit und Menschheit ungetrennt und unvermischt vereint sind, sondern die bloße Menschheit durch den Tod Gottes allein zurückbleibt. Es tritt aber ein normativer Begriff des Menschseins als Quelle aller Verbindlichkeit und als Zentrum der Erkenntnis an die Stelle Gottes oder besser gesagt an den Rand des Abgrundes, den der Tod Gottes aufgerissen hat. Marx hatte die neue anthropologische Normativität bezogen auf die *Masse* oder die *Totalität* der Menschen als „Kommunistische Gesellschaft" gefasst und als Zukunft der Menschheit verheißen. Nietzsche setzt dem Nihilismus – dem Abgrund –, der zur Entwertung aller Werte geführt hat, die Umwertung aller bisherigen Werte durch den „Übermenschen" als die Norm eines neuen Menschseins entgegen. Auch moderne Natur- oder Geisteswissenschaften wie Biologie, moderne Anthropologie oder Medizin, Jurisprudenz setzen neue Maßstäbe des Menschseins, zu denen auch die rassistischen Normen nicht nur des Nationalsozialismus gehören. Doch genau diese sachlich und weltlich fundierte Normativität wird durch die strukturalistische Psychologie und Ethnologie aufgebrochen. Michel Foucault (1926-1984) bringt diesen neuen Sachverhalt auf die Formel vom „Tod des Menschen".[30] Man kann fortan nicht mehr einfach sagen, was der Mensch ist, worin sein Wesen besteht. An die Stelle eines normativen Begriffs vom Menschen tritt nun die *Pluralität* als die *Offenheit* für den jeweils *Anderen* in seiner *Besonderheit*. Damit folgt der „Tod des Menschen" auf den „Tod Gottes". Beides aber verweist zurück auf den Tod Gottes am Kreuz zu Golgotha. Damit aber werden die christlichen Wurzeln und mehr noch die christliche Vorprägung unserer Kultur wieder ‚frag-würdig'.

Der Tod des Menschen

Wir können feststellen, dass die späte Postmoderne sogar eine – gewiss umstrittene – Wiederkehr der Religion bzw. eine theologische Wende in Kultur und Philosophie durchmacht.[31] Philosophen wie Jacques Derrida, Jean-Luc Marion, Jean-Luc Nancy, Gianni Vattimo, Giorgio Agamben u.a. stehen für eine neue Offenheit der Frage nach Religion bzw. nach Gott. Einige wenige Gedanken möchte ich hier aufnehmen:

Wiederkehr der Religion

Die Logik der tele-semeio-logischen Denkart hat meines Erachtens am radikalsten Jacques Derrida (1930-2004) herausgearbeitet. An seinem Schlüsselbegriff der *différance* lässt sich die Philosophie der offenen Mitte am besten beschreiben. Im Schlüsselaufsatz, der den Titel „Die Différance"[32] trägt, zielt Derrida auf eine Öffnung des Denkens über die bisherigen Kategorien des Denkens hinaus. Die Alternativen Sein oder Nichtsein, Anwesen oder Abwesen, Bejahung und Verneinung werden überschritten. Aber auch die Kategorien einer negativen Theologie, die das Jenseits Gottes durch das Absprechen aller endlichen Prädikate indirekt zu beschreiben versucht, wird transzendiert: „Hier geht es nicht um eine solche Bewegung, und dies wird sich zunehmend bestätigen. Nicht nur lässt sich die *différance*, auf keine ontologische oder theologische – Onto-Theo-Logie – Wiederaneignung zurückführen, sondern, indem sie selbst den Raum eröffnet, in dem die Onto-Theologie – die Philosophie – ihr System

30 Foucault, Michel: Die Ordnung der Dinge. Eine Archäologie der Humanwissenschaften, Frankfurt 1974; ders.: Archäologie des Wissens, Frankfurt 1973.

31 Janicaud, Dominique: Le tournant théologique de la phénoménologie française, Paris 1992.

32 In: Derrida, Jacques: Randgänge der Philosophie, Wien ^{2}1999, 31-56.

und ihre Geschichte produziert und fasst sie diese, schreibt sie ein und übersteigt sie unwiederbringlich“ (35). Derridas Rede der *différance* geht einerseits zurück auf Heideggers „ontologische Differenz“ zwischen dem Sein und dem Seienden, die auch für die Theologie Karl Rahners entscheidend ist.[33] Während aber bei Heidegger (und Rahner) das Sein (Gott) vor allem in der Negativität seiner Abwesenheit erscheint und sich gerade darin als es (er) selbst offenbart, wendet sich Derrida gegen diese negative Fassung des Anwesens und erkennt vom Sein (Gott) lediglich eine „Spur“ und mehr noch die „Spur des Verlöschens der Spur“. Doch führt die Spur nicht zurück zur Anwesenheit der Sache selbst oder gar Gottes, sondern sie führt weg in eine offene Zukunft. Das französische Wort *différer* bedeutet eben nicht nur unterscheiden, sondern auch aufschieben. Aufgeschoben wird die Präsenz der Sache selbst. Hinter diesem Modell der Spur steht die Theorie, dass im semiotischen Dreieck von Idee (Signifikat), Phänomen (Referent) und Zeichen (Signifikant), letzteres in den Vordergrund gespielt wird. Streng genommen gibt es bei Derrida kein Außen des Textes. Alles ist Text, genauer „Schrift“. Ein Zeichen verweist auf das Andere und wir befinden uns in einem unendlichen Spiel der Signifikanten.

Die *différance*

Die Grenzhaltung des Denkens jenseits von Destruktion und Konstruktion nennt Derrida: *Dekonstruktion*, das unendliche Verschieben und Transformieren. Derrida will die Onto-Theo-Logie – anders als der moderne Philosoph Heidegger – eben nicht mehr „destruieren“. Vielmehr werden die Grenzen von Begriff, Welt und Sprache neu ausgelotet. Doch was im frühen Denken Derrida scheinbar verspielt, wenn nicht sogar „nihilistisch“ daherkommt, entwickelt sich – in Auseinandersetzung mit Emmanuel Levinas – mehr und mehr zu einer *Ethik der Alterität*. So kann Derrida schließlich sagen: „Die Dekonstruktion ist die Gerechtigkeit“[34]. Die Andersheit des Anderen, jedes Anderen, die von derselben Transzendenz wie JHWH ist, gilt es zu respektieren.[35] Auf dem Antlitz des Anderen zeigt sich die Spur des ganz Anderen. Damit zielt Derrida auf eine Kultur der Besonderheit, in der die Pluralität des Verschiedenen zu radikal neuem Ansehen kommt. Gerade das Abweichende, das Mar-

Dekonstruktion

Andersheit des Anderen und Transzendenz Gottes

[33] Karl Rahner unterscheidet hier die Begriffe „transzendental“ bezogen auf die ursprüngliche Erfahrung des Seins (oder Gottes) und „kategorial“ als die dinghaft und satzhafte Fassung des Seienden.

[34] Derrida, Jacques: Gesetzeskraft. Der mystische Grund der Autorität, Frankfurt 1991, 52, vgl. 40.

[35] Derrida, Jacques: Den Tod geben, in: A. Haverkamp (Hg.), Gewalt und Gerechtigkeit. Derrida – Benjamin, Frankfurt 1994, 331-445, 405 und 408.

ginale, das Ausgeschlossene wird in der Philosophie, aber auch in der Kultur der Postmoderne gewürdigt.[36] Jenseits aller herrschenden Oppositionen verwirklicht sich der Geist der Postmoderne darin, dass er weht, wo er will. Doch gerade die Alterität wird zu einer Grenze, an der sich die Heiligkeit manifestiert.

Giorgio Agamben greift die alte trinitätstheologische Unterscheidung von *theología* und *oikonomía* auf, um damit eine gegenwärtige Problemlage genauer analysieren zu können. Gewiss, Agamben ist kein christlicher Theologe und seine Absicht ist es auch nicht, dem Glauben an den trinitarischen Gott wieder zu neuem Ansehen zu verhelfen.[37] Und doch tut er es – indirekt. Bei den griechischen Kirchenvätern bezeichnet der Begriff *theología* auch die immanente Trinitätslehre, die Betrachtung Gottes an sich, während die *oikonomía* die ökonomische Trinitätslehre, als Betrachtung Gottes für uns meint. Nicht nur die politische Philosophie und die moderne Theorie der Souveränität, sondern die zeitgenössische Biopolitik und die aktuelle Herrschaft der Ökonomie, die jeden Aspekt des gesellschaftlichen Lebens zu regieren scheinen, gehen nach Agamben aus trinitätstheologischen Motiven hervor (14). Die Ökonomie wird dabei verstanden als Erscheinung der göttlichen Herrlichkeit. Wenn die *Medien* in den modernen Demokratien eine so wichtige Rolle spielen, so nämlich nicht nur, weil sie die Kontrolle und Lenkung der öffentlichen Meinung ermöglichen, sondern auch und gerade weil sie die Herrlichkeit verwalten und zuteilen. In der Herrschaft der Medien und in den Medien der Herrschaft zeige sich jener „akklamationstoxikologische" Aspekt der Macht, der in der Neuzeit verschwunden zu sein schien. Die antik-mittelalterliche Praxis der Verherrlichung kehre in prekärer Form wieder. In dieser Hinsicht ist die Gesellschaft des Spektakels – mit diesem Namen bezeichnen wir die heutigen Demokratien – eine Gesellschaft, in der der „glorreiche" Aspekt der Macht nicht mehr von Ergonomie und Regierung unterschieden werden kann (12). Bei diesen Formen der Herrschaft ist nicht nur an die Beherrschung durch offizielle Regierungseinrichtungen zu denken, sondern etwa auch an die Weltherrschaft der amerikanischen Filmindustrie (Hollywood), der anglophonen Literaturindustrie und der entsprechenden Musikbranchen. Gerade im Kultur- und Wissenschaftsbetrieb wird die Verherrlichung der Macht zelebriert.

Trinität – Politik – Ökonomie

---

36 Auch die Arbeiten von Michel Foucault zielen in diese Richtung.

37 Agamben, Giorgio: Herrschaft und Herrlichkeit. Zur theologischen Genealogie von Ökonomie und Regierung. Homo sacer II.2., Berlin 2010.

Agambens Absicht ist es, angesichts der totalen Beherrschung aller Lebensbereiche durch Ökonomie, Produktivität, öffentliche Verwaltung des Lebens und totale Unterhaltung der Menschen eine neue Ruhe ins Spiel zu bringen:

Zitat

Der leere Thron

„Gegen die naive Emphase, die die Moderne auf Produktivität und Arbeit legt (und die ihr den Zugang zur Politik als eigentlichsten Dimension des Menschen dauerhaft versperrt hat), wird hier der Politik ihre zentrale Untätigkeit wiedergegeben – die Tätigkeit, die darin besteht, alle menschlichen und göttlichen Werke unwirksam zu machen. Als Symbol der Herrlichkeit ist der leere Thron das, was es zu profanieren gilt, um dahinter Platz zu schaffen für etwas, das wir für vorläufig nur mit dem Namen ewiges Leben, *zoê aiônios*, benennen können“ (13).[38]

Giorgio Agamben beabsichtigt in der Tradition Michel Foucaults mit seinem Blick auf die trinitarische Ökonomie eine Machtkritik und versucht angesichts der globalen medialen Inszenierungen einen Ausweg in eine neue Offenheit und Andersheit anzusprechen, die in manchem an die alte negative Theologie erinnert, in der Gott als der ganz Andere im absoluten Unterschied zur Welt begriffen wurde. Es zeichnet sich ab, dass für unsere Kultur die Ausrichtung auf eine religiöse Offenheit, die unverfügbare Offenheit Gottes, überlebensnotwendig wird.

Die paradoxe Erscheinung der Herrlichkeit

Andere Denker der Postmoderne nehmen die Dekonstruktion bzw. das „Schwache Denken“ selbst als Manifestation des Christentums auf. Gianni Vattimo etwa sieht das Wesentliche des Christentums darin, dass Gott sich seiner Gottheit entäußert, sich um der Menschen willen klein und schwach gemacht hat.[39] Die Schwäche des postmodernen Denkens ist nach Vattimo, der hier mit Paulus argumentiert, gerade seine Stärke, wie auch die Schwächung Gottes die Manifestation seiner Herrlichkeit ist. Der Geist des Christentums besteht nach Jean-Luc Nancy just in der Dekonstruktion.[40] Gott selbst tritt in das Zwischen von Idealität und Materialität, von Gott und Mensch, Identität und Alterität. Gerade auch die Säkularisierung in der westlichen Welt versteht Nancy als „Auto-Dekonstruktion“ des Christentums. Gewiss muss man

Christentum und Dekonstruktion

[38] Vgl. Agamben: Herrschaft und Herrlichkeit, 294-309.

[39] Vattimo, Gianni: Glauben philosophieren, Stuttgart 1997.

[40] Nancy, Jean-Luc: Dekonstruktion des Christentums 1, Zürich/Berlin 2008.

auch hier sagen, dass Nancy, der sich in der Tradition Derridas befindet, nicht auf eine Restauration oder Wiederkehr des Christlichen zielt,[41] doch ist er überzeugt davon, dass durch die Dekonstruktion des Christentums eine notwendige Öffnung der Vernunft auf das Andere ihrer selbst geschehen kann (41). Für Nancy ist ganz klar, dass der „Geist des Christentum" und der „Geist des Abendlandes" zwei verschiedene Namen für dieselbe Dynamik des Denkens und der Kultur sind, die sich dadurch auszeichnet, sich selbst zu dekonstruieren und zu öffnen (49). Zugleich öffnet sich das Abendland selbst in einer Weise, dass es nicht mehr regional eingegrenzt werden kann. Aus dem Christentum aber müssen wir nach Nancy, das herausziehen, was „uns getragen und produziert hat", was tiefer ist als das Religiöse (43). Wir befinden uns heute in einer Lage, dass wir „der Heilung, der Konversion, der Metamorphose, der Pfropfung oder der Mutierung" bedürfen (42).

Das Bedürfnis nach Heilung und Konversion

Unsere Zeit ist – so Nancy – eine „Zeit der Enteignung" (14). Der Mensch kann sich nicht mehr auf sich selbst, auf Götter, auch nicht auf die Wissenschaft verlassen. Wir befinden uns in einer „Bedeutungsschwebe" (15). Zugleich sind unsere Gesellschaften in besonderer Weise durch das Phänomen der „Sucht" (*addiction*) gekennzeichnet:

Zitat

„Wie man weiß, gehen sie von verschiedenen schweren oder leichten Drogensüchtigen bis zur Sucht nach Essen oder nach seiner Verweigerung (Phänomene der Fettleibigkeit oder Magersucht), zur Sucht nach Videospielen und nach Bildschirmen überhaupt oder auch nach dem ununterbrochenen Hören von aufgenommener Musik, nach diesen ständig erneuerten Reizungen durch Moden, Informationen, Bilder von Ferien, Stränden, Sonnenbräune, Reisen, und bis zu mindestens einem Aspekt der spekulativen Taumel, die bis zu Finanz'blasen' führen [...]" (16).

Der Gefahr durch diese Unruhe und Leidenschaft für das „Anderswo" versucht Nancy die „Anbetung" entgegenzuhalten. Während die Sucht sich letztlich die Präsenz aneignen oder einverleiben will, zielt die Anbetung auf eine Präsenz, die sich gerade nicht vergegenwärtigen, beherrschen und aneignen lässt, die auch kei-

Die Herrschaft der Süchte

41 Nancy, Jean-Luc: Die Anbetung. Dekonstruktion des Christentums 2, Zürich 2012, 37, 45.

ne Präsenz im eigentlichen Sinn des Wortes ist, auch nicht die Präsenz von etwas, sondern „die Präsenz der Öffnung, der Dehiszenz, der Einbruchstelle oder des Sichtspalts des ‚Hier' selbst" (17). Bei der Untersuchung dieses nichtgegenständlichen Gegenstandes der Anbetung kommt Nancy auch auf die Trinität zu sprechen: „Im Mysterium der Dreifaltigkeit blitzt dieses auf: Der Sinn ist der Bezug selbst, das Außerhalb der Welt ist also in der Welt, ohne von der Welt zu sein" (82). Innerhalb der Trinität wiederum ist es vor allem der Geist, das *pneúma*, das die Anbetung in besonderer Weise bewegt und bewirkt: „*Pneúma* ist das, was nicht spricht und doch nicht verschwiegen ist. Nicht die Worte, sondern der Atem, der sie trägt. Und die Spur dieses Atems in uns, im anderen. Atemwort" (34).

Der Geist und die Anbetung

Obwohl Nancy damit bestimmten Aspekten des Christentums zu neuem Ansehen verhilft, müssen wir noch einmal festhalten, dass er jede Art von „Rückkehr" zurückweist (45) – auch die Rückkehr Gottes. Doch will er dem Christentum nicht nur das Hervorbringen des Atheismus zugute halten (46), sondern auch noch die Überwindung der Alternative von Theismus und Atheismus. Denn vor allem die Substitution Gottes durch „Materialismen, Positivismen, Scientismen, Irrationalismen, Faschismen oder Kollektivismen, Utilitarismen, Individualismen, Historizismen, selbst Demokratismen und Juridismen, ohne von all den Relativismen, Skeptizismen, Logizismen zu sprechen – alle ordnungsgemäß atheistisch" (53) bleibt nach Nancy die Gefahr für unsere Gegenwart. Es ist das Christentum mit seinem Kerngedanken der Trinität (49), der gerade weil Gott hier reine Beziehung wird, jene Öffnung bewirkt, die allein Rettung für unsere Zeit sein kann. Freilich räumt Nancy ein, dass nicht jede Form des Christentums jenes „Bewässerungssystem für die Kultur der modernen Welt" ist, das die Öffnung voranbringt. Lediglich das reformatorische Christentum und die von ihm inspirierten Teile des Katholizismus sowie ein Teil der christlichen Mystik haben jenen Geist der Offenheit, der auf das Engste mit der Geschichte des Abendlands verbunden ist (54f.).

Trinität und Öffnung

Zusammenfassung

Während sich die bio-anthropo-logische Moderne durch den Tod des himmlischen Vaters, die Verabschiedung des ihm gleichen Logos und damit durch die Zentrierung der Welt um den seiner Göttlichkeit entkleideten Menschen auszeichnet, wird im tele-semeio-logischen Kontext auch dieser anthropologische Mensch dezentriert. Dabei verliert aber auch die negative Bezogenheit auf das onto-theologische Denken seine Bedeutung. An die Stelle der Weltlichkeit der Welt tritt die offene Mitte der Medialität, die zwischen Sinnlichkeit und Intelligibilität oszilliert. Der Geist der Zeichen rückt die Zeichen des Geistes in den Horizont der Aufmerksamkeit. Dieser Geist, der weht, wo er will, betont die Pluralität, die Marginalität und die Besonderheit, die sich jeder Definition entzieht. Doch wird gerade dadurch die Begegnung mit dem Anderen zum Ort der Gottesbegegnung. Freilich ereignet sich der Gott der Tele-Semeio-Logie nicht nur jenseits der empirischen Erfahrbarkeit, sondern auch jenseits des Begriffs als Zeichen der unendlichen Offenheit, die aber in keinem Fall mit Beliebigkeit verwechselt werden kann, denn alles Besondere ist heilig.

2.3.2 Theologie der Offenheit

Dass die Offenheit unserer Tage vom Geist des Christentums inspiriert ist, und mehr noch, dass das Christentum weiterhin inspirierend bleibt und sich dabei transformiert, dies zeigt nicht zuletzt die neuere Theologie. Es gibt Theologie, die Gott „im Geist des Geheimnisses" begreift, besser neu ins Spiel bringt.[42] Jenseits überkommener Grenzziehungen wird hier von der Seite des Christentums eine Annäherung an die moderne und postmoderne Wirklichkeit vollzogen, die deutlich macht, dass Gott im Sinne absoluter Wahrheit nicht nur ein Besitz der Gläubigen und der Vertreter von Theologie und Kirche ist, dass der Geist Gottes vielmehr weht, wo er will, und folglich, dass die Gottheit sich in einem Prozess des Werdens befindet – *divinity in process*, so der Untertitel eines äußerst inspirierenden Buches der amerikanischen Theologin Catherine Keller. Aber auch diejenigen, die (religiöse) Wahrheitsansprüche in Frage stellen, sind nicht notwendigerweise „geistlos". So kann sich in einem Denken, das sich gegen einen Gottesbegriff wendet, der auf Machtausübung und Beherrschung der Dinge und Menschen richtet, mehr an christlichem Geist der Freiheit zeigen als in einer absoluten und in sich geschlossenen Ideologie des Christentums. Deshalb kann das Werk eines atheistischen Machtkritikers wie Michel Foucault, der sich den Ausgeschlossenen und Marginalisierten der Gesellschaft widmet, durchaus dem Geist Jesu näher sein als eine scheinbar christlich inspirierte Machtpolitik, wie wir sie derzeit vor allem in den USA immer wieder erleben.

Der Geist des Geheimnisses

Gott im Werden

---

42 KELLER, Catherine: On the Mystery. Divinity in Process, Minneapolis 2008, xi.

In den verschiedenen Kirchen gab und gibt es die Tendenz, sich der herrschenden Gewalt anzudienen und das Geheimnis des Geistes und den Geist der Liebe dabei zu verraten. So hat die katholische Kirche sich häufig mit faschistischen Diktatoren, von Dollfuß, Mussolini, Franco bis Pinochet, verbündet, aber auch Teile des deutschen Protestantismus haben sich mit dem Nationalsozialismus arrangiert und vor wenigen Jahren lieferte fundamentalistisches Christentum die ideologische Rechtfertigung für die imperialistische Machtpolitik eines George W. Bush. Diese gewiss extremen Beispiele der jüngeren Vergangenheit ließen sich in die Tiefen und Untiefen des Mittelalters und der Frühen Neuzeit ebenso fortsetzen, wie in die Abgründe der aktuellen Herrschaftsstrukturen in den verschiedenen Großkirchen. Vielleicht sind die Missbrauchsskandale vor allem der Katholischen Kirche nicht nur auf die Entgleisung einzelner zurückzuführen, sondern auf eine verhärtete Politik der Macht, die sich vom Geist Jesu weit entfernt hat. Und es ist bestimmt kein Zufall, dass der neue Papst Franziskus gleich zu Beginn seines Pontifikats die Machtstrukturen des Vatikans zu reformieren begonnen hat. So stellt Catherine Keller in einem anderen Kontext fest: „How ironic that Christian theology would become the ideology of the rulers. Even now" (xi).

Der Ungeist der Macht

Keller will dagegen deutlich machen, dass wir eine Beziehung zu Gott brauchen, die nicht mit einem „selbstgefälligen Gottesbegriff" erledigt ist. Es ist eben nicht alles gesagt, wenn wir feststellen, dass Gott, der Eine, Allmächtige, Schöpfer ist, der seinen Sohn in die Welt gesandt hat, um dann darüber zu streiten, ob es diesen Gott nun gibt oder nicht gibt. Sondern es kommt darauf an, sich selbst auf eine Reise zu begeben, eine Reise in das Geheimnis Gottes, begleitet vom Geist Gottes.

Eine Reise in das Geheimnis

Unsere Gegenwart ist wohl geprägt von zwei gegenläufigen Tendenzen. Auf der einen Seite eine Revitalisierung von harten Formen der Religion. Dabei reicht das Spektrum dieser „absoluten" Ansprüche von den anachronistischen Fundamentalismen über Verhärtungen in den verschiedenen christlichen „Orthodoxien" bis hin zu „freakigen" Erscheinungen des Pop-Christentums. Auf der anderen Seite finden wir eine weit verbreitete Relativierung von Wahrheitsansprüchen, die Catherine Keller mit dem Ausdruck „the Dissolute" bezeichnet und „the Absolute" entgegensetzt. Unter den auflösenden Tendenzen unserer Zeit müssen wir einen faktischen Atheismus von einem theoretischen unterscheiden. Menschenverachtende Kräfte in unserer Wirtschaftsordnung und Politik, natur- und umweltzerstörende Grup-

The Dissolute – the Absolute

pierungen und Strukturen, aber auch offensiv anti-religiöse Bewegungen und Theorien, sind hier zu nennen. Dabei schaukeln sich die Angst der religiösen und die Angst der atheistischen „Hardliner" gegenseitig hoch. Wechselseitige Verdächtigungen und Beschimpfungen sind ebenso an der Tagesordnung wie unheilige Allianzen von Fundamentalismus und Wirtschaftsliberalismus, wobei die einen das Ende dieser Welt ohnehin bald erwarten und die anderen dieses Ende durch rücksichtlose Ausbeutung der Ressourcen beschleunigen (7).

Es ist in unserem Kontext zu bemerken, dass die Seite der „Absolutes", die unsere Zeit mit nicht mehr vermittelbaren totalen oder fundamentalistischen Ansprüchen konfrontiert, häufig Verfallserscheinungen von onto-theo-logischen Glaubensformen sind. Dort, wo etwa eine Theologie des Johannes Chrysostomos (die Gefahr der Ostkirchen), des Thomas von Aquin (die Gefahr der katholischen Kirche) oder eines Martin Luther, Johann Calvin oder eines amerikanischen Radikal-Predigers (die Gefahr der protestantischen Kirchen) absolut gesetzt werden, werden klassische Motive des Gottdenkens oft versteinert und als zeitlose Wahrheit ausgegeben. Die „Dissolutes" wiederum können oft als Verfallserscheinungen des bio-anthropo-logischen gedeutet werden, wenn der Tod Gottes zum wiederholten Mal postuliert und die Abschaffung von Religion ganz oben auf die Tagesordnungen gesetzt wird, häufig mit naturwissenschaftlichen oder humanistisch-anthropologischen Argumentationsmustern. Doch gibt es, wie gesagt, auch einen faktischen Atheismus, der vielleicht aus Gründen des politischen Opportunismus oder aus persönlicher Gewohnheit am Gottglauben festhält, jedoch in seinen Taten eine Menschenverachtung an den Tag legt, die tatsächlich eine Gottlosigkeit ist, denn wie es in der Schrift heißt: „An ihren Früchten werdet ihr sie erkennen" (Mt 7,16).

Fundamentalistische Ansprüche

Relativistische Ansprüche

Doch geht es Catherine Keller gerade darum, die binären Entgegensetzungen zu überwinden, und einen dritten Weg aufzuzeigen (174). Sie wehrt sich auch gegen die Dämonisierungen der jeweils anderen Seite, die besonders in Gottes-Angelegenheiten mit äußerster Radikalität betrieben werden. Ihr geht es um eine Versöhnung (*reconciliation*), die jedoch keine klassische Dialektik impliziert. Keine Aufhebung der Gegensätze, sondern eine wechselseitige Wertschätzung – „in order to lure the present absolutists back onto the mystery – we will have to *love something in their absolute*" (174). So kann sie die Bewahrung (*conservation*) reicher Traditionen, die Leidenschaft für die Wahrheit, die Verpflichtung auf das Gute und den Willen zu einem verantwortungsbewussten

Versöhnung und Wertschätzung

Leben durchaus schätzen. Auch im „Absoluten“ lässt sich eine beziehungshafte oder relative Wahrheit finden (174). Und gerade die „religious progressives“ neigen in ihrer antikonservativen Polemik oft zur selben Härte, die es doch gerade zu überwinden gilt.

An den „Relativen“ kann man nach Keller wiederum die Verteidigung des säkularen Pluralismus, den Respekt vor (Natur-)Wissenschaft oder weltlicher Gesetzgebung und Ethik wertschätzen, wie auch den Kampf gegen die „imperiale Aggression“ und die „apokalyptische Reaktion“ der Vertreter absoluter Ansprüche. Gleichwohl wendet sich Keller etwa auch gegen die „vielen Weisen einer lieblosen Sexualität“ (175), die im so genannten liberalen Kontext zu finden sind. So findet die Wertschätzung der gerade sexualethischen Neuaufbrüche, die häufig von Außen an die Religionen herangetragen wurden, ihre Grenze an der sexuellen Ausbeutung oder Vergegenständlichung von Menschen. Die lebendigen, liebevollen Beziehungen – „relations“ zwischen den Menschen, ihre Interaktivitäten, die gemeinsamen Kämpfe im Alltag, der Respekt von den Verschiedenheiten und Unterschieden bilden ein Maß an Absolutheit, das nicht zu unterlaufen ist (176).

Anregungen und Maßstäbe

So schlägt Keller einen Weg vor, den sie „aufgeschlossen“ oder auch „entschlossen“ – *resolute* – nennt. Der *resolute* Geist eröffnet Möglichkeiten, lockt auf neue Wege und führt in das Geheimnis Gottes. Dieser Geist, der „zählt“, ist allerdings ein Geist, der sich „materialisiert“, – *spirit matters* – wie Keller mit einem unübersetzbaren Sprachspiel formuliert. Es ist genau der Geist der christlichen Tele-Semeio-Logie, der die Distanzen überwindet, das Verschiedene sein lässt und der den Weg in die Gottheit zeichenhaft bedeutet. Es kommt darauf an, die Spuren zu sehen und die Zeichen zu lesen. Dann können wir über uns hinauswachsen und uns entfalten, in das, was uns birgt, enthält, aufhebt: „It – you, YHWH, *Ha Shem*, Sophia, library-womb, even plain old God – escapes our knowing and our names“ (176). Die Spur des Geheimnisses verweist in die Zukunft, in einem Prozess mit offenem Ende: „*Becoming what you never dared / for the first time and forever*“ (176).

The Resolute

Es ist bezeichnend, dass es der tele-semeio-logischen Theologie darauf ankommt, die Inspirationskraft der Schrift freizulegen. Der Geist Gottes ist es, der den Buchstaben der Schrift belebt. Gerade die Schrift gibt eine Anschauung davon, was eine Interaktion von Gott und Mensch bedeutet. Sie erzählt jene Geschichten, die die Geschichte inspiriert haben, unsere Geschichte. Doch öffnet sich genau die Geschichte des Christentums auch für die Anderen, die Fremden, die Gäste, die Nichtchristen. Sie bleiben

Inspiration durch die Schrift

nicht länger Fremde, sondern werden gerade in ihrer Andersheit zu Gästen. Die Einladung ergeht an alle Menschen, und sie kann alle Menschen ansprechen, weil sie vernünftig ist. Die Vernunftspuren unserer Geschichte aber verweisen uns zurück auf die Heilige Schrift, die in christlichem Verständnis ihre Mitte in Jesus von Nazaret hat. Er ist der Mittler und die Mitte zwischen Gott und Mensch. Er ist der Gott, der sich bewegt und der uns bewegt, der Gott, der sich uns aussetzt, der im Antlitz des Anderen uns begegnet, besonders im Antlitz des Armen, Kranken und Schwachen, der Gott, der sich selbst den Gottlosen zuwendet, und der auch von der Gottlosigkeit nicht überwunden wird, der auch in unserer Untreue und in unserem Scheitern uns treu bleibt:

Zitat

„Weil wir Gott nicht kennen, zweifeln wir an ihm. Weil wir ihn nicht kennen, deuten wir unser Scheitern als seine mangelnde Treue zu uns. Weil wir ihn nicht kennen, haben wir Angst vor der Zukunft. Weil wir ihn nicht kennen, basteln wir uns unseren Patchworkgott selbst zusammen. Der Mann Jesus, der das Kind in der Krippe war, aber kennt ihn, und er weiß, dass er von ihm gesandt ist, ja mehr noch, dass er ‚von ihm' ist. Darum ist ER ohne Zweifel, denn er ist selbst ‚von Gott'. Er weiß, dass sein Weg ans Kreuz nicht bedeutet, dass Gott fern ist, auch wenn andere diesen Weg als Scheitern deuteten. Er fürchtet sich nicht vor der Zukunft, sondern vertraut der Zukunft des Reiches Gottes" (Friederike Folkers)[43].

Zusammenfassung

Die Theologie der Besonderheit engagiert sich jenseits der überkommenen Grenzziehungen und geht strategische Allianzen mit allen Kräften ein, die eine gute Entwicklung auf die Zukunft hin eröffnen. Gut ist die Entwicklung, wenn sie im Geist Jesu neue Lebensmöglichkeiten erschließt. Besonders die Armen, die von den alltäglichen Normen abweichenden und ausgeschlossenen Menschen, die Fremden, die Marginalisierten, die Gescheiterten, die Kranken usw. erfahren die liebende Aufmerksamkeit der Glaubenden. Der Glaube wiederum entgrenzt sich auf die interkonfessionellen, interreligiösen, internationalen Gemeinschaften, die sich untereinander medial vernetzen. Doch gewinnen gerade in dieser offenen Textur der gedeuteten Welt die uralten Traditionen des Glaubens an elementarer Bedeutung.

43 Folkers, Friederike (Pfarrerin): Predigt in der Ludwigskirche Freiburg über Johannes 7, 28.29 zur Christvesper am 24.12.2012 (Manuskript).

3. Das Erspüren: Der Wille zur Liebe

Zum Ende unserer Spurensuche kommen wir auf die anfängliche Gliederung in Urspur oder Gedächtnis, Vernunftspur oder Einsicht und Erspüren oder Wille zurück. Diese Dreiteilung ließ an den Kirchenvater Augustinus zurückdenken, der Gedächtnis, Einsicht und Wille als Spuren der Trinität aufgefasst hat.

Spuren der Trinität – reloaded

Die maßgebliche Erinnerung, von der wir hier sprachen, war der erinnerte Jesus,[44] wie er die Schriften des Neuen Testaments bestimmt. Jesus hat eine Spur hinterlassen, die in die Zukunft führt, in unsere Zukunft, in die Zukunft des Reiches Gottes. Zugleich aber führt sie zurück in die Vergangenheit des Glaubens an JHWH, der von den alttestamentlichen Schriften bezeugt wird. JHWH ist der Gott, der *da* ist, da im Sinne des Beistandes für sein Volk. Die Christen aber glauben, dass in Jesus, dessen Name besagt „JHWH ist Rettung", die Gegenwart des Gottes eine neue Qualität erhalten hat, insofern er selbst in Jesus der Gott unter uns sein will: Der himmlische Vater, der Gott über uns, will uns durch Jesus, dem Gott neben uns, zum Geist, dem Gott in uns, führen. Das aber heißt, dass im Geist der Liebe alles durch Christus versöhnt und dadurch im Vater vereint werde. Die Geschichten des Alten und des Neuen Testaments, die diesen Willen Gottes bezeugen, werden gerade als Erinnerungen an das Dasein JHWHs bzw. Jesu und seines Geistes, Orte der Geborgenheit in Gott – Einfaltungen und Entfaltungen in die „*womb/library*" (Catherine Keller). Wir werden durch diese Schriften in Gott heimisch. Wie eine Gebärmutter oder eine Bibliothek geben sie uns Obdach.

Das Gedächtnis Christi

Dass diese Behauptung keine irrationale Willkür ist, bezeugen die Vernunftspuren, die wir soeben besprochen haben. Und auch in der Geschichte der Vernunft, die als eine Geschichte der Deutung der Bibel gelesen werden kann, zeigt sich noch einmal die trinitarische Rationalität bzw. die Vernünftigkeit der Trinität. Die Trinität ist nichts anderes als die „Vernunft Christi" (*nous Christoú*). Diese ist auch noch da am Werk, wo scheinbar Gott zum Schweigen gekommen ist. Dies gilt es zu begreifen. Denn gerade auch das Schweigen Gottes ist eine besondere Art seiner Gegenwart. In allem will er uns nahe sein und uns Wege weisen zueinander, zu uns selbst und zu sich selbst.

Die Einsicht Christi (1Kor 2,16)

Unsere Spurensuche hat aber nunmehr die Frage erreicht, wie wir heute den Willen Gottes finden können, und mehr noch, wie

[44] Siehe dazu DUNN, James: Jesus remembered, Grand Rapids 2003.

wir ihn tun können. Jesus selbst fordert uns auf, den Willen des himmlischen Vaters geschehen zu lassen. Er selbst beansprucht, den Willen Gottes zu tun. Wenn aber Jesus die Selbstmitteilung Gottes an uns im Heiligen Geist ist, dann gibt der Gedanke des dreieinen Gottes die Antwort auf die Frage, wie wir den Willen Gottes erfüllen können, und wir dürfen nun zunächst etwas salopp formulieren: Trinität – wie geht das? Die einfachste Antwort aber ist: *Sein lassen!* Geschehen lassen. „Dein Wille geschehe!" Glaube heißt zuerst, davon überzeugt sein, dass im Grunde der Wille Gottes geschieht. Vertrauen, dass Gott die Dinge – gegen allen Anschein! – zum Guten *gelenkt hat* – im Perfekt formuliert! Das Reich Gottes ist angebrochen und seine Vollendung verheißen. Die dadurch geforderte Gelassenheit ist aber zugleich der schwierigste Weg zu Gott, weil wir alle darauf gepolt sind zu leisten, uns zu beweisen und aktiv zu sein. Aber Sein lassen meint, wahrzunehmen und für wahr zu nehmen, dass die Fülle Gottes immer schon da ist – manchmal *sub contrario*, wie gerade das Kreuz Christi zeigt. Doch fordert die Gelassenheit keine Passivität, sondern sie ist die Quelle aller Inspiration und allen Handelns. Wie Künstler, Wissenschaftler oder andere kreative Menschen ihre besten Ideen oft beiläufig haben, beim Spazierengehen, auf der Toilette, beim Warten auf den Aufzug, so begegnet uns Gott häufig in den Zwischenräumen, den unscheinbaren Momenten, in denen wir uns selbst vergessen und locker lassen. Dann ereignet sich oft das Wunderbare. Eine der bemerkenswertesten Gotteserscheinungen lesen wir in 1Kön 19,11f:

Der Wille Gottes

Sein lassen!

Zitat

„Geh hinaus und stell dich auf den Berg vor den HERRN! Und sieh — da ging der HERR vorüber. Und vor dem HERRN her kam ein grosser und gewaltiger Sturmwind, der Berge zerriss und Felsen zerbrach, in dem Sturmwind aber war der HERR nicht. Und nach dem Sturmwind kam ein Erdbeben, in dem Erdbeben aber war der HERR nicht. Und nach dem Erdbeben kam ein Feuer, in dem Feuer aber war der HERR nicht. Nach dem Feuer aber kam das Flüstern eines sanften Windhauchs."

Ein „stilles, sanftes Sausen" (Luther 1984) oder eine „Stimme verschwebenden Schweigens" (Buber) kann aber nur der vernehmen, der bereit ist, die Welt, die Menschen und Gott *sein zu lassen* und Gott in einem Windhauch, einem Augenblick oder einer Berührung zu erfahren. Eine basale Erfahrung der Trinität haben wir hier deshalb, weil mir in diesem Geschehen, wie letztlich in jedem Ereignis, eine Sache oder ein Mensch *begegnet*. Die Begegnung eröffnet eine Gegend, eine Landschaft von Raum und Zeit. Im Zwischenraum und in der Zwischenzeit der Begegnung treten sich das Andere und das Eine, das Du und das Ich, Objekt und Subjekt gegenüber. Vor aller Gegenüberstellung und vor jedem Zwischen aber eröffnet ein Geheimnis die Möglichkeit der Begegnung, ein Geheimnis, das die Raumzeit und den Zeitraum umfasst. Gott begegnet da, wo der überall gegenwärtige unendliche Horizont als solcher aufscheint bzw. spürbar wird, wie ein Windhauch. Gott will, dass wir einander Raum und Zeit geben und uns in dieser Begegnung Sein lassen, denn das Leben selbst, das ewige Leben ereignet sich im Hier und Jetzt – „lang ist die Zeit, es ereignet sich aber das Wahre", wie Friedrich Hölderlin in seinem großen Gesang „Mnemosyne" (Gedächtnis) formuliert. Streng genommen, müssen wir nichts dafür tun, in die beglückende Wahrheit – und Glück ist in der Tat mit diesen Erfahrungen des Geheimnisses der Fülle verbunden – eingelassen zu werden.

Dem Geheimnis begegnen

Das Bild des Windes steht aber auch für den lebensspendenden Hauch des Geistes. In den alten Sprachen Hebräisch, Griechisch und Latein bedeutet *ru'ach, pneúma, spiritus* stets das Wehen des Windes und das Hauchen des Atems. Leben und Atem sind auf das Engste verbunden. Ohne Luft kein Leben. So besteht die zweite Einübung in die Trinität in nichts anderem als im Atmen, im bewussten Aufnehmen und Abgeben dessen, was unser Leben erhält. Zugleich aber wird auch die Stimme des Menschen durch das Ausatmen konstituiert. Im Anfang ist das „Atemwort" (Jean-Luc Nancy). Wir können nur sprechen, wenn wir vorher Lebenshauch eingeatmet haben und ihn nun wieder abgeben. Der Geist der Kommunikation lebt aus dem Grundgeschehen des Atmens. Auch die griechischen und lateinischen Wörter für „Seele" tragen noch die Erinnerung an die Gegenwart des lebendigen Hauchs in sich: *anima* und *psychḗ* bezeichnen das Lebensprinzip. Der elementare Stoffwechsel bezeichnet einen wechselseitigen Austausch und eine lebensspendende Vereinigung. Auch wenn wir Essen oder Trinken, dann nehmen wir Anderes auf, eigenen es uns an und verwandeln es. Das Dritte von Aufnehmendem und Aufgenommenem ist stets das wachsende Leben. So kann es auch nicht verwundern, dass *der* rituelle Grundvollzug des Christentums darin besteht, dass ein gemeinsames Mahl gefeiert wird. Die Eucharistie erinnert an das letzte gemeinsame Mahl Jesu mit seinen Freunden. Jesus nimmt Abschied, und er weiß, dass er sterben muss, doch weist das „Letzte Abendmahl" voraus auf das himmli-

Geist – Atem

Der elementare Stoffwechsel

sche Festmahl (Mt 26,29). So werden seine Jünger schließlich diesen Tod selbst als Quelle eines neuen Lebens begreifen. Sie werden ihn als eine Hingabe aus Liebe verstehen. Einer stirbt für seine Freunde und, wie der Römerbrief schreibt, auch für seine Feinde. Dadurch aber besteht Hoffnung auf ein radikal neues Leben, das den Tod, das Böse und die Feindschaft überwunden hat:

Zitat

„Hoffnung aber lässt nicht zugrunde gehen; denn die Liebe Gottes ist ausgegossen in unsre Herzen durch den Heiligen Geist, der uns gegeben ist" (Röm 5,5).

An die treue Liebe Jesu zu den Seinen, die bis in den Tod reichte, erinnert das eucharistische Mahl, das zugleich Dankesfeier und Aktualisierung ist. Wie Augustinus schreibt, verwandeln wir nämlich dieses Brot und diesen Wein nicht in uns, sondern wir werden in es verwandelt. Das heißt, wir werden in Jesus Christus selbst verwandelt. Dass gerade in dieser leiblichen Dimension des Christentums, die mit der Metaphorik elementaren Stoffwechsels arbeitet, ein Skandal liegt, ist wohl zu bemerken. Das Johannesevangelium spricht in aller Drastik davon, dass Jesus das Brot des Lebens sei:

Zitat

„Wer mein Fleisch isst und mein Blut trinkt, bleibt in mir und ich in ihm. Wie mich der lebendige Vater gesandt hat und ich durch den Vater lebe, so wird auch durch mich leben, wer mich isst" (Joh 6,56f.).

Noch einmal: Jesus Christus

Es kann nicht wundern, dass seine Jünger durch diese Rede schockiert sind. Sie sagen: „Hart ist dieser Logos! Wer kann ihn hören" (Joh 6,60). Auch hier besteht eine gewisse Mehrdeutigkeit, denn einerseits ist mit Logos hier die Rede gemeint, andererseits ist der göttliche Logos selbst angesprochen, von dem es ja zu Beginn des Evangeliums heißt, dass er Fleisch wurde. Und dieses Fleisch des göttlichen Logos gilt es – zeichenhaft – zu essen. Ein schwer erträglicher Gedanke! Doch der johanneische Jesus selbst antwortet darauf, dass es der „Geist" ist, der lebendig macht, das bloße Fleisch an sich aber nichts nützt (Joh 6,63). Das heißt: Es kommt hierbei nicht auf eine materielle Verwandlung an. Es handelt sich um keinen mechanischen Vorgang, sondern um ein Geschehen im Geist – einen *geistigen Stoffwechsel*. Der Geist ist es, der zählt, aber auch der sich materialisiert: *Spirit matters*! (Keller). So sind es letztlich die Worte Jesu (*rhēmata*), die „Geist und Leben" sind. Im Geist Gottes erkennen wir, dass es hierbei im Grunde nicht darum geht, irgendeines Menschen Fleisch und Blut zu essen, sondern bereits das Johannesevangelium erzählt vom göttlichen Stoffwechsel: Gott verwandelt sich in den Menschen, damit die Menschen in Gott verwandelt werden. Dieses Geschehen wird aber als der *trinitarische Prozess* verstanden: Der Vater sendet den fleischgewordenen Sohn oder Logos, damit die Menschen durch ihn im Geist der Wahrheit Anteil gewinnen am göttlichen Leben. Der Wille Gottes ist es, „alles in allem" (1 Kor 15,28) zu werden. Der Geist der Liebe ist es, der alles zusammenhält und mehr noch, der alles vereint. Im Willen zur Vereinigung, der die Unterschiede wahrt, verwirklicht sich Trinität.

Noch einmal: der Geist des Lebens

In diesem Zusammenhang dürfen wir auch die sexuelle Dimension des Lebens nicht vergessen. Die Liebe zweier Menschen, die aus beiden „ein Fleisch" macht und mehr noch, die neues Leben hervorbringt. Schon Hans Urs von Balthasar hat die Familie als Spur der Trinität hervorgehoben. In der Fähigkeit, neues Leben hervorzubringen hat der Mensch Anteil an der göttlichen Kreativität. Doch nicht nur die Zeugung birgt ein Moment der Trinität, sondern schon die Erfahrung der Sexualität als solcher. Die Hingabe in der körperlichen Liebe, in der zwei Menschen gleichsam verschmelzen, ist ein Zeichen dafür, wie zwei in der Vereinigung mehr werden als sie einzeln sind. Die Erfahrung von Lust und Verzückung kann als Gotteserfahrung gedeutet werden, denn nicht von ungefähr wurden im mystischen Kontext häufig sexuelle Bilder für die Vereinigung mit Gott verwendet. Dass in dieser Vereinigung das Endliche als solches stirbt, mag auch in der Rede vom Orgasmus als „kleiner Tod" nachhallen.

Sexuelle Vereinigung

Die hier angesprochene Einfaltung und Entfaltung der Menschen in die göttliche Dreifaltigkeit erstreckt sich letztlich auf den gesamten *kósmos*. Die universale Vereinigung in Liebe betrifft das Universum, denn die „Welt" als solche soll gerettet werden (Joh 3,17). Der Römerbrief spricht davon, dass die gesamte „Schöpfung" und nicht nur die Welt der Menschen von der Nichtigkeit befreit werden soll (Röm 8,19). Noch leiden die Menschen und alle Lebewesen, Pflanzen und Tiere. Die gesamte Schöpfung seufzt und schreit! (8,22) Doch werden diese Leiden als „Geburtswehen" bezeichnet. Paulus geht so weit, zu sagen, „dass die Leiden der gegenwärtigen Zeit nichts bedeuten im Vergleich zur Herrlichkeit, die an uns offenbar werden soll" (8,18). Es ist ein Prozess der Verwandlung im Gang. In Christus hat diese Dyna-

Die Verwandlung der Welt

mik begonnen, die alle Menschen zu Kindern Gottes werden lässt und die letztlich die gesamte belebte und unbelebte Schöpfung bewahren und vollenden will. Noch aber ist der verklärende Lichtglanz Gottes, seine *kabód, dóxa, gloria,* nicht offenbar, weshalb wir erst auf Hoffnung hin gerettet sind. Schon jetzt aber haben wir als „Vorschuss" den göttlichen Geist in uns. Der Geist der Liebe verwirklicht sich im Engagement für Gerechtigkeit. Jede gute Tat, gleich wer sie vollbringt, trägt bei zur Transformation der Welt.

Der Vorschuss

Dieser universale Wille zur Gerechtigkeit lässt uns über unsere Grenzen hinaus in die Herrlichkeit Gottes hineinwachsen. Auch wenn wir noch unter unserer Orientierungslosigkeit und folglich an Wachstumsschmerzen leiden:

Zitat

„In gleicher Weise aber nimmt sich der Geist unserer Schwachheit an; denn wir wissen nicht, was wir eigentlich beten sollen; der Geist selber jedoch tritt für uns ein mit unaussprechlichen Seufzern" (8,26).

Es ist der Geist Gottes selbst, der das Wachstum stimuliert, der uns lockt, der uns aber auch stärkt, wenn wir am Ende sind. Durch unsere Verzweiflung und unsere Schmerzen, die wir in diesem Prozess durchmachen, schreit der göttliche Geist selbst in uns. Es ist wichtig, dass unsere Verlorenheit und unsere Schreie im Vorgang der Verwandlung ihren Ort haben. Sie sind nicht gottlos, sondern in uns leidet Gott selbst, leidet der von der Gottheit verlassene Jesus: „Mein Gott, mein Gott, warum hast Du mich verlassen" (Mk 15,34). Jesus stirbt mit diesem Gebet (Psalm 22) auf den Lippen. Doch reicht die Hoffnung über den Tod hinaus. Der Prozess der Verklärung hat an Verzweiflung, Scheitern und Tod keine Grenze. Der trinitarische Gott ist nicht a-pathisch, leidlos und bewegungslos. Jenseits der Alternativen von Lust und Leid, Aktivität und Passivität, Ewigkeit und Zeit ereignet sich der Weltprozess im Herzen Gottes selbst.

Für die Menschen aber ergibt sich aus dieser universalen Dynamik eine Verantwortung für die ganze Schöpfung. Die materielle Welt ist nicht einfach eine zu vernachlässigende Größe, vielmehr ist die geschaffene Natur das Material, aus dem das Leben, der menschliche Geist und die Welt gemacht sind, die zur Vergöttlichung bestimmt ist. Damit überwinden wir jede Form von Dualismus von Materie und Geist, Natur und Kultur, *Mind* und *Brain.* Beides sind zwei Seiten einer Medaille. Naturwissenschaft und Geisteswissenschaften arbeiten an zwei verschiedenen Orten der einen Baustelle. Es sind nur zwei Hinsichten auf die eine Welt. Und wenn wir Geist, Kultur und Transzendenz erhalten wollen, dürfen wir nicht unsere Lebensgrundlagen zerstören. Die Wälder, die Meere und die Tierwelten sind ebenso zu bewahren und kultivieren, wie die Gesellschaft der Menschen. Wie wir bereits an Giorgio Agamben und Catherine Keller gesehen haben, müssen wir eine „*ökonomische* Trinitätslehre" heute auch *ökonomisch* im Sinne des gott- und menschengemäßen *Wirtschaftens* und *ökologisch* im Sinne des entsprechenden Haushaltens mit der Umwelt durchbuchstabieren. Auch die Lehre vom dreieinen Gott muss *öko*-theologisch gewendet werden. Ökonomie und Ökologie sind ihrerseits dabei nicht zu trennen. So sehr sich Religion nicht mit Politik verwechseln darf, so sehr muss sie sich einmischen, wo der Politik die Orientierung abhanden zu kommen droht oder wo sie blinde Flecken hat. Der christliche Wille zur Liebe erstreckt sich auf alle Bereiche der Wirklichkeit.

Ökonomie und Ökologie

Nahrung für den Willen

Dieser Wille aber nährt sich aus einer reichen Geschichte. Die Geschichte der Theologie und Philosophie, der Kultur und Natur, der Menschen und der Welt ist ebenfalls ein trinitarischer Prozess, der in die Zukunft Gottes führt. Dies sollte in dieser Abhandlung angedeutet werden. Orientierung gewinnen wir heute nur, wenn wir aus den Quellen dieser Dynamik schöpfen. Ich erinnere an die große trinitarische Strukturierung von Onto-Theo-Logie (Vater), Bio-Anthropo-Logie (Sohn) und Tele-Semeio-Logie (Geist). Alle drei Familien von Denkformen brauchen wir, um den Reichtum der in den biblischen Schriften enthaltenen Gottesgeschichten – rational – erschließen zu können. Die Onto-Theo-Logie lehrt die reine Rationalität des Glaubens, und die Bio-Anthropo-Logie seine weltliche Relevanz (auch da, wo das Christentum vordergründig negiert wird). Die Naturwissenschaft und die verschiedenen Wissenschaften vom Menschen werden hier erwachsen. Zugleich wird die Erfahrung einer Welt ohne Gott gemacht: Gott selbst stirbt, und es bleibt das Elend der „Knechtsgestalt", das es zu überwinden gilt. Und schließlich führt die Tele-Semeio-Logie zu einer Entspannung der modernen Kämpfe zwischen Theismus und Atheismus. Die Grenze und die Vermittlung der Gegensätze selbst werden thematisch, wobei sich die Dimension des Pluralismus und der Besonderheit jedes Anderen entfaltet. Doch auch hier gibt es – wie in jeder Konstellation des Denkens – einen Kampf. So droht hier nicht nur eine allumfassende Kontrolle der Kommunikation, sondern auch eine Vergleichgültigung aller Inhalte. In den medialen Welten zeichnet sich eine nie da gewesene Normierung und eine Ökonomisierung aller Lebensbereiche ab. Zugleich scheint das „Inter" der Tele-Kommunikation oft verstopft zu werden. Der zuweilen grenzenlose Konsumismus der Rezipienten, aber auch die nicht seltene Trivialität und Geistlosigkeit von Produkten der Medienindustrie können die angestrebte mediale Wahrnehmung der Anderen verhindern. Die „doors of perception" (Aldous Huxley) müssen immer neu aufgebrochen werden. Gegen die Gefahr absoluter Banalisierung und Entgeistung helfen nur der allgemeine Geist einer reichen Geschichte, der uns die Unterscheidung der Geister lehrt und dadurch belebt und inspiriert, sowie die je einzelne Besinnung auf die wirkliche Welt, in der wir leben, und schließlich die besonderen Kritiken der zeitgenössischen Denker. Der Genuss der geistigen Reichtümer der Geschichte und Gegenwart kann der geistigen Verarmung entgegenwirken. Von herausragender Bedeutung ist dabei die Erinnerung an den dreieinen Gott und an die Spuren, die er in unserer Kultur hinterlassen hat.

Für eine explizite Trinitätslehre bleiben die drei onto-theo-logischen Phasen von Bedeutung. Um zu erinnern: Das griechische Gottdenken lehrt uns, den *Gott über uns* zugleich als anwesendes Sein (Parmenides), als höchste Idee (Platon) und als sich selbst denkendes Denken (Aristoteles) zu erfassen. Dieser rein vernünftige Gott ist die Rationalisierung des „*Vaters* der Götter und der Menschen", Zeus. Auch für die Menschen von heute bleibt es relevant zu wissen, dass sich in ihrem Denken Teilhabe am göttlichen Dasein ereignet, die sie ihre eigene Sterblichkeit und Endlichkeit erkennen lässt. Die patristisch-scholastische Phase entwickelte eine erste spekulative Trinitätslehre, die bis heute den Maßstab für jedes Gottdenken darstellt, das sich christlich nennt. Zugleich wurde hier die Bibel als das Zeugnis des „Gottes unter uns" Jesus Christus zur Grundlage aller menschlichen Liebe. Auch für die Menschen von heute ist es eine erlösende Einsicht, sich als verantwortliches Individuum von Gott bis in alle Ewigkeit geliebt und angenommen zu glauben. Und endlich schufen die neuzeitliche Philosophie und Theologie eine Interpretation des Christentums, das den Geist als den „Gott in uns" zum Konstruktionspunkt hatte. Der Geist Christi wird hier als der in allen Menschen wohnende Geist der Vernunft und der Freiheit aufgefasst, so dass sich gerade in dieser Konstellation auch die politische Befreiung der Menschheit auf der Basis christlicher Inspiration (oft gegen die Lehren der Kirchen!) ereignete.

Die Spannungen, die in der Pluralität der angedeuteten Denkformen liegen, müssen nicht als ein Nachteil aufgefasst werden, vielmehr bietet die philosophisch-theologische Speisekarte dem Geist dadurch eine reiche Nahrung. Gewiss gilt es, die Auswahl der Speisen den eigenen Bedürfnissen anzupassen. Doch sei vor einseitiger Ernährung gewarnt! Eine ausgewogene Fülle der Inspirationen ermöglicht es uns, selbst geistig kreativ zu werden und zu neuen Ufern aufzubrechen. Ohne die intellektuellen „Lebensmittel“ der Onto-Theo-Logie, der Bio-Anthropo-Logie und der Tele-Semeio-Logie sind das Christentum und mit ihm der westliche Kulturkreis nicht den Herausforderungen der Gegenwart und der Zukunft gewachsen. In Zeiten der Globalisierung darf sich die westliche Kultur nicht nur als Raum technischen, (natur-)wissenschaftlichen und ökonomischen Fortschritts präsentieren. Noch Hegel wusste, dass die Religion die Seele eines Volkes ausmacht. Ohne Religion – unsere Religion – sind wir für die Muslime, Juden, Buddhisten und Hindus dieser Welt nur seelenlose Technokraten. Deshalb muss sich besonders die europäische Kultur, denn hier ist die Entchristlichung am deutlichsten, auf ihre Wurzeln besinnen. Auch unsere Demokratie und unsere säkularen Gesellschaften brauchen die Besinnung auf ihre christliche Herkunft, wenn sie gerade als *säkulare* in einer *postsäkularen* Welt überleben wollen. Denn die trinitarische Dialektik, die zu ihrer Mitte die Negation hat, schützt auch die Sphäre dieser Mitte, in der der Mensch auf sich selbst gestellt ist. Der Tod Gottes und das „Säkulare Zeitalter“ (Charles Taylor) sind und bleiben Phänomene, die ohne Christentum undenkbar sind und ohne die ein heutiges Christentum nicht zukunftsfähig ist. Deshalb ist noch einmal an die belebende Kraft der nachmetaphysischen Kritik erinnert. Von Ludwig Feuerbach bis Michel Foucault reicht die Liste derjenigen, die der Bedeutung des Wortes „Liebe“ eine neue Facette beigefügt haben.

Freiheit

Das Reich des Geistes und der Versöhnung, in dem der Wille zur Liebe herrscht, ist immer schon das Reich der Freiheit! Es gibt ein Maß an Offenheit, das nicht mehr verringert werden kann. Kein Zwang, auch kein argumentativer Zwang liegt auf der Annahme des Glaubens, dass Christus die Welt erlöst hat und dass Geschichte und Welt ihren Grund im dreieinen Gott haben. Der einzelne Mensch muss den Weg zur Annahme des Glaubens an den Gott, der Einheit und Vielheit, Gott und Mensch, Ewigkeit und Zeit zugleich ist, selbst finden. Jeder und jede Einzelne selbst darf auf Spurensuche gehen. Die Spuren, die zu Gott führen, sind aber in jedem individuellen Leben zu finden; sie sind Spuren des Miteinander, Erfahrungen von Liebe und mühsames Nachdenken. Die Spuren der Trinität führen in Gemeinschaft mit Gott, in

Gemeinschaft mit den Menschen und Gemeinschaft mit der Natur. Nicht immer gelingt diese Suche. Manchmal findet ein Mensch scheinbar zu Gott, doch handelt es sich dabei in Wahrheit um einen Abgott, einen Götzen, der die Lebendigkeit und die Freiheit und die Fülle des Lebens nicht schenkt. Andere Menschen finden vermeintlich nicht zu Gott, und doch stehen sie unbewusst in der Mitte göttlicher Liebe. Die gelebte Liebe ist das Maß, an dem man die Spuren des dreieinen Gottes ablesen kann. Nur die Liebe, oft unscheinbar, oft leidenschaftlich und sinnlich, manchmal selbstlos, manchmal klar und licht, ist die Wahrheit des dreieinen Gottes. „Gott ist die Liebe“. Das ist es, was hier gezeigt werden sollte. Wer Gottes Unendlichkeit begreifen will, muss Liebe lernen.

Zitat

„If the doors of perception were cleansed
everything would appear to man as it is, infinite.“ (William Blake)

Zusammenfassung

Die Summe des Christentums besteht in dem Satz: „Gott ist Liebe“. Wer liebt, wird in das trinitarische Leben Gottes hineingenommen. Der Geist der Liebe aber weht, wo er will.

Literatur

Literatur

Athanasius: De incarnatione Verbi. Über die Menschwerdung (BKV), München 1917.

Augustinus: De Trinitate. Über die Dreieinigkeit (BKV), 2 Bde., München 1935f.

Agamben, Giorgio: Herrschaft und Herrlichkeit. Zur theologischen Genealogie von Ökonomie und Regierung. Homo sacer II.2., Berlin 2010.

Aristoteles: Metaphysik. Nach der Übersetzung von H. Bonitz bearb. v. H. Seidl, 2 Bde., Hamburg 1995.

Balthasar: Theologik 2, Wahrheit Gottes, Einsiedeln 1985.

Barth, Karl: Die kirchliche Dogmatik. Einleitung. Das Wort Gottes als Kriterium der Dogmatik. Bd. 1, Zürich 1986.

Bellah, Robert N.: Religion in human evolution. From the Paleolithic to the Axial Age, Cambridge Mass 2011.

Boff, Leonardo: Kleine Trinitätslehre, Düsseldorf [2]1991.

Demandt, Alexander: Philosophie der Geschichte. Von der Antike zur Gegenwart, Köln 2011.
Derrida, Jacques: Den Tod geben, in: Haverkamp, Anselm (Hg.): Gewalt und Gerechtigkeit. Derrida – Benjamin, Frankfurt 1994.
Derrida, Jacques: Die Différance, in: Ders: Randgänge der Philosophie, Wien [2]1999.
Derrida, Jacques: Gesetzeskraft. Der mystische Grund der Autorität, Frankfurt 1991.
Dunn, James: Jesus remembered, Grand Rapids 2003.
Dochhorn, Jan: Zu den religionsgeschichtlichen Voraussetzungen trinitarischer Gottesvorstellungen im frühen Christentum und in der Religion Israels, in: Drecoll, Henning (Hg.): Trinität, Tübingen 2011, 11-80.
Drecoll, Henning: Zusammenschau, in: Ders (Hg.): Trinität, Tübingen 2011.
Feuerbach, Ludwig: Das Wesen des Christentums, Stuttgart 1969.
Feuerbach, Ludwig: Grundsätze der Philosophie der Zukunft, Zürich/Winterthur 2001.
Folkers, Friederike (Pfarrerin): Predigt in der Ludwigskirche Freiburg über Johannes 7, 28.29 zur Christvesper am 24.12.2012 (Manuskript).
Foucault, Michel: Archäologie des Wissens, Frankfurt 1973.
Foucault, Michel: Das Denken des Außen, in: Foucault, Michel: Dits et écrits. Schriften, Frankfurt 2001.
Foucault, Michel: Die Ordnung der Dinge. Eine Archäologie der Humanwissenschaften, Frankfurt 1974.
Hegel, Georg Wilhelm Friedrich: Phänomenologie des Geistes, (Werke 3), Frankfurt 1986.
Hegel, Georg Wilhelm Friedrich: Vorlesungen über die Geschichte der Philosophie, (Werke Bde. 18 und 19) Frankfurt 1986.
Hegel, Georg Wilhelm Friedrich: Vorlesungen über die Philosophie der Religion. Teil 3. Die vollendete Religion, Hamburg 1995.
Henrich, Dieter: Hegel im Kontext. Mit einem Nachwort zur Neuauflage, Frankfurt 1971/Berlin 2010.
Hoping, Helmut: Deus Trinitas. Zur Hermeneutik trinitarischer Gottesrede, in: Striet, Magnus: Monotheismus Israels und christlicher Trinitätsglaube, Freiburg/Basel/Wien 2004.
Hoping, Helmut: Die Selbstvermittlung der vollkommenen Freiheit Gottes. Kritische Anmerkungen zu Magnus Striets trinitätstheologischem Vorstoß, in: Walter, Peter (Hg.): Das Gewaltpotential des Monotheismus und der dreieine Gott, 166-177.
Jaeschke, Walter: Hegel Handbuch. Leben – Werk – Wirkung, Stuttgart/Weimar 2003.
Janicaud, Dominique: Le tournant théologique de la phénoménologie française, Paris 1992.
Jaspers, Karl: Vom Ursprung und Ziel der Geschichte, München 1949.
Keller, Catherine: On the Mystery. Divinity in Process, Minneapolis 2008.
Kirk, Geoffrey S.; Raven, John E.; Schofield, Malcolm: Die vorsokratischen Philosophen. Einführung, Texte und Kommentare. Studienausgabe, Stuttgart/Weimar 2001.
Leftow, Brian: A Latin Trinity, in: Faith and Philosophy 21,3 (2004), 304-333
Markschies, Christoph: Hellenisierung des Christentums. Sinn und Unsinn einer historischen Deutungskategorie, Leipzig 2013.

METZ, Johann Baptist: Glaube in Geschichte und Gesellschaft. Studien zu einer praktischen Fundamentaltheologie, Mainz ^{5}1992.

MOLTMANN, Jürgen: Trinität und Reich Gottes. Zur Gotteslehre, Gütersloh 1986.

NANCY, Jean-Luc: Dekonstruktion des Christentums, Zürich/Berlin 2008.

NANCY, Jean-Luc: Die Anbetung. Dekonstruktion des Christentums 2, Zürich 2012.

NEWMAN, John Henry: An Essay on the Development of Christian Doctrine, London ^{2}1878.

NITSCHE, Bernhard: Gott und Freiheit. Skizzen zur trinitarischen Gotteslehre, Regensburg 2008.

NITSCHE, Bernhard: Muslimischer Monotheismus und christliche Trinitätslehre. Ureigene Anliegen und Chancen der Begegnung, in: TATARI, Muna/VON STOSCH, Klaus (Hg.): Trinität. Anstöße für das islamisch-christliche Gespräch, Paderborn u.a. 2013, 87-125.

NIETZSCHE, Friedrich: Kritische Studienausgabe, hg. v. COLLI, Giorgio; MONTINARI, Mazzino, Berlin u.a. ^{2}1988.

ORIGENES: Vier Bücher von den Prinzipien (De principiis). Übers. v. GÖRGEMANNS, Herwig u. KARPP, Heinrich, Darmstadt 1976.

RAHNER, Karl: „Bemerkungen zum dogmatischen Traktat ‚De trinitate'", in: DERS.: Schriften zur Theologie. Bd. 4, Einsiedeln/ Zürich/ Köln 1960.

RAHNER, Karl: Grundkurs des Glaubens, Freiburg ^{2}2004.

RUHSTORFER, Karlheinz (Hg.): Christologie. Gegenwärtig Glauben Denken. Bd. 1, Paderborn u.a. 2007.

RUHSTORFER, Karlheinz (Hg.): Gotteslehre. Gegenwärtig Glauben Denken. Bd. 2, Paderborn u.a 2010.

SCHÄRTL, Thomas: Trinität, Einheit und Eigenschaften Gottes, in: TATARI, Muna/VON STOSCH, Klaus (Hg.): Trinität. Anstoß für das islamisch-christliche Gespräch, Paderborn u.a. 2013, 13-68.

STANILOAE, Dimitru: Orthodoxe Dogmatik 1-3, Zürich u.a. 1985-1995.

STRIET, Magnus: Spekulative Verfremdung? Trinitätstheologie in der Diskussion, in: Herderkorrespondenz 56 (2002), 202-207.

STRIET, Magnus: Monotheismus und Schöpfungsdifferenz. Eine trinitätstheologische Erkundung, in: WALTER, Peter (Hg.), Das Gewaltpotential des Monotheismus und der dreieine Gott, (QD 216) Freiburg u.a. 2005, 132-153.

SWINBURNE, Richard: The Christian God, Oxford 1994.

SYMBOLUM QUICUMQUE, in: DENZINGER, Heinrich/HÜNERMANN, Peter 75, 13f.

VON BRÜCK, Michael: Einheit der Wirklichkeit. Gott, Gotteserfahrung und Meditation im hinduistisch-christlichen Dialog, München 1986.

VATTIMO, Gianni: Glauben philosophieren, Stuttgart 1997.

VORGRIMLER, Herbert: Randständiges Dasein des dreieinen Gottes? Zur praktischen und spirituellen Dimension der Trinitätslehre, in: Stimmen der Zeit 220 (2002), 545-552.

WERBICK, Jürgen: Handbuch der Dogmatik, Ostfildern 1992.

ZIZOULAS, John D.: Being as Communion – Studies in Personhood and the Church, New York 1985.

VI. Gottesvorstellungen von Kindern und Jugendlichen bilden

Matthias Bahr

1. Problemanzeige

Angesichts von modernen Entwicklungen, die mit den Stichworten *Pluralisierung, Individualisierung, Synkretismus* oder *Indifferentismus* zu kennzeichnen sind, fällt es nicht leicht, allgemeingültige Aussagen zu einer Theorie der Bildung von Gottesvorstellungen bei Kindern und Jugendlichen zu machen (vgl. Schweitzer: *Gott im Religionsunterricht* 242ff.). Die Entfernung vieler Heranwachsender von religiöser Praxis (*Enttraditionalisierung*) ermöglicht oft keinen unmittelbaren Reflex auf das christliche Gottesbild. Damit sind aber auch Chancen verbunden – angstmachende Vorstellungen, die bei Großelterngenerationen häufig noch greifbar waren, spielen heute kaum eine Rolle.

Bildung von Gottesvorstellungen als Kernaufgabe des Religionsunterrichts

Das Bemühen um die Bildung von Gottesvorstellungen bei Kindern und Jugendlichen darf man zur Kernaufgabe des Religionsunterrichts rechnen. Verschiedenste Aufgabenstellungen von Religionslehrerinnen und Religionslehrern ermuntern immer wieder Kinder dazu, ihr Bild von Gott zu befragen, zu entfalten und (zeichnerisch) auszugestalten. Jugendliche werden darum gebeten, auf den schriftlichen Impuls „So stelle ich mir Gott vor…" ihr Denken dazu in einem Text niederzulegen. Jenseits dieser inzwischen fast „klassisch" zu nennenden Zugänge wurden innerhalb der Religionsdidaktik aber noch weitere differenzierte Überlegungen entwickelt, die über diese Annäherungen hinausgehen. Immerhin: Übereinstimmung besteht darin, dass Gottesvorstellungen von Kindern und Jugendlichen sich nicht naturalistisch einfach entwickeln, so als wären ihr Zustandekommen und ihre Veränderungen (im Jugendalter) ein innerer Vorgang im Menschen, der von äußeren Einflüssen losgelöst gesehen werden kann. Vielmehr verweist gerade das Ringen von Jugendlichen, das nicht selten in der Reibung mit naturwissenschaftlichen Erklärungsmodellen in eine Ablehnung der Vorstellung eines personalen christlichen Gottes mündet darauf, dass aus religionsdidaktischer Perspektive den Gottesvorstellungen und den sie begleitenden Bildungsprozessen erhebliche Aufmerksamkeit zukommen muss.

Sehr schnell zeigt sich aber auch die Verwobenheit mit anderen Anliegen des Religionsunterrichts, etwa dem Bemühen um ein angemessenes Verständnis von Heranwachsenden für die Besonderheiten religiöser Sprache. Die Welt der Bibel wie auch der Systematischen Theologie verwendet symbolische Rede, gelingende Annäherungen an die Botschaft des Alten und Neuen Testamentes und der theologischen Lehre gehen mit einem entsprechenden Wissen um die damit zusammenhängenden Eigenarten zusammen. Neuere Bemühungen einer Auseinandersetzung mit den Gottesvorstellungen von Kindern und Jugendlichen versuchen dem Rechnung zu tragen, wenn Religionslehrerinnen und -lehrer dies etwa im Kontext einer Kindertheologie oder der Arbeit an Gottesmetaphern aufnehmen und Kindern und Jugendlichen dann Impulse zu einer selbsttätigen Erschließung geben. Insofern zeigen sich sehr rasch vielfältige Bereiche, die in der Auseinandersetzung mit der Bildung von Gottesvorstellungen mitschwingen. Ebenso hat der starke empirische Akzent innerhalb der Religionspädagogik der vergangenen Jahre dazu beigetragen, dass sehr vielschichtig und differenziert Erhebungen zum Gottesverständnis von Kindern und Jugendlichen unternommen wurden. Viele qualitative Untersuchungen, die aus einer überschaubaren Anzahl von Untersuchungspersonen (schriftliche) Äußerungen auswerten, erlauben einen differenzierten Einblick in die Gottesvorstellungen der jeweiligen Person, ohne dass dieser damit freilich bereits verallgemeinerbar ist.

Insgesamt ergibt sich eher eine multiperspektivische Annäherung an die Gottesfrage und das Gottesverständnis von Heranwachsenden, nicht jedoch eine umfassende und allgemein anerkannte Theorie der kognitiven und emotionalen Entwicklung des Gottesglaubens, wie der Religionspädagoge Bernhard Grom (*1936) schon vor mehreren Jahren festgestellt hat (vgl. Grom: *Religionspädagogische Psychologie* 116). Er geht allerdings noch weiter: Auch schon in volkskirchlicher Zeit seien die Gottesvorstellungen von Heranwachsenden fragmentarisch und verschwommen gewesen (Grom: *Religionspädagogische Psychologie* 116) – die Notwendigkeit, sich um Bildungsprozesse zu bemühen, entsteht also nicht erst in der Gegenwart.

Trotz mancher Einschränkungen also lassen sich in dieser komplexen und auch unübersichtlichen Situation jedoch einige Perspektiven benennen (vgl. Kap. 2–5), die den Hintergrund für didaktische Überlegungen bieten können (vgl. Kap. 6). Dass dies in dem vorliegenden Rahmen eher in Auswahl geschehen muss, versteht sich von selbst.

2. Überlegungen zur Entwicklung von Gottesvorstellungen: Anstöße von „Klassikern" der Stufentheorien religiöser Entwicklung

In den 1970er und 1980er Jahren entstehen gewichtige Versuche, Erkenntnisse über die religiöse Entwicklung auf dem Hintergrund der Untersuchungen von Jean Piaget (1896–1980) (logisch-mathematisches und naturwissenschaftliches Erkennen) und Lawrence Kohlberg (1927–1987) (moralisches Urteil) zu gewinnen. Bezugspunkt ist dabei die Vorstellung, dass Menschen zunächst eher reflexhaft auf die Welt zugreifen und in der Auseinandersetzung mit der Umwelt dann zunehmend gedankliche bzw. abstrakte (formal-operatorische) Denkleistungen vollziehen. Dabei werden nach Meinung der Forscher verschiedene ‚Stufen' erreicht, die nach einer gewissen Phase der Plausibilität von den Menschen wieder hinterfragt werden, so dass sich die Notwendigkeit ergibt, die Denkleistungen und Sichtweisen bezüglich der Gottesthematik auf komplexer gewordene Einsichten und Erkenntnisse anpassen zu müssen (in der Sprache Piagets: durch Assimilation und Akkomodation zu einem neuen Gleichgewicht (Äquilibration) zu finden).

In den 70er Jahren des vorigen Jahrhunderts entwickelt der us-amerikanische Theologe James W. Fowler (*1940) – ausgehend von Piaget und Kohlberg und sie gleichzeitig überschreitend, wenn er beispielsweise auch tiefenpsychologische Einsichten (Erik H. Erikson, 1902–1994) einbezieht – „Stufen des Glaubens". Dabei geht es ihm darum, in halb-offenen Befragungen dem ‚Lebensglauben' (faith) seiner Interviewpartner und -partnerinnen auf die Spur zu kommen. Im Mittelpunkt des Interesses stehen dabei weniger konkrete Glaubensinhalte von einzelnen Konfessionen (belief) als vielmehr die Frage nach dem, „was uns unbedingt angeht" – wie dies der evangelische Theologe Paul Tillich (1886–1965) formuliert hat, auf den sich Fowler u.a. bezieht. Seine Stufen des Glaubens, die er herausarbeitet, beziehen also nicht nur die Denkleistung eines Menschen ein, sondern ebenso die Emotionen und Vorstellungsbilder, die ein Mensch entwickelt hat – nicht nur in der Kindheit und Jugendzeit, sondern über die gesamte Lebensspanne hinweg, wobei je nach Entwicklungsstand nicht alle Stufen von allen Personen erreicht werden. Für die Frage nach Gottesvorstellungen lassen sich erste Hinweise herausarbeiten: Im stark phantasiegeprägten *intuitiv-projektiven Glauben* ist eine affektive Bindung, vermittelt über Erzählungen und Geschichten, feststellbar: „Gott ist überall, aber nicht in der

Fowler: Bindung – Anthropomorphismus – Autonomie – Universalisierung

Hand" (Fowler: *Stufen des Glaubens* 46f.) – mit langfristig positiven, aber auch denkbaren negativen Prägungen. Auf der Stufe des *mythisch-wörtlichen Glaubens* stellt Fowler einen großen Hang zum Anthropomorphismus fest – wo symbolische Aussagen etwa der Bibel (wie: „Gott regiert die Welt") in einem den Verhältnissen der Welt analogen Sinne verstanden werden. Mit dem *synthetisch-konventionellen Glauben* benennt er ein Verständnis, das den Gottesglauben nicht als persönlich angeeigneten, sondern als in der Abhängigkeit von anderen sieht, sodass Menschen dabei auch divergierende, widersprüchliche Ansichten vertreten können. Auf der Stufe des *individuierend-reflektierenden Glaubens* werden Gottesvorstellungen abgelehnt, die in der Nähe des Anthropomorphismus stehen – im Vordergrund steht das Wissen um die Autonomie des Menschen; hier werden symbolische, mythologische Vorstellungen zurückgewiesen, eine symbolkritische Haltung dominiert. Erst der *verbindende Glaube* eröffnet Gottesvorstellungen, die neben den Realitäten der Alltagswirklichkeit bestehen bleiben, ohne dass der Mensch dabei sofort eine kognitive Dissonanz konstatiert. Die individuelle Ausgestaltung des Glaubens kann durchaus changieren – von der Akzeptanz religiöser Traditionen über die selektive Auswahl bis zur zynischen Relativierung angesichts von Paradoxien des Daseins (vgl. Schweitzer: *Lebensgeschichte und Religion* 151). In der Auseinandersetzung mit Personen der Religionsgeschichte postuliert er schließlich die Stufe des *universalisierenden Glaubens,* bei dem eine Verschmelzung von eigenem Willen und transzendenter Wirklichkeit vollzogen wird – wie dies etwa bei Mahatma Gandhi (1869–1948), Dietrich Bonhoeffer (1906–1945) oder Maximilian Kolbe (1894–1941) zu sehen ist, die ihre Existenz an den für sie erkannten Willen Gottes hingeben.

Verschiedene Anfragen sind an ein solches Modell gerichtet worden, das grundsätzlich eine interessante und in breiten Theoriebezügen stehende Perspektive anbietet (zur Übersicht vgl. Schweitzer: *Lebensgeschichte und Religion* 142f.). Mit Recht anzufragen ist u.a., ob nicht viel stärker auch die kontextabhängigen Einflüsse etwa der Gesellschaft in diese Vorstellungen hineingenommen werden müssten oder kritische, belastende Lebensereignisse die Glaubens- und Gottesvorstellung radikal verändern können, so dass eine kontinuierliche Stufenabfolge durchbrochen wird (vgl. Grom: *Religionspädagogische Psychologie* 64).

Im deutschen Sprachraum haben die Untersuchungen von Fritz Oser (*1937) und Paul Gmünder (*1951) ab 1979 zum religiösen Urteil weite Resonanz gefunden, die ebenfalls indirekte Aussagen über Gottesvorstellungen möglich machen, selbst wenn bei ihnen nicht der ‚Glaube‘ an einen ‚christlichen Gott‘, sondern (nur) die Einschätzungen (eben: das ‚Urteil‘) von Menschen unterschiedlicher Lebensalter über ihr Denken in der Auseinandersetzung mit einem Letztgültigen (‚Ultimaten‘) im Vordergrund steht. Ausgehend von Dilemmageschichten (klassisch: Paul-Dilemma, aber auch das Hiob-Dilemma u.a.) entwickeln Oser und Gmünder aus den Äußerungen der Versuchspersonen ein Modell mit folgenden Akzenten (vgl. Oser/Gmünder: *Der Mensch – Stufen seiner religiösen Entwicklung*):

Oser/Gmünder: Herrscher – Verhandlungspartner – entfernter Anstoßgeber – Sinngrund

Auf der Stufe der *absoluten Heteronomie* wird dem ‚Letztgültigen‘ ein unmittelbares, direktes und willkürliches Eingreifen in die Geschehnisse der Welt unterstellt (‚Deus ex machina‘). Diesem als mächtig gesehenen Gott, der straft, belohnt, führt und leitet, ist von Seiten des Menschen unbedingt Folge zu leisten – der Mensch kann letztlich nur reagieren. Die Stufe der *Orientierung an ‚Do ut des‘* („Ich gebe, damit du gibst“) unterstellt die Möglichkeit der Handelsbeziehung zwischen Mensch und Ultimatem: Durch die Taten des Menschen wird Gott als einer gesehen, der sich einem Austauschverhältnis unterwirft – wer ihm gibt (durch religiöse Übungen, moralisches Wohlverhalten), der erhält dafür sein Wohlwollen. In dieser Geschäftsbeziehung kommt dem Menschen eine gewisse Autonomie zu – er kann mit seinem Handeln auf den Ultimaten einwirken. Diese Überzeugung von der eigenen Selbstständigkeit nimmt auf der Stufe der *absoluten Autonomie* weiter zu – der Mensch in seiner Selbstverantwortung rückt die Gottesvorstellung in einem deistischen Sinne in einen von der Welt getrennten Verantwortungsbereich (vgl. Grom: *Religionspädagogische Psychologie* 68). Erst dort, wo eine *Orientierung an vermittelter Autonomie und Heilsplan* erfolgt, wird eine religiöse Dimension angenommen, die den Menschen in einer Beziehung zum Letztgültigen sieht, ohne dass er dabei seine eigene Freiheit aufgibt. Das Ultimate erscheint hier als Bedingung der Möglichkeit des Lebens insgesamt – und der Mensch steht zu diesem Ultimaten in einer wechselseitigen Beziehung, die soweit gehen kann, dass er sein Handeln in Übereinstimmung mit dem Heilsplan des Ultimaten sieht. Diese hier ausgedrückte enge Bindung wird auf einer fünften Stufe insofern verstärkt, als der Mensch sich im Sinne von *Intersubjektivität* umfassend in der Heilsgeschichte verwurzelt sieht. Religion (das Ultimate) ist nicht mehr ein Sonderbereich des Lebens, sondern Gott wird umfassend ‚zur Sache des Menschen‘.

Kritische Einwände richten sich auf die nur unzureichende empirische Absicherung der Erkenntnisse, die Fiktionalität der

Dilemmata (Religion bzw. die Gottesvorstellung lediglich als kognitivistisch verengtes ‚Gedankenspiel'), die Beheimatung in einem (eingegrenzten) regionalen (schweizerischen) konfessionellen Kontext der 70er bzw. 80er Jahre des 20. Jahrhunderts, die hierarchische Struktur. Religionsdidaktisch anregend allerdings ist – wie im Modell Fowlers – der Hinweis auf jene wichtige Phase der Jugendzeit, in der offenbar eine religiöse Weltsicht in ihrer Plausibilität vertieft oder eben zurückgewiesen werden kann. Hoch relevant ist dabei die Frage nach dem Gottesbild: Inwiefern gelingt es, ein menschenähnliches (anthropomorphes) Gottesverständnis als analoge, eben bildhafte Vorstellung sehen zu lernen, weil wir *letztlich nur so*, also *symbolisch*, angemessen von Gott sprechen können? Oder, anders gesagt: Inwiefern werden Heranwachsende zunehmend ein *wörtliches* anthropomorphes Gottesverständnis als unzutreffend zurückweisen und nach neuen, für sie relevanten und der (postmodernen) Lebenswelt gemäßen Vorstellungen suchen – unterstützt von anregenden Impulsen des Religionsunterrichts?

Zusammenfassung

In den siebziger und achtziger Jahren des 20. Jahrhunderts werden innerhalb der Religionspädagogik mit den Untersuchungen von James W. Fowler und Fritz Oser und Paul Gmünder markante Bemühungen um die Erhellung der religiösen Entwicklung von Menschen deutlich, die vielerorts bis in die gegenwärtige Unterrichtsplanung wirksam geblieben sind. Aus ihnen lassen sich erste Rückschlüsse auf die Frage nach den Gottesvorstellungen herausstellen; es lassen sich deutliche Unterschiede zwischen Kindheit, Jugendalter und Erwachsenenalter benennen, ohne dass damit bereits eine Wertung verbunden sein darf. Die Arbeiten geben einen Hinweis auf die Bedeutsamkeit eines symbolischen Verständnisses von Religion, das im Jugendalter an Brisanz gewinnt, wenn anthropomorphe Gottesbilder nicht mehr tragfähig erscheinen, allerdings handelt es sich um punktuelle Erhebungen, die kaum Aussagen über allgemeingültige Entwicklungsprozesse eines jeden Individuums zulassen.

3. Anthropomorphismus und Artifizialismus – von der Objekt- zur Mittelreflexion: „Typen“ der Entwicklung von Gottesbildern

Aus dem Bereich der Philosophie und Psychologie stammen interessanterweise die Bemühungen um die Erhellung von „Weltbildentwicklung und Schöpfungsverständnis“, die Reto Luzius Fetz (*1942), Karl Helmut Reich und Peter Valentin in den 90er Jahren des vergangenen Jahrhunderts unternehmen. In Ergänzung bzw. Weiterführung der Untersuchungen von Fritz Oser und Paul Gmünder fassen sie den Untersuchungsgegenstand deutlich enger, wenden sich in halboffenen Interviews den persönlichen Sichtweisen der Befragten zu und blicken über einen Zeitraum von zehn Jahren auf verschiedene Lebensalter (zwischen 5 und schließlich 26 Jahren, vgl. Fetz/Reich/Valentin: *Weltbildentwicklung und Schöpfungsverständnis* 156), wenn sie die Probanden im Abstand von fünf Jahren jeweils dreimal befragen. Auf diese Weise erhoffen sie sich deutlichere Aussagen über einen möglichen Entwicklungsprozess, der an der zentralen Frage nach der Herkunft der Welt ansetzt, damit aber auch Erkenntnisse über die jeweils zu Grunde liegenden Gottesbilder hervorbringt.

Unreflektierter Anthropomophismus und Artifizialismus

Dabei finden sie verschiedene Typen des Schöpfungsverständnisses: Zum einen das *unreflektierte artifizialistische Schöpfungsverständnis,* bei dem Gott als der Schöpfer der Natur und der künstlich hergestellten Dinge (Artefakte) aufgefasst wird: Menschen (vor allem jüngere Kinder) sehen Gott als denjenigen an, der (anthropomorph) wie ein Handwerker alles erschaffen bzw. gemacht oder hergestellt hat, die Lebewesen der Natur bis hin zu den konkreten, sie umgebenden Gegenständen (Entstehungsstadium). Anfänglich sogar anthropozentrisch akzentuiert allein zum Nutzen der Menschen, fassen sie Gott später als diejenige Figur auf, die lediglich als Schöpfer *der Natur* gesehen wird, während die Artefakte dem menschlichen Schaffen zugerechnet werden (Hauptstadium, vor allem im Alter der sieben- bis neunjährigen Kinder) und messen schließlich Gott nur noch eine Randbedeutung zu, wenn die Plausibilitäten naturwissenschaftlicher Erklärungsmodelle mit Macht in den Vordergrund drängen (Auflösungsstadium). Gott wird dann gewissermaßen ‚beiseite geschoben‘: Mit dem Kennenlernen der physikalischen Theoriebildung (z.B. „Urknall“) wird Gott nur noch auf den Bereich des Lebendigen bezogen, die Begegnung mit der Evolutionstheorie führt zur Verdrängung Gottes auch aus dem Bereich des Lebendigen – alles ist dann ‚von selbst gekommen‘– eine Sichtweise, die viele zehn- bis dreizehnjährige, aber auch ältere Probanden vertreten (vgl. Fetz/Reich/Valentin: *Weltbildentwicklung und Schöpfungsverständnis* 172). In der Terminologie der Verfasser wird dies als ‚Kinderglaube' etikettiert. Das ist nicht negativ zu verstehen:

Zitat

Für das Kind ... hat dieser Anthropomorphismus eine eminent positive Bedeutung. *Sein* Gott ist noch nicht ein *allzu* menschlicher, er ist primär ein sehr *menschlicher* Gott. Achtet man nämlich auf die Funktion, welche die anthropomorphe Ausstattung Gottes beim Kinde erfüllt, so stellt man fest, dass sie primär dazu dient, diesen Gott in konkrete Beziehungen zur Welt und zu den Menschen zu bringen. Der Gott des kindlichen Anthropomorphismus ist ein sehr welt- und menschenbezogener Gott, und nicht von ungefähr werden ihm Hände, Augen, Ohren und Flügel zugeschrieben. Hände hat er nämlich, um die Erde gestalten zu können, wobei er so vorgestellt wird, dass er die Erde wie einen Ball in seinen Händen halten kann ... mit Ohren ist er ausgestattet, um die Gebete der Menschen hören und erhören zu können. ... Dabei handelt sich das Kind allerdings durch diese anthropomorphe Ausstattung Gottes auch seine Probleme ein: es bereitet ihm Mühe, zu verstehen, ... wie er gleichzeitig die Gebete verschiedener Kinder zu hören vermag.... (Fetz/Reich/Valentin: *Weltbildentwicklung und Schöpfungsverständnis* 180).

Das, was in der frühen Kindheit für die Beziehungsaufnahme und Vorstellungswelt in seiner Konkretheit wichtig und bedeutsam ist, wird durch die modernen naturwissenschaftlichen Theoriemodelle angefragt und zunehmend spröde. Aus der Sicht der Verfasser stehen Menschen dabei vor einer grundsätzlichen Weggabelung: Wo das Bild von Gott als dem „Handwerker" seine Plausibilität verliert, da wird entweder auch die Vorstellung einer Schöpfertätigkeit Gottes zurückgewiesen; und mit dieser Zurückweisung geht der Verlust des Gottesglaubens einher – *oder* der Mensch hält an der Vorstellung von einer Schöpfertätigkeit Gottes fest, was angesichts der naturwissenschaftlichen Erklärungsmodelle die Notwendigkeit einer Neukonzeption des Schöpferbildes erforderlich macht. Beide Alternativen sind in jedem Fall mit dem Ende der unreflektierten artifiziellen Schöpfungsvorstellung verbunden.

Von der Objekt- zur Mittelreflexion

Wo nun trotz der naturwissenschaftlichen Erklärungsmodelle an der Rede von Gott als dem Schöpfer der Welt weiterhin festgehalten wird, stellen Fetz, Reich und Valentin ein *reflektiertes* Wirklichkeits- und Schöpfungsverständnis fest. Kernpunkt ist dabei der Wechsel von der Objekt- zur Mittelreflexion. So denken Menschen im Bereich des unreflektierten artifiziellen Schöpfungsverständnisses (nur) darüber nach, dass das Objekt ihres Denkens den veränderten Erkenntnissen graduell angepasst werden muss: Gott wird dabei offensichtlich als ein Wesen aufgefasst, das „im Raum existiert und nicht eine der Räumlichkeit enthobene Existenzweise hat. Er existiert ebenfalls in der Zeit, hat ‚jetzt' nicht mehr so viel zu tun wie ‚früher', als die Welt noch nicht geschaffen war,..." (Fetz/Reich/Valentin: *Weltbildentwicklung und Schöpfungsverständnis* 168f.). So bleiben sie auch im fortgeschrittenen Alter und Entwicklungsprozess grundsätzlich dabei stehen, die Einwirkung Gottes auf die Schöpfung als etwas konkret Handwerkliches zu verstehen. Im Unterschied dazu sind Menschen mit einem reflektierten Wirklichkeits- und Schöpfungsverständnis zur Mittelreflexion in der Lage: Ihnen ist bewusst, dass *sie sich mit den ihnen eigenen Denkvorgängen und Denkkategorien* auf die Gottesfrage einlassen, sie wissen, dass sie dabei ihre spezifisch menschlichen Mittel heranziehen. Die Einsicht in diesen Vorgang ist ein Prozess der Reflexion – Menschen denken dabei nicht mehr (allein) über die Angemessenheit der Gottesvorstellung in Konkurrenz mit naturwissenschaftlichen Erklärungsmodellen nach, sondern sind vielmehr dazu in der Lage, sich ihrer eigenen Denkvoraussetzungen zu vergewissern, sie verfügen also über die Einsicht, dass sie sich auf ihre je menschliche Weise auf diese Gottesfrage beziehen. Das hat erhebliche Auswirkungen auf die eigenen Gottesvorstellungen: „Dass ‚Gott die Welt einfach so gemacht hat', wird entschieden abgelehnt, ebenso jedes ‚Bild' Gottes, das diesen ‚vermenschlicht'." (Fetz/Reich/Valentin: *Weltbildentwicklung und Schöpfungsverständnis* 185). Der Ansatzpunkt, an dem diese Mittelreflexion beginnt, ist die Kritik am Anthropomorphismus, mit dem Heranwachsende über diese Art des Verstehens hinauswachsen (Fetz/Reich/Valentin: *Weltbildentwicklung und Schöpfungsverständnis* 247) – und die Zurückweisung (konkreter) bildhafter Vorstellungen. Angemessener erscheint es offenbar, von Gott in der Verneinung zu sprechen (negative Theologie): Er ist „nicht gegenständlich", „un-fassbar" oder „nicht greifbar".

Menschen überprüfen damit die Angemessenheit ihrer verwendeten Denk- und Sprachmittel. Wo im positiven Sinne Gottesvorstellungen artikuliert werden, unterscheiden sie sich von denen des unreflektierten artifiziellen Verständnisses deutlich: Gott wird mit einer Grundenergie, einer Kraft verbunden – abstrakte Benennungen, die für zutreffender gehalten werden und mit denen die Vorstellung des ‚Machens' im Sinne eines konkreten handwerklichen Tuns zurückgewiesen wird. Das kann man als Paradigmenwechsel verstehen, wo also Begriffe gesucht werden, die sich auf ein anderes Deutungsmuster beziehen. Ebenso lässt sich das Auftreten eines bereichsspezifischen Denkens feststellen – den Interviewten wird zunehmend klar, dass die Wirklichkeit anhand unterschiedlicher Erklärungsmodelle beschrieben und gedeutet werden muss, es also zu kurz gegriffen wäre, monokausal ein einziges Theoriemodell auf die Vielfalt der Welt anzuwenden. Dort, wo die Ablösung vom artifiziellen Verständnis nicht zum Atheismus führt, da kann zugestanden werden, dass menschliches Tun und göttliches Wirken unterschiedliche Ebenen der Wirklichkeit sein können, in denen es ein Handeln gibt, das allerdings analog verstanden werden muss: Das Handeln des Menschen ist eben ein anderes als das Handeln Gottes. Diese Wendung von der Objekt- zur Mittelreflexion hat Auswirkungen auf die Auseinandersetzung mit den Gottesvorstellungen, die sich offenbar weniger darauf beziehen, nach der Existenz Gottes zu fragen, als zunehmend über sein Wesen (das „Wie" Gottes) nachzudenken und hier im Sinne des tastenden, vorsichtigen Suchens angemessene Sprachformen zu entwickeln. Interessanterweise lässt sich bei Personen, die zu dieser Mittelreflexion in der Lage sind, ein eher offenes Gottesverständnis feststellen, während bei jenen, die man als *Deisten* bezeichnen mag, festgeschriebene, fixierte Bilder mit bestimmten Eigenschaften vorherrschen, die dann als unangemessen zurückgewiesen werden und zu einer generalisierten Ablehnung Gottes überhaupt führen. Wer hingegen positiv von Gott spricht, zur Mittelreflexion, zum bereichsspezifischen Denken und zum Denken in verschiedenen Wirklichkeitsebenen durchgedrungen ist, der wendet auf seine Gottesvorstellung häufig Begriffe mit Beziehungsqualität im Sinn von „Liebe", „Sinn" oder „Halt" an.

Paradigmenwechsel, bereichsspezifisches Denken

Offenes Gottesverständnis

Auf dem Hintergrund ihrer Erkenntnisse lösen sich die Forscher von der Annahme einer Stufenabfolge des religiösen Urteils. Die hohe Relevanz der Fähigkeit zur Mittelreflexion führt zu einer gänzlich anderen Sicht auf die Gottesvorstellungen und legt ihrer Meinung nach angemessener die Rede von *Typen* der Entwicklung nahe – in diesem Falle den Typus der Kontinuität in den Gottesvorstellungen dank einer *Transformation* des Kinderglaubens (Typ 1). Als Typ 2 beschreiben sie die Diskontinuität aufgrund eines *Weltsichtparadigmenwechsels*: Der religiöse Blick auf die Welt wird durch den naturwissenschaftlichen ersetzt, mit dem in der Regel eine Absage an die Akzeptanz der Existenz Gottes

Typen der Entwicklung von Gottesbildern

verbunden ist. Jenseits dieser beiden Typen benennen sie schließlich noch eine dritte Form, die sie als „die eigene Linie“ bezeichnen – so finden sie Hinweise, dass Personen bereits sehr früh zu einem persönlichen Gottesverständnis kommen können, das nicht anthropomorph ausgebildet sein muss, so dass auch nicht in einem zähen Ringen erst ein angemessenes Verständnis entwickelt werden muss. Keine Aussagen lassen sich auf der Grundlage dieser Untersuchung allerdings über Menschen machen, die erst spät in ihrem Leben zu einem Gottesglauben kommen – und ob sie einem solchen Typ zugeordnet werden können. Und ebenso wenig überprüft ist die Frage nach dem Stellenwert von Lebenskrisen, Krankheiten oder Bedrängungserfahrungen – hier müsste weiter geforscht werden.

Zusammenfassung

Mit einer solchen Längsschnittuntersuchung lassen sich Erkenntnisse über Entwicklungsprozesse einzelner Menschen hinsichtlich ihres Gottesverständnisses und ihres Weltbildes gewinnen. Die Arbeit von Fetz, Reich und Valentin macht darauf aufmerksam, dass die Herausforderungen eines naturwissenschaftlichen Weltzuganges für das Gottesverständnis erheblich sind. Nur dort, wo eine Umstrukturierung in den Denkvorgängen von Heranwachsenden erfolgt, lässt sich – bei ausreichender Begleitung durch Bildungsprozesse – dafür Sorge tragen, dass auch eine Weiterentwicklung der Gottesvorstellungen geschieht. Hoch bedeutsam ist die Einsicht in die Relevanz der eigenen eingesetzten Erkenntnismittel – wenn Heranwachsenden ‚aufgeht‘, dass die Hinwendung zu einem Verständnis von Welt und Gott stets mit den ihnen eigenen Denkmöglichkeiten (‚Kategorien‘) erfolgt, steigt die Plausibilität für eine komplementäre Auffassung *unterschiedlicher* Weltzugänge. Naturwissenschaftliche und religiöse bzw. theologische Deutungen müssen sich damit nicht mehr gegenseitig ausschließen, sondern können als zwar sehr verschiedene, aber sich gegenseitig durchaus ergänzende Sichtweisen zugelassen werden. Damit gehen deutliche Veränderungen in den Gottesvorstellungen einher, die sich in den tastenden Versuchen nach angemessenen Gottesattributen feststellen lassen oder sich auf die Aussagen einer negativen Theologie stützen.

4. Gottesvorstellungen bilden in einem zunehmend säkularen Umfeld

Eine weitgehend kritische Auseinandersetzung mit allen Versuchen, Stufen oder Typen bei der Entwicklung von Gottesvorstellungen feststellen zu können, kennzeichnen die Arbeiten von

Anna Katharina Szagun (*1940) (vgl. Szagun: *Dem Sprachlosen Sprache verleihen* 31f.), die im Unterschied zu Oser und Gmünder oder Fetz, Reich und Valentin im mehrheitlich konfessionslosen Umfeld der neuen Bundesländer tätig war und insofern mit Voraussetzungen zu tun hatte, die sich von einem christlichen Kontext erheblich unterscheiden. Doch auch forschungsmethodologisch lassen sich Einwände gegenüber jenen Untersuchungen formulieren, wenn man beispielsweise zur Kenntnis nimmt, dass die Arbeit an Dilemmageschichten eher den Horizont von Erwachsenen anzielt als den Erfahrungskontext von Kindern bestimmt. Auch wenn es jenseits von den Anfängen bei Fritz Oser und Paul Gmünder inzwischen weitere Untersuchungen gibt (vgl. z.B. Hanisch: *Die zeichnerische Entwicklung des Gottesbildes bei Kindern und Jugendlichen*), so kennzeichnen die Arbeiten Szaguns einige interessante Besonderheiten, die zu einem veränderten Blick auf die Gottesvorstellungen von Heranwachsenden führen.

Differenzierte Impulse zur Gestaltung der Gottesvorstellungen

Mit großer Sorgfalt werden beispielsweise schon die Impulse überlegt, mit denen sich Kinder ihrer Gottesvorstellungen bewusst werden und denen sie einen Ausdruck geben. So bittet sie nicht darum, dass Kinder ihre *Gottesvorstellung* malen sollen, sondern regt sie dazu an, einen *bildhaften Vergleich* dafür zu gestalten, „wer oder was Gott für ihn/sie an diesem Tag bedeutet" (Szagun: *Dem Sprachlosen Sprache verleihen* 35). Auf diese Weise soll sichergestellt werden, dass Kinder nicht zu einer Wesensaussage mit überzeitlichem Charakter gebracht werden sollen, sondern die ihnen zu einem konkreten Zeitpunkt präsenten Vorstellungen Ausdruck finden können. Damit ist gleichzeitig die Notwendigkeit verbunden, in bestimmten zeitlichen Abständen diese Aufforderung zu wiederholen und dabei zur Kenntnis zu nehmen, dass Gottesvorstellungen einer Wandlung und aktuellen Einwirkungen unterliegen. Ebenso macht sie deutlich, dass Gottesvorstellungen im Kontext des jeweiligen Lebensumfeldes anzusiedeln sind: Sogenannte ‚lebensweltliche Zeichnungen' der Kinder geben Hinweise auf deren (familiären) Hintergrund. Dem konfessionslosen Umfeld ist geschuldet, dass den Kindern ein erstes Angebot gemacht werden muss, um das mögliche Spektrum der Vielfalt von Gottesvorstellungen überhaupt in den Blick bekommen zu können. Dazu greift sie auf die 99 Namen Gottes zurück, wie sie innerhalb des Islam und der islamischen Gebetstradition eine Rolle spielen: *Der Erhabene, der Bewacher, der Frieden* oder *der Starke* wecken sehr unterschiedliche Assoziationen und ermöglichen die Entfaltung eines weiten Bedeutungsspektrums, dem die Kinder nachgehen können. In den konkreteren Arbeitsphasen ergeht an die Kinder der Auftrag, zu dem Impuls „Gott ist für mich heute wie" bzw. „das Wort Gott ist für mich" (Szagun: *Dem Sprachlosen Sprache verleihen* 67) eine Materialcollage zu gestalten, indem den Schülerinnen und Schülern Restmaterial von Alltagsgegenständen angeboten wird, mit dem sie diese Skulptur entwerfen sollen – jedes Kind für sich selbst, und bis zuletzt in der Verborgenheit des eigenen Tuns, um nicht zu rasch von den Gedanken und Überlegungen der Anderen abgelenkt zu werden. Die Arbeit an den Natur- und Schrottmaterialien (von Steinen, Zweigen, Moosresten oder Wollfäden bis zu defekten Haushaltsgegenständen wie abgebrochenen Griffen, Teilen eines ausgeschlachteten Computers, Schachteln, Teppichstückchen usw.) ermöglicht den Kindern im Unterschied zu Zeichnungen mit Farbstiften die konzentrierte Anordnung und *bis zuletzt* mögliche Veränderung der gestalteten Metapher, die aufgrund der flexiblen Anordnung eine größtmögliche Offenheit behält. Der Zugriff auf Alltagsmaterialien nimmt die damit verbundenen Erfahrungen der konkreten Lebenswelt auf und bringt sie mit der Gottesmetapher zusammen. Ergänzt wird dieses Vorgehen durch Interviews, mit denen Kinder die Möglichkeit bekommen, ihre Metapher zu erläutern und in der Entfaltung der Gottesvorstellungen sprachfähig(er) zu werden.

Dabei fördert die Langzeitstudie Überraschendes zu Tage:

Gottes-vorstellungen und Sozialisation

Die Gebundenheit der Gotteskonzepte an die Sozialisationseinflüsse: In den gestalteten Metaphern und den erklärenden Interviews zeigt sich eine große Bandbreite individueller Vorstellungen der befragten Kinder, die zwar starke Bezüge zu den Sozialisationsbedingungen aufweisen, in keiner Weise allerdings das häufig genannte Klischee vom so genannten „alten Mann mit Bart" bedienen. Offensichtlich schlagen bei den Gottesvorstellungen – kompensatorisch – eher konstruktive oder problematische Erfahrungen mit Modellpersonen des Beziehungsumfeldes durch (Gott wird dann beispielsweise als Ort des Trostes oder des Rückzugs gesehen, den man an einer bestimmten Stelle im familiären Umfeld vermisst) (vgl. Szagun: *Dem Sprachlosen Sprache verleihen* 450f.). Szagun zieht daraus den Schluss, dass die Konstruktion der Gottesvorstellungen stärker von den Sozialisationsbedingungen als von altersbedingten Entwicklungstrends abzuhängen scheint.

Vielschichtige Varianz in den Gotteskonzepten: Folgerichtig lassen sich angemessen sehr verschiedene Erkenntnisse benennen. So gibt es Kinder, die gerade zu Beginn der Schulzeit auf dem Hintergrund elterlicher Einflüsse anthropomorphe Gottesvorstellun-

Varianz in den Gotteskonzepten

gen mitbringen. Dabei lässt sich ein deutlicher Transzendenzbezug feststellen, wenn in den Darstellungen durch Größe oder Materialwahl deutlich gemacht wird, dass Gott anders als die Menschen ist (etwa durch die Ausgestaltung eines bestimmten Wohnortes oder einer Lokalisation zum Beispiel in der Gestalt von Raumschiffen). Gleichwohl erscheint Gottes heilschaffende Macht begrenzt – als moralische Instanz, die von der Ferne (mit Fernrohren, Antennen oder dem Radar) auf die Welt blickt, kommt ihm reinigende Funktion (im Bild einer „Waschanlage") zu, ebenso jedoch wird ihm angesichts von Leid und Unheil das Attribut von Trauer oder Ohnmacht zugemessen. Einen strafenden Gott hingegen findet sie kaum: „Gott wirkt eher über menschliche Scham, vielleicht auch über Naturkatastrophen dort, wo der Mensch die Umwelt zerstört. Eine Do-ut-des Haltung ist äußerst selten" (Szagun: *Dem Sprachlosen Sprache verleihen* 452). Als autonomen Menschen ist den Kindern klar, dass man die Stimme Gottes auch überhören kann. Die Arbeit mit den Alltagsmaterialien und die sprachlichen Ausdeutungen können als Beleg dafür herangezogen werden, dass Kinder im Grundschulalter schon früh in der Lage sind, mit verweisenden Metaphern umzugehen; durch die Auseinandersetzung in einer Lerngruppe begegnen sie der Pluralität bzw. Mehrperspektivität von Gotteskonzepten – offenbar sind die Grenzen zwischen der sogenannten ersten und zweiten Naivität bzw. einer symbolkritischen Haltung fließend (vgl. Szagun: *Dem Sprachlosen Sprache verleihen* 454).

Zusammenfassung

Aus der Untersuchung von Szagun lassen sich einige interessante Anstöße gewinnen: Religionsdidaktisch gewichtig ist die Feststellung, dass Gotteskonzepte, die lediglich äußerlich angelernt und mit Attributen versehen werden („ewig", „allmächtig"), kaum mit konkreten Lebenssituationen in Verbindung gebracht werden können. Dort jedoch, wo eine existenzbezogene Beziehung besteht, kann das Kind in Belastungssituationen das Gotteskonzept kompensatorisch-entlastend heranziehen (als Rückzugsort, Trost, Schutzinstanz). Relevant ist ebenso die Akzeptanz und Unterstützung zur Wandlung des Gottesverständnisses, das je nach Lebenssituation adaptiert wird und in der Auseinandersetzung mit Erfahrungen des Alltags Veränderungen unterworfen ist. Gewichtig ist auf diesem Hintergrund eine zu entwickelnde Sensibilität für angemessene Sprach- und Gebetsformen, die nicht (einseitig) festlegen (z.B. auf das Vaterbild), sondern einen notwendigen Perspektivenreichtum fördern.

5. Gottesverständnis und Gottesbeziehung: Die zwei Seiten der Bildung von Gottesvorstellungen

Auf den ersten Blick und vom Selbstverständnis der Schule her kommt im Religionsunterricht der Arbeit an den Gottesvorstellungen von Kindern und Jugendlichen ein explizit intellektueller Akzent zu. Natürlich geht es darum, Zusammenhänge zu erkennen, Wissen zu erwerben, ein tieferes Verstehen der Gottesfrage zu erreichen und anzudenken, welche angemessenen Begriffe und Benennungen Menschen diesem uns gegenüberstehenden Du entgegenbringen können. Diese Klärungsbemühungen sind durch eine kognitive Gewichtung gekennzeichnet, wie sie sich etwa in dem Bestreben um die Einsicht in die sogenannte Mittelreflexion zeigt. Dort, wo Schülerinnen und Schüler lernen, wie sie angemessen von Gott sprechen können, dass sie Anthropomorphismen verwenden und auch Einsicht gewinnen in ihre Denkakte, hat diese Arbeit an dem Gottesverständnis ihre Notwendigkeit und ihr Gewicht.

Gottesvorstellung als Gottes*beziehung...*

Ebenso muss man jedoch wahrnehmen, dass stets eine zweite Dimension zur Bildung von Gottesvorstellungen Beachtung verdient. Mit Recht wird der Religionspädagoge Bernhard Grom nicht müde, auch auf das notwendige Bemühen um die Gottes*beziehung* hinzuweisen und sich damit auf einen explizit affektiven und motivationalen Anteil des Bildungsprozesses zu beziehen. Die Bildung von Gottesvorstellungen ist nie allein ein kognitiver, intellektueller Akt, sondern betrifft stets auch die notwendige Ausprägung einer bewussten und differenzierten Gottes*beziehung*, die mit Emotionen, mit Gefühlen verbunden ist (vgl. Grom: *Religionspädagogische Psychologie* 115–230).

Beide Dimensionen ergänzen sich und dürfen nicht gegeneinander ausgespielt werden, auch wenn bestimmte „Lernorte des Glaubens" ihre eigenen Vorzüge und Affinitäten haben. Die Auseinandersetzung mit Religion und Glaube innerhalb des Schulunterrichts unter konfessionellen Vorzeichen darf nicht zur „Kirche in der Schule" degradiert werden – heute noch weniger als zur Zeit der materialkerygmatischen Unterweisung der 1930 bis 1970er Jahre.

Menschen, Kinder und Erwachsene, wenn sie sich denn als religiöse Menschen verstehen, verbinden ihre Vorstellungen von Gott stets auch mit Gefühlen. Das ist in der frühen Kindheit häufig positiv ausgerichtet, zuweilen kann man in Lebenskrisen oder Erfahrungen von Bedrängnis und Leid erleben, dass Erwachsene sich mit dem Ausdruck großer Enttäuschung oder auch Abneigung aus einer Gottesbeziehung verabschieden. Und selbst manche Gleichgültigkeit ist nicht nur Ausdruck eines rationalen Urteils, sondern in seiner Indifferenz mit Ablehnung konnotiert.

All das ist in der Welt der Bibel selbstverständlich – eine lebendige Gottesbeziehung geht zwingend mit entsprechenden Emotionen einher, wie sie sich auch im Reden und Handeln Jesu zeigen, wenn er etwa die vertrauensvolle Anrede „Abba" wählt. Und wer würde nicht zugestehen, dass die Verwirklichung einer zentralen Glaubensaussage, nämlich des Hauptgebotes der Gottes-, Nächsten- und Selbstliebe nicht allein eine Überzeugung des Verstandes, sondern ebenso (oder gar noch stärker?) eine tiefe affektive Verankerung in sich trägt?

Im Kontakt mit der religionspädagogischen Psychologie arbeitet Bernhard Grom zentrale Entwicklungs- und Bildungsaufgaben heraus, die sich auf die Aufnahme und Kultivierung einer Gottesbeziehung konzentrieren und damit den affektiven Anteil besonders in den Blick nehmen (vgl. Grom: *Religionspädagogische Psychologie* 151–230):

Zitat

1. Die Fähigkeit zur Emotionsregulation mit Entspannung und Sammlung – auch als Grundlage intensiveren religiösen Erlebens und Sprechens mit Gott...
2. Der Aufbau und Erhalt von positivem Selbstwertgefühl – auch durch das Sich-Bejahtwissen von Gott...
3. Das Erlernen von Bewältigungsstrategien, die Belastungen vermindern und Kontrolle ermöglichen – auch durch Glaube und Gebet...
4. Der Entwicklung und Aufrechterhaltung einer positiven Lebenseinstellung – auch durch ein ‚Genießen in Danksagung' und Lobpreis...
5. Die Entfaltung prosozialen Empfindens und Verhaltens – auch durch das ‚Mitlieben' mit Gott und Jesus...
6. Die Bereitschaft zu einem differenzierten Verantwortungsbewusstsein (Gewissensbesinnung) – auch im Blick auf Jesu Liebesgebot und Zusage unbedingten Angenommenseins

Mit diesen sechs Entwicklungsaufgaben, die im Einzelnen noch deutlicher präzisiert werden können, wird herausgestellt, dass neben intellektuellen Klärungen die Bildung von Gottesvorstellungen in den breiten Strom affektiv-emotionaler und auch motivationaler Hintergründe und Zusammenhänge eingebettet ist.

Pädagogisch und psychohygienisch relevante Kompetenzen des Menschen, mit denen er die Herausforderungen des Alltagslebens konstruktiv bewältigen kann, lassen sich religionspädagogisch deuten und christlich-religiös fundieren. So kann durch eine religiöse Praxis, beispielsweise in wiederkehrendem Lob- und Dankgebet oder -lied, nicht nur eine positive Lebenseinstellung unterstützt, sondern eine entsprechende Gottesbeziehung entfaltet werden, die dieses Gottes*verständnis* zu einer "warmen Kognition" macht (Grom: *Religionspädagogische Psychologie* 145).

...und Gottes*verständnis*

Zusammenfassung

Die Bildung von Gottesvorstellungen ist ein Bemühen um intellektuelle Klärung und affektiv geprägten Beziehungsaufbau. So notwendig die Einsicht in denkerische Zusammenhänge ist, so bedeutsam ist gleichzeitig das Bemühen um die Erschließung eines religiösen Erfahrungsbereichs, der über den „Begriff Gott" hinausgeht. Dabei lassen sich für die Förderung einer Gottesbeziehung Anknüpfungen innerhalb der religionspädagogischen Psychologie vornehmen, so dass sich konkrete Aufgaben ergeben, die religionsdidaktische Relevanz verdienen.

6. Gottesvorstellungen bilden: Didaktische Ansätze und Erfordernisse

Aus der Sichtung verschiedener Bemühungen um die Bildung von Gottesvorstellungen von Kindern und Jugendlichen lassen sich einige religionsdidaktische Grundsätze ableiten, die dem Handeln von Religionslehrerinnen und Religionslehrern Orientierung geben können. Sie sind weitgehend grundsätzlicher Art, müssen also prinzipiell für alle Lernprozesse im Religionsunterricht herangezogen werden, erhalten aber für das Bestreben um eine angemessene Bildung von Gottesvorstellungen eine besondere Dringlichkeit.

6.1 Das symbolische Verstehen und Sprechen von Kindern und Jugendlichen schulen

Religionen sind symbolgetränkt. Die Perspektive des Glaubens eröffnet sich Menschen zentral über Symbole: Wo über Gott nachgedacht wird, wo Menschen sich dem, der größer ist als sie zuwenden und in eine Beziehung zu ihm eintreten wollen, geschieht dies stets symbolisch – gleichgültig, ob über Symbolhandlungen

(Gesten, Riten) oder über symbolische Anrede. Dies lässt sich sehr gut an der Welt der biblischen Erzählungen ablesen, die sinnbildliche (symbolische) Vorstellungen entwerfen. Die ganze Varianz der Gottesbenennungen ist symbolischer Natur, wenn Gott als Vater, Herr, König, Retter, Krieger, Amme, Mutter, Fels, Burg oder Hirte benannt wird (vgl. Ritter: *Leid und Gott* 174). Selbst die Reflexion der Theologie, wie sie sich etwa im Glaubensbekenntnis (griech. *symbolon*) niedergeschlagen hat, eröffnet Symbolwelten. Zwar ist es prinzipiell auch denkbar, nicht-symbolisch von Gott zu sprechen, jedoch ermöglicht eine solche philosophisch geprägte Sprachform kaum die Möglichkeit der Aufnahme von personalen Beziehungen: Gott als das „Sein selbst", als der „reine Akt" mag zwar im Sinne der (mittelalterlichen) Theologie eine zutreffende Bezeichnung sein, ist jedoch für den sich hinwendenden Menschen (Beter) gänzlich ungeeignet und beziehungsverhindernd – im Unterschied zur Rede von Gott als Vater oder Mutter. Allerdings ist dabei stets mit gemeint, dass all diese Bezeichnungen einerseits etwas einfangen wollen von dem, was Menschen mit diesem, der größer ist als sie selbst, verbinden, andererseits stets ein ‚Mehr' meinen, das über diese Bezeichnung hinausweist – jedem ernsthaft Glaubenden dürfte klar sein, dass diese Bezeichnungen lediglich im Sinne einer ‚Näherung' zu verstehen sind. Sie treffen nur in einem analogen Sinne zu, sie sind eben symbolische Rede.

Symbolische Sprechweise fördert die Aufnahme einer personalen Beziehung zu Gott

Religionsunterrichtlich ist dies von großer Bedeutung, weil Lehrerinnen und Lehrer in der täglichen Arbeit mit den Schülerinnen und Schülern von Beginn der Grundschule an mit diesen symbolischen Aussagen umgehen und auch in den Begegnungen mit den biblischen Erzählungen wie selbstverständlich davon sprechen. Für Kinder ist diese Art der Annäherung an ein Gottesverständnis wichtig und richtig, assoziieren sie mit der Benennung Gottes als dem ‚guten Vater' doch jene Vorstellungen, die sie mit dem sie liebenden leiblichen Vater verbinden (wo er denn in ihrer Familienkonstellationen anwesend ist). Gleichwohl müsste Religionslehrerinnen und Religionslehrern stets bewusst sein, welche Form der Rede sie hier verwenden – dass sie nämlich die analoge Sprechweise heranziehen und mit der Benennung Gottes als Vater im Grunde über jenes erste Alltagsverständnis des eigenen Lebensumfeldes hinausweisen. Für den Aufbau einer positiven, vertrauensvollen Gottesbeziehung bietet sich dieser Weg geradezu an. Gleichwohl stellen sich dort, wo Menschen mit zunehmendem Lebensalter (vor allem in der Jugendzeit) und in Konkurrenz mit der Naturwissenschaft symbolische Aussagen kritisieren und in ihrem Wahrheitsanspruch häufig distanzierend zurückweisen, erhebliche Irritationen ein. Eine wichtige Lernaufgabe müsste darin bestehen, den Symbolsinn von Kindern und Jugendlichen zu schulen. Das könnte im Grundschulalter dahingehend geschehen, dass bewusst das Gottesverständnis in seiner *vielschichtigen* Symbolik offen gehalten wird. Da genügen bereits bewusst überlegte Formulierungen, denn es macht einen Unterschied aus, von Gott als dem guten Vater zu sprechen oder zu sagen, er sei „*wie* ein guter Vater". Ebenso ist es sinnvoll, symbolische Aussagen *in Varianz* anzubieten und mit den unterschiedlichen Benennungen bewusst zu machen, dass Gott sich nicht auf eine Vorstellung festlegen lässt, sondern gerade die Vielfalt und Vielschichtigkeit vom Beginn des Religionsunterrichts an die angemessene Form des Erzählens und Sprechens von Gott ist. Im Grunde ist damit lediglich gesagt, dass der Religionsunterricht das ganz natürliche Spannungsfeld aktivieren muss, wie es sich auch in der Welt der Bibel zeigt, wo Vater-, Hirte-, Herr-, König-, Mutter-Attribute Benennungen von gleicher Qualität sind, die unterschiedliche Facetten der Gottesvorstellung benennen wollen.

Varianten anbieten

Eine veränderte Auseinandersetzung finden diese Bemühungen dort, wo es um die Arbeit mit Jugendlichen geht. Zwar wird man auch weiterhin die Breite und Vielschichtigkeit symbolischer Aussagen über Gott anbieten, ebenso aber bietet sich die Bezugnahme auf Symbolwelten an, die in der Lebenswelt von Jugendlichen eine zunehmend größere Bedeutung bekommen und gleichzeitig diskutiert und angefragt werden können. Hier sind vor allem jene Bereiche gemeint, die aus der Welt des Konsums stammen und Gebrauchsgegenständen nicht selten religiöse bzw. göttliche Qualität zusprechen. So warb beispielsweise vor einigen Jahren eine Zigarettenmarke mit Begriffen wie ‚Vertrauen' oder ‚Glauben' und zeigte Personen, die im Meditationssitz über dem Boden zu schweben schienen – das Produkt (die Zigarette) als Katalysator der Bewusstseinserweiterung mit religiöser Konnotation. Oder man mag an die Werbeanzeigen einer Bausparkasse denken, die ein frisch renoviertes Bauern(abbruch)haus mit dem Attribut „Himmel auf Erden" versah und damit auf Sehnsüchte gehobener Bürgerschichten anspielte und den häuslichen Lebensraum mit einem absoluten Heilsversprechen auflud. In der Beschäftigung mit diesen sich über die Jahre immer wieder ändernden Werbekampagnen wächst der kritische Blick für die darin ausgesprochenen überzogenen Heilsversprechen, die Jugendliche den jeweiligen Produkten bei länger dauernder Beschäftigung attestieren. Oft lässt sich bereits an der Generation der eigenen

Jugendalter: Symbolkritik

Eltern wahrnehmen und belegen, wie wenig sicher gegründet diese symbolischen Überzeichnungen sind, wenn man nur an die körperlichen oder seelischen Verwerfungen und Zerstörungen denkt, die mit der Nutzung eines bestimmten Produktes langfristig einhergehen können oder die destruktive Wirkung eines beruflichen Engagements sieht, mit dem ein absoluter Lebenstraum geschaffen werden soll. Immer wieder werden die damit verbundenen Tendenzen zur Selbstheilung bzw. Selbsterlösung bei nüchterner Betrachtung in die Nähe eines *Gotteskomplexes* gerückt werden müssen (Richter: *Der Gotteskomplex*). Der Durchbruch zu einer kritischen Auseinandersetzung bei Jugendlichen kann offen legen, dass diese Heilsversprechen und symbolischen Überzeichnungen anfragbar und korrekturbedürftig sind. Wenn so die Aufmerksamkeit gestiegen ist für die symbolische Ausdeutung selbst banaler Zusammenhänge der Alltagswelt, so lässt sich davon ausgehend nach angemesseneren Artikulationen dieser Bedürfnisse und Sinnantworten auch im christlichen Zusammenhang suchen. Die Symbolkritik einer überzogenen Konsum- und Erwachsenenwelt kann eine Chance zur Kreation stimmiger und erfahrungsgesättigter symbolischer Verweise von Jugendlichen werden, die auch die Gottesfrage implizieren. In vielen seiner Arbeiten hat Peter Biehl (1931–2006) Ansätze aufgewiesen, wie Symbolkritik und Symbolbildung eine jugendliche Annäherung an die Gottesfrage ermöglicht (Biehl: *Symbole geben zu lernen*).

6.2 Das Wissen um religiöse Sprachformen unterschiedlicher Gattungen bei Heranwachsenden kultivieren

Die Hinwendung und Erschließung der Gottesthematik und die Entwicklung angemessener Gottesvorstellungen hängt auch davon ab, inwieweit Menschen (Heranwachsenden) die Besonderheiten religiöser Sprachformen bekannt und vertraut sind. Die Welt der Bibel zeigt, wie vielschichtig die Annäherungsmöglichkeiten an die Gottesfrage sind. Von den mythischen Erzählungen des Anfangs über die prophetische Rede oder die Gebete der Psalmen in Danklied, Lob, Bitte oder Klage bis hin zu den meist geläufigeren Formen von Gleichniserzählungen oder Wundergeschichten spricht die Bibel in größtmöglicher Vielfalt von dem letztlich unsagbaren Geheimnis. Überall werden Vorstellungen zum Ausdruck gebracht, die die Gottesfrage auch inhaltlich konturieren. Allerdings: Stets muss dabei bewusst bleiben, dass mit der Wahl einer bestimmten literarischen Form (einer Gattung)

Literarische Form und Aussage

eine bestimmte (metaphorische) Darstellung gewählt ist, die nur dann angemessen aufgenommen, bedacht und ergründet werden kann, wenn den Hörerinnen und Hörern bzw. den Leserinnen und Lesern auch klar ist, welche Aussageebene und welche Bedeutungsabsicht die jeweilige sprachliche Form hat. Bereits vor Jahrzehnten hat Paul Tillich darauf hingewiesen, dass erhebliche Missverständnisse durch die Probleme mit religiöser Sprache entstehen (Tillich: *Das Wesen der religiösen Sprache* 82).

Fundamental ist in der Arbeit mit Heranwachsenden wohl die Realisierung der höchst notwendigen und grundlegenden Unterscheidung zwischen der Sprachform des Berichts als dem Bemühen um exakte Abbildung eines äußerlich beobachtbaren Vorgangs und jenen literarischen Gestaltungen, denen ein Verweisungscharakter zukommt, weil nur so angemessen ausgesagt werden kann, was jenseits dieser äußeren Beobachtbarkeit liegt, indem sie sich auf innere Vorgänge des Menschen, den Prozessen zwischen Personen oder der Hinwendung zu jenem, der größer ist als wir, bezieht.

Das ist durchaus anschlussfähig an lebensweltliche Erfahrungen: So, wie Schülerinnen und Schülern klar ist, dass Soaps der nachmittäglichen Fernsehstunde mehr von Träumen und Wünschen als von Realitäten erzählen oder die im Deutschunterricht behandelten Dramen, Romane oder Novellen komplexe interpersonale Prozesse zuspitzen, ausdeuten oder anfragen, so lässt sich hier auch ein entsprechendes Bewusstsein für die spezifischen Anliegen religiöser (biblischer) Rede und Erzählung gewinnen. Dringend legt sich dies für die Auseinandersetzung mit der biblischen Urgeschichte bzw. der Rede von den Schöpfungs*erzählungen* im Unterschied zu den Schöpfungs*berichten* nahe. Die letztere Wortwahl unterstützt viel zu sehr das falsche Verständnis eines mit den Augen der Naturwissenschaften beobachtbaren Geschehens. Wo angemessener von den Schöpfungs*erzählungen* oder den Schöpfungs*geschichten* gesprochen wird, spiegelt sich die verwendete Sprachform der mythischen Erzählung wider, wie sie sich in allen Religionen als ‚Erzählung vom Anfang' feststellen lässt. So sprechen diese Geschichten nicht davon, *wie* die Welt geworden ist, sondern *was* sie ausmacht und *von welchem Geist sie ist*. Überdies: Exegetisch besteht Konsens darüber, dass auch diese beiden Erzählungen der ersten Genesis-Kapitel nicht isoliert gesehen werden dürfen, sondern eingebunden sind in das, was man nun die Urgeschichte nennt, bei der man sich also auf die ersten elf Kapitel des ersten Buches aus der hebräischen Bibel beziehen muss. Liest man die Schöpfungserzählungen in diesem

Schöpfungsge*schichten*, nicht Schöpfungs*berichte*

Zusammenhang, so zeigt sich rasch, dass sich hier verdichtete Erfahrungen niedergeschlagen haben, die etwas davon aussagen, womit man es zu tun bekommt, wenn man die Welt des Menschen in den Blick nimmt: Da taucht ein ‚Typ' wie Kain auf, und da geht es massiv um Verirrungen in der Gestalt menschlicher Maßlosigkeit (Turmbau zu Babel). Wo Schülerinnen und Schüler lernen, dass diese Erzählungen im Sinne eines *mitlaufenden Anfangs* immer wieder neu auf die jeweiligen Zeitumstände der aktuell lebenden Menschen bezogen werden müssen und dann deutlich(er) wird, welche Wertschätzung, aber auch welche Verirrungen dem Menschen zugesprochen werden muss, ist die Gefahr gemildert, eine Gottesvorstellung aufzubauen, die eine naive Auffassung im Sinne des Büchleins von Jean Effel (1908–1982) *Heitere Schöpfungsgeschichte für fröhliche Erdenbürger* (ab 1965) nahelegt, an der man auch in der 42. Auflage nur lernen kann, dass es so gewiss nicht zu denken ist.

Psalm 104: Lob des Schöpfers

Plausibler und Missverständnisse vermindernder ist es, wenn zusätzlich noch bei einer anderen Sprachgestalt angesetzt wird: Schülerinnen und Schüler, die sich beispielsweise auf den Psalm 104 einlassen, erarbeiten sich einen Zugang zur Schöpfungsthematik über Lobgebet und Lobgesang – im Mittelpunkt steht dann der Ausdruck von Wertschätzung und Faszination gegenüber der Welt, die als eine aus der Hand des Schöpfers geschenkte gesehen wird. Hier legt schon die gewählte Sprachform nahe, dass die Schöpfungstätigkeit Gottes jedenfalls nicht in einem anthropomorphen oder artifizialistischen Sinne missverstanden werden kann.

6.3 Die Fähigkeit zu komplementärem Denken fördern

Wenn Wissenschaft und Religion als unvereinbare Gegensätze aufgefasst werden, besteht die Gefahr, dass Religion und Glaube und damit die Frage nach Gott in einen Randbereich des Lebens gerückt oder aber eingekapselt wird. Im Anschluss an die Studie von Fetz, Reich und Valentin wird sich der Religionsunterricht um die Aufhebung dieser konkurrierenden Weltsichten bemühen müssen. Nur in einem reduzierten und naiven Verständnis erweisen sich naturwissenschaftliche Theorien und theologische Entwürfe als Konkurrenzmodelle, haben sie doch unterschiedliche Erkenntnisinteressen und Zugänge zur Wirklichkeit, durch die sie zu ihren Theorien finden, so dass letztlich allein der gegenseitige Respekt die angemessene Zuordnung ausmacht. Dies hat sich auch in der Auseinandersetzung um die Reform des deutschen Bildungssystems im Zuge des so genannten ‚Pisa-Schocks' gezeigt, in dessen Folge man je eigene und voneinander zu unterscheidende Weltzugänge auch für schulisches Lernen heranziehen muss. Dabei ist der instrumentelle Zugang der Naturwissenschaften, der die Welt möglichst exakt beschreiben und erfassen will, *ein* Weg neben anderen. Ebenso legitim und notwendig ist der Blick auf die Wirklichkeit unter der Perspektive der Sinngebung (konstitutiver Zugang), wie die Diskussionen um PISA zeigen (vgl. Englert: *Was sich im Religionsunterricht lernen lässt* 51f.), und wie dies im Bereich von Philosophie und Theologie herausgearbeitet wird. Allerdings: Angesichts der Überzeugungskraft naturwissenschaftlicher Theorien und ihrer Wirkmächtigkeit insbesondere in der modernen Technik bedarf es in der Arbeit mit Heranwachsenden erheblicher Anstrengungen und genauer Überlegungen, wie ein konstitutiver Weltzugang mit seiner sinnerschließenden Dimension Akzeptanz finden kann. Exemplarisch haben Fetz, Reich und Valentin eine Annäherung im Sinne eines Analogieschlusses vorgeschlagen: Anhand der Erarbeitung eines Bildes von Salvador Dalí (1904–1989) und Reflexionen über die Charakteristika unterschiedlichen Zeiterlebens kann eine Sichtweise Plausibilität erhalten, die jenseits von allein messbaren Zeiteinheiten im Sekunden-, Minuten- oder Stundentakt auch das *subjektive Zeiterleben* thematisiert *und als für den Menschen gleichwertig anerkennt* (vgl. Reich/Schröder: *Komplementäres Denken im Religionsunterricht*). Auf einem solchen Hintergrund kann entwickelt werden, dass diese Komplementarität auch für das Verhältnis zwischen naturwissenschaftlichen Erklärungsmodellen und theologischer Weltdeutung übertragbar ist; Schülerinnen und Schüler können nachforschen, welche spezifische Qualität die jeweiligen wissenschaftlichen Perspektiven haben.

Religionsunterricht: konstitutiver Weltzugang

Komplementäres Denken einüben

Diese komplementäre Sicht hat Auswirkungen auf die Konstruktion der eigenen Gottesvorstellung: Es kann deutlich werden, dass eine angemessene Beschreibung stets jenseits dessen liegt, was innerhalb der menschlichen Vorstellungskraft zu finden ist und damit angemessener das tastende Suchen und vorsichtige Artikulieren einfordert. Insofern sind sowohl Naturwissenschaftler (wenn sie die Grenzen ihrer eigenen Profession kennen und eingestehen) als auch Theologen bzw. Kirchenvertreter gleicherweise auf der Suche, wie dies eine Schulbuchseite aus dem ‚Reli-Projekt' unterstreicht (Hilger/Reil: *Reli 7/8* 141). Gleichzeitig wird damit deutlich, dass eine etwaige ‚naive' Vorstellung von Gott weiterentwickelt werden muss und letztlich nur erahnt werden kann, weil ein Bewusstsein dafür entsteht, dass alle Aussagen des Menschen über Gott „eher unähnlich als ähnlich" sein können (Karl Rahner (1904–1984)). Die Empfindsamkeit von Heranwachsenden bzw. jungen Erwachsenen spiegelt das eindrucksvoll wider, wenn alle gegenständlichen Gottesvorstellungen letztlich zurückgewiesen und eher abstrakte Formulierungen gesucht werden: Angemessen ist dann wieder die Rede von Gott als der Energie oder der umfassenden Liebe – Aussagen also, die über eine konkrete Gegenständlichkeit deutlich hinausreichen (Fetz/Reich/Valentin: *Weltbildentwicklung und Schöpfungsverständnis* 285).

6.4 An Gottesvorstellungen arbeiten, die der Ernsthaftigkeit des Themas gerecht werden

Der Religionsunterricht in der Grundschule verwendet erhebliche Aufmerksamkeit darauf, Kindern eine vertrauensvolle Gottesbeziehung zu eröffnen. Viele Lehrpläne zeigen das an, wenn sie sich auf biblische Erfahrungen beziehen, die das Moment der Fürsorge oder Freundschaft in den Vordergrund stellen. So wird beispielsweise anhand von Rettungserzählungen (der gute Hirt) oder Heilungsgeschichten erarbeitet, dass sich in den Reden und dem Verhalten des Jesus von Nazaret die unbedingte Hinwendung an den Vater zeigt, wie sie etwa auch in dem Abba-Gebet zum Ausdruck kommt. Dieses Fundament ist für Kinder von erheblicher Bedeutung, es verhindert ängstigende Auffassungen, wie sie vor Jahrzehnten vielerorts noch nahezu selbstverständlich waren – man erinnere sich nur an das Symbol des Dreiecks mit dem ‚göttlichen Auge, dem nichts entgeht'. Zwar ist auch darin prinzipiell ein Fürsorgeelement vorhanden, es ist jedoch ebenso als Verfolger-Perspektive wahrgenommen worden und hat bis in die Sexualmoral der Kirche hinein sein Unwesen getrieben. Die biografischen Aufzeichnungen von Menschen der älteren Generation belegen dies nachdrücklich (vgl. Moser: *Gottesvergiftung*); lange Zeit war die Rede von den sogenannten ekklesiogenen Neurosen, also seelischen Schädigungen, die durch eine entsprechende angsterzeugende Verkündigung hervorgerufen wurden. Glücklicherweise gibt es auch auf dem Hintergrund geänderter religionspädagogischer Prämissen diese Formen heute nicht mehr (vgl. Ritter: *Gott, Gottesbilder und Kinder* 183).

Blickt man in die vielfältigen Erfahrungen der Menschen, wie sie sich in der Welt der Bibel oder der Kirchengeschichte niedergeschlagen haben, so wird man über diese grundsätzlich positive

Sicht aber noch hinausgehen müssen. Von Abraham über Hiob bis Jesus von Nazaret ist die Gottesbeziehung von großen Herausforderungen gekennzeichnet. Die Aufforderungen an den Stammvater des Glaubens, aufzubrechen, hinauszugehen und sich auf den Weg zu machen, sind keineswegs belanglos und führen zu umstürzenden Lebensentscheidungen. Die Erfahrung tiefsten Leids, wie es sich in den Hiobserzählungen zeigt, stellt ein Gottesbild vor Augen, dass sich letztlich in seiner Rätselhaftigkeit dem menschlichen Verständnis zu entziehen scheint und seine Vorstellungskraft letztlich übersteigt. Und die Kreuzeserfahrung, die das Leben Jesu zentral bestimmt, wird sogar für ihn zum Testfall – man denke hier nur an die Szene in Gethsemane. Das eigene menschliche Leben unter die Perspektive des Gottes Abrahams, Isaaks, Jakobs und Jesus von Nazaret zu stellen, ist keine Spielerei, sondern eine ernsthafte Angelegenheit, die den Menschen umfassend fordert. Deutlich erkennbar ist dies spätestens dort, wo im Zusammenhang mit der Gerichtsthematik eine Gottesvorstellung entwickelt wird, die auf die Verbindlichkeit des menschlichen Lebens drängt und die Hinwendung zum ‚Armen' zum Kriterium für die Gottesnähe macht (Mt 25). Das wird in der Regel für Kinder und Jugendliche häufig noch nicht so spürbar sein, allerdings muss eine umfassende Deutung des Lebens in christlicher Perspektive auch die existenziellen Herausforderungen aufgreifen und auch die leidvollen Erfahrungen des menschlichen Lebens aufnehmen, wie sie sich in Krankheit und Tod zeigen können. Bereits vor Jahren hat Hubertus Halbfas (*1932) vorgeschlagen, Gott als das „dunkle Licht" zu bezeichnen und diese Vorstellung zum Gegenstand der Auseinandersetzung unter den Schülerinnen und Schülern zumindest der älteren Jahrgangsstufen zu machen (Halbfas: *Religionsunterricht in der Grundschule. Lehrerhandbuch 4* 171). Eine Annäherung daran macht langfristig die (‚naive') Rede vom „lieben Gott" der ersten Kindheitsjahre fragwürdig. Was „Liebe Gottes" und ihre Realisierung im Eintreten für Gerechtigkeit bedeuten kann, davon haben Menschen aller Zeiten immer wieder nachdrücklich Zeugnis abgelegt. Die Auseinandersetzung mit den Glaubensbiografien von Menschen aus Vergangenheit und Gegenwart rückt die eigenen Gottesvorstellungen in ein neues Bild. Dazu ist der Übergang in das gelebte Alltagsleben erforderlich, wo Heranwachsende Menschen kennen lernen, die ihre Gottesvorstellung in der Lebenspraxis verwirklichen – häufig mit dem sehr entschiedenen Einsatz für langfristige Projekte, und durchaus motiviert in der Ausdeutung des eigenen Gottesbildes. So kann es gelingen, auch die eigene

Gott: „dunkles Licht"

Gottesvorstellung realitätsnah weiterzuentwickeln – moderne Religionsbücher stoßen dazu immer wieder an (Hilger/Reil: *Reli 7/8* 109ff.).

6.5 Kindertheologie und Jugendtheologie: Nachsinnen und Austausch

Das Bemühen um Klärung der eigenen Gottesvorstellungen bestimmt auch große Teile eines Zugangs zu religiösem Lernen, dass unter den Stichworten ‚Kindertheologie' und inzwischen auch ‚Jugendtheologie' eine immer größere Rolle spielt. Im ernsthaften und gemeinsamen Suchen, bei dem Heranwachsende und Religionslehrerinnen und Religionslehrer gleichermaßen um das Verständnis religiöser Deutungen ringen, wie sie in großer Unterschiedlichkeit vorliegen (als Texte, Bilder der Kunst, gegenständliche Zeugnisse verschiedener Religionen), klären sich immer auch die eigenen Gedanken, Vorurteile und Urteile über das Gottesverständnis. Auch wenn nicht alle Beispiele etwa aus dem *Jahrbuch für Kindertheologie* um diese zentrale Frage kreisen, und das Bemühen um eine Jugendtheologie noch weiter entfaltet werden muss, so lässt sich doch über diese Wege ein Verständnis der Gottesvorstellungen gewinnen, die in einem kommunikativen Prozess weiterentwickelt werden. Exemplarisch mag dafür die Auseinandersetzung mit den Abrahamserzählungen stehen, die bereits im Grundschulalter differenzierte Lernmöglichkeiten bereithält. Die Herausforderungen an Abraham (und Sara!) nach Aufbruch und Weggang können junge Schülerinnen und Schüler auf die Frage nach dem für sie tragfähigen Gottesbild bringen, das vielleicht zunächst Anklänge an eine ‚Deus-ex-machina'-Vorstellung hervorruft, wie sie von Oser und Gmünder beschrieben wurde. Allerdings ist es möglich, in einer länger dauernden Fortführung und intensiven Auseinandersetzung mit den weiteren Erzählungen jenseits der Einforderung eines absoluten Gehorsams eine Gottesvorstellung mit den Schülerinnen und Schülern zu erarbeiten, bei der das zu Grunde liegende Vertrauen Abrahams für die Kinder nachvollziehbar wird. Kinder verleihen dann wie selbstverständlich der Abrahamsgestalt ihre Stimme und machen dadurch deutlich, dass sie sich auf eine Gottesgestalt einlassen können, die für sie absolut vertrauenswürdig ist (Kalloch: *Glauben wie Abraham?* 108).

Ähnliche Klärungsprozesse lassen sich für Jugendliche auf der Basis theologischer Gespräche gewinnen, wenn die zunehmend auftretenden ‚Einbruchstellen für die Gottesfrage' Anfragen und Herausforderungen mit sich bringen. *Theologische Gespräche mit Jugendlichen* (2012) (Freudenberger-Lötz, 20) knüpfen unmittelbar an die notwendige Fortentwicklung des eigenen Denkens auf dem Hintergrund der Anfragen naturwissenschaftlicher Zugänge zur Welt, der erkannten Fähigkeit zur Mittelreflexion (Fetz/Reich/Valentin: *Weltbildentwicklung und Schöpfungsverständnis*) oder dem Aufbrechenden der Theodizeeproblematik an (Ritter u.a.: *Leid und Gott* 186; Stögbauer: *Die Frage nach Gott und dem Leid bei Jugendlichen wahrnehmen* 313). Hier rückt die intellektuelle Dimension des Religionsunterrichts immer stärker in den Vordergrund.

6.6 Gottesvorstellungen bilden im Umgang mit Kunst

Gottesbild: „Handwerker der Welt"

Das Bild vom Schöpfergott gehört zum Kernbestand der christlichen Lehre. In den Vorüberlegungen zu ihrer Untersuchung weisen Fetz, Reich und Valentin darauf hin, dass die Vorstellung von Gott als dem Handwerker der Welt, dem Artifex Mundi, der die Welt wie ein Baumeister hergestellt hat, nicht nur im Horizont der Bibel, sondern auch in Traditionen der Geistesgeschichte tief verankert ist (Aristoteles (384 v.Chr.–322 v.Chr.): Artifizialismus des Handwerkers; Platon (428/427 v.Chr.–348/347 v.Chr.): Werkmeister (Demiurg); Thomas von Aquin (1225–1274): mit Ps 143,5 spricht er von einem ‚transzendenten Artifizialismus', vgl. Fetz/Reich/Valentin: *Weltbildentwicklung und Schöpfungsverständnis* 16). An vielen Stellen des Alten, aber auch des Neuen Testaments lässt sich zeigen, dass eine Sprache herangezogen wird, die die Vorstellung vom tätigen Werken Gottes als dem ‚Weltbaumeister' unterstreicht. So sagt Psalm 104,5 „Gott hat die Erde gegründet auf ihren Säulen", das Buch Ijob stellt die Fragen „Wo warst du, als ich die Erde gegründet? Wohin sind ihre Pfeiler eingesenkt? Oder wer hat ihren Eckstein gesetzt?" (Ijob 38,4–6), und der Hebräer-Brief nähert sich in schlussfolgerndem Denken dem Geheimnis Gottes mit der Aussage „jedes Haus wird von jemandem gebaut, aber wer alles erbaut, ist Gott" (Hebr 3,4). — Die Vorstellung selbst, von Gott als dem Handwerker, dem *Artifex* zu sprechen, verdankt sich der lateinischen Übersetzung des hebräischen Wortes für ‚Meister' oder Künstler, und kommt mit der lateinischen Übersetzung der hebräischen Bibel in der sogenannten Vulgata zum Ende des vierten Jahrhunderts in den Blick, wenn der Text aus dem Buch der Weisheit übertragen wird: „Töricht waren von Natur alle Menschen, denen die Gotteserkenntnis fehlte. Sie hatten die Welt in ihrer Vollkommenheit vor Augen, ohne den wahrhaft Seienden erkennen zu können. Beim Anblick der Werke erkannten sie den Künstler nicht,…" (Weish 13,1), und auch die Formulierungen des Credos mögen die Vorstellung von Gott als dem Hersteller der Welt unterstützen, wenn aus theologischen Gründen das Hervorgehen der Welt aus dem Göttlichen als Geschaffenwerden gedacht wird („der alles geschaffen hat, Himmel und Erde die sichtbare und die unsichtbare Welt"; „durch ihn ist alles geschaffen"), nicht jedoch als Akt der Zeugung bzw. der Geburt, weil dieses Wesensgleichheit meint, die für trintarische Zusammenhänge reserviert ist („Jesus Christus, Gottes eingeborener Sohn, aus dem Vater geboren vor aller Zeit"; „gezeugt, nicht geschaffen, eines Wesens mit dem Vater") (vgl. Fetz/Reich/Valentin: *Weltbildentwicklung und Schöpfungsverständnis* 27f.).

Innerhalb der christlichen Kunst nun hat diese Vorstellung von Gott als dem Artifex Mundi, dem „Handwerker der Welt", eine erhebliche Wirkungsgeschichte. Paradigmatisch kann dies in einer Darstellung aus dem 13. Jahrhundert gesehen werden, und zwar im Titelbild der sogenannten Bible moralisée, die in Nordfrankreich für eine reiche Familie angefertigt worden war. Die prachtvolle Darstellung des Schöpfergottes als Baumeister der Welt hat bis in die Gegenwart hinein in Schulbibeln und Religionsbücher Eingang gefunden: Gott wird als mit den Händen Tätiger gezeigt, der sich des Zirkels bedient, um die Welt herzustellen und zu gestalten – ähnlich, wie bis in die Gegenwart bauliche Ausführungen vollzogen werden (vgl. Lange: *Kunst zur Bibel* 15–26 u. 32a).

Gottesvorstellungen der *modernen* Kunst aufsuchen

Nun muss man auf dem Hintergrund verbreiteter und sich hartnäckig haltender anthropomorpher und artifizialistischer Schöpfungs- bzw. Gottesvorstellungen kritisch fragen, ob nicht die Auseinandersetzung mit Bildern der Kunst deutlich über diese, in der Tradition zwar stark verankerten, aber dennoch eine Fixierung unterstreichende Darstellungen hinausgehen muss. Exemplarisch kann hier auf die Arbeiten des österreichischen Künstlers Arnulf Rainer (*1929) verwiesen werden, der mit seinen Übermalungen alter Meisterwerke eine neue Form der Auseinandersetzung geschaffen hat, die genau jene Fixierungen aufzubrechen geeignet ist und Gelegenheiten bietet, Aspekte moderner Theorien mit einer religiösen Weltdeutung zu verbinden (vgl. z.B. den Abdruck seiner Übermalung aus der Bible moralisée in Hilger/Reil: *Reli konkret* 2 93).

Aber nicht nur diese unmittelbare Auseinandersetzung mit künstlerischen Werken zur Schöpfungsvorstellung sind geeignet, ein artifizielles Verständnis entweder zu fixieren oder anzufragen, auch jenseits dieses Themenkomplexes können sorgfältig ausge-

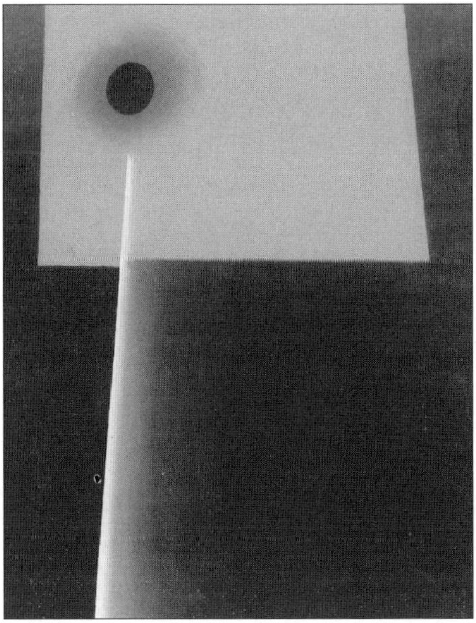

wählte Bilder der Kunst für Heranwachsende Anstöße sein, ihre Gottesvorstellungen zu erweitern im Sinne einer zweiten Naivität und damit in einer Weise sprachfähig zu werden, wie dies bei einem reflektierten Gottesverständnis vorzufinden ist.

Beispielhaft kann auf Kunstwerke verwiesen werden, wie sie etwa Rupprecht Geiger (1908–2009) oder Mark Rothko (1903–1970) kreiert haben – sie können in ihrer verbergend-entbergenden Struktur Anregungen geben, wie auch in einer modernen Welt Jugendliche der Gottesfrage auf eine für sie plausible Weise nachgehen können (so beispielsweise auch das Bild von Rupprecht Geiger „598/70" (1970), abgedruckt in dem Schulbuch Reli 6, vgl. Hilger/Reil: *Reli 6*7. Vgl. oben).

6.7 Entspannung und Sammlung – oder: Eine geistliche Kultur pflegen, bis zur Tat

Die Vorstellungen von Kindern und Jugendlichen von Gott sind neben allen notwendigen Denkprozessen auch an gewichtige Formen religiöser Einübung und Praxis gebunden. Gottesvorstellungen, Gottesbilder – das sind ja letztlich keine Begriffe, vielmehr zeigt sich darin, wie Menschen sich auf *Ihn* beziehen und welche Relevanz sie *Ihm* für ihr eigenes Dasein zusprechen. In der Tradition des Christentums ist das Wissen darum, dass eine lebendige Gottesbeziehung der stetigen, wiederkehrenden Annäherung bedarf, der konzentrierten Stille und dem Sichversenken im Sinne von Meditation oder „Betrachtung", wie die Kirche sagt, fest verankert. Von den Anfängen der schriftlichen Zeugnisse, auch und besonders in der biblischen Welt des ersten und zweiten Testaments über die Jahrhunderte der Christentumsgeschichte hinweg wird immer wieder deutlich, dass wiederkehrende Rituale und Gebete, Zeiten der Stille und Sammlung entwickelt, empfohlen und vor allem eingeübt wurden. Zahlreiche Anstöße sind dabei von Ordensgründungen ausgegangen, haben aber über diesen Bereich hinaus auch weitere Kreise gezogen. So sind für viele Zeitgenossen beispielsweise die Impulse von Taizé mit der dort eigenen Spiritualität überzeugende Beispiele dieser Breitenwirkung (vgl. Themenheft „Taizé" der KatBl).

Geistliche Kultur

Religionspädagogisch gibt es schon seit längerer Zeit ein Bewusstsein für diese Erfahrungsorientierung religiöser Bildung. Unter den Stichworten des mystagogischen Lernens (vgl. Schambeck: *Mystagogisches Lernen* 400ff.) oder des performati-

Mystagogisches und performatives Lernen

ven Lernens (vgl. Mendl: *Religion erleben* 72ff.) wird die Notwendigkeit zu religiösen Erfahrungen nochmals eigens betont. Auch wenn schulischer Religionsunterricht sich nicht als Gottesdienst verstehen darf, so spielt doch das Bemühen um Sammlung und Gebet in den Bildungsplänen der verschiedenen Schularten und Schulformen eine berechtigte Rolle. Für die Bildung von Gottesvorstellungen ist eine solche spirituelle Kultur essentiell. Religionsdidaktische Prinzipien wie etwa das ästhetische Lernen betonen beispielsweise die Wahrnehmungsfähigkeit von Schülerinnen und Schülern, die stets mit einem genauen Hinsehen, mit der Fähigkeit zum Verweilen und zur intensiven Anschauung verbunden ist (vgl. Hilger: *Ästhetisches Lernen* 335). Dabei geht es nicht darum, Zeiten der Stille und Entspannung pädagogisch zu verzwecklichen und als notwendige Erholung für eine bevorstehende weitere Leistungssteigerung zu verstehen, sondern Prozesse bei Schülerinnen und Schülern anzuregen, die sie auch zur Selbstfindung führen und ihnen das Angebot vermitteln, eine Beziehung zu dem Sinngrund aufbauen zu können.

Ästhetisches Lernen

Gleichwohl: Die Auseinandersetzung mit ästhetischem Lernen macht ebenfalls deutlich, dass die Bildung von Gottesvorstellungen zu kurz greift, wenn sie sich in Begriffsklärung und meditativer Sammlung erschöpft. Zum Selbstverständnis des christlichen Glaubens und einer Vorstellung von Gott gehört stets auch das eigene ‚Von-sich-wegsehen'. Was die Bibel das Interesse am Nächsten nennt und ästhetisches Lernen als Gestaltungsfähigkeit einfordert, kann und muss sich im Religionsunterricht auch in der Hinwendung zum Anderen zeigen. Die Arbeit am Gottesverständnis bezieht sich dann auch auf Prozesse des Handelns – sehr bewusst spricht der Synodenbeschluss *Der Religionsunterricht in der Schule* (1974) ja nicht nur vom „verantwortlichen Denken ... im Hinblick auf Religion und Glaube", sondern ebenso von einem entsprechenden *Verhalten*. „Gott" im christlichen Sinne ist stets ein Tätigkeitswort, zur Bildung von Gottesvorstellungen bei Kindern und Jugendlichen gehört auch das Bemühen um Aktion und Projekt, um die Verwirklichung dessen, was mit dem Gottesbegriff zusammenhängt: Die Hinwendung zu den Ausgegrenzten, das Bemühen um Gerechtigkeit, das „Mitlieben" mit Gott und Jesus (vgl. Grom: *Religionspädagogische Psychologie* 194). Das ist dann aber Denken, Meditieren *und* Handeln (vgl. Mette: *„...dass Gott ein Tätigkeitswort werde"* 370; Groß: *Konsequenter Religionsunterricht: Aktion und Projekt*).

Gott = Tätigkeitswort

Zusammenfassung

Die Bildung von Gottesvorstellungen kann und muss vielschichtige didaktische Leitlinien berücksichtigen. Ausgehend von differenzierten Untersuchungen lassen sich konkrete Aufgabestellungen benennen, die Kinder und Jugendliche auf dem Weg ihrer Auseinandersetzung mit der Gottesfrage konstruktiv begleiten. Dabei kommen Anstöße zur Sensibilisierung für ein Symbolverständnis und ein sachgerechtes Verstehen biblischer Erzählungen zum Tragen, Impulse aus der Kinder- und Jugendtheologie verstärken die Reflexionskompetenz Heranwachsender, die Auseinandersetzung mit moderner Kunst bricht traditionelle (Miss-)Verständnisse von Anthropomorphismus und Artifizialismus auf. Die Berücksichtigung des religiösen Erfahrungsbereiches mündet schließlich in Anregungen zu Handlungskonsequenzen, die als organische Fortführung der christlichen Gottesvorstellungen im Sinne eines Interesses an der Realisierung von gerechten Lebensverhältnissen verstanden werden können.

Literatur

Literatur:

Biehl, Peter: Symbole geben zu lernen. Einführung in die Symboldidaktik anhand der Symbole Hand, Haus und Weg (Wege des Lernens 6), Neukirchen-Vluyn ²1991.

Bucher, Anton A.: Doch mehr als ein Mensch? Die Entwicklung der Gotteskonzepte bei Kindern, in: Englert, Rudolf u.a. (Hg.): Gott im Religionsunterricht (JRP 25), Neukirchen-Vluyn 2009, 24–37.

Effel, Jean: Heitere Schöpfungsgeschichte für fröhliche Erdenbürger, Hamburg ⁴²2011.

Englert, Rudolf: Was sich im Religionsunterricht lernen lässt, in: Katechetische Blätter 134 (2009), 50–58.

Fetz, Reto Luzius/Reich, Karl Helmut/Valentin, Peter: Weltbildentwicklung und Schöpfungsverständnis. Eine strukturgenetische Untersuchung bei Kindern und Jugendlichen, Stuttgart 2001.

Fowler, James William: Stufen des Glaubens. Die Psychologie der menschlichen Entwicklung und die Suche nach Sinn, Gütersloh 1991.

Fischer, Dietlind/Schöll, Albrecht (Hg.): Religiöse Vorstellungen bilden. Erkundungen zur Religion von Kindern über Bilder, Münster 2000.

Flöter, Ilse: Gott in Kinderköpfen und Kinderherzen. Welche Rolle spielt Gott im Alltagsleben zehnjähriger Kinder am Anfang des 20. Jahrhunderts? Eine qualitativ-empirische Untersuchung (Religion und Biographie 13), Münster 2006.

Freudenberger-Lötz, Petra: Theologische Gespräche mit Jugendlichen. Erfahrungen – Beispiele – Anleitungen, München/Stuttgart 2012.

GROM, Bernhard: Religionspädagogische Psychologie des Kleinkind-, Schul- und Jugendalters, Düsseldorf [5]2000.

GROSS, Engelbert: Konsequenter Religionsunterricht: Aktion und Projekt. Praxis des Christlichen in theologischer, pädagogischer und didaktischer Perspektive, Donauwörth 1994.

HALBFAS, Hubertus: Religionsbuch in der Grundschule. Lehrerhandbuch 4, Düsseldorf [5]1995.

HANISCH, Helmut: Die zeichnerische Entwicklung des Gottesbildes bei Kindern und Jugendlichen, Stuttgart 1996.

HILGER, Georg: Ästhetisches Lernen, in: DERS./LEIMGRUBER, Stephan/ZIEBERTZ, Hans-Georg: Religionsdidaktik. Ein Leitfaden für Studium, Ausbildung und Beruf (Neuausgabe), München [2]2012, 334–343.

HILGER, Georg/REIL, Elisabeth (Hg.): Reli 6, Unterrichtswerk für katholische Religionslehre an Hauptschulen in den Klassen 5-9, München 1999.

HILGER, Georg/REIL, Elisabeth (Hg.): Reli 7/8. Unterrichtswerk für katholischen Religionsunterricht in der Sekundarstufe I, München [4]2011.

HILGER, Georg/REIL, Elisabeth (Hg.): Reli konkret 2, Unterrichtswerk für katholischen Religionsunterricht an Hauptschulen und Realschulen in den Jahrgangsstufen 7/8 in Baden-Württemberg, München [2]2009.

KALLOCH, Christina: Glauben wie Abraham? Kinder begegnen Erzelterntexten, in: BUCHER, Anton A. u.a. (Hg.): „Im Himmelreich ist keiner sauer“. Kinder als Exegeten (Jahrbuch für Kindertheologie 2), Stuttgart 2003, 98–108.

LANGE, Günter: Kunst zur Bibel. 32 Bildinterpretationen, München 1988, 15–26 u. 32a.

MENDL, Hans: Religion erleben. Ein Arbeitsbuch für den Religionsunterricht. 20 Praxisfelder, München 2008.

METTE, Norbert: „...dass Gott ein Tätigkeitswort werde“, in: KatBl 129 (2004), 368–375.

MOSER, Tilmann: Gottesvergiftung, Berlin [15]1980.

OSER, Fritz/GMÜNDER, Paul: Der Mensch – Stufen seiner religiösen Entwicklung. Ein strukturgenetischer Ansatz, Gütersloh 2. überarb. Aufl. 1988.

REICH, Karl Helmut/SCHRÖDER, Anke: Komplementäres Denken im Religionsunterricht. Ein Werkstattbericht über unser Unterrichtsprojekt, in: Loccumer Pelikan (1995), Sonderheft 3.

RICHTER, Horst-Eberhard: Der Gotteskomplex. Die Geburt und die Krise des Glaubens an die Allmacht des Menschen, Gießen 1979.

RITTER, Werner H.: Gott, Gottesbilder und Kinder, in: HILGER, Georg/RITTER, Werner H.: Religionsdidaktik Grundschule. Handbuch für die Praxis des evangelischen und katholischen Religionsunterrichts, München/Stuttgart 2006, 169–189.

RITTER, Werner u.a.: Leid und Gott. Aus der Perspektive von Kindern und Jugendlichen, Göttingen 2006.

SCHAMBECK, Mirjam: Mystagogisches Lernen. Zu einer Perspektive religiöser Bildung, Würzburg 2006.

SCHWEITZER, Friedrich: Gott im Religionsunterricht. Bestandsaufnahme – neue Herausforderungen – weiterführende Perspektiven zu einer Didaktik der Gottesfrage, in: ENGLERT, Rudolf u.a. (Hg.): Gott im Religionsunterricht (JRP 25), Neukirchen-Vluyn 2009, 241–263.

SCHWEITZER, Friedrich: Lebensgeschichte und Religion. Religiöse Entwicklung und Erziehung im Kindes- und Jugendalter, Gütersloh [7]2010.

STÖGBAUER, Eva Maria: Die Frage nach Gott und dem Leid bei Jugendlichen wahrnehmen. Eine qualitativ-empirische Spurensuche, Bad Heilbrunn 2010.

SZAGUN, Anna-Katharina: Dem Sprachlosen Sprache verleihen. Rostocker Langzeitstudie zu Gottesverständnis und Gottesbeziehung von Kindern, die in mehrheitlich konfessionslosem Kontext aufwachsen, Jena 2006.

SZAGUN, Anna-Katharina/FIEDLER, Michael: Religiöse Heimaten. Rostocker Langzeitstudie zu Gottesverständnis und Gottesbeziehung von Kindern, die in mehrheitlich konfessionslosem Kontext aufwachsen, Jena 2008.

TILLICH, Paul: Das Wesen der religiösen Sprache, in: KAEMPFERT, Manfred (Hg.): Probleme der religiösen Sprache, Darmstadt 1983, 82–93.

Themenheft:

„Taizé", in: Katechetische Blätter 137 (2012), Heft 5.

Übersicht über die gesamten Reihe

Grundlegung

Modul 1: Biblische Theologie, hg. v. Dominik Burkard
1. Exegetische Methoden
2. Altes Testament und Geschichte Israels
3. Neues Testament und biblische Zeitgeschichte
4. Bibelkunde

Modul 2: Historische Theologie, hg. v. Dominik Burkard
1. Kirchengeschichte zwischen Geschichte, Theologie und Religionswissenschaft
2. Methoden der Kirchengeschichtsschreibung
3. Alte Kirchengeschichte in Grundzügen
4. Patrologie in Grundzügen
5. Mittelalterliche Kirchengeschichte in Grundzügen
6. Neuzeitliche Kirchengeschichte in Grundzügen

Modul 3: Systematische Theologie, hg. v. Karlheinz Ruhstorfer
1. Einführung in die Theologische Erkenntnislehre
2. Theologischer Grundkurs: Einführung in die katholische Glaubenslehre
3. Einführung in die Moraltheologie
4. Einführung in die Christliche Sozialethik
5. Einführung in die Religionswissenschaften

Modul 4: Praktische Theologie, hg. v. Claußs Peter Sajak
1. Einführung in die Pastoraltheologie
2. Einführung in die Religionspädagogik
3. Einführung in das Kirchenrecht
4. Einführung in die Liturgiewissenschaft
5. Einführung in die Missionswissenschaft

Modul 5: Philosophische Grundfragen der Theologie, hg. v. Karlheinz Ruhstorfer
1. Einführung in die Philosophie der Antike
2. Einführung in die Philosophie des Mittelalters
3. Einführung in die Philosophie der Neueren Zeit
4. Hauptströmungen gegenwärtiger Philosophie
5. Einführung in die Religionsphilosophie

Aufbau und Vertiefung

Modul 6: Welt und Mensch als Schöpfung Gottes, hg. v. Karlheinz Ruhstorfer

1. Schöpfung im Alten und Neuen Testament
2. Naturphilosophie und Philosophische Anthropologie
3. Alleinheitsdenken und Schöpfungsdifferenz
4. Theologische Anthropologie

Modul 7: Gotteslehre, hg. v. Karlheinz Ruhstorfer

1. Aspekte alttestamentlicher Gottesvorstellungen
2. Der Gott der frühen Christen (Neues Testament)
3. Trinitätslehre im antiken Christentum
4. Gott im Denken der Philosophie
5. Der dreieine Gott als Geschichte und Gegenwart
6. Gottesvorstellungen von Kindern und Jugendlichen bilden

Modul 8: Jesus Christus, hg. v. Karlheinz Ruhstorfer

1. Königtum Gottes und messianische Erwartungen im Alten Testament
2. Von der Verkündigung Jesu zum verkündigten Christus
3. Entwicklung der Christologie bis Chalkedon
4. Grundlagen der Christologie und Soteriologie
5. Jesus in Philosophie und Kultur

Modul 9: Wege christlichen Denkens und Lebens, hg. v. Dominik Burkard

1. Taufe, Eucharistie, Buße in der frühen Kirche
2. Christliches Denken und Leben in Mittelalter und Neuzeit
3. Sakramentenlehre
4. Verkündigungsrecht und Sakramentenrecht
5. Die Feier der Sakramente
6. Sakramentenkatechese
7. Bild und Religion

Modul 10: Kirche. Mysterium und Volk Gottes, hg. v. Dominik Burkard

1. Kirche im Neuen Testament und in frühchristlicher Zeit
2. Historische Ekklesiologie
3. Reich Gottes und Kirche als Institution
4. Dogmatische Ekklesiologie
5. Verfassungsrecht der lateinischen Kirche
6. Pastorale Konkretionen

Modul 11: Dimensionen und Vollzüge des Glaubens, hg. v. Dominik Burkard

1. Gebet, Gottesdienst und Feste im biblischen Israel
2. Glaubensvollzüge in Urgemeinde und frühchristlicher Zeit
3. Historische Ausprägungen christlicher Spiritualität
4. Gebet und Zeit in der Liturgie
5. Formen der außersakramentalen Glaubenspraxis
6. Homiletik
7. Christliche Sexualethik

Modul 12: Christliches Handeln in Verantwortung für die Welt, hg. v. Clauß Peter Sajak

1. Politische Philosophie
2. Philosophische Ethik
3. Theologische Fundamentalethik – Grundlagen
4. Geschichte der Sozialen Frage
5. Politische Ethik
6. Wirtschaftsethik
7. Bioethik

Modul 13: Christwerden in Kultur und Gesellschaft, hg. v. Clauß Peter Sajak

1. Brennpunkte im Verhältnis Staat und Kirche in der Neuzeit
2. Kirche und Staat im Kirchenrecht
3. Politische Ethik
4. Personaler Glaube im Kontext der Zeit
5. Religionsdidaktik als Theorie religiösen Lehrens und Lernens
6. Religion in Kultur und Medien

Modul 14: Christentum und andere Religionen, hg. v. Clauß Peter Sajak

1. Religionsphilosophie
2. Theologie der Religionen
3. Das Judentum
4. Der Islam
5. Buddhismus und Hinduismus
6. Religiöse Bildung im Kontext der Pluralität

Personenregister

V

W

X

Z

Sachregister

H

I

J

K

L

M

Die Autoren

Thomas Hieke, geb. 1968, Professor für Altes Testament an der Universität Mainz

Tobias Nicklas, geb. 1967, Professor für Neues Testament an der Universität Regensburg

Roland Kany, geb. 1958, Professor für Kirchengeschichte des Altertums und Patrologie an der Universität München

Markus Enders, geb. 1963, Professor für Christliche Religionsphilosophie an der Universität Freiburg

Karlheinz Ruhstorfer, geb. 1963, Professor für Systematische Theologie an der Technischen Universität Dresden

Matthias Bahr, geb. 1960, Professor für Religionspädagogik an der Universität Koblenz-Landau, Campus Landau